대방광불화엄경

대방광불화엄경 3

大方廣佛華嚴經

이운허 옮김

동국역경원

| 차례 |

제 31 권
25. 십회향품 ⑨ ……………………………………………… 3
    10) 제 9 회향 ▪ 3

제 32 권
25. 십회향품 ⑩ ……………………………………………… 37
    11) 제 10 회향 ① ▪ 37

제 33 권
25. 십회향품 ⑪ ……………………………………………… 55
    11) 제 10 회향 ② ▪ 55

제 34 권
26. 십지품十地品 ① ………………………………………… 79
    1) 환희지歡喜地 ▪ 79

제 35 권
26. 십지품 ② ………………………………………………… 119
    2) 이구지離垢地 ▪ 119   3) 발광지發光地 ▪ 132

제 36 권
26. 십지품 ③ ………………………………………………… 147
    4) 염혜지焰慧地 ▪ 147   5) 난승지難勝地 ▪ 157

제 37 권
26. 십지품 ④ ………………………………………………… 173
    6) 현전지現前地 ▪ 173   7) 원행지遠行地 ▪ 188

제38권

26. 십지품 ⑤ ·· 207
    8) 부동지不動地 ▪ 207   9) 선혜지善慧地 ▪ 225

제39권

26. 십지품 ⑥ ·· 245
    10) 법운지法雲地 ▪ 245

제40권

27. 십정품十定品 ① ··· 281
    1) 서론 ▪ 281   2) 넓은 광명 큰 삼매 ▪ 290
    3) 묘한 광명 큰 삼매 ▪ 293

제41권

27. 십정품 ② ··· 301
    4) 여러 부처님 국토에 차례로 가는 신통한 큰 삼매 ▪ 301
    5) 청정하고 깊은 마음의 행인 큰 삼매 ▪ 302
    6) 과거의 장엄한 갈무리를 아는 큰 삼매 ▪ 304
    7) 지혜 광명의 갈무리인 큰 삼매 ▪ 306
    8) 모든 세계의 부처님 장엄을 아는 큰 삼매 ▪ 310

제42권

27. 십정품 ③ ··· 321
    9) 일체 중생의 차별한 몸 큰 삼매 ▪ 321
    10) 법계에 자유자재하는 큰 삼매 ▪ 330

제43권

27. 십정품 ④ ··· 345
    11) 걸림 없는 바퀴인 큰 삼매 ▪ 345

제44권

28. 십통품十通品 ·· 375
29. 십인품十忍品 ·· 386

제 45 권
30. 아승기품阿僧祇品 ················· 419
31. 여래수량품如來壽量品 ················· 447
32. 제보살주처품諸菩薩住處品 ················· 448

제 46 권
33. 불부사의법품佛不思議法品 ① ················· 453

제 47 권
33. 불부사의법품 ② ················· 475

제 48 권
34. 여래십신상해품如來十身相海品 ················· 499
35. 여래수호광명공덕품如來隨好光明功德品 ················· 518

---

* 아래 내용은 제1책, 제2책, 제4책, 제5책의 차례입니다.

제 1 책 대방광불화엄경大方廣佛華嚴經

해제 | 서문

제 1 권
　1. 세주묘엄품世主妙嚴品 ① ■ 7

제 2 권
　1. 세주묘엄품 ② ■ 29

제 3 권
　1. 세주묘엄품 ③ ■ 67

제 4 권
　1. 세주묘엄품 ④ ■ 107

제5권
  1. 세주묘엄품 ⑤ ■ 151

제6권
  2. 여래현상품如來現相品 ■ 187

제7권
  3. 보현삼매품普賢三昧品 ■ 235
  4. 세계성취품世界成就品 ■ 243

제8권
  5. 화장세계품華藏世界品 ① ■ 279

제9권
  5. 화장세계품 ② ■ 311

제10권
  5. 화장세계품 ③ ■ 341

제11권
  6. 비로자나품毘盧遮那品 ■ 377

제12권
  7. 여래명호품如來名號品 ■ 405
  8. 사성제품四聖諦品 ■ 415

제13권
  9. 광명각품光明覺品 ■ 429
  10. 보살문명품菩薩問明品 ■ 455

제14권
  11. 정행품淨行品 ■ 483
  12. 현수품賢首品 ① ■ 514

제2책 　대방광불화엄경大方廣佛華嚴經

제15권
  12. 현수품 ② ■ 3

제16권
  13. 승수미산정품昇須彌山頂品 ■ 51
  14. 수미정상계찬품須彌頂上偈讚品 ■ 54
  15. 십주품十住品 ■ 76

제17권
  16. 범행품梵行品 ■ 109
  17. 초발심공덕품初發心功德品 ■ 112

제18권
  18. 명법품明法品 ■ 153

제19권
  19. 승야마천궁품昇夜摩天宮品 ■ 175
  20. 야마궁중게찬품夜摩宮中偈讚品 ■ 179
  21. 십행품十行品 ① ■ 201

제20권
  21. 십행품 ② ■ 219

제21권
  22. 십무진장품十無盡藏品 ■ 257

제22권
  23. 승도솔천궁품昇兜率天宮品 ■ 277

제23권
  24. 도솔궁중게찬품兜率宮中偈讚品 ■ 305
  25. 십회향품十廻向品 ① ■ 328 ┈ | 1) 부처님의 가지加持 / 2) 제1회향

제24권
  25. 십회향품 ② ■ 349 ┈┈┈┈ | 3) 제2회향 / 4) 제3회향 / 5) 제4회향

제25권
  25. 십회향품 ③ ■ 381 ┈┈┈┈ | 6) 제5회향 / 7) 제6회향 ①

제26권
  25. 십회향품 ④ ■ 409 ┈┈┈┈ | 7) 제6회향 ②

제27권
  25. 십회향품 ⑤ ■ 435 ┈┈┈┈ | 7) 제6회향 ③

제28권
  25. 십회향품 ⑥ ■ 465 ················ | 7) 제6회향 ④

제29권
  25. 십회향품 ⑦ ■ 503 ················ | 8) 제7회향

제30권
  25. 십회향품 ⑧ ■ 525 ················ | 9) 제8회향

제4책 대방광불화엄경大方廣佛華嚴經

제49권
  36. 보현행품普賢行品 ■ 3

제50권
  37. 여래출현품如來出現品 ① ■ 37 · | 1) 출현하시는 법 / 2) 몸의 업

제51권
  37. 여래출현품 ② ■ 75 ·············· | 3) 말의 업 / 4) 마음의 업

제52권
  37. 여래출현품 ③ ■ 105 ············ | 5) 출현하는 경계와 행과 보리 / 6) 법륜·열반·이익

제53권
  38. 이세간품離世間品 ■ 135 ········ | 1) 이백 가지 물음 / 2) 십신+信을 답함 / 3) 십주+住를 답함

제54권
  38. 이세간품 ② ■ 159 ··············· | 4) 십행+行을 답함 ①

제55권
  38. 이세간품 ③ ■ 183 ··············· | 4) 십행을 답함 ② / 5) 십회향+回向을 답함

제56권
  38. 이세간품 ④ ■ 207 ··············· | 5) 십회향을 답함 ② / 6) 십지+地를 답함 ①

제57권
    38. 이세간품 ⑤ ■ 235 ·············· | 6) 십지를 답함 ② / 7) 인이 원만하고 과가 만족함을 답함

제58권
    38. 이세간품 ⑥ ■ 263 ·············· | 7) 인이 원만하고 과가 만족함을 답함 ②

제59권
    38. 이세간품 ⑦ ■ 293 ·············· | 7) 인이 원만하고 과가 만족함을 답함 ③ / 8) 결론

제60권
    39. 입법계품入法界品 ① ■ 353 ····· | 1) 근본 법회 ①

제61권
    39. 입법계품 ② ■ 399 ·············· | 1) 근본 법회 ② / 2) 가지(枝末)법회 ①

제62권
    39. 입법계품 ③ ■ 425 ·············· | 2) 가지 법회 ②

제63권
    39. 입법계품 ④ ■ 457 ·············· | 2) 가지 법회 ③

제64권
    39. 입법계품 ⑤ ■ 483 ·············· | 2) 가지 법회 ④

제65권
    39. 입법계품 ⑥ ■ 509 ·············· | 2) 가지 법회 ⑤

제5책 ─ 대방광불화엄경 大方廣佛華嚴經

제66권
    39. 입법계품 ⑦ ■ 3 ················ | 2) 가지 법회 ⑥

제67권
    39. 입법계품 ⑧ ■ 33 ··············· | 2) 가지 법회 ⑦

제68권

39. 입법계품 ⑨ ▪ 57 ················ | 2) 가지 법회 ⑧

제69권
39. 입법계품 ⑩ ▪ 95 ················ | 2) 가지 법회 ⑨

제70권
39. 입법계품 ⑪ ▪ 135 ················ | 2) 가지 법회 ⑩

제71권
39. 입법계품 ⑫ ▪ 171 ················ | 2) 가지 법회 ⑪

제72권
39. 입법계품 ⑬ ▪ 209 ················ | 2) 가지 법회 ⑫

제73권
39. 입법계품 ⑭ ▪ 245 ················ | 2) 가지 법회 ⑬

제74권
39. 입법계품 ⑮ ▪ 277 ················ | 2) 가지 법회 ⑭

제75권
39. 입법계품 ⑯ ▪ 299 ················ | 2) 가지 법회 ⑮

제76권
39. 입법계품 ⑰ ▪ 351 ················ | 2) 가지 법회 ⑯

제77권
39. 입법계품 ⑱ ▪ 383 ················ | 2) 가지 법회 ⑰

제78권
39. 입법계품 ⑲ ▪ 441 ················ | 2) 가지 법회 ⑱

제79권
39. 입법계품 ⑳ ▪ 471 ················ | 2) 가지 법회 ⑲

제80권
39. 입법계품 ㉑ ▪ 493 ················ | 2) 가지 법회 ⑳

대방광불화엄경 제31권

제31권

25. 십회향품 ⑨

10) 제9 회향

"불자들이여, 무엇을 보살마하살의 집착도 없고 속박도 없는 해탈〔無著無縛解脫〕의 회향이라 하는가.

불자들이여, 이 보살마하살이 일체 선근에 존중하는 마음을 내나니, 이른바 생사에서 뛰어나는 데 존중하는 마음을 내고, 일체 선근을 포섭하는 데 존중하는 마음을 내고, 일체 선근을 희망하여 구하는 데 존중하는 마음을 내고, 모든 허물을 뉘우치는 데 존중하는 마음을 내고, 선근을 따라서 기뻐하는 데 존중하는 마음을 내고, 부처님들께 예경하는 데 존중하는 마음을 내고, 합장하고 공경하는 데 존중하는 마음을 내고, 탑에 정례하는 데 존중하는 마음을 내고, 부처님께 법문 말씀하심을 청하는 데 존중하는 마음을 내는 것이니, 이러한 여러 가지 선근에 모두 존중하는 마음을 내어 순종하고 인가합니다.

불자들이여, 보살마하살이 그러한 선근에 존중하는 마음을 내어 순종하고 인가할 때에 끝까지 기뻐하며 견고하게 믿고 이해하여 자신이 편안히 머물고 다른 이도 편안히 머물게 하며 부지런히 닦아 집착이 없으며, 자재하게 모으고 훌륭한 뜻을 이루며, 여래의 경계에 머무르면서 세력이 증장하고 모두 알고 봅니다.

여러 선근으로 이렇게 회향하나니, 이른바 집착이 없고 속박이 없이 해탈한 마음으로써 보현의 몸으로 짓는 업을 성취합니다. 집착이 없고 속박이 없이 해탈한 마음으로써 보현의 말로 짓는 업을 청정케 합니다. 집착이 없고 속박이 없이 해탈한 마음으로써 보현의 뜻으로 짓는 업을 원만히 합니다. 집착이 없고 속박이 없이 해탈한 마음으로 보현의 광대한 정진〔廣大精進〕을 일으킵니다.

집착이 없고 속박이 없이 해탈한 마음으로 보현의 걸림이 없는 음성 다라니문〔普賢無礙音聲陀羅尼門〕을 구족하나니, 그 음성이 광대하여 시방에 두루합니다. 집착이 없고 속박이 없이 해탈한 마음으로 보현의 모든 부처님을 보는〔普賢見一切佛〕다라니문을 구족하여 시방의 부처님들을 항상 봅니다. 집착이 없고 속박이 없이 해탈한 마음으로 일체 음성을 아는〔解了一切音聲〕다라니문을 성취하여 일체 중생과 같은 음성으로 한량없는 법을 연설합니다. 집착이 없고 속박이 없이 해탈한 마음으로 보현의 모든 겁에 머무는〔普賢一切劫住〕다라니문을 성취하고 시방세계에서 널리 보살의 행을 닦습니다.

집착이 없고 속박이 없이 해탈한 마음으로 보현의 자재한 힘을 성취하여 한 중생의 몸에서 일체 보살의 행을 닦되, 미래의 겁이 다하도록 끊어지지 아니하며, 일체 중생의 몸에서도 역시 그러합니다. 집착이 없고 속박이 없이 해탈한 마음으로 보현의 자재한 힘〔普賢自在力〕을 성취하여 일체 대중의 도량에 들어가서 일체 부처님의 앞에서 보살의 행을 닦습니다. 집착이 없고 속박이 없이 해탈한 마음으로 보현의 부처님 자재한 힘〔普賢佛自在力〕을 성취하여 한 문門에서 말할 수 없이 말할 수 없는 겁을 지내어도 다함이 없음을 보여서, 일체 중생으로 하여금 깨달아 들어가게 합니다.

집착이 없고 속박이 없이 해탈한 마음으로 보현의 부처님으로의 자재한 힘을 성취하여, 가지가지 문 가운데서 말할 수 없이 말할 수 없는 겁을 지나도 다함이 없음을 보여서, 일체 중생으로 하여금 깨달아 들어가서 그 몸이 모든 부처님 앞에 두루 나타나게 합니다. 집착이 없고 속박이 없이 해탈한 마음으로 보현의 자재한 힘을 성취하여, 잠깐잠깐 동안에 말할 수 없이 말할 수 없는 중생으로 하여금 십력十力의 지혜에 머무르되 마음에 고달픔이 없게 합니다. 집착이 없고 속박이 없이 해탈한 마음으로 보현의 자재한 힘을 성취하여 일체 중생의 몸 속에서 모든 부처님의 자재한 신통을 나타내어 중생들로 하여금 보현의 행에 머물게 합니다.

집착이 없고 속박이 없이 해탈한 마음으로 보현의 자재한 힘을 성취하여 일체 중생의 말하는 소리 가운데서 일체 중생의 말을 하여서 일체 중생으로 하여금 낱낱이 온갖 지혜의 자리〔一切智地〕에 머물게 합니다. 집착이 없고 속박이 없이 해탈한 마음으로 보현의 자재한 힘을 성취하여 낱낱 중생의 몸 가운데 일체 중생의 몸을 두루 용납하되 모두 스스로 생각하기를 '부처님 몸을 성취하였노라' 하게 합니다. 집착이 없고 속박이 없이 해탈한 마음으로 보현의 자재한 힘을 성취하여 능히 한 꽃으로 모든 시방세계를 장엄케 합니다. 집착이 없고 속박이 없이 해탈한 마음으로 보현의 자재한 힘을 성취하여, 법계에 두루하는 큰 음성을 내되 모든 부처님 국토에 들려서 일체 중생을 거두어 조복합니다. 집착이 없고 속박이 없이 해탈한 마음으로 보현의 자재한 힘을 성취하여, 말할 수 없이 말할 수 없는 미래의 겁이 다하도록, 잠깐잠깐 동안에 일체 세계에 두루 들어가서 부처님의 신통력으로 마음대로 장엄합니다. 집착이 없고 속박이 없이 해탈한 마음으로 보현의 자재한 힘을 성취하여, 오는 세월이 끝나도록 머무는 겁에서 항상 일체 세계에 들어가서 성불함을 나타내어 세상에 출현합니다.

집착이 없고 속박이 없이 해탈한 마음으로 보현의 행을 이루어서, 한 광명이 온 허공의 일체 세계를 두루 비춥니다. 집착이 없고 속박이 없이 해탈한 마음으로 보현의 행을 이루어서, 한량없는 지혜를 얻고 모든 신통을 갖추어 가지가지 법을 연설합니다. 집착이 없고 속박이 없이 해탈한 마음으로 보현의 행을 이루어서, 일체 겁이 다하여도 측량할 수 없는 여래의 신통과 지혜에 들어갑니다. 집착이 없고 속박이 없이 해탈한 마음으로 보현의 행을 이루어서, 온 법계의 부처님 처소에 머무르면서 부처님의 신통력으로 모든 보살의 행을 닦되 몸이나 입이나 뜻으로 짓는 업에 조금도 게으름이 없습니다.

집착이 없고 속박이 없이 해탈한 마음으로 보현의 행을 이루어서 뜻에도 어기지 않고 법에도 어기지 않으며, 말이 청정하고 말하기를 좋아하는 변재가 다하지 아니하여 일체 중생을 교화하고 조복하여, 그들로 하여금 모든 부처님의 위없는 보리를 얻게 합니다. 집착이 없고 속박이 없이 해탈한 마음으로 보현의 행을 닦아 한 법문에 들어갈 적에 무량한 광명을 놓아 부사의한 일체 법문을 비추며, 한 법문에서와 같이 일체 법문에서도 그러하여 통달하고 걸림이 없어 필경에 온갖 지혜의 지위를 얻습니다. 집착이 없고 속박이 없이 해탈한 마음으로 보살의 행에 머물러서, 법에 자재하여 장엄한 저 언덕에 이르며, 낱낱 경계에서 온갖 지혜로 관찰하여 깨닫지만 온갖 지혜는 다하지 아니합니다.

집착이 없고 속박이 없이 해탈한 마음으로써 이 생〔此生〕으로부터 오는 세상이 끝나도록 보현의 행에 머물러서 항상 쉬지 아니하여 온갖 지혜를 얻고, 말할 수 없이 말할 수 없는 진실한 법을 깨달으며, 모든 법에 필경까지 미혹함이 없습니다. 집착이 없고 속박이 없이 해탈한 마음으로 보현의 업을 닦아, 방편에 자재하고 법의 광명을 얻어 모든 보살의 수행하는 행을 비추되 장애가 없습니다.

집착이 없고 속박이 없이 해탈한 마음으로 보현의 행을 닦고, 모든 방편의 지혜를 얻어 일체 방편을 아나니, 이른바 한량없는 방편·부사의한 방편·보살의 방편·온갖 지혜의 방편·일체 보살의 조복하는 방편·무량한 법륜을 굴리는 방편·말할 수 없는 시간의 방편·가지가지 법을 말하는 방편·그지없이 두려움이 없는 장藏의 방편·일체 법을 말하여 남음이 없는 방편입니다.

집착이 없고 속박이 없이 해탈한 마음으로 보현의 행에 머물러서 몸으로 하는 업을 성취하고, 일체 중생의 보는 이로 하여금 환희하여 비방하지 않게 하며, 보리심을 내어 영원히 퇴전하지 아니하고 필경에 청정케 합니다. 집착이 없고 속박이 없이 해탈한 마음으로 보현의 행을 닦아, 일체 중생의 말과 청정한 지혜를 얻고, 구족하게 장엄한 모든 말로써 중생에게 널리 응하여 모두 환희케 합니다.

집착이 없고 속박이 없이 해탈한 마음으로 보현의 행에 머물러서, 수승한 뜻을 세우고 청정한 마음을 구족하여 광대한 신통과 광대한 지혜를 얻고, 모든 광대한 세간과 광대한 국토와 광대한 중생의 처소에 나아가서 일체 여래의 말할 수 없는 광대한 법과 광대하게 장엄한 원만장圓滿藏을 말합니다.

집착이 없고 속박이 없이 해탈한 마음으로 보현의 회향하는 행과 소원을 이루어, 일체 부처님의 청정한 몸과 청정한 이해를 얻으며, 부처님의 공덕을 거두어 가지고 부처님의 경계에 머무르며, 지혜의 인印으로 널리 비치어 보살의 청정한 업을 나타내며, 모든 차별한 글귀와 뜻에 들어가서 부처님과 보살들의 광대한 자재함을 보이며, 일체 중생을 위하여 현재에 정각을 이룹니다.

　집착이 없고 속박이 없이 해탈한 마음으로 보현의 여러 근根의 행과 소원을 닦아, 총명한 근과 조화할 근과 일체 법에 자재한 근과 다함이 없는 근과 일체 선근을 부지런히 닦는 근과 일체 부처님의 경계가 평등한 근과 일체 보살이 퇴전치 않는다는 수기를 받는 크게 정진하는 근과 일체 불법을 잘 아는 금강계金剛界의 근과 일체 여래의 지혜 광명으로 비치는 금강염[欲]근과 모든 근기를 분별하는 자재한 근과 무량한 중생을 온갖 지혜에 안립시키는 근과 끝이 없는 광대한 근과 모든 원만한 근과 청정하여 걸림이 없는 근을 얻습니다.

　집착이 없고 속박이 없이 해탈한 마음으로 보현의 행을 닦아 일체 보살의 신통력을 얻나니, 이른바 한량없이 광대한 힘의 신통력・한량없이 자재한 지혜의 신통력・몸을 동하지 않고 모든 부처님 세계에 나타나는 신통력・걸림 없고 끊임없이 자재한 신통력・모든 부처님 세계를 두루 거두어 한 곳에 두는 신통력・한 몸이 모든 부처님 세계에 가득 차는 신통력・걸림 없는 해탈로 유희하는 신통력・짓는 일이 없이 한 생각에 자재한 신통력・성품이 없고 의지할 데 없는 데 머무는 신통력・한 털구멍에 말할 수 없는 세계를 차례로 정돈하여 두고, 법계의 여러 부처님 도량에 두루 다니면서 중생에게 보이어 큰 지혜의 문에 들어가게 하는 신통력입니다.

　집착이 없고 속박이 없이 해탈한 마음으로 보현의 문에 들어가서 보살의 행을 내어 자재한 지혜로 잠깐 동안에 한량없는 부처님의 국토에 들어가고, 한 몸에 한량없는 부처님의 세계를 용납하여 들이며, 부처님의 국토를 깨끗이 장엄하는 지혜를 얻고 항상 지혜로써 그지없는 부처님의 국토를 관찰하며, 영원히 이승二乘의 마음을 내지 아니 합니다. 집착이 없고 속박이 없이 해탈한 마음으로 보현의 방편행方便行을 닦아 지혜의 경계에 들어가고 여래의 가문에 나서 보살의 도에 머물며, 말할 수 없이 말할 수 없는 무량하고 부사의한 훌륭한 마음을 구족하며, 한량없는 서원을 행하여 잠깐도 쉬지 아니하고 삼세의 일체 법계를 완전히 압니다.

집착이 없고 속박이 없이 해탈한 마음으로 보현의 청정한 법문을 성취하여 한 털 끝만한 곳에 온 허공과 법계에 있는 말할 수 없이 말할 수 없는 국토를 용납하여 모두 분명히 보게 하며, 한 털 끝만한 곳에서와 같이 온 법계 허공계의 낱낱의 털 끝만한 곳에서도 역시 그러합니다.

집착이 없고 속박이 없이 해탈한 마음으로 보현의 깊은 마음의 방편을 성취하여 잠깐 생각하는 마음에 한 중생으로 하여금 말할 수 없이 말할 수 없는 겁에 생각하는 마음을 나타내며, 그와 같이 일체 중생으로 하여금 그러한 겁에 생각하는 마음도 나타냅니다. 집착이 없고 속박이 없이 해탈한 마음으로 보현의 회향하는 행의 방편에 들어가서, 한 몸 속에 온 법계의 말할 수 없이 말할 수 없는 몸을 용납하여도 중생계는 증감이 없으며, 한 몸과 같이, 내지 법계에 가득한 모든 몸도 역시 그러합니다.

집착이 없고 속박이 없이 해탈한 마음으로 보현의 큰 서원의 방편을 성취하여 모든 생각의 뒤바뀜을 버리고 일체 부처님의 경계에 들어가서 여러 부처님을 항상 뵈오니, 허공계와 같은 청정한 법신에 잘 생긴 몸매로 장엄하고 신력이 자재하며, 묘한 음성으로 법을 열어 연설하되 걸림도 없고 끊임도 없어 듣는 이로 하여금 말한 것 그대로 받아 지니게 하지만 여래의 몸에는 조금도 얻음이 없습니다.

집착이 없고 속박이 없이 해탈한 마음으로 보현의 행을 닦아 보살의 지위에 머물러 있으면서, 잠깐 동안에 일체 세계에 들어가나니, 이른바 잦혀진 세계, 엎어진 세계와 말할 수 없이 말할 수 없는 시방의 모든 곳에 있는 광대한 세계에 들어가는 것이며, 인다라因陀羅의 그물처럼 분별하는 방편으로 일체 법계를 두루 분별하되, 가지가지 세계를 한 세계에 들어가게 하며, 말할 수 없이 말할 수 없는 무량한 세계를 한 세계에 들어가게 하며, 일체 법계에 나란히 벌여 있는 무량한 세계를 한 세계에 들어가게 하며, 일체 허공계에 나란히 벌여 있는 무량한 세계를 한 세계에 들어가게 하되 나란히 정돈되어 있는 모양을 무너뜨리지 않고 모두 분명히 보게 합니다.

집착이 없고 속박이 없이 해탈한 마음으로 보현보살의 행과 원을 닦아 부처님의 관정灌頂하심을 얻고, 잠깐 동안에 방편지에 들어가서 편안하게 여러 행에 머무는 지혜의 보배를 성취하고 모든 생각을 분명히 아나니, 이른바 중생으로 하여금 중생이란 생각[衆生想], 법이란 생각[法想], 세계란 생각[刹想], 방위란 생각[方想], 부처라는 생각[佛想], 세상이란 생각[世想], 업이란 생각[業想], 행이란 생각[行想], 계界라는 생각[界想], 이해한다는 생각[解想], 근기란 생각[根想], 시간이란 생각[時想], 가진다는 생각[持想], 번뇌란 생각[煩惱想], 청정한 생각[淸淨想], 성숙하는 생각[成熟想], 부처님을 보는 생각[見佛想], 법륜을 굴리는 생각[轉法輪想], 법을 듣고 이해하는 생각[聞法解了想], 조복하는 생각[調伏想], 한량없다는 생각[無量想], 뛰어나는 생각[出離想], 가지가지 지위란 생각[種種地想], 한량없는 지위란 생각[無量地想], 보살의 아는 생각[菩薩了知想], 보살의 닦는 생각[菩薩修習想], 보살의 삼매란 생각[菩薩三昧想], 보살이 삼매에서 일어나는 생각[菩薩三昧起想], 보살의 성취하는 생각[菩薩成想], 보살의 파괴하는 생각[菩薩壞想], 보살의 죽는 생각[菩薩歿想], 보살의 나는 생각[菩

薩生想], 보살의 해탈하는 생각[菩薩解脫想], 보살의 자재한 생각[菩薩自在想], 보살의 머물러 지니는 생각[菩薩住持想], 보살의 경계란 생각[菩薩境界想], 겁이란 생각[劫想], 이루어지고 무너진다는 생각[成壞想], 밝은 생각[明想], 어두운 생각[闇想], 낮이란 생각[晝想], 밤이란 생각[夜想], 보름·한 달·한 시간·한 해가 변천하는 생각[半月一月一時一歲變異想], 가는 생각[去想], 오는 생각[來想], 머무는 생각[住想], 앉는 생각[坐想], 자는 생각[睡想], 깨는 생각[覺想]입니다.

　이러한 생각들을 잠깐 동안에 모두 분명히 알면서도 일체 생각을 여의어 분별함이 없으며, 일체 장애를 끊어서 집착함이 없으며, 일체 부처님의 지혜가 마음에 충만하고, 일체 부처님의 법은 선근이 증장하여 여래들과 더불어 한 몸이 평등하여 여러 부처님의 거두어 주시는 것이며, 때가 없이 청정한 모든 불법을 다 따라 배워서 저 언덕에 이릅니다.

　집착이 없고 속박이 없이 해탈한 마음으로 일체 중생을 위하여 보현의 행을 닦아 큰 지혜를 내고 낱낱 마음 속에서 한량없는 마음을 알며, 그 의지함을 따르고 그 분별을 따르고 그 종성種性을 따르고 그 짓는 바를 따르고 그 업의 작용을 따르고 그 형상을 따르고 그 깨달음을 따라서 가지가지로 같지 아니한 것을 모두 다 분명히 봅니다. 집착이 없고 속박이 없이 해탈한 마음으로 보현의 큰 서원과 지혜의 보배를 성취하고, 한 곳에서 한량없고 말할 수 없는 곳을 알며, 한 곳에서와 같이 모든 곳에서도 또한 그러합니다.

　집착이 없고 속박이 없이 해탈한 마음으로 보현의 행하는 업과 지혜를 닦고, 한 업에서 한량없고 말할 수 없이 말할 수 없는 업을 알되, 그 업이 제각기 가지가지 인연으로 된 것을 분명히 알고 보며, 한 업에서와 같이 일체 업에서도 또한 그러합니다. 집착이 없고 속박이 없이 해탈한 마음으로 보현의 모든 법을 아는 지혜를 닦아 익히고, 한 법에서 말할 수 없이 말할 수 없는 법을 알며, 일체 법 가운데서 한 법을 아나니, 이러한 모든 법이 제각기 차별하여 장애되지도 않고 어기지도 않고 집착함도 없습니다.

집착이 없고 속박이 없이 해탈한 마음으로 보현의 행에 머물러서 보현의 걸림 없는 귀를 구족하고, 한 마디 음성 속에서 말할 수 없이 말할 수 없는 말을 알며, 한량없고 끝이 없어 가지가지로 차별하더라도 집착함이 없고, 한 음성에서와 같이 일체 음성에서도 역시 그러합니다.

집착이 없고 속박이 없이 해탈한 마음으로 보현의 지혜를 닦고 보현의 행을 일으켜 보현의 지위에 머물고, 낱낱 법 가운데서 말할 수 없이 말할 수 없는 법을 연설하거든, 그 법이 광대하여 가지가지로 차별하며, 교화하고 거두어주는 것이 부사의한 방편과 서로 응하며, 한량없는 시간과 모든 시간에서 중생들이 가진 욕망과 지혜를 따르며 근성을 따르고 시기를 따라서 부처님의 음성으로 법을 말하되, 한 마디 묘한 음성으로써 말할 수 없는 도량의 대중과 한량없는 중생을 모두 환희케 하며, 모든 여래의 처소에 있는 한량없는 보살이 법계에 가득하여 수승한 뜻을 세우고 광대한 소견을 내어 필경에 모든 행을 알며, 보현의 지위에 있으면서 말하는 법을 따라 잠깐잠깐 동안에 능히 증득하며, 한 찰나 동안에 한량없고 말할 수 없이 말할 수 없는 큰 지혜를 증장하되, 미래의 겁이 끝나도록 이렇게 연설하며, 일체 세계에서 허공과 같이 광대한 행을 닦아서 원만하게 성취합니다.

집착이 없고 속박이 없이 해탈한 마음으로 보현의 여러 근을 아는 행을 닦아서 큰 행의 왕[大行王]을 이루고, 낱낱 근에서 한량없는 근과 한량없는 마음으로 좋아함과 부사의한 경계로 생기는 묘한 행을 모두 압니다.

집착이 없고 속박이 없이 해탈한 마음으로써 보현의 행으로 크게 회향하는 마음에 머물러서, 색色에 매우 미세한 지혜와, 몸에 매우 미세한 지혜와, 세계에 매우 미세한 지혜와, 겁에 매우 미세한 지혜와, 세상에 매우 미세한 지혜와, 방위에 매우 미세한 지혜와, 시간에 매우 미세한 지혜와, 수數에 매우 미세한 지혜와, 청정한 데 매우 미세한 지혜를 얻나니, 이렇게 일체 미세한 것을 잠깐 동안에 모두 알지만, 마음이 공포하지도 않고 미혹하지도 않고 착란하지도 않고 산란하지도 않고 흐리지도 않고 용렬하지도 아니하며, 마음이 한 가지를 반연하고 마음이 잘 고요하고 마음이 잘 분별하고 마음이 잘 머뭅니다.

집착이 없고 속박이 없이 해탈한 마음으로 보현의 지혜에 머물러 보현의 행을 닦으면서 게으르지 아니하면 일체 중생의 갈래가 매우 미세함과, 중생의 죽는 것이 매우 미세함과, 중생의 나는 것이 매우 미세함과, 중생의 머무름이 매우 미세함과, 중생의 처소가 매우 미세함과, 중생의 종류〔品類〕가 매우 미세함과, 중생의 경계가 매우 미세함과, 중생의 행이 매우 미세함과, 중생의 취함〔取〕이 매우 미세함과 중생의 반연함이 매우 미세함을 능히 아나니, 이러한 여러 가지 매우 미세한 것을 잠깐 동안에 능히 압니다.

집착이 없고 속박이 없이 해탈한 마음으로 깊은 서원을 세우고 보현의 행을 닦으면, 일체 보살이 처음 발심한 때부터 일체 중생을 위하여 보살의 수행이 매우 미세함과, 보살의 있는 곳이 매우 미세함과, 보살의 신통이 매우 미세함과, 보살이 무량한 부처님 세계에 노니는 것이 매우 미세함과, 보살의 법의 광명이 매우 미세함과, 보살의 청정한 눈이 매우 미세함과, 보살이 훌륭한 마음을 성취함이 매우 미세함과, 보살이 일체 여래의 대중이 모인 도량에 나아감이 매우 미세함과, 보살의 다라니문의 지혜가 매우 미세함과, 보살이 한량없이 두려움이 없는 자리에서 일체 변재로 연설함이 매우 미세함을 능히 압니다.

　또 보살의 한량없는 삼매가 매우 미세함과, 보살이 모든 부처님을 보는 삼매의 지혜가 매우 미세함과, 보살의 매우 깊은 삼매의 지혜가 매우 미세함과, 보살의 대장엄삼매大莊嚴三昧의 지혜가 매우 미세함과, 보살의 법계삼매의 지혜가 매우 미세함과, 보살의 대자재신통삼매의 지혜가 매우 미세함과, 보살이 오는 세상이 끝나도록 광대한 행에 머물러 유지하는 삼매의 지혜가 매우 미세함과 보살의 무량한 차별 삼매를 내는 지혜가 매우 미세함과, 보살이 모든 부처님 앞에 나서 부지런히 공양을 차리어 항상 버리지 않는 삼매의 지혜가 매우 미세함과, 보살이 모든 깊고 넓고 장애가 없는 삼매를 수행하는 지혜가 매우 미세함과, 보살이 온갖 지혜의 자리〔一切智地〕와 행에 머물러 유지하는 지혜의 자리〔住持行智地〕와 큰 신통의 자리〔大神通地〕와 결정한 이치의 자리〔決定義地〕에 끝까지 이르러 장애를 여의는 삼매의 지혜가 매우 미세함을 아는 것이니, 이런 여러 가지 매우 미세한 것을 모두 다 압니다.

　집착이 없고 속박이 없이 해탈한 마음으로 보현의 행을 닦아서, 일체 보살의 나란히 정돈하는 지혜가 매우 미세함과, 보살의 지위가 매우 미세함과, 보살의 한량없는 행이 매우 미세함과, 보살이 회향함을 내는 것이 매우 미세함과, 보살이 일체 부처님의 장藏을 얻음이 매우 미세함과, 보살의 관찰하는 지혜가 매우 미세함과, 보살의 신통과 원력願力이 매우 미세함과, 보살의 연설하는 삼매가 매우 미세함과, 보살의 자재한 방편이 매우 미세함과, 보살의 인印이 매우 미세함과, 보살의 일생보처一生補處가 매우 미세함을 다 압니다.

　또 보살이 도솔천兜率天에 나는 것이 매우 미세함과, 보살이 천궁에 머무름이 매우 미세함과, 보살이 국토를 장엄함이 매우 미세함과, 보살이 인간 세상을 관찰함이 매우 미세함과, 보살이 큰 광명을 놓는 것이 매우 미세함과, 보살의 종족이 훌륭함이 매우 미세함과, 보살의 도량에 모인 대중이 매우 미세함과, 보살이 일체 세계에 태어남이 매우 미세함과, 보살이 한 몸에 모든 몸을 나타내어 목숨을 마침이 매우 미세함을 다 압니다.

또 보살이 어머니 태에 드는 것이 매우 미세함과, 보살이 어머니 태에 머무는 것이 매우 미세함과, 보살이 어머니 태 속에서 모든 법계의 도량에 모인 대중을 자재하게 나타내는 것이 매우 미세함과 보살이 어머니 태 속에서 모든 부처님의 신통력을 보이는 것이 매우 미세함과, 보살이 탄생하는 일을 보이는 것이 매우 미세함과, 보살이 사자처럼 일곱 걸음을 다니는 지혜가 매우 미세함과, 보살이 왕궁에 거처하는 공교한 방편의 지혜가 매우 미세함과, 보살이 출가하여 조복하는 행이 매우 미세함과, 보살이 보리수 아래 도량에 앉으심이 매우 미세함과, 보살이 마군의 무리를 깨뜨리고 아뇩다라삼먁삼보리阿耨多羅三藐三菩提를 이루심이 매우 미세함을 다 압니다.

또 여래께서 보리좌에 앉아서 큰 광명을 놓아 시방세계를 비추는 일이 매우 미세함과, 여래께서 무량한 신통 변화를 나타내심이 매우 미세함과, 여래께서 사자후로 크게 열반하심이 매우 미세함과, 여래께서 일체 중생을 조복하는 데 장애가 없음이 매우 미세함과, 여래의 부사의하게 자재한 힘과 금강 같은 보리심이 매우 미세함과, 여래께서 일체 세간의 경계를 두루 호념하심이 매우 미세함과 여래께서 일체 세계에서 불사를 지으며 오는 세월이 끝나도록 쉬지 않으심이 매우 미세함과, 여래의 걸림 없는 신통력으로 법계에 두루하심이 매우 미세함과, 여래께서 온 허공의 일체 세계에서 성불함을 나타내어 중생을 조복함이 매우 미세함과, 여래께서 한 몸에 한량없는 부처님의 몸을 나타내심이 매우 미세함과, 여래께서 과거·미래·현재의 삼세에서 모두 도량에 계시어서 자재한 지혜가 매우 미세함을 다 압니다.

 이와 같이 일체 미세한 것을 다 분명히 알고 청정함을 성취하여 일체 세간에 두루 나타내며, 잠깐잠깐 동안에 지혜를 증장하고 원만히 하여 물러가지 아니하며, 교묘한 방편으로 보살의 행을 닦으매 쉬는 일이 없어 보현의 회향하는 자리를 성취하며, 일체 여래의 공덕을 구족하였으되 보살의 행할 것을 영원히 버리지 아니하며, 보살의 눈앞의 경계를 내어 한량없는 방편을 모두 청정히 하며, 일체 중생을 모두 편안케 하려고 보살의 행을 닦으며, 보살의 큰 위덕을 성취하여 보살들의 마음으로 좋아함을 얻으며, 금강당의 회향하는 문을 얻고 법계의 모든 공덕장을 내어, 항상 부처님의 호념하는 바가 됩니다.

 보살들의 깊고 묘한 법문에 들어가서 모든 진실한 뜻을 연설하며, 법에 매우 교묘하여 어기는 일이 없으며, 큰 서원을 내어 중생을 버리지 아니하며, 한 생각 동안에 모든 마음의 처지〔心地〕와 마음이 아닌 처지〔非心地〕의 경계의 장藏을 다 알고, 마음이 아닌 곳에 마음을 일부러 내되 말하는 것을 멀리 여의고 지혜에 편안히 머물며, 보살의 행하는 수행과 같이 하여 자재한 힘으로 불도를 이룸을 보이되 오는 세월이 끝나도록 쉬지 아니하며, 일체 세간과 중생과 겁 따위의 망상과 말로써 건립建立하는 것을 신통과 원력으로 모두 나타내어 보입니다.

 집착이 없고 속박이 없이 해탈한 마음으로 보현의 행을 닦아서 일체 중생계界의 매우 미세한 지혜를 얻나니, 이른바 중생계의 분별에 매우 미세한 지혜와, 중생계의 말에 매우 미세한 지혜와, 중생계의 집착에 매우 미세한 지혜와, 중생계의 다른 종류에 매우 미세한 지혜와, 중생계의 같은 종류에 매우 미세한 지혜와, 중생계의 한량없는 갈래에 매우 미세한 지혜와, 중생계의 부사의한 가지가지 분별하여 짓는 데 매우 미세한 지혜와, 중생계의 한량없이 더러운 데 매우 미세한 지혜와, 중생계의 한량없이 청정한 데 매우 미세한 지혜입니다.

　이러한 일체 중생계의 경계가 미세한 것을 잠깐 동안에 지혜로써 사실대로 알아서 중생들을 널리 포섭하고 법을 말하여 가지가지 청정한 법문을 일러 주며, 보살의 광대한 지혜를 닦게 하고 화신化身이 한량이 없어 보는 이들로 환희케 하며, 지혜의 햇빛으로 보살의 마음을 비추어 그들을 깨닫게 하여 지혜가 자재하게 합니다.

　집착이 없고 속박이 없이 해탈한 마음으로 일체 중생을 위하여 모든 세계에서 보현의 행을 닦아, 온 허공계와 법계의 일체 세계에 대하여 매우 미세한 지혜를 얻나니, 이른바 작은 세계의 매우 미세한 지혜, 큰 세계의 매우 미세한 지혜, 더러운 세계의 매우 미세한 지혜, 청정한 세계의 매우 미세한 지혜, 견줄 데 없는 세계의 매우 미세한 지혜, 가지가지 세계의 매우 미세한 지혜, 넓은 세계의 매우 미세한 지혜, 좁은 세계의 매우 미세한 지혜, 걸림 없이 장엄한 세계의 매우 미세한 지혜 들입니다.

　또 일체 세계에 두루하게 부처님께서 출현하시는 데 매우 미세한 지혜, 일체 세계에 두루하여 바른 법을 연설하는 데 매우 미세한 지혜, 일체 세계에 두루하여 몸을 나타내는 데 매우 미세한 지혜, 일체 세계에 두루하여 큰 광명을 놓는 데 매우 미세한 지혜, 일체 세계가 끝나는 데까지 부처님의 자재한 신통을 나타내는 매우 미세한 지혜, 일체 세계가 끝나는 데까지 한 음성으로 일체 음성을 보이는 매우 미세한 지혜, 일체 세계에 있는 모든 부처님 국토의 도량에 모인 대중 가운데 들어가는 매우 미세한 지혜, 일체 법계의 부처님 세계로 한 부처님 세계를 만드는 매우 미세한 지혜, 한 부처님 세계로 일체 법계의 부처님 세계를 만드는 매우 미세한 지혜 들입니다.

　또 일체 세계가 꿈과 같음을 아는 매우 미세한 지혜며, 일체 세계가 영상과 같음을 아는 매우 미세한 지혜며, 일체 세계가 요술과 같음을 아는 매우 미세한 지혜 들입니다.

 이렇게 알고는 일체 보살의 도를 내며, 보현의 행과 지혜와 신통에 들어가서 보현의 관찰을 갖추어 보살의 행 닦기를 쉬지 아니하며, 모든 부처님의 자재한 신통 변화를 얻고 걸림 없는 몸을 갖추어 의지함 없는 지혜에 머물며, 여러 선한 법에 집착함이 없고 마음이 행하는 대로 얻을 것이 없으며, 모든 처소를 멀리 여의는 생각을 내고 보살의 행을 깨끗이 닦을 생각을 일으키고 온갖 지혜를 취하려는 생각이 없으며, 여러 삼매로 스스로 장엄하고 지혜로 모든 법계에 따릅니다.

 집착이 없고 속박이 없이 해탈한 마음으로 보현보살의 수행하는 문에 들어가서, 한량없는 법계의 매우 미세한 지혜와 일체 법계를 연설하는 매우 미세한 지혜와 광대한 법계에 들어가는 매우 미세한 지혜와, 부사의한 법계를 분별하는 매우 미세한 지혜와, 일체 법계를 분별하는 매우 미세한 지혜와, 잠깐 동안에 일체 법계에 들어가는 매우 미세한 지혜와, 일체 법계에 두루 들어가는 매우 미세한 지혜와, 일체 법계가 얻을 것 없음을 아는 매우 미세한 지혜와, 일체 법계가 걸릴 것 없음을 관찰하는 매우 미세한 지혜와, 일체 법계가 나는 것이 없음을 아는 매우 미세한 지혜와, 일체 법계에 신통 변화를 나타내는 매우 미세한 지혜를 얻습니다.

 이러한 일체 법계의 매우 미세한 것을 광대한 지혜로 다 사실과 같이 알고, 법에 자재하게 보현의 행을 보이어서 중생들로 하여금 모두 만족케 하며, 이치를 버리지도 않아 평등하고 걸림이 없는 지혜를 내어 걸림이 없는 근본을 알며, 일체 법에 머무르지도 않고 법의 성품을 깨뜨리지도 않으며, 실상과 같이 물들지 않음이 허공과 같으며, 세간을 따라서 말을 일으키고 진실한 이치를 펼쳐 놓아 적멸한 성품을 보이며,

모든 경계에 의지함도 없고 머물지도 않고 분별도 없지만 법계가 광대하게 나란히 건립된 것을 분명히 보며, 여러 세간과 모든 법이 평등하고 둘이 없는 줄을 알아서 모든 집착을 여의었습니다.

집착이 없고 속박이 없이 해탈한 마음으로 보현의 행을 닦아 모든 겁에 매우 미세한 지혜를 내나니, 이른바 말할 수 없는 겁으로 한 생각을 삼는 매우 미세한 지혜·한 생각으로 말할 수 없는 겁을 삼는 매우 미세한 지혜·아승기겁을 한 겁에 넣는 매우 미세한 지혜·한 겁을 아승기겁에 넣는 매우 미세한 지혜·긴 겁을 짧은 겁에 넣는 매우 미세한 지혜·짧은 겁을 긴 겁에 넣는 매우 미세한 지혜·부처님 있는 겁을 부처님 없는 겁에 들이는 매우 미세한 지혜·일체 겁의 수효를 아는 매우 미세한 지혜·일체 겁과 겁이 아닌 것을 아는 매우 미세한 지혜·한 생각 가운데 삼세의 모든 겁을 보는 매우 미세한 지혜 들입니다.

이러한 모든 겁에 매우 미세한 것을 여래의 지혜로써 한 생각 동안에 다 실상과 같이 알고는, 모든 보살이 행을 원만하는 마음과 보현의 행에 들어가는 마음과, 일체를 분별하는 외도의 희롱거리 언론을 여의는 마음과, 큰 원을 내고 쉬지 아니하는 마음과 한량없는 세계에 한량없는 부처님께서 충만함을 모두 보는 마음과, 부처님의 선근과 보살의 행을 듣고 지니는 마음과, 일체 중생을 위로하는 광대한 행을 듣고 지니는 마음과, 일체 중생을 위로하는 광대한 행을 듣고 잊지 않는 마음과, 일체 겁에 부처님께서 출세하심을 나타내는 마음과, 낱낱 세계에서 오는 세월이 끝나도록 동요하지 않는 행을 닦아 쉬지 않는 마음과, 일체 세계에서 여래의 몸으로 짓는 업이 보살의 몸에 충만하는 마음을 얻습니다.

집착이 없고 속박이 없이 해탈한 마음으로 보현의 행을 닦아 퇴전치 아니하면 일체 법에 매우 미세한 지혜를 얻나니, 이른바 깊고 깊은 법에 매우 미세한 지혜와, 광대한 법에 매우 미세한 지혜와, 가지가지 법에 매우 미세한 지혜와, 장엄한 법에 매우 미세한 지혜와, 일체 법이 한량이 없는 데 매우 미세한 지혜와, 일체 법이 한 법에 들어가는 데 매우 미세한 지혜와, 한 법이 일체 법에 들어가는 데 매우 미세한 지혜와, 일체 법이 법 아닌 데 들어가는 매우 미세한 지혜와, 법이 없는 가운데 일체 법을 나란히 건립하되 어기지 않는 매우 미세한 지혜와, 일체 불법의 방편에 들어가서 남김이 없는 매우 미세한 지혜 들입니다.

이러한 일체 세계에 모든 말로 건립한 법에 대한 미세한 지혜는 그것들과 동등하고 그 지혜는 걸림이 없어 모두 사실과 같이 알며, 그지없는 법계에 들어가는 마음을 얻고, 낱낱 법계에 깊은 마음으로 굳게 머물러 걸림 없는 행을 이루며, 온갖 지혜가 여러 근에 가득하고, 부처님의 지혜에 들어가 바로 생각하는 방편으로 부처님의 광대한 공덕을 성취하며, 법계에 가득하게 일체 여래의 몸에 들어가서 보살들의 몸으로 짓는 업을 나타내며, 모든 세계의 말을 따라서 법을 연설하며, 모든 부처님의 신통력으로 가피한 지혜의 업으로 한량없는 교묘한 방편을 내어 모든 법을 분별하는 살바야 지혜〔薩婆若智〕를 얻습니다.

집착이 없고 속박이 없이 해탈한 마음으로 보현의 행을 닦아 매우 미세한 일체 지혜를 내나니, 이른바 일체 세계를 아는 매우 미세한 지혜·일체 중생을 아는 매우 미세한 지혜·일체 법의 과보를 아는 매우 미세한 지혜·일체 중생의 마음을 아는 매우 미세한 지혜·일체의 설법說法할 때를 아는 매우 미세한 지혜·일체 법계를 아는 매우 미세한 지혜·온 허공계의 모든 삼세를 아는 매우 미세한 지혜·모든 말하는 길〔言語道〕을 아는 매우 미세한 지혜·일체 세간의 행을 아는 매우 미세한 지혜·일체 출세간의 행을 아는 매우 미세한 지혜입니다.

내지 일체 여래의 도와 일체 보살의 도와 일체 중생의 도를 아는 매우 미세한 지혜며, 보살의 행을 닦고 보현의 도에 머물러서 글이나 뜻을 모두 실제와 같이 알고는 그림자 같은 지혜를 내며, 꿈과 같은 지혜를 내며, 요술과 같은 지혜를 내며, 메아리와 같은 지혜를 내며, 변화와 같은 지혜를 내며, 허공과 같은 지혜를 내며, 적멸한 지혜를 내며, 일체 법계의 지혜를 내며, 의지한 데 없는 지혜를 내며, 일체 불법의 지혜를 냅니다.

불자들이여, 보살마하살이 집착이 없고 속박이 없이 해탈한 마음으로 회향하되, 세간이나 세간법을 분별하지 않으며, 보리나 보리살타菩提薩埵를 분별하지 않으며, 보살의 행[菩薩行]이나 뛰어나는 도[出離道]를 분별하지 않으며, 부처님이나 모든 부처님의 법을 분별하지 않으며, 중생을 조복하거나 중생을 조복하지 않음을 분별하지 않으며, 선근이나 회향함을 분별하지 않으며, 자신이나 다른 이를 분별하지 않으며, 보시하는 물품이나 보시 받는 이를 분별하지 않으며, 보살의 행이나 등정각等正覺을 분별하지 않으며 법이나 지혜를 분별하지 않습니다.

불자들이여, 보살마하살이 저런 선근으로 이렇게 회향하나니, 이른바 마음에 집착이 없고 속박 없이 해탈하며, 몸에 집착 없고 속박 없이 해탈하며, 입에 집착 없고 속박 없이 해탈하며, 업에 집착 없고 속박 없이 해탈하며, 과보에 집착 없고 속박 없이 해탈하며, 세간에 집착 없고 속박 없이 해탈하며, 부처님 세계에 집착 없고 속박 없이 해탈하며, 중생에 집착 없고 속박 없이 해탈하며, 법에 집착 없고 속박 없이 해탈하며, 지혜에 집착 없고 속박 없이 해탈합니다.

보살마하살이 이렇게 회향할 적에 삼세의 부처님들이 보살로 계실 때에 닦으시던 회향과 같이 회향하나니, 과거의 부처님들의 회향을 배우며, 미래의 부처님들의 회향을 이루며, 현재의 부처님들이 회향에 머물며, 과거 부처님들의 회향하던 길에 편안히 머물며, 미래 부처님들의 회향할 길을 버리지 아니하며, 현재 부처님들의 회향하는 길을 따르며, 과거 부처님들의 가르침을 닦으며, 미래 부처님들의 가르침을 성취하며, 현재 부처님들의 가르침을 알며, 과거 부처님들의 평등을 만족하며, 미래 부처님들의 평등을 성취하며, 현재 부처님들의 평등에 머물며, 과거 부처님들의 경계를 행하며, 미래 부처님들의 경계에 머물며, 현재 부처님들의 경계와 평등하며, 삼세 부처님들의 선근을 얻으며, 삼세 부처님의 종성種性을 갖추며, 삼세 부처님들의 행하심에 머물며, 삼세 부처님들의 경계를 순종합니다.

불자들이여, 이것이 보살마하살의 집착이 없고 속박이 없이 해탈하는 마음인 제9 회향입니다.

보살마하살이 이 회향에 머물렀을 때에는 일체 금강륜위산金剛輪圍山이 깨뜨릴 수 없으며, 일체 중생 중에 몸매가 제일이어서 미칠 이가 없으며, 여러 마군의 삿된 업을 꺾어 버리고 시방세계에 나타나서 보살의 행을 닦으며, 일체 중생을 깨우치기 위하여 좋은 방편으로 불법을 말하여 큰 지혜를 얻게 하며, 여러 부처님의 법이 마음을 미혹하지 않게 합니다.

태어나는 곳마다 다니거나 있을 적에 무너지지 않는 권속을 항상 만나며, 삼세 부처님들의 말씀한 법을 청정한 생각으로 다 받아 지니며, 미래의 겁이 다하도록 보살의 행을 닦아 쉬지도 아니하고 의지하지도 아니하며, 보살의 행과 원을 구족하게 증장하여 온갖 지혜를 얻으며, 부처님의 일을 지어서 보살의 자재한 신통을 성취합니다."

그 때 금강당보살이 부처님의 신력을 받들어 시방을 두루 살펴보고 게송으로 말하였다.

시방의 평등할 이 없는 이에게

한 번도 소홀한 맘 안 일으키고
닦으신 그 공덕과 업을 따라서
공경하고 존중한 맘 다시 내도다.

수행한 여러 가지 있는 공덕을
자기나 다른 이를 위하지 않고
언제나 가장 높은 신심으로써
중생을 이익하려 회향합니다.

잠깐도 교만한 맘 내지 않고
못난 생각들도 내지 않으며
여래의 몸과 말로 하시는 업을
저가 모두 물어서 닦아 익히며,

가지가지 수행하는 여러 선근은
중생을 이익하기 위한 것이니
깊은 마음 광대한 이해理解에 있어
높은 어른 공덕에 회향합니다.

세간에 한량없이 차별한 일과
가지가지 공교롭고 기특한 일에
크고 작고 광대하고 깊은 것들을
모두 다 수행하여 통달합니다.

세간에 가지가지 있는 몸들에

이 몸으로 평등하게 다 들어가고
이렇게 수행하여 깨닫게 되면
지혜문 성취하여 퇴전치 않고,

세간의 국토들이 한량이 없어
작고 크고 잦혀지고 엎어진 것을
보살들이 지혜의 밝은 문으로
한 털구멍 속에서 모두 다 보고

중생의 마음과 행 한량없거늘
평등하게 한 맘 속에 들게 하고서
지혜로써 열어 보여 깨우쳐 주며
수행하는 일에서 퇴전치 않네.

중생의 근성이나 즐기는 욕망
상·중·하품 종류가 각각 다르고
모든 것 매우 깊어 알 수 없으나
근본 성품 따라서 모두 다 알고,

중생들의 짓고 있는 가지가지 업
상·중·하품 제각기 차별한 것을
보살이 여래 힘에 깊이 들어가
지혜의 문으로써 밝게 다 보고,

헤아릴 수 없이 무량한 겁을

한 생각에 평등하게 들게 하나니
이렇게 보고서는 시방에 가득
일체의 청정한 업 닦아 행하고,

과거·미래·현재의 그 모양들이
제각기 다른 것을 분명히 아나
평등한 이치에는 어기지 않아
큰 마음 가진 이가 밝게 통달해,

세계의 중생들 행동이 각각
나타났고 숨었고 한량없거늘
보살이 그 차별을 모두 알지만
모양 없는 그 모양 역시 아니니,

시방세계 수없는 부처님들의
자재하고 신통한 힘 나타내는 일
넓고 커서 헤아릴 수가 없지만
보살들이 능히 다 분별해 알고,

일체 세계 도솔타 하늘 가운데
자연히 깨달으신 사람 중의 사자
공덕이 광대하고 짝없이 청정
그 자체와 모양처럼 모두 보나니,

내려와서 어머니 태에도 들고

한량없이 자재한 신통과 변화
성불하여 설법하고 열반하는 일
세간에 두루하여 쉬지 않으며,

사람 중의 사자가 처음 날 적에
온갖 지혜 있는 이가 모두 받들고
제석천왕 범천왕 하늘 사람들
공경하고 첨앙하지 않는 이 없네.

시방의 모든 곳에 빈틈이 없이
한량없고 그지없는 법계 가운데
멀거나 가깝거나 끝단 데 없이
여래의 자재한 힘 나타내시며,

인간에 높으신 이 탄생하시자
사방으로 일곱 걸음 걸으시면서
묘한 법문 중생을 깨우치려고
여래께서 두루두루 관찰하시다.

중생들이 욕심 바다 빠져 있으며
어리석은 어둠 속에 있음을 보고
사람 중에 자재한 이 히죽이 웃어
저들의 삼계 고통 구하시려고

크고 묘한 사자후 소리를 내어

세간에서 내가 제일 높은 자이니
지혜의 밝은 등불 높이 들어서
생사의 어두움을 말해 버리리.

인간의 사자왕이 세상에 날 때
한량없는 큰 광명 널리 놓아서
나쁜 갈래 모두 다 쉬게 하면서
세간의 모든 고통 아주 멸하고,

어느 때는 왕궁에 계시다가도
홀연히 출가하며 도를 닦으니
중생에 이익 주기 위하심으로
이렇게 자재한 힘 보이시도다.

여래께서 도량에 처음 앉으니
일체의 땅덩어리 모두 다 진동
시방의 모든 세계 광명 비치고
여섯 갈래 중생들 고통 여의며,

마군의 궁전들을 진동하여서
시방의 중생들을 깨우치시니
일찍이 교화받고 수행하던 이
모두 다 진실한 뜻 알게 하시네.

시방에 널려 있는 모든 국토가

털구멍에 들어가고 남지 않는데
온갖 털구멍에 끝없는 세계
그 곳마다 묘한 신통 두루 나타내,

모든 부처님들의 연설하신 법
한량없는 방편을 깨달아 알며
여래가 말씀하지 않은 것까지
모두 알고 부지런히 닦아 익히네.

삼천대천세계에 충만해 있는
수없는 마군들이 싸움을 걸어
지어내는 가지가지 악한 일들을
걸림 없는 지혜로 모두 멸하며,

여래는 불세계(佛刹)에 있기도 하고
혹은 다시 천궁에 나타나시며
범천의 궁전에도 계시는 것을
보살이 모두 보매 장애가 없네.

부처님이 한량없는 몸을 나타내
청정하고 묘한 법륜 굴리시나니
삼세의 일체 겁이 다한다 해도
끝단 데를 구하여 얻을 수 없고,

높고 넓은 사자좌가 비길 데 없어

한량없는 시방세계 가득했는데
가지가지 기묘하게 꾸민 자리에
부처님이 앉으신 일 부사의하고,

수없는 불자들이 둘러 모시고
온 법계에 빈틈없이 두루 했는데
한량없는 보리행을 연설하시니
가장 승한 이들의 말미암는 길,

부처님이 형편 따라 지으시는 일
한량없고 그지없어 법계와 같아
지혜로운 사람은 한 방편으로
온갖 것을 다 알고 남음이 없네.

부처님의 자재하고 신통하신 힘
가지가지 온갖 몸을 나타내시니
여러 갈래 한량없이 태어도 나고
어떤 때는 채녀들이 둘러앉았고,

어떤 적은 한량없이 많은 세계서
출가하여 불도佛道를 성취도 하고
맨 나중에 열반에 드신 뒤에는
사리를 나누어서 탑을 세우며,

이렇게 가지가지 끝없는 행이

부처님 머문 데라 연설하시니
세존께서 소유하신 크나큰 공덕
맹세코 수행하여 끝내 보리라.

저러한 선근으로 회향할 적에
이와 같은 방편법에 머물러 있어
보리행을 이렇게 닦아 익혀도
필경까지 게으른 마음이 없네.

여래께서 가지시는 신통한 힘과
그지없이 수승한 많은 공덕과
세간에 여러 가지 지혜와 행을
온갖 것 모두 다 알아 끝이 다했네.

갖가지 사람 중에 주인 되시는
그들의 간 데마다 있는 경계를
한 생각에 모두 다 깨달아 알고
그래도 보리행을 버리지 않아,

부처님의 소유하신 미세한 행과
모든 세계 가지가지 온갖 법들을
저기에서 모두 다 따라서 알고
필경에 회향하여 저 언덕 가네.

수數가 있고 수가 없는 모든 겁들을

보살은 잠깐인 줄 분명히 알고
거기서 보리행에 잘 들어가서
부지런히 수행하여 퇴전치 않고,

시방에 한량없는 모든 세계가
더러운 것도 있고 깨끗도 한데
거기 계신 수없는 부처님들을
보살이 분별하여 능히 알도다.

헤아릴 수 없이 많은 겁들을
잠깐잠깐 동안에 분명히 보고
이러한 삼세에서 남김이 없이
구족하게 보살도를 닦아 행하며,

일체심一切心에 평등하게 다 들어가고
일체 법에 들어가도 역시 평등해
온 허공의 세계에도 그러하거늘
최승행最勝行을 닦는 이가 모두 다 아네.

중생과 모든 법을 내는 일들과
거기 있는 가지가지 모든 지혜와
보살의 신통력도 또한 그러해
이러한 온갖 것이 다함 없나니,

미세한 모든 지혜 제각기 달라

보살이 다 거두어 남김이 없이
같은 모양 다른 모양 모두 알고서
이러하게 광대한 행 닦아 행하며.

시방에 한량없는 부처님 세계
그 가운데 중생도 한량이 없고
태어나는 종류도 다 다르거늘
주住와 행行의 힘으로 모두 다 아네.

과거·미래·현재의 모든 세상에
나 계시는 일체의 대도사들을
어떤 사람 알고서 회향한다면
저 부처님 수행과 평등하리라.

어떤 이가 이 회향을 닦기만 하면
부처님의 행하신 도 배우게 되고
일체 부처님들의 높은 공덕과
부처님의 지혜를 얻게 되리라.

모든 세간 사람이 파괴 못하고
일체의 배울 것을 다 성취하면
모든 부처님들을 생각하여서
일체 세간 등불을 항상 보리라.

보살들의 수승한 행 측량 못하고

모든 공덕법들도 그러하거늘
여래의 최승행에 머무른 이가
부처님의 자재한 힘 모두 알리라.

대방광불화엄경 제32권

제32권

25. 십회향품 ⑩

11) 제 10 회향 ①

"불자들이여, 무엇을 보살마하살의 법계와 동등한 무량한 회향〔等法界無量廻向〕이라 하는가.

불자들이여, 이 보살마하살은 때 없는 비단으로 정수리에 매고 법사法師의 지위에 있어 법보시를 널리 행하나니, 큰 자비심을 내어 중생들을 보리심에 편안히 있게 하며, 항상 이익할 일을 행하여 쉬지 아니하며, 보리심으로 선근을 기르며, 중생들을 위하여 지도하는 스승〔調御師〕이 되어 중생에게 온갖 지혜로 향하는 길을 보이며, 중생들에게 법장法藏의 해가 되어 선근의 광명으로 일체를 비추며, 중생들에게 마음이 평등하여 여러 가지 선행을 닦아 쉬지 아니하며, 마음이 깨끗하여 물들지 않고 지혜가 자재하여 모든 선근의 도업을 버리지 아니하며, 여러 중생에게 지혜 있는 장사 물주가 되어 그들로 하여금 편안하고 바른 길에 들어가게 하며, 중생들에게 지도하는 우두머리가 되어 모든 선근의 법과 행을 닦게 하며, 중생들에게 깨뜨릴 수 없는 굳건한 선지식이 되어 선근이 자라서 성취케 합니다.

불자들이여, 이 보살마하살은 법보시를 으뜸으로 하여 모든 청정한 법〔淸淨白法〕을 내되, 거두어 주어 온갖 지혜의 마음으로 나아가게 하며, 수승한 원력이 끝까지 견고하며, 성취하고 증장하여 큰 위덕을 구족하며, 선지식을 의지하여 아첨하는 마음이 없으며, 온갖 지혜의 문과 그지없는 경계를 생각하고 관찰합니다.

이 선근으로 이렇게 회향하면서, 원컨대 광대하고 걸림이 없는 일체 경계를 닦아서 성취하고 증장케 하여지이다. 원컨대 부처님의 바른 교법에서 내지 한 구절이나 한 게송만이라도 듣고 받아 지니고 연설할 수 있게 하여지이다. 원컨대 법계와 평등하여 한량없고 그지없는 일체 세계에 과거·미래·현재에 계시는 모든 부처님을 생각하게 하며, 생각하고는 보살의 행을 닦게 하여지이다.

원컨대 부처님을 생각한 선근으로 한 중생을 위하여 한 세계에서 오는 세상이 끝나도록 보살의 행을 닦게 하며, 한 세계에서와 같이 온 법계와 허공계의 일체 세계에서도 다 그와 같이하며, 한 중생을 위한 것과 같이 일체 중생을 위하여서도 역시 그러하며, 선한 방편으로 낱낱이 다 오는 세상이 끝나도록 큰 서원으로 장엄하여 끝까지 부처님과 선지식을 떠날 생각이 없게 하오며, 항상 부처님들이 앞에 나타나심을 보며, 한 부처님이라도 세상에 출현하실 적에 친근치 못함이 없게 하여지이다 합니다.

모든 부처님과 보살들이 찬탄하고 말씀하신 청정한 범행梵行을 서원하고 수행하여 원만케 하리니, 이른바 깨지지 아니한〔不破〕 범행·결여되지 아니한〔不缺〕 범행·잡란치 아니한〔不雜〕 범행·티 없는〔無點〕 범행·실수 없는(無失) 범행·가리울 수 없는(無能蔽) 범행·부처님께서 칭찬하는(佛所讚) 범행·의지한 데 없는(無所依) 범행·얻을 것 없는(無所得) 범행·보살의 청정행을 더하게 하는(增益菩薩淸淨行) 범행·삼세의 부처님께서 행하시던(三世諸佛所行) 범행·걸림이 없는(無礙) 범행·집착이 없는(無著) 범행·다툼이 없는(無諍) 범행·멸하지 않는(無滅) 범행·편안히 머무는(安住) 범행·비길 데 없는(無比) 범행·동하지 않는(無動) 범행·산란치 않는(無亂) 범행·성냄이 없는(無恚) 범행입니다.

 불자들이여, 보살마하살이 만일 자기를 위하여 이렇게 청정한 범행을 수행하면 곧 능히 일체 중생을 위하게 되나니, 일체 중생으로 다 편안히 머물게 하며, 일체 중생을 다 알게 하며, 일체 중생을 다 성취케 하며, 일체 중생을 다 청정케 하며, 일체 중생을 다 때가 없게 하며, 일체 중생을 다 밝게 비추게 하며, 일체 중생으로 하여금 티끌을 여의게 하며, 일체 중생으로 하여금 막힘이 없게 하며, 일체 중생으로 하여금 번뇌를 여의게 하며, 일체 중생으로 하여금 속박을 여의게 하며, 일체 중생으로 하여금 나쁜 일을 여의게 하며, 일체 중생으로 하여금 모든 해침이 없고 필경까지 청정케 합니다.

 무슨 까닭인가, 보살마하살은 자기의 범행이 청정치 못하면 다른 이로 하여금 청정을 얻게 하지 못하며, 자기가 범행에서 물러나면 다른 이로 하여금 물러남이 없게 하지 못하며, 자기가 범행에 잘못되면 다른 이의 잘못됨을 없게 하지 못하며, 자기가 범행에서 멀리 떠나면 다른 이로 하여금 떠나지 않게 하지 못하며, 자기가 범행에 게으르면 다른 이를 게으르지 않게 하지 못하며, 자기가 범행을 믿지 않으면 다른 이를 믿게 하지 못하며, 자기가 범행에 편안히 머무르지 않고는 다른 이를 편안히 머물게 하지 못하며, 자기가 범행을 증득하지 못하고는 다른 이의 마음이 증득케 하지 못하며, 자기가 범행을 버리고는 다른 이를 버리지 않게 하지 못하며, 자기가 범행에 흔들리고는 다른 이의 마음을 흔들리지 않게 하지 못합니다.

　무슨 까닭인가. 보살마하살이 전도顚倒됨이 없는 행에 머물러 전도됨이 없는 법을 말하여야 말하는 것이 진실하여 말한 대로 수행하며, 몸과 입과 뜻이 깨끗하여 더러움을 여의고, 걸림이 없는 행에 머물러 일체 업장業障을 멸합니다. 보살마하살이 스스로 깨끗한 마음을 얻고야 다른 이에게 마음이 청정한 법을 연설하며, 스스로 화평하고 참아서 선근으로 마음을 조복하고야 다른 이로 하여금 화평하고 참아서 선근으로 마음을 조복케 하며, 스스로 의혹을 여의고야 다른 이에게 의혹을 여의게 하며, 스스로 깨끗한 신심을 얻고야 다른 이에게 깨끗한 신심을 깨뜨리지 않게 하며, 자기가 바른 법에 머물고야 다른 이에게 바른 법에 머물게 합니다.

　불자들이여, 보살마하살은 법보시로 생긴 선근을 이렇게 회향하나니, 원컨대 내가 여러 부처님의 무진한 법문을 얻고, 중생들에게 분별하고 해설하며, 모두 환희하여 마음이 만족케 하며, 일체 외도의 다른 논리를 부수어지이다. 내가 능히 일체 중생에게 삼세의 부처님 법을 연설하되, 낱낱 법이 생기는 데와 낱낱 법의 이치와 낱낱 법의 이름과 낱낱 법의 안립과 낱낱 법의 해설과 낱낱 법의 나타냄과 낱낱 법의 문호門戶와 낱낱 법의 깨달음과 낱낱 법의 관찰과 낱낱 법의 분위分位에서 끝없고 다함 없는 법장을 얻고는 두려움이 없어지며, 네 가지 변재를 구족하고, 중생을 위하여 분별하며 해설하되, 오는 세월이 끝나도록 다함이 없어지이다 합니다.

　일체 중생으로 하여금 훌륭한 뜻과 원을 세우고 걸림이 없고 과오가 없는 변재를 내게 하려는 것이며, 일체 중생으로 하여금 다 환희케 하려는 것이며, 일체 중생으로 하여금 모든 깨끗한 법의 광명을 성취하고 여러 종류의 음성을 따라 끊임없이 연설케 하려는 것이며, 일체 중생으로 하여금 깊이 믿고 환희하며 온갖 지혜에 머물러서 여러 가지 법을 분명히 해명하여 미혹이 없게 하려는 것입니다.

생각하기를, 내가 마땅히 일체 세계에서 중생들을 위하여 부지런히 수행하여 법계에 두루하게 한량없이 자재한 몸을 얻으리라. 법계에 두루하게 한량없이 광대한 마음을 얻으리라. 법계와 동등하게 한량없이 청정한 음성을 갖추리라. 법계와 동등하게 한량없는 대중이 모인 도량을 나타내리라. 법계와 동등한 한량없는 보살의 업을 닦으리라. 법계와 동등한 한량없는 보살의 머무는 데를 얻으리라. 법계와 동등한 한량없는 보살의 평등함을 증득하리라. 법계와 동등한 한량없는 보살의 법을 배우리라. 법계와 동등한 한량없는 보살의 행에 머무르리라. 법계와 동등한 한량없는 보살의 회향에 들어가리라 합니다.

이것이 보살마하살이 여러 선근으로 회향함이니, 중생으로 하여금 온갖 지혜(一切智)를 모두 성취케 하려는 것입니다.

불자들이여, 보살마하살은 다시 선근으로 이렇게 회향하나니, 이른바 법계와 동등한 한량없는 부처님을 보려는 것이며, 법계와 동등한 한량없는 중생을 조복하려는 것이며, 법계와 동등한 한량없는 부처님 세계에 머물려는 것이며, 법계와 동등한 한량없는 보살의 지혜를 증득하려는 것이며, 법계와 동등한 한량없는 두려움 없음을 얻으려는 것이며, 법계와 동등한 한량없는 보살의 다라니를 이루려는 것이며, 법계와 동등한 한량없는 보살이 부사의하게 머무는 데를 얻으려는 것이며, 법계와 동등한 한량없는 공덕을 갖추려는 것이며, 법계와 동등한 한량없는 중생을 이익하는 선근을 만족하려는 것입니다.

또 원컨대 이 선근 인연으로써 내가 복덕이 평등하고 지혜가 평등하고 힘이 평등하고 두려움 없음이 평등하고 청정함이 평등하고 자재함이 평등하고 바른 깨달음이 평등하고 설법이 평등하고 이치가 평등하고 결정함이 평등하고 일체 신통이 평등함을 얻어 이런 법들이 모두 원만하며, 내가 얻는 것처럼 일체 중생도 이와 같이 얻어서 나와 다름이 없어지이다 합니다.

불자들이여, 보살마하살은 다시 선근으로 이렇게 회향하나니, 이른바 법계가 한량이 없는 것처럼 선근으로 회향함도 그와 같아서 얻는 지혜가 한량이 없어지이다. 법계가 끝없는 것처럼 선근의 회향도 그와 같아서 일체 부처님을 뵈옴이 끝없어지이다. 법계가 제한이 없는 것처럼 선근의 회향도 그와 같아서 부처님의 세계에 나아감이 제한이 없어지이다. 법계가 끝〔際〕이 없는 것처럼 선근의 회향도 그와 같아서 일체 세계에서 보살의 행을 닦는 것이 끝이 없어지이다. 법계가 단절함이 없는 것처럼 선근의 회향도 그와 같아서 온갖 지혜에 머물러 단절함이 없어지이다.

법계가 한 성품인 것처럼 선근의 회향도 그와 같아서 일체 중생과 더불어 지혜의 성품이 한결같아지이다. 법계의 성품이 청정한 것처럼 선근의 회향도 그와 같아서 일체 중생으로 하여금 필경까지 청정케 하여지이다. 법계가 따라 순종하는 것처럼 선근의 회향도 그와 같아서 일체 중생으로 하여금 모두 보현의 행과 원을 따르게 하여지이다. 법계가 장엄한 것처럼 선근의 회향도 그와 같아서 일체 중생으로 하여금 보현의 행과 원으로 장엄하여지이다. 법계가 깨뜨릴 수 없는 것처럼 선근의 회향도 그와 같아서 보살들로 하여금 모든 청정한 행을 영원히 깨뜨리지 말게 하여지이다 합니다.

불자들이여, 보살마하살은 다시 이 선근으로 이렇게 회향하나니, 이른바 원컨대 이 선근으로 모든 부처님과 보살을 받들어 섬겨서 환희케 하여지이다. 이 선근으로 온갖 지혜의 성품에 빨리 들어가지이다. 이 선근으로 모든 곳에 두루하여서 온갖 지혜를 닦아지이다. 이 선근으로 일체 중생으로 하여금 여러 부처님 계신 데 항상 가서 문안하여지이다. 이 선근으로 일체 중생으로 하여금 항상 부처님을 뵙고 불사를 짓게 하여지이다. 이 선근으로 일체 중생으로 하여금 항상 부처님을 뵈며 부처님 일에 태만한 마음을 내지 말아지이다. 이 선근으로 일체 중생으로 하여금 항상 부처님을 뵙고 마음이 청정하여 퇴전하지 말아지이다.

이 선근으로 일체 중생으로 하여금 항상 부처님을 뵙고 마음에 잘 이해하여지이다. 이 선근으로 일체 중생으로 하여금 항상 부처님을 뵙고 집착을 내지 말아지이다. 이 선근으로 일체 중생으로 하여금 항상 부처님을 뵙고 걸림 없음을 통달하여지이다. 이 선근으로 일체 중생으로 하여금 항상 부처님을 뵙고 보현의 행을 이루어지이다. 이 선근으로 일체 중생으로 하여금 항상 부처님이 앞에 계심을 뵙고 잠시도 떠나는 때가 없어지이다. 이 선근으로 일체 중생으로 하여금 항상 부처님을 뵙고 보살의 한량없는 힘을 내게 하여지이다. 이 선근으로 일체 중생으로 하여금 항상 부처님을 뵙고 모든 법을 영원히 잊지 말아지이다 합니다.

불자들이여, 보살마하살은 또 선근으로 이렇게 회향하나니, 이른바 법계의 일어남이 없는 성품과 같으려고 회향하며, 법계의 근본 성품과 같으려고 회향하며, 법계의 자체의 성품과 같으려고 회향하며, 법계의 의지함이 없는 성품과 같으려고 회향하며, 법계의 잊어버림이 없는 성품과 같으려고 회향하며, 법계의 공하여 없는 성품과 같으려고 회향하며, 법계의 고요한 성품과 같으려고 회향하며, 법계의 처소가 없는 성품과 같으려고 회향하며, 법계의 변동이 없는 성품과 같으려고 회향하며, 법계의 차별이 없는 성품과 같으려고 회향합니다.

불자들이여, 보살마하살은 다시 법보시로써 펴서 보이고 깨우쳐주고 또 그것으로 생긴 모든 선근으로 이렇게 회향하나니, 이른바 일체 중생으로 하여금 보살법사菩薩法師가 되어 항상 부처님들의 호념하심을 받아지이다. 일체 중생으로 하여금 위없는 법사(無上法師)가 되어 일체 중생을 온갖 지혜에 나란히 있게 하여지이다. 일체 중생으로 하여금 굽히지 않는 법사(無屈法師)가 되어 어떠한 문난問難으로도 막히게 할 수 없어지이다. 일체 중생으로 하여금 걸림이 없는 법사(無礙法師)가 되어 일체 법에 걸림이 없는 광명을 얻어지이다. 일체 중생으로 하여금 지혜의 장(智藏)인 법사가 되어 모든 부처님의 법을 교묘하게 말하여지이다. 일체 중생으로 하여금 여래의 자재한 법사가 되어 여래의 지혜를 잘 분별하여지이다.

일체 중생으로 하여금 눈과 같은(如眼) 법사가 되어 실상과 같은 법을 말하되 다른 이의 가르침을 말미암지 않게 하여지이다. 일체 중생으로 하여금 모든 불법을 기억하는(憶持) 법사가 되어 이치대로 연설하되 구절과 뜻을 어기지 않게 하여지이다. 일체 중생으로 하여금 형상이 없는 도(無相道)를 수행하는 법사가 되어 묘한 모습으로 스스로 장엄하고 한량없는 광명을 놓아 모든 법에 잘 들어가지이다. 일체 중생으로 하여금 몸이 큰 법사가 되어 그 몸이 모든 국토에 두루하여 큰 법구름을 일으켜 불법을 내려지이다. 일체 중생으로 하여금 법장을 두호하는 법사가 되어 이길 이 없는 당기(無勝幢)를 세우고 불법을 보호하여 바른 법이 이지러짐이 없게 하여지이다. 일체 중생으로 하여금 모든 법의 햇빛(法日)인 법사가 되어 부처님의 변재를 얻어 법을 연설하여지이다. 일체 중생으로 하여금 묘한 음성의 방편 법사가 되어 끝이 없는 법계장을 잘 말하여지이다. 일체 중생으로 하여금 법의 저 언덕에 가는 법사가 되어 지혜의 신통으로 정법장正法藏을 열어지이다. 일체 중생으로 하여금 바른 법에 편안히 머무는 법사가 되어 여래의 구경究竟의 지혜를 연설하여지이다. 일체 중생으로 하여금 모든 법을 통달하는 법사가 되어 무량

무진한 공덕을 말하여지이다. 일체 중생으로 하여금 세간을 속이지 않는 법사가 되어 능히 방편으로써 실제實際에 들어가게 하여지이다. 일체 중생으로 하여금 마군들을 깨뜨리는 법사가 되어 모든 마군의 업을 깨달아지이다. 일체 중생으로 하여금 부처님께서 거두어 주시는 법사가 되어 나와 내 것에 포섭되는 마음을 여의어지이다. 일체 중생으로 하여금 모든 세간을 편안케 하는 법사가 되어 보살의 설법하는 원력을 성취하여지이다 합니다.

불자들이여, 보살마하살이 다시 선근으로 이렇게 회향하나니, 이른바 업에 집착하여서 회향함이 아니며, 과보〔報〕에 집착하여서 회향함이 아니며, 마음에 집착하여서 회향함이 아니며, 법에 집착하여서 회향함이 아니며, 일에 집착하여서 회향함이 아니며, 인因에 집착하여서 회향함이 아니며, 말과 음성에 집착하여서 회향함이 아니며, 명사名辭와 구절과 글자에 집착하여서 회향함이 아니며, 중생을 이익하는 데 집착하여서 회향함이 아닙니다.

불자들이여, 보살마하살은 다시 선근으로 이렇게 회향하나니, 이른바 색의 경계를 즐겨서 회향함이 아니며, 소리·향기·맛·닿임·법진의 경계〔法境界〕를 즐겨서 회향함이 아니며, 하늘에 나기를 구하여서 회향함이 아니며, 욕락을 구하여서 회향함이 아니며, 욕심의 경계를 탐하여서 회향함이 아니며, 권속을 구하여서 회향함이 아니며, 자재함을 구하여서 회향함이 아니며, 생사의 낙을 구하여서 회향함이 아니며, 생사에 집착하여서 회향함이 아니며, 모든 유有를 즐겨서 회향함이 아니며, 즐겨할 만한 곳을 구하여서 회향함이 아니며, 독해하려는 마음을 품고서 회향함이 아니며, 선근을 파괴하려고 회향함이 아니며, 삼계에 의지하려고 회향함이 아니며, 선정·해탈·삼매를 집착하여서 회향함이 아니며, 성문이나 벽지불 법을 구하여 회향함이 아닙니다.

다만 일체 중생을 교화하고 조복하려고 회향하며, 온갖 지혜의 지혜〔一切智智〕를 만족하려고 회향하며, 걸림 없는 지혜를 얻으려고 회향하며, 장애가 없고 청정한 선근을 얻으려고 회향하며, 일체 중생으로 하여금 생사에서 초출하여 큰 지혜를 증득케 하려고 회향하며, 큰 보리심이 금강과 같아서 깨뜨릴 수 없게 하려고 회향하며, 필경까지 죽지 않는 법을 성취하려고 회향하며, 한량없는 장엄거리로 부처님의 종성種性을 장엄하여 온갖 지혜의 자재함을 나타내려고 회향합니다.

다만 보살의 일체 법에 밝은 큰 신통과 지혜를 구하려고 회향하며, 다만 온 법계와 허공계의 일체 부처님 세계에서 보현의 행을 행하여 원만하여 물러가지 않고, 견고한 큰 서원의 갑옷을 입고 모든 중생으로 하여금 보현의 지위에 머물게 하려고 회향하며, 다만 오는 세월이 끝나도록 중생을 제도하여 쉬지 아니하면서 온갖 지혜의 걸림 없는 광명을 나타내어 항상 끊어지지 않게 하려고 회향합니다.

불자들이여, 보살마하살은 저 선근으로 회향할 때에 이러한 마음으로 회향하나니, 이른바 본 성품이 평등한 마음으로 회향하며, 법의 성품이 평등한 마음으로 회향하며, 일체 중생의 한량없이 평등한 마음으로 회향하며, 다툼이 없이 평등한 마음으로 회향하며, 제 성품이 일어남이 없이 평등한 마음으로 회향하며, 모든 법이 잡란함이 없음을 아는 마음으로 회향하며, 삼세가 평등한 데 들어가는 마음으로 회향하며, 삼세 부처님의 종성을 내는 마음으로 회향하며, 물러가지 않는 신통을 얻는 마음으로 회향하며, 온갖 지혜의 행을 이루는 마음으로 회향합니다.

또 일체 중생으로 하여금 모든 지옥을 아주 여의게 하려고 회향하며, 일체 중생으로 하여금 축생의 갈래에 들어가지 않게 하려고 회향하며, 일체 중생으로 하여금 염라왕의 처소에 가지 않게 하려고 회향하며, 일체 중생으로 하여금 도를 장애하는 모든 법을 멸하게 하려고 회향하며,

일체 중생으로 하여금 모든 선근을 만족케 하려고 회향하며, 일체 중생으로 하여금 때를 따라 법륜을 굴리어 모든 이를 환희케 하려고 회향하며, 일체 중생으로 하여금 십력+力의 바퀴에 들어가게 하려고 회향하며, 일체 중생으로 하여금 보살의 그지없이 청정한 법에 대한 소원을 만족케 하려고 회향합니다.

일체 중생으로 하여금 모든 선지식의 가르침을 따라 보리심을 만족케 하기 위하여 회향하며, 일체 중생으로 하여금 깊은 불법을 받아 수행하여 모든 부처님의 지혜 광명을 얻게 하려고 회향하며, 일체 중생으로 하여금 보살의 걸림 없는 행을 닦아서 앞에 항상 나타나게 하려고 회향하며, 일체 중생에게 부처님께서 그 앞에 나타남을 항상 보이려고 회향하며, 일체 중생으로 하여금 청정한 법의 광명이 항상 앞에 나타나게 하려고 회향하며, 일체 중생으로 하여금 걸림 없는 큰 보리심이 항상 앞에 나타나게 하려고 회향합니다.

일체 중생으로 하여금 보살의 부사의한 지혜가 항상 앞에 나타나게 하려고 회향하며, 일체 중생으로 하여금 중생을 널리 구호하여 청정케 하려는 대비심이 항상 앞에 나타나게 하려고 회향하며, 일체 중생으로 하여금 말할 수 없이 말할 수 없는 훌륭한 장엄거리로 모든 부처님 세계를 장엄케 하려고 회향하며, 일체 중생으로 하여금 모든 마군의 싸우는 그물의 업을 파멸하게 하려고 회향하며, 일체 중생으로 하여금 모든 부처님 세계에서 의지한 데 없이 보살행을 닦게 하려고 회향하며, 일체 중생으로 하여금 온갖 가지 아는 지혜를 얻으려는 마음을 내어 모든 부처님 법의 광대한 문에 들어가게 하려고 회향합니다.

불자들이여, 보살마하살은 또 이 선근으로써 바른 생각이 청정하려고 회향하며, 지혜가 결정하려고 회향하며, 일체 불법의 방편을 다 알려고 회향하며, 한량없고 걸림 없는 지혜를 성취하려고 회향하며, 청정하고 수승한 마음을 만족하려고 회향하며, 일체 중생을 크게 인자함[大慈]에 머물게 하려고 회향하며, 일체 중생을 크게 불쌍히 여김[大悲]에 머물게 하려고 회향하며, 일체 중생을 크게 기뻐함[大喜]에 머물게 하려고 회향하며, 일체 중생을 크게 버리는 데[大捨] 머물게 하려고 회향하며, 두 가지 집착을 아주 여의고 훌륭한 선근에 머물게 하려고 회향하며, 모든 인연으로 생기는 법을 생각하고 관찰하고 분별하여 연설하려고 회향합니다.

크게 용맹한 당기를 세우려고 회향하며, 이길 이 없는 당기의 장을 세우려고 회향하여, 마군의 무리를 깨뜨리려고 회향하며, 일체 법에 청정하고 걸림이 없는 마음을 얻으려고 회향하며, 모든 보살의 행을 닦아 퇴전치 않으려고 회향하며, 제일 승한 법을 구하는 마음을 얻으려고 회향하며, 모든 공덕의 법에 자재하고 청정한 온갖 지혜의 지혜를 구하는 마음을 얻으려고 회향하며, 일체 소원을 만족하며 일체 투쟁을 제멸하고 부처님의 자재하고 걸림 없는 청정한 법을 얻어, 일체 중생에게 물러가지 않는 법륜을 굴리려고 회향하며, 여래의 최상인 수승한 법을 얻고, 백천 광명으로 장엄한 지혜의 해로써 일체 법계의 중생을 널리 비추려고 회향합니다.

일체 중생을 조복하고 그 즐기는 것을 항상 만족케 하며, 본래의 소원을 버리지 않고 오는 세월이 끝나도록 바른 법을 듣고 큰 행을 닦으며, 깨끗한 지혜의 때를 여읜 광명을 얻어 모든 교만을 끊고 모든 번뇌를 소멸하며, 애욕의 그물을 찢고 우치의 어둠을 깨뜨리며, 때가 없고 장애가 없는 법을 구족하려고 회향하며, 일체 중생으로 하여금 아승기 겁 동안에 온갖 지혜의 행을 항상 닦아서 퇴전하지 아니하며, 낱낱이 걸림 없는 묘한 지혜를 얻고, 부처님의 자재한 신통을 나타내어 쉬는 일이 없게 하려고 회향합니다.

불자들이여, 보살마하살이 여러 선근으로 이렇게 회향할 적에 마땅히 삼유三有와 오욕락(五欲)의 경계를 탐착하지 말 것입니다. 무슨 까닭인가. 보살마하살은 마땅히 탐욕이 없는 선근으로 회향하며, 성내는 일이 없는 선근으로 회향하며, 어리석음이 없는 선근으로 회향하며, 해롭게 하지 않는 선근으로 회향하며, 교만을 떠난 선근으로 회향하며, 아첨하지 않는 선근으로 회향하며, 질직한 선근으로 회향하며, 정근精勤하는 선근으로 회향하며, 수행하는 선근으로 회향하기 때문입니다.
  불자들이여, 보살마하살은 이렇게 회향할 때에 깨끗한 신심을 얻고 보살의 행을 기쁘게 받으며, 청정한 보살의 도를 닦아 부처님의 종성을 구족하고 부처님의 지혜를 얻으며, 모든 나쁜 짓을 버리고 마군의 업을 여의며, 선지식을 친근하여 나의 큰 원을 이루고, 중생들을 청하여 크게 보시하는 법회를 베풉니다.
  불자들이여, 보살마하살은 다시 이 법보시로 생긴 선근으로써 이렇게 회향하나니, 이른바 일체 중생으로 하여금 깨끗하고 묘한 음성을 얻으며, 부드러운 음성을 얻으며, 하늘 북의 소리를 얻으며, 한량없고 수없고 부사의한 음성을 얻으며, 사랑스러운 음성을 얻으며, 청정한 음성을 얻으며, 일체 세계에 두루하는 음성을 얻으며, 백천 나유타 말할 수 없는 공덕으로 장엄한 음성을 얻으며, 높고 먼 음성을 얻으며, 광대한 음성을 얻으며, 모든 산란한 것을 소멸하는 음성을 얻으며, 법계에 가득한 음성을 얻으며, 일체 중생의 말을 포섭하는 음성을 얻으며, 일체 중생의 그지없는 음성을 아는 지혜를 얻으며, 모든 청정한 말과 음성을 아는 지혜를 얻으며, 한량없는 말과 음성을 아는 지혜를 얻으며, 가장 자재한 음성으로 일체 음성에 들어가는 지혜를 얻게 하려는 것입니다.
  또 일체 청정하게 장엄한 음성을 얻으며, 일체 세간에서 싫어함이 없는 음성을 얻으며, 끝까지 일체 세간에 얽매이지 않는 음성을 얻으며,

환희한 음성을 얻으며, 부처님의 청정한 말씀의 음성을 얻으며, 일체 불법을 말하여 어리석음을 여의고 성화가 널리 퍼지는 음성을 얻으며, 일체 중생으로 하여금 모든 다라니로 장엄한 음성을 얻으며, 한량없는 여러 가지 법을 연설하는 음성을 얻으며, 법계의 한량없는 대중이 모인 도량에 널리 퍼지는 음성을 얻으며, 부사의한 법을 두루 포섭한 금강 같은 글귀의 음성을 얻으며, 일체 법을 일러주는 음성을 얻으며, 말할 수 없는 글귀의 차별을 능히 말하는 지혜의 음성을 얻으며, 일체 법을 연설하되 집착이 없고 끊이지 않는 음성을 얻게 하려는 것입니다.

또 일체 법의 광명으로 비치는 음성을 얻으며, 일체 세간이 청정하여서 필경에 온갖 지혜에 이르게 하는 음성을 얻으며, 일체 법의 구절과 뜻을 두루 포섭한 음성을 얻으며, 신통력으로 보호하여 자재하고 걸림 없는 음성을 얻으며, 일체 세간의 저 언덕에 이르는 지혜의 음성을 얻게 하려는 것입니다.

또 이 선근으로써 일체 중생으로 하여금 용렬하지 않은 음성을 얻으며, 공포가 없는 음성을 얻으며, 물들지 않는 음성을 얻으며, 일체 도량의 대중이 환희하는 음성을 얻으며, 따라 순종하는 아름답고 묘한 음성을 얻으며, 일체 불법을 잘 연설하는 음성을 얻으며, 일체 중생의 의혹을 끊어 모두 깨닫게 하는 음성을 얻으며, 변재를 구족한 음성을 얻으며, 일체 중생의 오랜 잠〔長夜睡眼〕을 두루 깨우는 음성을 얻게 하려는 것입니다.

불자들이여, 보살마하살은 다시 모든 선근으로 이렇게 회향하나니, 이른바 일체 중생으로 하여금 모든 허물〔過惡〕을 여읜 청정한 법신을 얻어지이다. 일체 중생으로 하여금 모든 허물을 여읜 깨끗하고 묘한 공덕을 얻어지이다. 일체 중생으로 하여금 모든 허물을 여읜 청정하고 묘한 상호를 얻어지이다. 일체 중생으로 하여금 모든 허물을 여읜 청정한 업의 과보를 얻어지이다. 일체 중생으로 하여금 모든 허물을 여읜 청정한 온갖 지혜의 마음을 얻어지이다. 일체 중생으로 하여금 모든 허물을 여읜 한량없이 청정한 보리심을 얻어지이다. 일체 중생으로 하여금 모든 허물을 여의고 여러 근을 아는 청정한 방편을 얻어지이다. 일체 중생으로 하여금 모든 허물을 여읜 청정한 믿음과 이해를 얻어지이다. 일체 중생으로 하여금 모든 허물을 여의고 걸림 없는 행을 부지런히 닦는 청정한 원을 얻어지이다. 일체 중생으로 하여금 모든 허물을 여의고 청정한 바른 생각과 지혜와 변재를 얻어지이다 합니다.

불자들이여, 보살마하살은 다시 선근으로 일체 중생을 위하여 이렇게 회향하면서 가지가지 청정하고 묘한 몸을 얻기를 원하나니, 이른바 광명한 몸·흐림을 여읜 몸·물들지 않은 몸·청정한 몸·매우 청정한 몸·티끌을 여읜 몸·티끌을 아주 여읜 몸·때를 여읜 몸·사랑스러운 몸·장애가 없는 몸입니다.

일체 세계에 업의 영상을 나타내며, 일체 세간에 말하는 영상을 나타내며, 일체 궁전에 나란히 건립하는 영상을 나타내며, 밝은 거울과 같이 가지가지 빛과 영상이 자연히 나타나며, 중생에게 큰 보리의 행을 보이며, 중생에게 깊고 묘한 법을 보이며, 중생에게 가지가지 공덕을 보이며, 중생에게 수행하는 도를 보이며, 중생에게 성취하는 행을 보이며, 중생에게 보살의 행과 원을 보이며, 중생에게 한 세계에서 일체 세계의 부처님께서 세상에 출현하심을 보이며, 중생에게 모든 부처님의 신통과 변화를 보이며, 중생에게 일체 보살의 부사의한 해탈과 위력威力을 보이며, 중생에게 보현보살의 행과 원을 성취하는 온갖 지혜의 성품을 보입니다.

보살마하살은 이러하게 미묘하고 깨끗한 몸으로써 방편으로 일체 중생을 포섭하여 모두 청정한 공덕과 온갖 지혜의 몸을 성취케 합니다.

불자들이여, 보살마하살이 다시 법보시로 생긴 선근으로 이렇게 회향하나니, 원컨대 몸이 일체 세계를 따라 머물면서 보살의 행을 닦으매 중생의 보는 이가 다 헛되지 아니하고 보리심을 내어 영원히 퇴전치 아니하며, 진실한 이치를 순응하여 움직일 수 없으며, 일체 세계에서 미래의 겁이 다하도록 보살의 도에 머물러서 고달프지 아니하며, 대비심이 평균하여 법계의 분량과 같으며, 중생들의 근성을 알고 때를 맞추어 법을 말하기를 쉬지 아니하며, 선지식을 항상 바르게 생각하여 내지 한 찰나 동안도 버리지 아니하며, 모든 부처님께서 항상 앞에 나타나거든 항상 바르게 생각하여 잠깐도 게으르지 아니하고, 선근을 닦아서 거짓이 없으며, 여러 중생을 온갖 지혜에 두어서 퇴전하지 않게 하며, 일체 부처님의 광명을 구족하여 큰 법구름을 지니고 큰 법 비를 받으며, 보살의 행을 닦습니다.

일체 중생에게 들어가며, 일체 부처님 세계에 들어가며, 일체 법에 들어가며, 일체 삼세에 들어가며, 일체 중생의 업보의 지혜에 들어가며, 일체 보살의 공교한 방편 지혜에 들어가며, 일체 보살의 청정한 경계의 지혜에 들어가며, 일체 부처님의 자재한 신통에 들어가며, 일체의 그지없는 법계에 들어가서 거기에 편안히 있으면서 보살의 행을 닦습니다."

대방광불화엄경 제33권

제33권

25. 십회향품 ⑪

11) 제10회향 ②

"불자들이여, 보살마하살은 다시 법보시로써 수행한 선근으로 이렇게 회향하나니, 원컨대 모든 부처님 세계가 모두 청정하며, 말할 수 없이 말할 수 없는 장엄거리로 장엄하며, 낱낱 세계가 넓고 커서 법계와 같으며, 순일하게 선하고 걸림이 없으며, 청정하고 광명한데 부처님들이 그 가운데서 정각을 이루며, 한 부처님 세계의 청정한 경계에 능히 일체 부처님 세계를 나타내며, 한 부처님 세계와 같이 일체 부처님의 세계도 또한 그러하여지이다 합니다.

그 낱낱 세계가 다 법계와 평등하고 한량없고 그지없이 청정한 묘한 보배의 장엄거리로 장엄하였으니, 이른바 아승기 청정한 자리에는 여러 보배 옷을 깔았고, 아승기 보배 휘장에는 보배 그물을 드리웠고, 아승기 보배 일산에는 일체 보배가 서로 비치었고, 아승기 보배 구름에서는 여러 보배를 내리고, 아승기 보배 꽃이 두루 청정하고, 아승기 모든 보배로 이루어진 난간에는 청정하게 장엄하였고, 아승기 보배 풍경〔寶鈴〕에서는 부처님의 미묘한 음성을 연주하여 법계에 흘러 퍼지고, 아승기 보배 연꽃은 가지각색의 보배 빛이 찬란하였습니다.

아승기 보배 나무는 사방으로 줄지어 섰는데 한량없는 보배로 꽃과 열매가 되었고, 아승기 보배 궁전에는 한량없는 보살이 그 안에 살고, 아승기 보배 누각은 넓고 화려하여 길이가 멀기도 가깝기도 하고, 아승기 망루는 큰 보배로 되었는데 장엄이 아름답고, 아승기 보배 문과 창호에는 묘한 영락이 두루 드리웠고, 아승기 보배 들창에는 부사의한 보배로 청정하게 장엄하고, 아승기 보배 다라多羅는 모양이 반달과 같은 여러 보배로 모아 이루었습니다.

이러한 모든 것은 다 여러 가지 보배로 장엄하게 꾸몄으며 때가 없고 청정하여 헤아릴 수 없으니, 모두 여래의 선근으로 생긴 것이라 무수한 보배의 장엄을 구족하였습니다.

또 아승기 보배 장에서는 청정한 모든 선한 법이 흘러나오고, 아승기 보배바다에는 불법의 물이 가득하고, 아승기 분다리꽃에서는 묘한 법의 분다리 소리가 항상 나오고, 아승기 보배 수미산에는 지혜의 산이 청정하게 빼어났고, 아승기 팔모 보배〔八楞妙寶〕는 보배실로 꿰어서 깨끗하기 짝이 없고, 아승기 청정한 보배에서는 장애 없는 큰 지혜의 광명을 항상 놓아서 법계에 두루 비치고, 아승기 보배 방울은 서로 부딪치어 묘한 소리를 내고, 아승기 청정한 보배에는 보살 보배가 구족히 가득하고, 아승기 보배 채단은 곳곳에 드리워 빛깔이 찬란하고, 아승기 보배 당기에는 보배 반달로 장엄하고, 아승기 보배 번기〔幡〕에서는 무량한 번기를 두루 내리고, 아승기 보배 띠는 공중에 드리워서 장엄이 훌륭하였습니다.

아승기 보배 방석에는 가지가지 부드럽고 즐거운 촉감[觸]을 내고, 아승기 묘한 보배로 된 소용돌이[旋]에는 보살의 온갖 지혜의 눈을 나타내고, 아승기 보배 영락은 낱낱이 백천 보살의 훌륭한 장엄이요, 아승기 보배 궁전은 모든 것을 초과하여 기묘하기 비길 데 없고, 아승기 보배 장엄거리는 금강마니로 훌륭하게 꾸몄고, 아승기 가지가지 보배 장엄거리에서는 모든 청정하고 묘한 빛을 항상 나타내고, 아승기 깨끗한 보배는 특별한 형상과 기이한 광채가 비치어 사무치고, 아승기 보배 산으로 담장이 되어 두루 둘리었으니 청정하여 걸림이 없고, 아승기 보배 향에서는 향기가 일체 세계에 널리 풍기고, 아승기 보배의 변화하는 일은 낱낱 변화하는 것이 법계에 두루하고, 아승기 보배 광명은 낱낱 광명이 모든 빛을 나타냅니다.

또 아승기 보배 광명에서는 청정한 지혜의 광명이 여러 법을 비추고, 또 아승기 걸림 없는 보배 광명은 낱낱 광명이 법계에 두루하고, 아승기 보배 처소에는 일체 보배가 모두 구족하고, 아승기 보배 광에서는 모든 바른 법장의 보배를 열어 보이고, 아승기 보배 당기에는 여래의 깃대 모양이 우뚝 솟았고, 아승기 보배 현인[賢]에는 큰 지혜 있는 현인의 형상이 구족하게 청정하고, 아승기 보배 동산에서는 보살의 삼매의 쾌락을 내고, 아승기 보배 음성은 여래의 음성을 세간에 두루 나타냅니다.

아승기 보배 형상은 낱낱 형상에서 한량없는 묘한 법의 광명을 놓고, 아승기 보배 모양은 낱낱 모양이 여러 모양을 초월하고, 아승기 보배 위의威儀는 보는 이마다 보살의 즐거움을 내고, 아승기 보배 덩이는 보는 이마다 지혜 보배덩이를 내고, 아승기 보배의 편안히 머무름은 보는 이마다 잘 머무는 보배 마음[善住寶心]을 내고, 아승기 보배 의복은 입는 이마다 보살의 비할 데 없는 삼매를 내고, 아승기 보배 가사는 입는 이가 처음 발심發心하면 선견善見다라니를 얻습니다.

아승기 보배 닦음[寶修]이 있으니 보는 이는 일체 보배가 모두 업의 과보인 줄을 알아 결정코 청정하고, 아승기 보배 걸림 없는 지견知見이 있으니 보는 이는 일체를 분명히 아는 청정한 법눈[法眼]을 얻고, 아승기 보배 광명장이 있으니 보는 이는 큰 지혜의 장을 성취합니다.

아승기 보배 자리에는 부처님께서 앉으시어 크게 사자후하시고, 아승기 보배 등불은 항상 청정한 지혜의 광명을 놓고, 아승기 보배 다라 나무는 차례로 줄을 지었는데 보배 노끈으로 얽어서 장엄이 청정하고, 그 나무에 다시 보배 줄기가 있어 몸체에서 뻗어난 것이 곧고 깨끗하고, 아승기 보배 가지는 가지각색 보배로 조밀하게 장엄하였는데, 부사의한 새들이 모여와서 묘한 소리로 바른 법을 선양宣揚하고, 아승기 보배 잎에서는 큰 지혜의 광명을 놓아 모든 곳에 가득하고, 아승기 보배 꽃에는 꽃송이마다 한량없는 보살이 그 위에서 결가부좌하고 법계에 두루 다니고, 아승기 보배 열매는 보는 이가 온갖 지혜의 지혜로 퇴전하지 않는 과보를 얻을 것입니다.

아승기 보배 동리[聚落]는 보는 이마다 세속의 동리를 버릴 것이요, 아승기 보배 도시에는 걸림 없는 중생으로 하여금 가득하고, 아승기 보배 궁궐에는 임금이 있으면서 보살의 나라연那羅延 몸을 갖추어 용맹하고 견고하며, 법의 갑주를 입고 마음이 퇴전하지 않으며, 아승기 보배 집은 들어가는 이가 집을 그리워하는 마음이 없어지고, 아승기 보배 옷은 입는 이가 능히 분명히 이해하여 집착이 없고, 아승기 보배 궁전에는 출가한 보살이 그 속에 가득하고, 아승기 보배 장난감은 보는 이마다 한량없이 환희한 마음을 내고, 아승기 보배 바퀴는 부사의한 지혜 광명을 놓아 물러가지 않는 법륜을 굴리고, 아승기 보배 발타跋陀 나무는 인다라因陀羅 그물로 청정하게 장엄하고, 아승기 보배 땅은 부사의한 보배로 사이사이 장엄하고, 아승기 보배 피리는 음향이 맑고 아름다워 법계에 충만하고, 아승기 보배 북은 소리가 잘 어울리어 겁이 다하도록 끊어지지 않습니다.

아승기 보배 중생은 모두 위없는 법보를 포섭하여 가지고, 아승기 보배 몸은 한량없는 공덕의 묘한 보배를 구족하고, 아승기 보배 입은 일체 묘한 법의 보배 음성을 항상 연설하고, 아승기 보배 마음은 청정한 뜻과 큰 지혜와 서원의 보배를 갖추고, 아승기 보배 생각〔寶念〕은 모든 어리석음〔愚惑〕을 끊어 필경에 온갖 지혜의 보배를 견고히 하고, 아승기 보배 총명〔寶明〕은 일체 부처님의 법보를 외고, 아승기 보배 슬기는 일체 부처님의 법장을 결정하여 알고, 아승기 보배 지혜는 크게 원만한 온갖 지혜의 보배를 얻습니다.

아승기 보배 눈은 십력의 보배를 보아 장애가 없고, 아승기 보배 귀는 한량없는 온 법계의 소리를 들어 청정하여 걸림이 없고, 아승기 보배 코는 뜻을 따르는 청정한 보배 향을 항상 맡고, 아승기 보배 혀는 한량없는 말하는 법을 능히 말하고, 아승기 보배 몸은 시방에 두루 다녀도 걸림이 없고, 아승기 보배 뜻은 보현의 행과 원을 항상 닦고, 아승기 보배 음성을 청정하고 묘한 음성이 시방세계에 두루하고 아승기 보배로운 몸으로 짓는 업은 모든 하는 일이 지혜를 으뜸으로 삼고, 아승기 보배로운 말하는 업은 수행하는 데 걸림이 없는 지혜 보배를 항상 말하고, 아승기 보배로운 뜻으로 생각하는 업은 장애가 없고 광대한 지혜의 보배를 얻어 필경까지 원만합니다.

불자들이여, 보살마하살이 저 일체 부처님 세계 가운데서 한 세계·한 지방·한 처소·한 털 끝만한 곳에 한량없고 그지없고 말할 수 없는 큰 보살이 있어 모두 청정한 지혜를 성취하고 가득하게 머뭅니다. 한 세계·한 지방·한 처소·한 털 끝만한 곳과 같이, 온 허공과 온 법계의 낱낱 세계 · 낱낱 지방 · 낱낱 처소 · 낱낱 털 끝만한 곳에도 모두 그러합니다.

이것이 보살마하살이 여러 가지 선근으로 회향하면서 일체 부처님 국토가 모두 가지가지 묘한 보배의 장엄을 구족하기를 원하는 것입니다.

보배의 장엄을 이렇게 자세하게 말한 것처럼, 이와 같이 향의 장엄 · 꽃의 장엄 · 화만의 장엄 · 바르는 향의 장엄 · 사르는 향의 장엄 · 가루 향의 장엄 · 옷의 장엄 · 일산의 장엄 · 당기의 장엄 · 깃발의 장엄 · 마니보배의 장엄들도 차례로 내지 이보다 백 배가 넘게, 다 보배의 장엄과 같이 이렇게 자세하게 말할 것입니다.

불자들이여, 보살마하살이 법보시 등으로 모은 선근으로써 일체 선근을 기르기 위하여 회향하며, 일체 세계를 장엄하기 위하여 회향하며, 일체 중생을 성취시키기 위하여 회향하나니, 일체 중생의 마음이 깨끗하여 동요하지 않게 하려고 회향하며, 일체 중생으로 하여금 매우 깊은 불법에 들어가게 하려고 회향하며, 일체 중생으로 하여금 더 지날 수 없을 만큼 청정한 공덕을 얻게 하려고 회향하며, 일체 중생으로 하여금 깨뜨릴 수 없는 청정한 복력을 얻게 하려고 회향하며, 일체 중생으로 하여금 다함이 없는 지혜의 힘을 얻어 중생들을 제도하여 불법에 들어가게 하려고 회향하며, 일체 중생으로 하여금 평등하고 한량없이 청정한 음성을 얻게 하려고 회향합니다.

일체 중생으로 하여금 평등하고 걸림 없는 눈을 얻어 온 허공과 법계에 두루하는 지혜를 성취케 하려고 회향하며, 일체 중생으로 하여금 청정한 생각을 얻어 지나간 겁의 일체 세계를 알게 하려고 회향하며, 일체 중생으로 하여금 걸림 없는 큰 지혜를 얻어 모두 일체 법장을 통달케 하려고 회향하며, 일체 중생으로 하여금 제한 없는 큰 보리를 얻어 법계에 두루하되 장애가 없게 하려고 회향하며, 일체 중생으로 하여금 평등하여 분별이 없는 자체가 같은 선근을 얻게 하려고 회향하며, 일체 중생으로 하여금 모든 공덕으로 구족하게 장엄하여 청정한 몸과 입과 뜻의 업을 얻게 하려고 회향하며, 일체 중생으로 하여금 보현과 같은 행을 얻게 하려고 회향합니다.

일체 중생으로 하여금 모두 체성이 같은 청정한 부처님 세계에 들어가게 하려고 회향하며, 일체 중생으로 하여금 모두 온갖 지혜를 관찰하여 원만한 데 들어가게 하려고 회향하며, 일체 중생으로 하여금 모두 불평등한 선근을 멀리 여의게 하려고 회향하며, 일체 중생으로 하여금 평등하여 다른 모양이 없는 깊은 마음을 얻고 차례로 온갖 지혜를 원만케 하려고 회향하며, 일체 중생으로 하여금 모든 선한 법[白法]에 편안히 머물게 하려고 회향하며, 일체 중생으로 하여금 모두 잠깐 동안에 온갖 지혜를 증득하여 구경함을 얻게 하려고 회향하며, 일체 중생으로 하여금 모두 청정한 온갖 지혜의 길을 원만히 성취케 하려고 회향합니다.

불자들이여, 보살마하살이 널리 일체 중생을 위하여 이렇게 회향하고, 다시 이 선근으로써 일체 청정한 행을 연설하는 법력을 두루 원만하려고 회향하며, 청정한 행의 위력을 성취하여 말할 수 없이 말할 수 없는 법 바다를 얻으려고 회향하며, 낱낱 법 바다에 한량없이 법계와 평등한 청정한 지혜의 광명을 구족하려고 회향하며, 일체 법의 차별한 구절과 뜻을 열어서 연설하려고 회향하며, 그지없고 광대한 일체 법의 광명 삼매를 성취하려고 회향합니다.

삼세 부처님들의 변재를 따라 순종하려고 회향하며, 과거・현재・미래의 모든 부처님의 자재한 몸을 성취하려고 회향하며, 일체 부처님의 사랑스럽고 장애가 없는 법을 존중하려고 회향하며, 대비심을 만족하고 일체 중생을 구호하여 퇴전치 않게 하려고 회향하며, 부사의하게 차별한 법과 장애가 없는 지혜를 성취하고 마음에 때가 없이 여러 근이 청정하여 대중이 모인 여러 도량에 두루 들어가려고 회향하며, 엎어지고 잦혀지고 크고 작고 넓고 좁고 잘고 굵고 물들고 깨끗한 여러 가지 부처님 국토에서 평등하고 물러가지 않는 법륜을 항상 운전하려고 회향합니다.

잠깐잠깐 동안에 두려움이 없고 다함이 없는 가지가지 변재를 얻어 묘한 법의 광명을 열어서 연설하려고 회향하며, 여러 가지 선한 일을 구하려고 발심하여 닦으며, 여러 근이 점점 훌륭하여져서 일체 법에 큰 신통과 지혜를 얻어 일체 법을 모두 분명하게 알려고 회향하며, 일체 도량에 모인 대중에게 친근하여 공양하며, 일체 중생에게 모든 법을 연설하여 환희케 하려고 회향합니다.

불자들이여, 보살마하살이 또 이 선근으로 이렇게 회향하나니, 이른바 법계의 한량없이 머무는 데 머묾으로써 회향하며, 법계에 머무른 한량없는 몸의 업〔身業〕으로 회향하며, 법계에 머무른 한량없는 말의 업〔語業〕으로 회향하며, 법계에 머무른 한량없는 뜻의 업〔意業〕으로 회향하며, 법계에 머무른 한량없는 색이 평등함으로 회향하며, 법계에 머무른 한량없는 수·상·행·식이 평등함으로 회향하며, 법계에 머무른 한량없는 온蘊이 평등함으로 회향하며, 법계에 머무른 한량없는 계界가 평등함으로 회향하며, 법계에 머무른 한량없는 처處가 평등함으로 회향합니다.

법계에 머무른 한량없는 안의 것이 평등함으로 회향하며, 법계에 머무른 한량없는 바깥 것이 평등함으로 회향하며, 법계에 머무른 한량없이 발기發起하는 것이 평등함으로 회향하며, 법계에 머무른 한량없이 깊은 마음이 평등함으로 회향하며, 법계에 머무른 한량없는 방편이 평등함으로 회향하며, 법계에 머무른 한량없는 신심과 이해가 평등함으로 회향하며, 법계에 머무른 한량없는 근根이 평등함으로 회향하며, 법계에 머무른 한량없는 처음과 중간과 나중이 평등함으로 회향하며, 법계에 머무른 한량없는 업과 과보가 평등함으로 회향하며, 법계에 머무른 한량없는 물들고 깨끗함이 평등함으로 회향합니다.

 법계에 머무른 한량없는 중생으로 하여금 평등함으로 회향하며, 법계에 머무른 한량없는 세계가 평등함으로 회향하며, 법계에 머무른 한량없는 법이 평등함으로 회향하며, 법계에 머무른 한량없는 세간의 광명이 평등함으로 회향하며, 법계에 머무른 한량없는 부처님과 보살이 평등함으로 회향하며, 법계에 머무른 한량없는 보살의 행과 원이 평등함으로 회향하며, 법계에 머무른 한량없는 보살의 뛰어남[出離]이 평등함으로 회향하며, 법계에 머무른 한량없는 보살의 교화하고 조복함이 평등함으로 회향하며, 법계에 머무른 한량없는 법계가 둘이 없이 평등함으로 회향하며, 법계에 머무른 한량없는 여래의 도량에 모인 대중이 평등함으로 회향합니다.

 불자들이여, 보살마하살이 이렇게 회향할 때에 법계의 한량없이 평등하고 청정한 몸에 편안히 머물며, 법계의 한량없이 평등하고 청정한 말에 편안히 머물며, 법계의 한량없이 평등하고 청정한 마음에 편안히 머물며, 법계의 한량없이 평등하고 청정한 보살의 행과 원에 편안히 머물며, 법계의 한량없이 평등하고 청정한 대중이 모인 도량에 편안히 머물며, 법계의 한량없이 평등하여 일체 보살에게 모든 법을 말하는 청정한 지혜에 편안히 머물며, 법계의 한량없이 평등하여 온 법계의 일체 세계에 들어가는 몸에 편안히 머물며, 법계의 한량없이 평등한 일체 법의 광명이 청정하여 두려움이 없는 데 편안히 머무르나니, 능히 한 소리로 일체 중생의 의심을 끊고 그의 근성과 욕망을 따라 환희케 하며,

위없는 온갖 가지 아는 지혜와 힘과 두려움 없음과 자재와 신통과 광대한 공덕과 뛰어나는 법〔出離法〕에 머뭅니다.

 불자들이여, 이것이 보살마하살의 평등한 법계에 머무는 한량없는 제10 회향입니다.

 보살마하살이 법보시한 일체 선근으로써 이렇게 회향할 적에, 보현의 한량없고 그지없는 보살의 행과 원을 원만하게 성취하며, 온 허공과 법계의 모든 부처님 세계를 깨끗하게 장엄하며, 모든 중생으로도 이렇게 끝없는 지혜를 구족히 성취하여 일체 법을 알게 합니다.

 잠깐잠깐 동안에 모든 부처님께서 세상에 나심을 보며, 잠깐잠깐 동안에 모든 부처님의 한량없고 그지없이 자재한 힘을 보나니, 이른바 광대하게 자재한 힘과, 집착없이 자재한 힘과, 걸림 없이 자재한 힘과, 부사의하게 자재한 힘과, 일체 중생을 청정케 하는 자재한 힘과, 일체 세계를 건립하는 자재한 힘과, 말할 수 없는 말을 나타내는 자재한 힘과, 때에 맞추어 나타내는 자재한 힘과, 퇴전하지 않는 신통과 지혜에 머무는 자재한 힘과, 모든 끝이 없는 법계를 연설하여 남음이 없게 하는 자재한 힘과, 보현보살의 끝이 없는 눈을 내는 자재한 힘과, 걸림이 없는 귀로 한량없는 부처님의 법을 듣는 자재한 힘과, 한 몸이 결가부좌하고 시방의 한량없는 법계에 두루하되, 모든 중생에게 비좁지 않게 하는 자재한 힘과, 원만한 지혜로 삼세의 한량없는 법에 두루 들어가는 자재한 힘입니다.

 또 한량없이 청정함을 얻나니, 이른바 일체 중생의 청정과, 일체 부처님 세계의 청정과, 일체 법의 청정과, 일체 처소를 두루 아는 지혜의 청정과, 허공에 가득한 그지없는 지혜의 청정과, 온갖 차별한 음성의 지혜를 얻어 가지가지 말로써 중생을 널리 응하는 청정과, 한량없이 원만한 광명을 놓아 그지없는 일체 세계를 두루 비추는 청정과, 일체 삼세의 보살의 행을 내는 지혜의 청정과, 한 생각 사이에 삼세 모든 부처님들이 모인 도량에 들어가는 지혜의 청정과, 그지없는 일체 세간에 들어가서 일체 중생들로 하여금 모두 할 일을 하게 하는 청정입니다.

이런 것들을 모두 구족하고 모두 성취하고 모두 닦고 모두 평등하고 모두 앞에 나타나고 모두 알고 보고〔知見〕모두 깨닫고 모두 관찰하여 모두 청정하여져서 저 언덕에 이릅니다.

그 때 부처님의 신력으로 시방에 각각 백만 세계의 티끌 수 세계가 여섯 가지로 진동하니, 이른바 흔들흔들·두루 흔들흔들〔徧動〕·온통 두루 흔들흔들〔等徧動〕·들먹들먹〔起〕·두루 들먹들먹〔徧起〕·온통 두루 들먹들먹〔等徧起〕·울쑥불쑥〔涌〕·두루 울쑥불쑥〔徧涌〕·온통 두루 울쑥불쑥〔等徧涌〕·우르르〔震〕·두루 우르르〔徧震〕·온통 두루 우르르〔等徧震〕·와르릉〔吼〕·두루 와르릉〔徧吼〕·온통 두루 와르릉〔等徧吼〕·와지끈〔擊〕·두루 와지끈〔徧擊〕·온통 두루 와지끈〔等徧擊〕하는 것입니다.

부처님의 신력인 연고와 으레 그러한 연고로, 여러 가지 하늘 꽃·하늘 화만·하늘 가루향·하늘 여러 가지 향·하늘 의복·하늘 보물·하늘 장엄거리·하늘 마니보배·하늘 침수향·하늘 전단향·하늘 묘한 일산·하늘 가지 가지 당기·하늘 잡색 깃발을 내리며, 아승기 하늘의 몸, 한량없는 백천억 말할 수 없는 하늘의 법문 음성, 부사의한 하늘의 부처님을 칭찬하는 음성, 아승기 하늘의 환희한 음성으로 잘한다고 칭찬하고, 한량없는 아승기 백천 나유타 하늘들을 공경하며 예배하고, 수없는 천자들은 부처님을 항상 생각하며, 여래의 무량한 공덕을 희구하기를 잠깐도 마음에 떠나지 않으며, 수없는 천자들은 여러 가지 풍류로 노래하고 찬탄하여 여래께 공양하고, 백천 아승기 하늘들은 큰 광명을 놓아 온 허공과 법계에 두루한 일체 세계를 비추어, 한량없는 아승기 부처님 경계와 하늘보다 지나가는 여래의 화신을 나타내었습니다."

이 세계의 도솔타천궁에서 이런 법을 말하는 것처럼, 시방에 두루한 모든 세계의 도솔타천궁에서도 또한 그와 같았다.

그 때 또 부처님의 신력으로, 시방에 각각 백만 부처 세계의 티끌 수 세계 밖에 있던 각각 백만 부처 세계의 티끌 수 보살이 와서 모이니, 시방에 가득하였다.

함께 말하기를 "잘하시었습니다, 불자시여. 이 여러 가지 큰 회향을 잘 말씀하셨습니다. 불자시여, 우리들은 모두 동일한 이름으로 금강당 金剛幢이라 하며, 금강광세계金剛光世界에 계시는 금강당부처님 계신 데서 왔습니다. 저 세계에서도 부처님의 신력으로 이 법을 말하나니, 모인 대중과 권속과 글과 구절과 이치도, 다 여기와 같아서 더하지도 않고 덜하지도 아니합니다. 우리들은 부처님의 신력을 의지하여, 저 세계에서 와서 당신들을 위하여 증명합니다. 우리들이 이 회상에 와서 증명하는 것처럼, 시방 일체 세계에 있는 도솔천궁의 보장엄전寶莊嚴殿에도 보살들이 와서 증명하는 것이 또한 이와 같을 것입니다" 하였다.

그 때 금강당보살이 부처님의 신력을 받들어 시방의 일체 대중과 법계를 살펴보고, 글과 뜻을 잘 알며, 광대한 마음이 증장하고, 자비한 마음이 일체 중생을 두루 덮었으며, 마음을 두어 삼세 부처님의 종성에 편안히 머물고 일체 부처님의 공덕법에 들어가서 부처님의 자재한 몸을 성취하였고, 중생들이 마음으로 좋아하는 것과 그들이 심은 일체 선근을 관찰하고 분별하여 알며, 법신을 따라서 청정하고 묘한 색신을 나타내고, 게송으로 말하였다.

보살이 법의 지혜 성취하여서
끝없는 바른 법문 깨달아 알고
법의 광명 조어調御하는 스승이 되어

걸림 없는 진실한 법 분명히 아네.

보살이 바른 법의 대도사 되어
얻어보기 어려운 깊은 법 열고
한량없는 시방 중생 인도하여서
바른 법에 편안히 머물게 하며,

보살이 불법 바다 이미 마시고
법구름이 시방세계 비를 내리며
법의 해가 세간에 출현하여서
묘한 법을 드날려 중생을 이익.

언제나 보기 드문 법 시주로서
법문에 들어가는 방편을 알고
법의 광명 깨끗이 마음 비추니
세상에서 설법하기 두려움 없고,

바른 법에 자재한 마음 잘 닦아
여러 가지 법문을 깨달아 듣고
깊고 묘한 법 바다 성취하여서
중생 위해 법북을 둥둥 울리네.

매우 깊고 희유한 법을 연설해
법으로 모든 공덕 길러내면서
청정한 법에 기쁜 마음을 구족

세간에 불법장佛法藏을 나타내도다.

법왕께서 정수리에 물을 부어서
법의 성품 지혜 몸을 성취하였고
법의 참된 모양을 능히 깨달아
일체의 선한 법에 머물러 있고,

보살이 제일되는 보시를 닦아
일체 여래 기쁘게 칭찬을 받고
하는 일을 부처님이 인가하시니
사람 중에 높은 이를 이루었도다.

보살이 묘한 법신 성취하여서
부처님의 법으로 화하여 났고
중생을 이익하려 등불이 되어
한량없이 좋은 법을 연설하더라.

수행하는 것을 따라 묘한 법 보시
그리고 저 선근을 관찰도 하며
여러 선근 지은 것을 중생 위하여
모두 다 지혜로써 보시하더라.

부처를 이루려는 공덕의 법을
회향하여 중생들에 보시하면서
원하건대 모두 다 청정하여서

장엄한 저 언덕에 이르러지다.

시방의 부처 세계 한량이 없고
수없는 큰 장엄을 구족했는데
이렇게 부사의한 장엄으로써
합하여 한 국토를 장엄하더라.

여래의 소유하신 청정한 지혜
원컨대 중생들이 다 구족하여
보현이 부처님의 아들이듯이
온갖 공덕 스스로 장엄하였고,

광대한 신통력을 성취하고서
세계에 나아가서 두루 가득해
일체 중생 하나도 남기지 말고
낱낱이 보살도를 수행하도록.

여래께서 열어보여 깨우치신 바
시방에 한량없는 여러 중생들
그들이 하나하나 보현과 같이
최상행最上行 구족히 닦아 행하게,

부처님과 보살들 닦아 이룬바
가지가지 공덕이 각각 차별해
한량없고 그지없는 그런 공덕을

중생들이 모두 다 원만해지다.

보살들이 자재한 힘을 갖추고
배울 것은 모두 다 가서 배우며
갖가지 큰 신통을 나타내면서
한량없는 시방세계 두루 나아가,

보살이 한 생각에 중생 수처럼
무수한 부처님께 가서 뵈옵고
또 다시 털끝만한 그런 속에서
모든 법을 거두어 분명히 보고,

세간의 중생들이 한량없거늘
보살이 분별하여 모두 다 알고
부처님 한량없기 중생 같거늘
광대한 마음으로 모두 공양해,

이름난 모든 향과 훌륭한 꽃과
보배로운 의복과 번과 일산이
법계에 가득하게 널려 있거늘
마음 내고 시방 부처 공양하더라.

한 털구멍 속에서 보는 부처님
그 수효 한량없이 부사의한데
온갖 털구멍 속이 다 그렇거늘

일체의 세간 등불 두루 예배해,

이렇게 그지없는 가장 높은 이
온몸으로 차례차례 예배도 하고
찬탄하는 말로써 칭찬하기를
오는 세월 끝나도록 쉴 줄 모르네.

한 여래께 바치는 공양거리가
한량없는 중생 수와 동등하거늘
이렇게 한 여래께 공양하듯이
일체의 여래께도 그렇게 하고,

부처님께 공양하고 찬탄하기를
세간의 일체 겁이 끝날 때까지
세간의 모든 겁은 끝날지언정
보살의 공양함은 쉬지 않나니,

세간의 모든 겁이 한량없는데
그러한 겁 동안에 행을 닦으며
한 여래께 공경하며 공양하기를
일체 겁이 다하여도 싫은 줄 몰라,

무량겁에 한 부처님 공양하듯이
일체 여래 공양함도 그러하지만
공양하는 겁의 수효 따지느라고

고달프단 생각은 내지 않으며,

법계가 광대하여 끝이 없지만
보살이 관찰하여 분명히 알고
큰 연꽃을 그 가운데 가득히 쌓아
중생처럼 한량없는 부처님 공양,

보배 연꽃 빛과 향기 다 원만하고
청정한 장엄들도 미묘하여서
세간에선 비유할 것이 없거늘
그것으로 세존께 공양하오며,

중생처럼 한량없이 많은 세계에
아름다운 보배 일산 그 속에 가득
그것으로 한 여래께 공양하듯이
일체 여래 공양함도 그러하오며,

바르는 향 수승하기 비길 데 없어
온 세간에 한번도 있지 못한 것
이것으로 천인사天人師께 공양하기를
중생 수효 같은 겁이 다할 때까지,

가루향과 사르는 향 묘한 꽃들과
모든 보배 의복이나 장엄거리로
가장 높은 이에게 공양하오며

환희하게 섬기옵기 싫은 줄 몰라,

중생처럼 수없는 세간 등불이
찰나찰나 큰 보리를 성취하시고
그지없는 많은 게송 일컬사옵기
인간을 지도하는 이에게 공양.

중생의 수효처럼 많은 세존께
위없이 묘한 공양 이바지하며
중생의 수효처럼 한량없는 겁
이렇게 찬탄해도 끝나지 않고,

이와 같이 부처님께 공양할 적에
부처님의 신력으로 모두 두루해
시방의 한량없는 부처님 뵙고
보현의 보살행에 편히 머물다.

지난 세상 오는 세상 지금 세상에
닦아 쌓은 여러 가지 선근 공덕이
나에게 보현행을 늘 닦게 하고
보현보살 지위에 빨리 머물게,

수없는 여래께서 알고 보시는
세간에 한량없이 많은 중생들
보현처럼 모든 것 구족하여서

총명한 이 칭찬을 받아지이다.

이것은 시방세계 모든 보살이
다 같이 닦으시는 회향행이니
여래께서 나에게 말씀하기를
이것이 가장 높은 회향이라고.

시방에 한 세계도 빠지지 말고
그 가운데 살고 있는 모든 중생들
모두가 이런 법을 깨닫게 하여
언제나 보현행과 같아지이다.

회향하는 일처럼 보시 행하고
금지하는 계행도 굳게 지니며
오랫동안 정진해도 겁낼 것 없고
참고 화평하여 마음이 부동不動,

선정을 닦는 마음 한 곳에 있고
지혜로 아는 경계 삼매와 같아
과거·미래·현재를 다 통달하니
세상이 끝간데를 알지 못하리.

보살의 몸과 맘과 말로 짓는 업
하는 일이 모두 다 청정하오며
모든 수행 하나도 빠지지 말고

온갖 행이 보현과 평등하더라.

비유하면 법계가 분별 없듯이
물들고 희롱거리 아주 다하고
열반이 모든 장애 여읜 것처럼
마음도 온갖 집착 항상 여의다.

지혜 있는 사람의 회향하는 법
부처님께서 벌써부터 열어 보이고
가지가지 선근을 회향했나니
그러므로 보살의 도 능히 이루다.

불자들이 이 회향을 잘 배웠으며
한량없는 행과 원 만족히 성취해
법계를 다 거두어 다하였으매
그러므로 잘 가는 힘이 이르느니라.

부처님께서 말씀한 모든 보살의
광대하고 좋은 행 성취하려면
마땅히 이 회향에 머무를지니
이 불자를 보현이라 이름하리라.

수없는 중생들도 셀 수 있으며
삼세의 마음들도 알 수 있으나
이러한 보현보살 여러 불자의

그지없는 공덕은 측량 못하리.

한 털로 허공 재어 끝낼 수 있고
온 세계의 티끌도 셀 수 있지만
이렇게 큰 신선인 여러 불자의
머무른 행과 원은 측량 못한다.

대방광불화엄경 제34권

제34권

26. 십지품十地品 ①

1) 환희지歡喜地

이 때 세존은 타화자재천왕궁他化自在天王宮의 마니보장전摩尼寶藏殿에서 큰 보살 대중과 함께 계시었다.

그 보살들은 다 아뇩다라삼먁삼보리阿耨多羅三藐三菩提에서 물러가지 않는 이들이니, 각기 다른 세계로부터 왔으며, 모든 보살의 지혜로 머무는 경계에 머무르고, 모든 여래의 지혜로 들어간 곳에 들어가서 부지런히 수행하여 쉬지 아니하며, 가지가지 신통을 잘 나타내며, 하는 일은 모든 중생을 교화하고 조복하여 때를 놓치지 아니하며, 보살의 모든 원을 성취하기 위하여 모든 세간과 모든 겁과 모든 세계에서 모든 행을 부지런히 닦아서 쉬지 아니하였다.

보살의 복과 지혜와 도를 돕는 일[助道]을 구족하여 중생을 이익하되 다하지 아니하며, 일체 보살의 지혜 방편과 필경의 저 언덕[彼岸]에 이르렀으며, 일부러 생사와 열반에 들어감을 보이지만 보살행 닦기를 그만두지 아니하며, 일체 보살의 선정과 해탈과 삼매와 삼마발저三摩鉢底에 잘 들어가서 신통과 밝음과 지혜로 하는 모든 일이 자재하며, 일체 보살의 자재한 신력을 얻어, 잠깐 동안도 흔들리지 아니하고 모든 여래의 대중이 모인 도량에 나아가서 대중의 우두머리가 되어 부처님께 설법을 청하며, 부처님의 바른 법륜을 보호하여 유지하고, 광대한 마음으로 여러 부처님을 공양하고 섬기며, 일체 보살의 행하는 사업을 부지런히 닦는 이들이었다.

그 몸은 일체 세간에 두루 나타나고, 그 음성은 시방 법계에 고루 미치고, 마음과 지혜는 걸림이 없어 삼세의 모든 보살이 가지는 공덕을 모두 보고, 수행하여 원만하게 되어, 말할 수 없는 겁 동안에 말하여도 다할 수 없었다.

그 이름은 금강장金剛藏보살・보장寶藏보살・연화장蓮華藏보살・덕장德藏보살・연화덕장蓮華德藏보살・일장日藏보살・소리야장蘇利耶藏보살・무구월장無垢月藏보살・어일체국토보현장엄장於一切國土普現莊嚴藏보살・비로자나지장毘盧遮那智藏보살・묘덕장妙德藏보살・전단덕장栴檀德藏보살・화덕장華德藏보살・구소마덕장俱蘇摩德藏보살・우발라덕장優鉢羅德藏보살・천덕장天德藏보살・복덕장福德藏보살・무애청정지덕장無碍淸淨智德藏보살・공덕장功德藏보살・나라연덕장那羅延德藏보살・무구장無垢藏보살・이구장離垢藏보살・종종변재장엄장種種辯才莊嚴藏보살・대광명망장大光明網藏보살・정위덕광명왕장淨威德光明王藏보살・금장엄대공덕광명왕장金莊嚴大功德光明王藏보살・일체상장엄정덕장一切相莊嚴淨德藏보살・금강염덕상장엄장金剛燄德相莊嚴藏보살・광명염장光明燄藏보살・성수왕광조장星宿王光照藏보살・허공무애지장虛空無礙智藏보살・묘음무애장妙音無碍藏보살・다라니공덕지일체중생원장陀羅尼功德持一切衆生願藏보살・해장엄장海

莊嚴藏보살・수미덕장須彌德藏보살・정일체공덕장淨一切功德藏보살・여래장如來藏보살・불덕장佛德藏보살・해탈월解脫月보살 등이었다.

이러한 수없고 한량없고 끝없고〔無邊〕 같을 이 없고〔無等〕 셀 수 없고〔不可數〕 일컬을 수 없고〔不可稱〕 생각할 수 없고〔不可思〕 요량할 수 없고〔不可量〕 말할 수 없는〔不可說〕 보살마하살 대중 가운데서 금강장보살이 우두머리가 되었다.

그 때 금강장보살이 부처님의 신력을 받들어 보살대지혜광명菩薩大智慧光明삼매에 들었다.

삼매에 들어갔을 때에 시방으로 각각 십억 부처 세계의 티끌 수 세계 밖에 각각 십억 세계의 티끌 수 부처님께서 계시니, 그들 이름은 모두 금강장金剛藏인데, 앞에 나타나 말씀하셨다.

"훌륭하고 훌륭하구나. 금강장보살이여, 능히 이 보살대지혜광명삼매에 들었도다.

선남자여, 이것은 시방에 계시는 각각 십억 부처 세계의 티끌 수 부처님들이 그대에게 가피하려는 것이니, 비로자나 여래・응・정등각의 본래 원력이요, 위신력이며, 또한 그대의 수승한 지혜의 힘인 연고니라.

그대로 하여금 모든 보살에게 부사의한 부처님 법의 광명을 말하게 하려는 것이니, 이른바 지혜의 자리에 들게 하려는 연고며, 일체 선근을 포섭케 하려는 연고며, 일체 불법을 잘 택하게 하려는 연고며, 모든 법을 자세히 알게 하려는 연고며, 법을 잘 말하게 하려는 연고며, 분별 없는 지혜가 청정한 연고며, 모든 세상법에 물들지 않는 연고며, 출세出世의 선근이 청정한 연고며, 부사의한 지혜의 경계를 얻게 하려는 연고며, 온갖 지혜〔一切智〕를 가진 사람의 지혜 경계를 얻게 하려는 연고니라.

또 보살 십지十地의 처음과 나중을 얻게 하려는 연고며, 보살 십지의 차별한 모양을 사실대로 말하게 하려는 연고며, 일체 불법을 반연하여 생각게 하려는 연고며, 누漏가 없는 법〔無漏法〕을 닦아 분별케 하려는 연고며, 큰 지혜의 광명으로 교묘하게 장엄함을 잘 선택하여 관찰케 하려는 연고며, 결정한 지혜의 문에 잘 들어가게 하려는 연고며, 머무는 곳을 따라 두려움 없는 것을 차례로 나타내어 말하게 하려는 연고며, 걸림이 없는 변재의 광명을 얻게 하려는 연고며, 큰 변재의 지위에 머물러 잘 결정케 하려는 연고며, 보살을 생각하여 잊지 않게 하려는 연고며, 일체 중생계를 성숙케 하려는 연고며, 모든 곳에 두루 이르러 결정코 깨우치게 하려는 연고니라.

선남자여, 그대는 마땅히 이 법문의 차별하고 공교한 법을 말할 것이니라. 이른바 부처님의 신력을 받드는 것이니 여래의 지혜와 밝음으로써 가피하는 연고며, 자기의 선근을 깨끗이 하는 연고며, 법계를 두루 청정케 하는 연고며, 중생들을 두루 포섭하는 연고며, 법신과 지혜의 몸에 깊이 들어가는 연고며, 일체 부처님의 관정灌頂을 받는 연고며, 일체 세간의 가장 높고 큰 몸을 얻는 연고며, 일체 세간의 길에서 초월하는 연고며, 출세간 선근을 청정하게 하는 연고며, 온갖 지혜의 지혜〔一切智智〕를 만족하는 연고니라."

그 때 시방의 부처님들이 금강장보살에게, 눌러서 빼앗을 수 없는〔無能映奪〕 몸을 주고, 걸림 없이 말하기 좋아하는 변재를 주고, 분별을 잘하는 청정한 지혜를 주고, 잘 기억하여 잊지 않는 힘을 주고, 잘 결정하여 환히 아는 지혜를 주고, 온갖 곳에 이르러 깨달아 아는 지혜를 주고, 도를 이루어 자재하는 힘을 주고, 여래의 두려움 없는 것을 주고, 온갖 지혜를 가진 사람이 모든 법문을 관찰하여 분별하는 변재의 지혜를 주고, 일체 여래의 가장 묘한 몸과 말과 뜻으로 구족하게 장엄함을 주었다.

왜냐 하면, 이 삼매를 얻으면 으레 그러한 연고며, 본래의 원으로 일으키는 연고며, 깊은 마음을 잘 깨끗하게 하는 연고며, 지혜(智輪)를 잘 깨끗하게 하는 연고며, 도를 돕는 법(助道)을 잘 모으는 연고며, 지을 것을 잘 닦는 연고며, 그 한량없는 법기法器를 생각하는 연고며, 그 청정한 믿음과 지혜(解)를 아는 연고며, 착오가 없는 총지를 얻는 연고며, 법계 지혜의 인印으로 잘 인가하는 연고였다.

그 때 시방 부처님께서 각각 오른손을 펴서 금강장보살의 정수리를 만지시었다. 정수리를 만지자 금강장보살이 삼매에서 일어나, 일체 보살 대중에게 말하였다.

"불자들이여, 모든 보살의 원은 잘 결정되어 혼잡하지 않고 볼 수 없으며, 광대하기 법계와 같고 끝없기 허공과 같아서 오는 세상이 끝날 때까지 이르며, 모든 부처님 세계에 두루하여서 일체 중생을 구호하며, 일체 부처님의 호념함이 되어 과거·미래·현재 여러 부처님 지혜의 지地에 들어갑니다.

불자들이여, 어떤 것을 보살마하살의 지혜의 지(智地)라 하는가. 불자들이여, 보살마하살의 지혜의 지에 열 가지가 있으니, 과거·미래·현재의 부처님들이 이미 말씀하였고, 장차 말씀할 것이며, 지금 말씀하시나니, 나도 그렇게 말합니다.

무엇이 열인가. 하나는 환희지歡喜地, 둘은 이구지離垢地, 셋은 발광지發光地, 넷은 염혜지焰慧地, 다섯은 난승지難勝地, 여섯은 현전지現前地, 일곱은 원행지遠行地, 여덟은 부동지不動地, 아홉은 선혜지善慧地, 열은 법운지法雲地입니다.

불자들이여, 이 보살의 십지는 삼세 부처님께서 이미 말씀하였고 장차 말씀하실 것이고 지금 말씀하는 것입니다.

불자들이여, 모든 부처님 국토에 계신 여래로 이 십지를 말씀하지 않는 분을 나는 보지 못하였나니, 무슨 까닭인가. 이것은 보살마하살이 보리로 가는 가장 좋은 길이며, 또한 청정한 법 광명의 문이니, 이른바 보살의 모든 지地를 분별하여 연설하는 것입니다. 불자여, 이 처소〔處〕는 헤아릴 수 없나니, 이른바 여러 보살의 증證을 따르는 지혜〔隨證智〕인 까닭입니다."

이 때 금강장보살이 이 보살 십지의 이름만을 말하고는 잠자코 있으면서 다시 분별하지 아니하였다.

이 때 모든 보살 대중은 보살 십지의 이름만 들었고 해석은 듣지 못했으므로 갈망하는 마음을 내어 이렇게 생각하였다.

'무슨 인因과 무슨 연緣으로 금강장보살은 보살 십지의 이름만 말하고 해석하지 않는가?'

해탈월解脫月보살은 대중들이 마음으로 생각함을 알고, 금강장보살에게 게송으로 물었다.

무슨 일로, 깨끗하게 깨달으시고
염念과 지智와 공덕을 갖춘 이로서
가장 묘한 지地의 이름만 말하시고
힘 있어도 해석하지 않으십니까.

모든 사람 근성이 결정되었고
용맹하여 겁약하지 아니하거늘
무슨 일로 십지 이름만 말하시고
우리 위해 해석하지 않으십니까.

여러 지地의 심오하고 묘한 이치를
이 대중이 듣기를 갈망하오며
마음도 겁약하지 아니하오니
원컨대 분별하여 말씀하소서.

여기 모인 무리들 청정하옵고
게으름을 여의어 정결하오며
마음이 견고하고 흔들림 없어
공덕과 모든 지혜 갖추었으며,

서로서로 쳐다보고 공경하오며
모두들 전일하게 우러르기를
벌들이 좋은 꿀을 생각하듯이
목마른 이 감로수를 그리듯 하네.

그 때 큰 지혜 있고 두려움 없는 금강장보살이 이 말을 듣고, 모인 이들의 마음을 즐겁게 하려고 불자들을 위하여 게송으로 말하였다.

보살들이 행하는 십지의 일은
가장 높은 부처님의 근본이시매
드러내고 분별하여 설명하기란
으뜸가고 희유하여 매우 어렵고,

미묘하고 심오하여 보기 어렵고
생각을 여의었고 마음(心地)을 초월

부처님 경계를 내는 것이매
듣는 이 아득하여 의혹하리라.

들으려는 마음이 금강과 같고
부처님의 승한 지혜 깊이 믿으며
마음 자리〔心地〕아는 데 내가 없어야
이렇게 수승한 법 능히 듣나니.

허공에 그려놓은 그림과 같고
공중에 부는 바람 모양과 같아
부처님의 지혜가 이와 같으매
분별커나 보기가 매우 어려워.

부처님의 지혜가 가장 거룩해
헤아릴 수 없음을 내가 아나니
세상 사람 이 이치 알 이 없기에
잠잠하고 말하지 아니하노라.

이 때 해탈월보살이 이 말을 듣고 금강장보살에게 말하였다.
"불자시여, 지금 회중이 모두 모였사온데, 깊은 마음이 잘 깨끗하였고, 생각함이 잘 조촐하여졌고, 여러 행을 잘 닦았고, 도를 돕는 법을 잘 모았고, 백천억 부처님께 친근하여 한량없는 공덕과 선근을 성취하였으며, 어리석은 의혹을 버려서 때에 물들지 아니하고, 깊은 마음으로 믿고 이해하며, 불법 가운데 있어 다른 가르침을 따르지 아니하오니, 불자시여, 부처님의 신력을 받들어 연설하여 주소서. 이 보살들이 그러한 깊은 곳까지라도 능히 증득하여 아오리다."
그 때 해탈월보살이 다시 그 뜻을 펴려고 게송으로 말하였다.

바라건대 첫째로 편안하오신
보살의 위없는 행 말씀하소서.
여러 지地의 이치를 분별하옵고
지혜가 청정하여 정각 이루리.

이 대중 여러 가지 때가 없삽고
뜻과 지해知解 밝고도 조촐하오며
한량없는 부처님 섬겼사오니
이 지地의 바른 이치 능히 알리라.

그 때 금강장보살이 말하였다.
"불자시여, 비록 이 대중들은 생각이 깨끗하고 우치와 의혹을 여의어서 매우 깊은 법(甚深法)에서 다른 가르침을 따르지 않는다 하지만, 이 밖에 이해가 부족한 중생들이 매우 깊고 부사의한 일을 들으면 흔히 의혹을 내어 긴긴 밤에 여러 가지 시끄러움(衰惱)을 받을 것입니다. 그런 이를 딱하게 생각하여 잠자코 있는 것입니다."
그 때 금강장보살이 이 뜻을 다시 펴려고 게송으로 말하였다.

이 대중은 청정하고 지혜가 많고
영리하고 총명하여 결택 잘하며
흔들림 없는 그 마음 수미산 같고
바다 같아 기울일 수 없다 하지만

수행이 오래지 않고 지혜가 얕아
의식意識만 따라가고 지혜가 없어
이 법 듣고 의심하면 악도에 떨어지니
그들이 불쌍하여 해석 않노라.

그 때 해탈월보살이 금강장보살에게 말하였다.

"불자시여, 바라건대 부처님의 신력을 받들어 이 부사의한 법을 분별하여 해설하소서. 이 사람들은 마땅히 여래가 호념하시므로 믿고 받드오리다.

왜냐 하면 십지를 말할 적에는 모든 보살이 으레 부처님의 호념을 받사오며, 호념을 받으므로 이 지혜〔智地〕에 용맹을 내리이다.

그 까닭을 말하면, 이것이 보살이 최초에 행하는 것이며, 일체 부처님의 법을 성취하는 연고니, 마치 글씨와 글자와 수數와 말이 모두 자모字母로 근본이 되고 자모가 구경究竟이어서 조그만치도 자모를 떠난 것이 없는 것과 같이, 불자시여, 일체 불법이 다 십지로 근본이 되고 십지가 구경이어서 수행하여 성취하면 온갖 지혜를 얻나이다.

그러므로 불자시여, 원컨대 연설하소서. 이 사람이 반드시 여래의 호념하심으로 믿어 받드오리다."

그 때 해탈월보살이 그 뜻을 거듭 펴려고 게송으로 말하였다.

훌륭하여라 불자시여, 연설하소서.
보리에 나아가는 모든 지地의 행
시방에 계시옵는 자재한 세존
지혜 근본 호념하지 않는 이 없고,

잘 머무는 지혜도 구경究竟이어서
온갖 가지 불법이 여기서 나니
글씨와 수數가 자모字母에 속함처럼
이와 같이 불법은 지地에 의지해.

이 때 여러 대보살들이 일시에 똑같은 소리로 금강장보살을 향하여 게송으로 말하였다.

최상이고 미묘하고 때 없는 지혜
끝없이 분별하는 훌륭한 변재
깊은 뜻 설명하는 아름다운 말
제일 되는 이치와 서로 응하며,

기억하여 지니는 청정하온 행
열 가지 힘을 얻고 공덕 모으며
말 잘하는 솜씨로 뜻을 분별해
가장 승한 십지법 말씀하소서.

정定과 계戒로 모은 바른 마음이
아만我慢과 나쁜 소견 여의었으며
이 대중은 의혹한 생각이 없어
좋은 말씀 듣기를 원하나이다.

목마를 때 냉수를 생각하듯이
굶주린 이 좋은 음식 생각하듯이

병난 이가 좋은 약 생각하듯이
　　　벌의 떼가 단 꿀을 좋아하듯이,
　　　우리들도 오늘날 그들과 같이
　　　감로 법문 듣기를 원하나이다.

　　　훌륭하여라, 넓고 큰 지혜 가진 이
　　　모든 지地에 들어가 열 가지 힘과
　　　장애없는 자비·지혜 갖추 이루는
　　　부처님의 모든 행을 말하여지다.

　이 때 세존께서 양미간으로부터 청정한 광명을 놓으니 이름이 보살력염명菩薩力燄明이었다. 백천 아승기 광명으로 권속이 되었으며, 시방에 두루 비치니 모든 세계에 두루하지 않은 데가 없어 세 나쁜 갈래〔三惡道〕의 고통이 모두 쉬었고, 또 모든 여래의 회중에 비치어 부처님의 부사의한 힘을 나타내고, 또 시방 일체 세계에 계시는 부처님들의 가피로 법을 말하는 보살의 몸에 비치었다. 이런 일을 하고는 허공 위에서 큰 광명 그물로 된 대〔大光明雲網臺〕가 되어 머물렀다.
　이 때 시방의 부처님들께서도 양미간으로 청정한 광명을 놓으니 그 이름과 권속과 하는 일이 모두 이와 같았고, 또한 이 사바세계의 부처님과 대중과 금강장보살의 몸과 사자좌에 비치고는 허공 위에서 큰 광명 그물의 대가 되었다.
　그 때 광명대 속에서 부처님의 위신력으로 게송을 말하였다.

　　　부처님의 무등등無等等 허공과 같고
　　　십력과 한량없는 훌륭한 공덕

인간의 최상이고 세상의 으뜸
석사자釋師子 법으로써 가피하시네.

불자여, 부처님의 신력 받들어
법왕의 가장 좋은 법장을 열고
여러 지地의 넓은 지혜 미묘한 행을
부처님의 위신으로 자세 말하라.

선서善逝의 신력으로 가피하시면
법보가 그 마음에 다 들어가고
여러 지地의 청정행을 차례로 이뤄
여래의 열 가지 힘 구족하리니,

바닷물과 겁화劫火 중에 있게 되어도
이 법을 듣자올 수 있으려니와
의심 내고 믿지 않는 그런 무리는
영원히 이런 이치 듣지 못하리.

말하라, 여러 지의 지혜의 길과
들고 있고 나면서 차례로 닦아
행과 경계로부터 지혜 생김을
일체 중생 이익하기 위해서니라.

그 때 금강장보살이 시방을 관찰하고 대중에게 청정한 믿음을 더하게 하려고 게송으로 말하였다.

거룩한 신선이신 부처님의 도
현미하고 묘하여 알 수 없는 일
생각할 것 아니며 생각 여의어
보려 해도 볼 수가 없는 것이며,

나는 것도 아니고 멸하지 않아
성품이 깨끗하고 항상 고요해
때가 없고 총명한 사람이라야
그 지혜로 짐작할 수가 있나니,

제 성품 본디부터 공적空寂하여서
둘도 없고 다하지도 아니하나니
여러 가지 갈래에서 벗어났으며
열반과 평등하게 머물러 있어,

처음이나 중간도 끝도 아니며
말로써는 설명할 수가 없나니
과거·미래·현재를 초월했으매
그 모양 허공과 같다고 할까.

고요하고 멸한 것 부처님의 행
말로는 무어라고 할 수 없나니
십지의 여러 행도 그와 같아서
말할 수도 느낄 수도 없는 일이며,

지혜를 일으키는 부처님 경계
생각할 수도 없고 마음을 떠나
온蘊·계界·처處의 문도 아니니
지혜로나 알는지 뜻은 못 미쳐.

허공에 날아가는 새의 발자국
말할 수도 보일 수도 없는 것이니
십지의 깊은 이치 그와 같아서
마음과 뜻으로는 알지 못한다.

자비하온 마음과 원과 힘으로
여러 지에 들어가는 행을 내어서
차례차례 원만하는 그러한 마음
지혜로나 미칠까 생각은 안돼.

이 경계는 아마도 보기 어려워
안다고나 할는지 말할 순 없어
부처님 힘 받들어 설명하리니
그대들 공경하여 잘 들으시오.

이렇게 지혜로나 들어가는 행
억겁 동안 말해도 다할 수 없고
내 지금 간략하게 연설하여서
진실한 뜻 남음이 없게 하리니,

일심으로 공경하여 기다리시오.
부처님 힘 받들어 말하오리라.
훌륭한 십지법을 묘한 소리로
비유와 좋은 글자 뜻과 응하니.

한량없는 부처님 신통의 힘이
모두 다 나의 몸에 들어왔으니
이런 곳 설명하기 어렵지마는
내 이제 조그만치 말해보리라.

"불자들이여, 어떤 중생으로 하여금 선근을 깊이 심고 모든 행을 잘 닦고 도를 돕는 법을 잘 모으고 여러 부처님께 잘 공양하고 청정한 법〔白淨法〕을 잘 쌓고, 선지식의 거두어 주심이 되고 깊은 마음을 청정하게 하여 광대한 뜻을 세우고, 광대한 지혜〔解〕를 내면 자비가 앞에 나타나나니, 부처님의 지혜를 구함이며, 열 가지 힘을 얻으려 함이며, 크게 두려움 없음을 얻으려 함이며, 부처님의 평등한 법을 얻으려 함이며, 일체 세간을 구호하려 함이며, 큰 자비를 깨끗이 하려 함이며, 십력十力과 남음이 없는 지혜〔無餘智〕를 얻으려 함이며, 모든 부처님 세계를 깨끗이 하여 장애가 없게 하려 함이며, 잠깐 동안에 일체 삼세를 알고자 함이며, 큰 법륜을 굴릴 적에 두려움이 없으려 하는 연고로, 불자여, 보살이 이런 마음을 일으키는 것입니다.

대비심을 으뜸으로 하여 지혜가 늘고, 공교한 방편에 포섭되고, 가장 훌륭한 깊은 마음으로 유지되며, 여래의 힘이 한량이 없어 잘 관찰하고 분별하며, 용맹한 힘과 지혜의 힘으로 걸림 없는 지혜가 앞에 나타나고, 따라 순종하는 자연의 지혜로 일체 불법을 받아들여 지혜로써 교화하나니, 광대하기 법계와 같고 끝없기 허공과 같아서 오는 세월의 끝까지 다합니다.

불자들이여, 보살이 처음 이런 마음을 내고는, 곧 범부의 처지〔凡夫地〕를 뛰어나 보살의 지위〔菩薩地〕에 들어가서 여래의 집에 태어나나니, 그 가문의 허물을 말할 이가 없으며, 세간의 모든 갈래를 떠나서 출세간의 도에 들어가며, 보살의 법을 얻고 보살의 자리〔菩薩處〕에 머물며, 삼세가 평등한 데 들어가 여래의 종성에서 결정코 위없는 보리를 얻으리니, 보살이 이런 법에 머물면 보살의 환희지〔歡喜地〕에 머물렀다 하나니, 동하지 않는 법과 서로 응하는 연고입니다.

불자들이여, 보살이 환희지에 머무르면 여러 가지 환희와 여러 가지 청정한 신심과 여러 가지 즐거움과 여러 가지 희열과 여러 가지 기쁜 경사와 여러 가지 뛰놀음과 여러 가지 용맹과 여러 가지 투쟁이 없음과 여러 가지 시끄러움이 없음〔無惱害〕과 여러 가지 성내지 않음을 성취합니다.

불자들이여, 보살이 이 환희지에 머물고는 부처님을 생각하므로 환희하고, 부처님 법을 생각하므로 환희하고, 보살을 생각하므로 환희하고, 보살의 행을 생각하므로 환희하고, 청정한 바라밀을 생각하므로 환희하고, 보살의 지위가 수승함을 생각하므로 환희하고, 보살의 깨뜨릴 수 없음을 생각하므로 환희하고, 여래의 중생 교화함을 생각하므로 환희하고, 능히 중생들에게 이익을 얻게 함을 생각하므로 환희하고 일체 여래의 지혜와 방편에 들어감을 생각하므로 환희합니다.

또 이렇게 생각하나니, 내가 모든 세간의 경계를 점점 여의므로 환희하고, 모든 부처님을 친근하므로 환희하고, 범부의 처지를 여의었으므로 환희하고, 지혜의 자리에 가까워지므로 환희하고, 모든 나쁜 갈래를 아주 끊었으므로 환희하고, 일체 중생의 의지할 곳이 되므로 환희하고,

일체 여래를 뵈오므로 환희하고, 부처님의 경계에 났으므로 환희하고, 일체 보살의 평등한 성품에 들어갔으므로 환희하고, 온갖 무섭고 털이 곤두서는 일을 여의었으므로 환희하느니라 합니다.

무슨 까닭인가. 이 보살이 환희지를 얻고는 온갖 두려움을 모두 멀리 여의는 것이니, 이른바 살아갈 수 없는 것에 대한 두려움〔不活畏〕· 나쁜 이름이 날 것에 대한 두려움〔惡名畏〕· 죽음에 대한 두려움〔死畏〕· 나쁜 갈래에 대한 두려움〔惡道畏〕· 대중의 위덕에 대한 두려움〔大衆威德畏〕인데, 이런 두려움을 아주 다 여읩니다.

왜냐 하면 이 보살이 나〔我〕란 고집을 떠났으므로 내 몸도 아끼지 않거든, 하물며 재물이리요. 그러므로 살아갈 수 없는 것에 대한 두려움이 없습니다. 다른 이에게 공양을 바라지 않고 일체 중생에게 보시만 하나니, 그러므로 나쁜 이름이 날 것에 대한 두려움이 없습니다. 나란 소견을 여의어 나라는 생각이 없나니, 그러므로 죽음에 대한 두려움이 없고, 자기가 죽어도 결정코 부처님이나 보살을 떠나지 아니할 줄 아나니, 그러므로 나쁜 갈래에 대한 두려움이 없고, 내가 좋아하는 것은 일체 세간에서 동등할 이도 없거늘, 어찌 나을 이가 있으리요. 그러므로 대중의 위덕에 대한 두려움이 없습니다.

보살이 이와 같이 두려움과 털이 곤두서는 일을 멀리 여읩니다.

불자들이여, 이 보살이 대비大悲로 으뜸을 삼는 광대한 뜻을 저해할 이가 없고, 점점 부지런히 모든 선근을 닦아서 성취하나니, 이른바 신심이 느는 연고며, 청정한 신심이 많아지는 연고며, 지혜〔解〕가 청정한 연고며, 믿음이 결정한 연고며, 가엾이 여기는 생각을 내는 연고며, 크게 인자함을 성취하는 연고며, 고달픈 마음이 없는 연고며, 부끄러움으로 장엄하는 연고며, 화순함을 성취한 연고며, 부처님의 가르치신 법을 공경하고 존중하는 연고입니다.

밤낮으로 선근을 닦아 만족함이 없는 연고며, 선지식을 친근하는 연고며, 항상 법을 사랑하는 연고며, 많이 알기를 구하여 만족을 모르는 연고며, 들은 법대로 관찰하는 연고며, 마음에 의탁함이 없는 연고며, 이양이나 명예나 공경 받기를 탐하지 않는 연고며, 온갖 살아갈 물품을 구하지 않는 연고며, 보물 같은 마음을 내어 만족함이 없는 연고입니다.

온갖 지혜의 지地를 구하는 연고며, 여래의 힘(力)과 두려움 없음(無所畏)과 함께하지 않는 불법(不共佛法)을 구하는 연고며, 모든 바라밀의 도를 돕는 법(助道法)을 구하는 연고며, 모든 아첨과 속임을 여의는 연고며, 말한 대로 행하는 연고며, 진실한 말(眞實語)을 항상 두호하는 연고며, 여래의 가문을 더럽히지 않는 연고며, 보살의 계율을 버리지 않는 연고며, 온갖 지혜의 마음을 내어 산과 같이 흔들리지 않는 연고며, 일체 세간의 일을 버리지 않고 출세간의 도를 성취하는 연고며, 보리를 돕는 부분법(助菩提分法)을 모으되 만족함이 없는 연고며, 가장 위가 되는 수승한 도(上上殊勝道)를 항상 구하는 연고입니다.

불자들이여, 보살이 이와 같이 깨끗이 다스리는 지地의 법(淨治地法)을 성취하는 것을 보살의 환희지에 편안히 머무른다 합니다.

불자들이여, 보살이 이 환희지에 머물고는 이러한 큰 원과 이러한 큰 용맹과 이러한 큰 작용을 능히 성취하나니, 이른바 광대하고 청정하고 결정한 알음알이를 내어 모든 공양거리로써 일체 부처님께 공경하고 공양하여 남음이 없게 하는 것이니, 광대하기 법계와 같고 끝없기 허공과 같아서 오는 세월이 끝나도록 모든 겁 동안에 쉬지 않습니다.

또 큰 원을 세우기를 '일체 부처님의 법륜을 받아지이다, 일체 부처님의 보리를 거두어지이다, 일체 부처님의 교법을 보호하여지이다, 일체 부처님의 법을 지니어지이다' 하나니, 광대하기 법계와 같고, 끝없기 허공과 같아 오는 세월이 끝나도록 모든 겁 동안에 쉬지 아니합니다.

또 큰 원을 세우기를, '일체 세계에서 부처님께서 세상에 나실 적에, 도솔천궁에서 사라져서 모태에 들고 태에 머물고, 탄생하고 출가하고 성도하고 설법하고 열반하시는 것을 내가 다 나아가서 친근하고 공양하며, 대중의 우두머리가 되어 바른 법을 받아 행하며, 모든 곳에서 한꺼번에 법을 연설하여지이다' 하나니, 광대하기 법계와 같고, 끝없기 허공과 같아, 오는 세월이 끝나도록 모든 겁 동안에 쉬지 아니합니다.

또 큰 원을 세우기를, '일체 보살의 행이 넓고 크고 한량없고 부서지지 않고 섞이지 않으며, 여러 바라밀을 거두어서 여러 지를 깨끗이 다스리며, 전체인 모양〔總相〕· 각각인 모양〔別相〕· 같은 모양〔同相〕· 다른 모양〔異相〕· 이루는 모양〔成相〕· 무너지는 모양〔壞相〕으로 온갖 보살의 행을 사실대로 말하여, 일체 중생을 가르쳐서 받아 행하고 마음이 증장케 하여지이다' 하나니, 광대하기 법계와 같고, 끝없기 허공과 같아, 오는 세월이 끝나도록 모든 겁 동안에 쉬지 아니합니다.

또 큰 원을 세우기를 '일체 중생계에서 빛깔 있는 것〔有色〕· 빛깔 없는 것〔無色〕· 생각 있는 것〔有想〕· 생각 없는 것〔無想〕· 생각 있지 않는 것〔非有想〕· 생각 없지 않는 것〔非無想〕· 알나기〔卵生〕· 태나기〔胎生〕· 누기나기〔淫生〕· 바꿔나기〔化生〕 들이 삼계에 얽매이고 여섯 갈래〔六趣〕에 들어가서 태어나는 온갖 곳에서 이름과 물질〔名色〕에 소속되나니, 이런 무리들을 내가 모두 교화하여 부처님 법에 들어가서, 여러 세간 갈래를 아주 끊고 온갖 지혜의 지혜에 편안히 머물게 하여지이다' 하나니, 광대하기 법계와 같고 끝없기 허공과 같아, 오는 세월이 끝나도록 모든 겁 동안에 쉬지 아니합니다.

또 큰 원을 세우기를 '일체 세계가 넓고 크고 한량이 없고 굵고 잘고,

어지러이 있고, 거꾸로 있고, 바르게 있고, 들어가고 다니고 가는 것이 제석천의 그물처럼 차별하며, 시방에 한량이 없이 가지가지로 같지 않은 것을 지혜로써 분명히 알아 앞에 나타난 듯이 알고 보아지이다' 하나니, 광대하기 법계와 같고 끝없기 허공과 같아 오는 세월이 끝나도록 모든 겁 동안에 쉬지 아니합니다.

또 큰 원을 세우기를 '일체 국토가 한 국토에 들어가고 한 국토가 일체 국토에 들어가며, 한량없는 부처님 국토가 모두 청정하고, 여러 가지 광명으로 장엄하며, 일체 번뇌를 여의고 청정한 도를 성취하며, 한량없는 지혜로운 중생으로 하여금 그 가운데 충만하며, 광대한 부처님의 경계에 들어가 중생의 마음을 따라 나타나서 모두 환희케 하여지이다' 하나니, 광대하기 법계와 같고 끝없기 허공과 같아 오는 세월이 끝나도록 모든 겁 동안에 쉬지 아니합니다.

또 큰 원을 세우기를 '일체 보살과 더불어 뜻과 행이 같으며, 원수와 미운 이가 없이 선근을 모으며, 일체 보살이 평등하게 한 가지를 반연하고, 항상 함께 모여서 서로 떠나지 않으며, 마음대로 가지가지 부처님 몸을 나타내며, 자기의 마음대로 능히 일체 여래의 경계와 위력과 지혜를 알며, 물러가지 않고 뜻대로 되는 신통을 얻어, 일체 세계에 다니고, 여러 회중에 몸을 나타내고, 일체 중생의 나는 곳에 들어가서 부사의한 대승을 성취하고 보살의 행을 닦아지이다' 하나니, 광대하기 법계와 같고 끝없기 허공과 같아 오는 세월이 끝나도록 모든 겁 동안에 쉬지 아니합니다.

또 큰 원을 세우기를 '물러가지 않는 법륜을 타고 보살의 행을 행하되 몸과 말과 뜻으로 짓는 업이 헛되지 아니하여, 잠깐 보아도 부처님 법에 결정한 마음을 내고, 소리만 들어도 진실한 지혜를 얻고, 겨우 깨끗한 신심을 내어도 영원히 번뇌를 끊게 되며, 약왕 나무〔藥王樹〕와 같은 몸을 얻고, 여의주와 같은 몸을 얻어, 일체 보살의 행을 수행하여지이다' 하나니, 광대하기 법계와 같고 끝없기 허공과 같아, 오는 세월이 끝나도록 모든 겁 동안에 쉬지 아니합니다.

또 큰 원을 세우기를 '일체 세계에서 아뇩다라삼먁삼보리를 이루어서, 한 털 끝을 떠나지 않고 모든 털 끝만한 곳마다, 처음 탄생하고 출가하고 도량에 나아가고 정각을 이루고 법륜을 굴리고 열반에 드는 일을 나타내며, 부처님의 경계이신 큰 지혜를 얻고, 찰나찰나마다 일체 중생의 마음을 따라 성불함을 보여서 적멸함을 얻게 하며, 한 삼보리三菩提로써 일체 법계가 곧 열반하는 모양임을 알게 하며, 한 가지 음성으로 법을 말하여 일체 중생의 마음이 모두 환희케 하며, 일부러 대열반에 들어가면서도 보살의 행을 끊지 아니하며, 큰 지혜의 지위에 있어서도 모든 법을 나란히 건립하며, 법지통法智通과 신족통神足通과 환통幻通으로 자재하게 변화하여 일체 세계에 충만하여지이다' 하나니, 광대하기 법계와 같고 끝없기 허공과 같아 오는 세월이 끝나도록 모든 겁 동안에 쉬지 아니합니다.

불자들이여, 보살이 환희지에 머물러 이렇게 큰 서원과 이렇게 큰 용맹과 이렇게 큰 작용을 내나니, 이 열 가지 원이 시작이 되어 백만 아승기 큰 원을 만족합니다.

불자들이여, 이 큰 원은 열 가지 끝나는 구절[十盡句]로 성취되나니, 무엇이 열인가. 말하자면 중생계가 끝나고, 세계가 끝나고, 허공계가 끝나고, 법계가 끝나고, 열반계가 끝나고, 부처님의 출현하는 계界가 끝나고, 여래의 지혜의 계가 끝나고, 마음으로 반연하는 계가 끝나고, 부처님 지혜로 들어갈 경계의 계가 끝나고, 세간의 진전[轉]·법의 진전·지혜의 진전하는 계가 끝나는 것입니다.

만일 중생계가 끝나면 나의 원도 끝나며, 만일 세계와 내지 세간의 진전, 법의 진전·지혜의 진전하는 계㈎가 끝나면 나의 원도 끝나려니와, 중생계가 끝날 수 없으며, 내지 세간의 진전·법의 진전·지혜의 진전하는 계가 끝날 수 없으므로, 나의 큰 원의 선근도 끝날 수 없습니다.

불자들이여, 보살이 이러한 큰 원을 내고는 곧 이익하는 마음[利益心]·부드러운 마음[柔軟心]·따라 순종하는 마음[隨順心]·고요한 마음[寂靜心]·조복하는 마음[調伏心]·적멸한 마음[寂滅心]·겸손한 마음[謙下心]·윤택한 마음[潤澤心]·동하지 않는 마음[不動心]·흐리지 않은 마음[不濁心]을 얻습니다.

깨끗한 신심을 이룬 이는 신심의 공용功用이 있어 여래께서 본래 행으로 들어가신 것을 믿으며, 바라밀을 성취함을 믿으며, 여러 훌륭한 지위[勝地]에 들어감을 믿으며, 힘을 성취한 것을 믿으며, 두려움 없는 마음을 구족함을 믿으며, 깨뜨릴 수 없고 함께하지 않는 불법을 생장함을 믿으며, 부사의한 불법을 믿으며, 중간도 가도 없는[無中邊] 부처님 경계를 내는 것을 믿으며, 여래의 한량없는 경계에 따라 들어감을 믿으며, 과보를 성취함을 믿나니, 요건要件을 들어 말하면 일체 보살의 행과 내지 여래의 지혜와 말하는 힘을 믿는 것입니다.

불자들이여, 보살이 또 이런 생각을 합니다.

'부처님의 바른 법이 이렇게 깊고 이렇게 고요하고 이렇게 적멸하고 이렇게 공하고 이렇게 모양이 없고 이렇게 원이 없고 이렇게 물들지 않고 이렇게 한량이 없고 이렇게 광대한데, 범부들은 삿된 소견에 빠져 무명에 가리었으며, 교만의 당기를 세우고 애정의 그물에 들어가, 아첨의 숲 속에 다니면서 나오지 못하고, 마음에 간탐과 질투가 서로 응하여 버리지 못하고, 여러 갈래에 태어날 인연을 항상 지으며, 탐욕과 성내는 일과 어리석음으로 모든 업을 지어서 밤낮으로 증장하고, 분노한 바람으로 마음〔心識〕의 불을 불어서 성한 불꽃이 쉬지 않으며, 모든 짓는 업이 뒤바뀌게 되며, 욕계의 폭류〔欲流〕·색계의 폭류〔有流〕·무명의 폭류〔無明流〕·소견의 폭류〔見流〕가 서로 계속하여 마음〔心〕·뜻〔意〕·식識의 종자를 일으킵니다.

삼계란 밭에 다시 고통의 싹을 내나니, 이른바 이름과 물질〔名色〕이 저와 함께 나서 떠나지 아니하며, 이름과 물질이 증장하여 여섯 군데의 기관〔六處聚落〕을 내고, 그 속에서 서로 대하여 접촉함〔觸〕을 내며, 접촉하므로 받아들임〔受〕을 내고, 받아들임으로 사랑함을 내고, 사랑이 자라서 취함〔取〕을 내고, 취함이 늘어서 유有를 내고, 유가 났으므로 태어나고 늙고 죽고 근심하고 슬퍼하고 괴로움과 시끄러움을 내나니, 이리하여 중생으로 하여금 고통 속에서 생장하거니와, 이런 속이 모두 공하여 나와 내 것을 여의었으므로 알음알이〔知〕도 없고 깨닫지도 못하고 짓는 것도 없고 받는 것도 없어서 초목이나 돌과 같으며, 영상과도 같건만, 중생들은 깨닫지도 못하고 알지도 못합니다.'

보살은 모든 중생들이 이런 고통 속에서 벗어나지 못함을 보고, 큰 자비와 지혜를 내며 또 생각하기를 '이 중생들을 내가 건져내어 필경까지 안락한 곳에 둘 것이니, 그러므로 큰 자비와 광명과 지혜를 내리라' 합니다.

불자여, 보살마하살이 이러한 대비와 대자大慈를 따라서 깊고 소중한 마음으로 초지初地에 머무니, 이 때에 모든 물건을 아끼지 않고 부처님의 큰 지혜를 구하며, 크게 버리는 일을 수행하여 가진 것을 모두 보시하나니, 이른바 재물·곡식·창고·금·은·마니·진주·유리·보석·벽옥·산호 등과, 보물과 영락 등 몸을 장식하는 기구와, 코끼리·말·수레·노비·백성과 도시와 마을과 원림과 누대와 처첩과 아들과 딸과 안팎 권속들과 그 외의 훌륭한 물건들과, 머리·눈·손·발·

피·살·뼈·골수 등의 모든 몸붙이〔身分〕를 하나도 아끼지 않고, 부처님의 광대한 지혜를 구합니다.

이것을 이름하여 보살이 초지에 있어서 크게 버리는 일〔大捨〕을 성취하는 것이라 합니다.

불자들이여, 보살이 이 자비로 크게 보시하는 마음으로써 일체 중생을 구호하기 위하여 점점 다시 세간과 출세간의 여러 가지 이익하는 일을 구하면서도 고달픈 마음이 없으므로 곧 고달픈 줄 모르는 마음을 성취하며, 고달픈 줄 모르는 마음을 얻고는 일체 경과 논에 겁약함이 없나니, 겁약함이 없으므로 일체 경론의 지혜를 성취합니다.

이 지혜를 얻고는 지을 일과 짓지 아니할 일을 잘 요량하고, 상·중·하품의 일체 중생에 대하여 마땅함을 따르고 힘을 따르고 그 익힌 바를 따라서 그와 같이 행하나니, 그러므로 보살이 세간의 지혜〔世智〕를 이루게 되고, 세간의 지혜를 이루고는 시기〔時〕를 알고 깜냥〔量〕을 알아 부끄러운 장엄〔慚愧莊嚴〕으로 스스로를 이롭게 하고 다른 이를 이롭게 하는 행을 닦나니, 그러므로 부끄러운 장엄을 성취합니다.

이런 행에서 벗어나는 일을 부지런히 닦아 퇴전하지 아니하면 견고한 힘을 이루며, 견고한 힘을 얻고는 부처님께 부지런히 공양하며 부처님의 교법에서 말씀한대로 실행합니다.

불자여, 보살이 이와 같이 여러 지地를 깨끗이 하는 열 가지 법을 성취하나니, 이른바 신심〔信〕·불쌍히 여김〔悲〕·인자함〔慈〕·버리는 것〔捨〕·고달픔이 없음〔無有疲〕·경론을 아는 일〔知諸經論〕·세간법을 아는 것〔善解世法〕·부끄러움〔慚愧〕·견고한 힘〔堅固力〕·부처님께 공양하고 가르친 대로 수행하는 것〔供養諸佛依敎修行〕입니다.

불자여, 보살이 이 환희지에 머물고는 큰 원력으로 많은 부처님을 보게 되나니, 이른바 여러 백 부처님, 여러 천 부처님, 여러 백천 부처님,

여러 억 부처님, 여러 백억 부처님, 여러 천억 부처님, 여러 백천억 부처님, 여러 억 나유타 부처님, 여러 백억 나유타 부처님, 여러 천억 나유타 부처님, 여러 백천억 나유타 부처님을 뵙습니다.

　모두 큰 마음과 깊은 마음으로 공경하고 존중하고 받들어 섬기고 공양하며, 의복과 음식과 와구(臥具)와 의약과 모든 필수품으로 보시하며, 또한 일체 스님에게도 공양하나니, 이 선근으로써 위없는 보리에 회향합니다. 불자여, 이 보살이 여러 부처님께 공양하였으므로 중생을 성취하는 법을 얻습니다.

　앞에 있는 두 가지 거두어 주는 법으로 중생을 포섭하나니, 보시하는 것과 좋은 말하는 것(愛語)이요, 뒤에 있는 두 가지 거두어 주는 법은 다만 믿고 아는 힘(信解力)으로 행하거니와, 잘 통달하지는 못합니다. 이것은 보살의 십바라밀 중 보시바라밀(檀波羅蜜)이 더 많은 것이니, 다른 바라밀을 닦지 않는 것은 아니지마는 힘을 따르고(隨力) 분한을 따를(隨分) 뿐입니다.

　이 보살이 간 데마다 부처님께 공양하고 중생을 교화하는 일을 부지런히 하여 청정한 지(地)의 법을 수행하고, 그러한 선근으로 온갖 지혜의 지위에 회향하며, 점점 더 밝고 깨끗하여지고, 조화하고 부드러운 결과가 성취되어 마음대로 소용합니다.

　불자들이여, 마치 대장장이가 금을 연단할 적에 자주 불에 넣으면 점점 더 밝고 깨끗하여지고, 고르고 부드럽게 되어 마음대로 소용하듯이, 보살도 그러하여 부처님께 공양하고 중생을 교화함이 모두 청정한 지의 법을 수행함이요, 그러한 선근으로 온갖 지혜의 지위에 회향하며, 점점 더 밝고 깨끗하여지고, 조화하고 부드러운 결과가 성취되어 마음대로 소용합니다.

　불자들이여, 보살마하살이 초지에 머물고는, 마땅히 부처님과 보살과 선지식에게, 이 지의 모양과 얻는 결과를 구하고 물어서 만족함이 없으리니, 이 지의 법을 성취하려 함이요, 또 마땅히 부처님과 보살과 선지식에게 제2지第二地의 모양과 얻는 결과를 구하고 물어서 만족함이 없으리니, 저 지의 법을 성취하려 함이요, 또 이와 같이 제3·제4·제5·제6·제7·제8·제9·제10지 중의 모양과 얻는 결과를 구하고 물어서 만족함이 없으리니, 저 지의 법을 성취하려 함입니다.

이 보살이 여러 지의 장애와 다스리는 일을 잘 알며, 지의 이루고 부서짐을 잘 알며, 지의 모양과 결과를 잘 알며, 지의 얻음과 닦음을 잘 알며, 지의 법이 청정함을 잘 알며, 지와 지의 옮겨 행함[轉行]을 잘 알며, 지와 지의 옳은 곳[處]과 그른 곳[非處]을 잘 알며, 지와 지의 수승한 지혜를 잘 알며, 지와 지의 퇴전하지 않음을 잘 알며, 일체 보살의 지를 깨끗이 다스림과 내지 여래의 지에 옮아 들어감을 잘 압니다.

불자들이여, 보살이 이와 같이 지의 모양을 잘 알고, 처음 초지에서 행을 일으켜 끊어지지 않고 이와 같이 내지 제10지에 들어가도록 끊어지지 아니하며, 여러 지의 지혜 광명을 말미암아 여래의 지혜 광명을 이룹니다.

불자들이여, 마치 장사물주[商主]가 방편을 잘 아는데 여러 장사치를 데리고 큰 성으로 가려면 떠나기 전에 길가는 동안에 있을 공덕과 허물과 머물러 있을 곳과 편안하고 위태한 것을 먼저 자세히 물은 뒤에, 도중에 필요한 양식을 준비하고 마련할 것을 마련할 것입니다. 불자여, 저 장사물주가 비록 길을 떠나지 않았으나 도중에 있을 편안하고 위태함을 잘 알고, 지혜로 생각하고 관찰하여 필요한 것을 준비하여 부족함이 없게 하고서야, 장사치들을 데리고 떠나서 내지 무사히 큰 성에 들어가며, 자기나 여러 사람이 걱정을 면하게 됩니다.

불자들이여, 보살인 장사물주도 그와 같아서, 초지에 머물러 있으면서 여러 지의 장애와 다스릴 바를 알고, 내지 일체 보살지의 청정함을 잘 알며, 옮겨서 여래의 지에 들어가고, 그런 뒤에 복과 지혜의 양식을 준비하여 가지고는, 모든 중생을 데리고 죽고 사는 넓은 벌판과 험한 곳을 지나서 무사히 살바야(薩婆若)의 성에 이르며, 자기나 중생들이 환난을 받지 아니하나니, 그러므로 보살은 항상 게으르지 않고 여러 지의 수승하고 깨끗한 업을 부지런히 닦으며, 내지 여래의 지혜인 자리에 나아갈 것입니다.

불자들이여, 이것을 이름하여 보살마하살이 보살의 초지의 문에 들어감을 간략히 말한다 하거니와, 자세히 말하자면 한량없고 끝없는 백천 아승기의 차별한 일이 있습니다.

불자들이여, 보살마하살이 이 초지에 머물러서는 흔히 염부제의 왕이 되어 호화롭고 자재하며 바른 법을 보호하고, 크게 보시하는 일로 중생들을 거두어 주어 중생의 간탐하는 허물을 없애며, 항상 크게 보시함이 끝나지 아니하여 보시하고, 좋은 말을 하고 이익케 하고 일을 같이(同事) 합니다.

이와 같아서 모든 하는 일이 모두 부처님을 생각하고 법을 생각하고 승가를 생각하고, 함께 수행하는 보살을 생각하고 보살의 행을 생각하고 모든 바라밀을 생각하고 여러 지(地)를 생각하고 힘(力)을 생각하고 두려움 없음(無畏)을 생각하고 함께하지 않는 불법(不共佛法)을 생각하는 일들을 떠나지 아니하며, 내지 갖가지 지혜와 온갖 지혜의 지혜를 구족함을 떠나지 아니합니다.

또 생각하기를 '내가 일체 중생들 가운데서 머리가 되고 나은 이가 되고 썩 나은 이가 되고, 묘하고 미묘하고, 위가 되고 위없는 이가 되고, 길잡이가 되고 장수가 되고 통솔자가 되며, 내지 온갖 지혜와 지혜의 의지함이 되리라' 합니다.

이 보살이 만일 출가하여 불법을 부지런히 수행하려면 문득 집과 처자와 다섯 가지 욕락(五欲)을 버리고 여래의 가르침을 따라 출가하여 도를 배우며, 이미 출가하고는, 부지런히 정진하여 잠깐 사이에 백 삼매를 얻고, 백 부처님을 보고, 백 부처님의 신통력을 알고, 백 부처님의 세계를 진동하고, 백 부처님의 세계를 지나가고, 백 부처님의 세계를 비추고, 백 부처님 세계의 중생을 교화하고, 백 겁을 살고, 앞뒤로 백 겁 일을 알고, 백 법문에 들어가고, 백 가지 몸을 나타내고, 몸마다 백 보살과 권속을 삼습니다.

 만일 보살의 훌륭한 원력으로 자재하게 나타내게 되면 이보다 지나가서, 백 겁, 천 겁, 백천 겁이나 내지 백천억 나유타 겁에도 능히 세어서 알 수 없습니다."

 그 때 금강장보살이 이 뜻을 다시 펴려고 게송으로 말하였다.

    어떤 사람 선행善行 닦아
    깨끗한 법 구족하고
    천인존天人尊께 공양하며
    자비한 길 따르나니,

    신심 · 지혜(解) 넓고 크고
    즐기는 뜻 청정하며
    부처님 지혜 구하려고
    위없는 마음 내고,

    온갖 지혜 깨끗한 힘
    두려움이 없으므로

부처님 법 성취하여
모든 중생 구제하며,

대자대비 큰 마음과
수승하온 법륜 얻고
불국토를 청정하려
가장 좋은 마음 내고,

한 생각에 세 세상을
알면서도 분별 없고
가지가지 시간으로
세상 사람 보여주며,

부처님의 여러 가지
승한 공덕 얻으려고
광대한 맘 내었으니
허공계와 평등하다.

자비·지혜 으뜸 되어
방편들과 서로 응해
믿고 아는 청정한 맘
한량없는 여래의 힘,

걸림 없는 지혜 생겨
제 힘으로 깨달았고

여래처럼 구족하려
최승심最勝心을 내었어라.

불자들이 처음으로
묘한 마음 내올 적에
범부 지위 초월하여
부처의 행 들어가고,

여래 가문 태어나서
종족에는 허물 없고
부처님과 평등하게
무상각無上覺을 이루리라.

이런 마음 겨우 내곤
초지 중에 들어가서
기쁜 마음 부동하니
수미산과 같노매라.

환희하고 즐거우며
깨끗하온 신심 많고
엄청나는 용맹심과
기뻐 뛰는 마음,

다투거나 해치거나
성내는 일 여의었고

참회하고 질직하게
여러 근을 수호하며,

세상 구해 짝없는 이
여러 가지 가진 지혜
이곳에서 내가 얻어
생각하고 기뻐하며,

초지 중에 처음 들어
다섯 공포 초월하니
살 수 없고, 죽는 일과
나쁜 누명, 나쁜 갈래,

대중 위덕 공포들을
나와 내 것 안 탐하며
이와 같은 불자들이
그런 공포 여의었고.

큰 자비를 늘 행하며
신심 있고 공경하고
부끄러운 공덕 갖춰
밤낮으로 선법善法 늘며,

참된 법을 좋아하고
모든 욕락欲樂 안 받으며

들은 법을 생각하여
온갖 고집 떠났으니,

이양利養을 탐하지 않고
부처 보리 좋아하며
일심으로 지혜 구해
전일하게 딴 맘 없고,

바라밀 수행하여
아첨 속임 떠났으며
말한 대로 행을 닦아
참말 속에 머무르며,

부처 가문 더럽잖게
보살 계행 버리잖고
세상일을 좋아 않고
항상 세간 이익하며,

선한 일에 만족 없고
더 좋은 길 구하면서
이런 법을 즐겨하여
공과 덕과 서로 응해,

큰 서원을 항상 내어
부처님을 뵈옵고자

부처님 법 보호하고
보리도〔大仙道〕를 거둬지다.

이런 서원 늘 세우고
좋은 행을 수행하며
모든 중생 성숙하고
부처 국토 청정하게,

모든 부처 세계 중에
불자들이 가득한데
평등하게 한 맘으로
짓는 일이 헛되잖고,

한량없는 털 끝마다
한꺼번에 성불하리.
이와 같은 큰 원력이
한량없고 끝이 없네.

허공계나 중생계나
법계거나 열반계나
세간계나 부처 출현
여래 지혜, 마음 경계,

여래 지혜로 들어가면
세 진전〔轉〕이 끝나는 일.

저런 것이 다 끝나면
내 소원도 끝나련만
저런 것이 끝 안나니
내 소원도 끝이 없어,

이와 같이 원을 내니
순한 마음 부드럽고
부처 공덕 능히 믿고
중생들을 관찰하여,

인연으로 난 줄 알고
자비심을 일으키며
이런 고통 받는 중생
내가 이제 제도하되,

이런 중생 위하여서
가지가지 보시하고
왕의 지위, 보물이나
코끼리와 말과 수레,

머리와 눈 손과 발과
이내 몸과 피와 살을
모든 것을 다 버려도
이 마음에 걱정 없고,

온갖 경전 구하여도
싫증나는 마음 없고
그 이치를 잘 알아서
세상 행을 따라가며,

부끄러운 장엄으로
닦는 행이 견고하고
무량 불께 공양하되
공경하고 존중하며,

이와 같이 항상 닦아
밤과 낮에 게으름 없어
선근 더욱 깨끗하기
불로 진금 연단하듯,

보살들이 이 곳에서
십지행을 잘 닦으며
짓는 일이 장애 없고
구족하여 안 그치니,

마치 어떤 장사물주
장사치를 이익하려
험한 길을 물어 알고
큰 성중에 잘 가듯이,

초지 중에 있는 보살
하는 일도 그와 같아
용맹하고 장애 없이
제10지에 이르도다.

초지 중에 머문 보살
큰 공덕의 왕이 되어
법문으로 중생 교화
자비한 맘 손해 없고,

염부제 땅 통치하며
왕의 덕화 멀리 미쳐
큰 보시에 머물러서
부처 지혜 성취하게,

최승도最勝道를 구하려고
국왕 자리 다 버리고
불교 중에 들어가서
용맹하게 수행하며,

일백 삼매 얻은 후에
백 부처님 뵈오면서
백 세계를 진동하고
광명 비친 행도 그래,

백 세계의 중생 교화
백 법문에 들어가서
백 겁 일을 능히 알고
백 가지 몸 나타내며,

백 보살을 나타내어
나의 권속 삼거니와
자재하온 원력으론
더 지내기 한량없어,

내가 지금 초지 뜻을
간략하게 말했지만
자세하게 말하려면
억겁에도 못 다하리.

보살들의 수승한 도道
중생들을 이익하니
이와 같은 초지법을
내가 지금 다 말하네.

대방광불화엄경 제35권

제35권

26. 십지품 ②

2) 이구지離垢地

보살들이 묘한 초지
훌륭한 법문 듣고
마음들이 깨끗해져
한꺼번에 환희하며,

자리에서 일어나서
허공중에 뛰어 올라
훌륭한 꽃 널리 흩고
함께 칭찬하는 말이,

장하여라, 금강장이
큰 지혜로 공포 없고
초지 보살 행하는 일
분명하게 말하였네.

이 때 보살 해탈월이
대중 마음 청정하여
제2지에 행할 일을
듣고 싶음 벌써 알고,

금강장께 청하기를
불자들이 이지 법문
듣자오려 바라오니
연설하여 주옵소서.

그 때 금강장보살이 해탈월보살에게 말하였다.
"불자여, 보살마하살이 초지를 이미 닦고서, 제2지에 들어가려거든 열 가지 깊은 마음을 일으켜야 하나니, 무엇을 열 가지라 하는가. 이른바 정직한 마음·부드러운 마음·참을성 있는 마음·조복한 마음·고요한 마음·순일하게 선한 마음·잡란하지 않은 마음·그리움이 없는 마음·넓은 마음·큰 마음이니, 보살이 이 열 가지 마음으로 제2 이구지離垢地에 들어가는 것입니다.
불자여, 보살이 이구지에 머물면, 성품이 저절로 일체 살생을 멀리 여의어서, 칼이나 작대기를 두지 아니하고, 원한을 품지 아니하고, 부끄럽고 수줍음이 있어 인자하고 용서함이 구족하며, 일체 중생으로 생명 있는 자에게는 항상 이익하고 사랑하는 마음을 내나니, 보살이 오히려 나쁜 마음으로 중생을 시끄럽게 하지도 않거늘, 하물며 남에게 중생이란 생각을 내면서, 짐짓 거친 마음(重意)으로 살해를 하겠습니까.

성품이 훔치지 않나니, 보살이 자기의 재산에는 만족함을 알고 다른 이에게는 인자하고 사랑하여 침노하지 않으며 다른 이에게 소속한 물건에는 남의 것이라는 생각을 내어 훔치려는 마음이 없고, 풀잎 하나라도 주지 않는 것은 가지지 않거든, 하물며 생활에 필요한 물건이겠습니까.

성품이 사음하지 않나니, 보살이 자기의 아내에 만족함을 알고 남의 아내를 구하지 않으며, 다른 이의 아내나 첩이나, 다른 이가 수호하는 여자나, 친족이 보호하거나, 약혼하였거나, 법으로 보호하는 여인에게 탐하는 마음도 내지 않거든, 하물며 일을 벌리겠으며(徒事), 또 제 곳이 아닌 것(非道)이겠습니까.

성품이 거짓말을 하지 않나니, 보살은 항상 진실한 말과 참된 말과 시기에 맞는 말을 하고, 꿈에서라도 덮어두는(覆藏) 말을 차마 하지 못하며, 하려는 마음도 없거든 하물며 짐짓 범하겠습니까.

성품이 이간하는 말(兩舌)을 하지 않나니, 보살은 이간하는 마음도 없고 해치려는 마음도 없으며, 이 말로써 저를 파괴하기 위하여 저에게 말하지 아니하고, 저 말로써 이를 파괴하기 위하여 이에게 말하지 않으며, 아직 파괴하지 않은 것을 파괴하게 하지 않고, 이미 파괴한 것을 더 증장하지 않으며, 이간하는 것을 기뻐하지도 않고, 이간하기를 좋아하지도 않으며, 이간할 말을 짓지도 않고, 이간하는 말은 실제거나 실제가 아니거나 말하지도 아니합니다.

성품이 나쁜 말(惡口)을 하지 않나니, 이른바 해롭게 하는 말, 거친 말(塵獷語), 남을 괴롭히는 말, 남을 성내게 하는 말, 앞에 대한 말(現前

語), 앞에 대하지 않은 말(不現前語), 불공한 말, 버릇없는 말, 듣기 싫은 말, 듣는 이에게 기쁘지 않은 말, 분노한 말, 속을 태우는 말, 원험 맺는 말, 시끄러운 말, 좋지 않은 말, 달갑지 않은 말, 나와 남을 해롭게 하는 말, 이런 말은 모두 버리고, 윤택한 말, 부드러운 말, 뜻에 맞는 말, 듣기 좋은 말, 듣는 이가 기뻐하는 말, 남의 마음에 잘 들어맞는 말, 운치있고 규모 있는 말, 여러 사람이 좋아하는 말, 여러 사람이 기뻐하는 말, 몸과 마음에 희열한 말을 항상 말합니다.

성품이 번드르르한 말(綺語)을 하지 않나니, 보살은 언제나 잘 생각하고 하는 말, 시기에 맞는 말, 진실한 말, 이치에 맞는 말, 법다운 말, 도리에 맞는 말, 교묘하게 조복하는 말, 때에 맞추어 요량하여 결정한 말을 좋아합니다. 이 보살은 웃음거리도 항상 생각하고 말하거든, 어찌 짐짓 산란한 말을 하겠습니다.

성품이 탐내지 않나니, 보살은 남의 재물이나 다른 이의 물건을 탐하지 않고 원하지 않고 구하지도 않습니다.

성품이 성내지 아니하나니, 보살은 일체 중생에게 항상 자비한 마음, 이익하는 마음, 가엾이 여기는 마음, 환희한 마음, 화평한 마음, 포섭하는 마음을 내어, 미워하고 원망하고 해치고 시끄럽게 하는 마음을 아주 버리고, 항상 인자하고 도와주고 이익하려는 일을 생각하여 행합니다.

또 삿된 소견이 없나니, 보살은 바른 도리에 머물러서 점치지 않고, 나쁜 계율을 가지지 않고, 마음과 소견이 정직하고 속이고 아첨하지 않으며, 불보·법보·승보에 결정한 신심을 냅니다.

불자여, 보살은 이와 같이 십선업도+善業道를 행하여 항상 끊임이 없습니다.

또 생각하기를 '일체 중생이 악취惡趣에 떨어짐은 모두 십불선업+不善

業을 행하는 까닭이니, 나는 마땅히 스스로 바른 행을 닦고, 다른 이에게도 바른 행을 닦으라 권할 것이다. 왜냐 하면 스스로 바른 행을 행하지 못하면서 다른 이로 하여금 바른 행을 닦게 함은 옳지 않기 때문이다' 합니다.

불자여, 이 보살마하살이 또 생각하기를 '십불선업은 지옥이나 아귀나 축생에 태어나는 인이며, 십선업은 인간에나 천상이나 내지 색계나 무색계에 태어나는 인이니라.

또 이 상품上品 십선업을 지혜로써 닦지마는, 마음이 용렬한 연고며, 삼계를 두려워하는 연고며, 대비심이 없는 연고며, 다른 이의 말을 듣고야 깨닫는[解] 연고로 성문승聲聞乘이 되리라.

또 상품 십선업을 청정하게 닦지마는, 남의 가르침을 받지 않고 스스로 깨닫는 연고며, 대비 방편을 갖추지 못한 연고며, 깊은 인연법을 깨닫는 연고로 독각승獨覺乘이 되리라.

또 상품 십선업을 청정하게 닦으면서 마음이 한량없이 광대하고 자비를 구족하고 방편에 포섭되고 큰 서원을 내고 중생을 버리지 아니하고 부처님의 지혜를 구하고 보살의 여러 지地를 깨끗이 다스리고 모든 바라밀을 닦으므로 보살의 광대한 행을 이루리라.

또 상상품上上品 십선업으로는 온갖 것이 청정한 연고며, 내지 십력十力과 사무소외四無所畏를 증득하는 연고로 일체 부처님 법을 모두 성취하리니, 그러므로 내가 이제 열 가지 선을 평등하게 행하며, 온갖 것을 구족히 청정하게 하리니, 이런 방편을 보살이 마땅히 배울 것이로다' 합니다.

불자여, 이 보살마하살이 또 생각하기를 '열 가지 나쁜 업은 상품은 지옥의 인이 되고, 중품은 축생의 인이 되고 하품은 아귀의 인이 되는데, 그 중에서 살생한 죄로는 중생들이 지옥·축생·아귀에 떨어질 것이며, 인간에 태어나더라도 두 가지 과보를 받으리니, 하나는 단명하고, 둘은 병이 많으리라.

　훔친 죄로는 중생들이 삼악도三惡道에 떨어질 것이며, 인간에 태어나더라도 두 가지 과보를 받으리니, 하나는 빈궁하고, 둘은 재물을 함께 가지게 되어 마음대로 하지 못하리라.

　사음한 죄로는 중생들이 삼악도에 떨어질 것이며, 인간에 태어나더라도 두 가지 과보를 받으리니, 하나는 아내의 행실이 부정하고, 둘은 마음에 드는 권속을 얻지 못하리라.

　거짓말한 죄로는 중생들이 삼악도에 떨어질 것이며, 인간에 태어나더라도 두 가지 과보를 받으리니, 하나는 비방을 많이 받고, 둘은 남에게 속게 되리라.

　또 이간하는 죄로는 중생들이 삼악도에 떨어질 것이며, 인간에 태어나더라도 두 가지 과보를 받으리니, 하나는 권속이 뿔뿔이 흩어지고, 둘은 친족들이 험악하리라.

　나쁜 말 한 죄로는 중생들이 삼악도에 떨어질 것이며, 인간에 태어나더라도 두 가지 과보를 받으리니, 하나는 항상 나쁜 평을 듣고, 둘은 다투는 일이 많으리라.

　번드르르한 말을 한 죄로는 중생들이 삼악도에 떨어질 것이며, 인간에 태어나더라도 두 가지 과보를 받으리니, 하나는 사람들이 내 말을 곧이듣지 않고, 둘은 어음〔語〕이 분명치 못하리라.

　탐욕한 죄로는 중생들이 삼악도에 떨어질 것이며, 인간에 태어나더라도 두 가지 과보를 받으리니, 하나는 만족한 줄을 모르고, 둘은 욕심이 끝이 없으리라.

　성낸 죄로는 중생들이 삼악도에 떨어질 것이며, 인간에 태어나더라도 두 가지 과보를 받으리니, 하나는 항상 남들에게 시비를 받게 되고,

둘은 남의 이아치는 해(惱害)를 받으리라.

또 삿된 소견을 가진 죄로는 중생들이 삼악도에 떨어질 것이며, 인간에 태어나더라도 두 가지 과보를 받으리니, 하나는 삿된 소견을 가진 집에 나게 되고, 둘은 마음이 아첨하고 속이리라' 합니다.

불자여, 십불선업은 이렇게 한량없고 그지없는 큰 고통 무더기를 내는 것이니, 그러므로 보살은 이렇게 생각합니다. '나는 열 가지 나쁜 길 (十不善道)을 멀리 여의고, 열 가지 선한 길(十善道)로 법의 동산을 삼아 편안히 있으면서, 나도 그 속에 머무르고 다른 이도 거기 머물도록 권하리라.'

불자여, 이 보살마하살은 또 중생에게 대하여 이익케 하려는 마음, 안락케 하려는 마음, 인자한 마음, 가엾이 여기는 마음(悲心), 딱하게 여기는 마음(憐愍心), 거두어 주려는 마음, 수호하려는 마음, 자기와 같다는 마음, 스승이라는 마음, 대사大師라는 마음을 냅니다.

생각하기를 '중생이 가련하여 삿된 소견에 떨어졌으니, 나쁜 지혜와 나쁜 욕망과 나쁜 도道의 숲이라. 내가 그로 하여금 바른 소견에 머물러서 진실한 도를 행하게 하리라' 합니다.

또 생각하기를 '일체 중생이 남이라 내라 분별하여, 서로 파괴하고 다투고 미워함이 부산히 쉬지 아니하니, 내가 마땅히 그로 하여금 위없이 크게 인자한 가운데 머물게 하리라' 합니다.

또 생각하기를 '일체 중생이 탐하는데 만족한 줄 모르고, 재물만을 구하며 잘못되게 살아가려 하니, 내가 마땅히 그로 하여금 몸과 말과 뜻으로 짓는 일이 청정하여 옳게 살게 하리라' 합니다.

또 생각하기를 '일체 중생이 삼독三毒만 따르므로 여러 가지 번뇌가 치성하고, 벗어날 방편을 구할 줄을 모르니, 내가 마땅히 그로 하여금 모든 번뇌의 불을 멸하고, 청량한 열반의 자리에 있게 하리라' 합니다.

또 생각하기를 '일체 중생이 어리석어 깜깜함과 허망한 소견에 덮이어, 답답하게 막힌 숲속에 들어가서 지혜의 광명을 잃고, 거친 벌판 험한 길에서 나쁜 소견을 일으키니, 내가 마땅히 그로 하여금 장애가 없이 청정한 지혜의 눈을 얻어 일체 법의 실상을 알고 다른 가르침을 따르지 않게 하리라' 합니다.

또 생각하기를 '일체 중생이 나고 죽는 험한 길에 있으면서, 장차 지옥·축생·아귀에 떨어지거나 나쁜 소견에 들어가서, 어리석은 숲속에서 길을 잃고 삿된 길을 따라가며 뒤바뀐 짓을 행하리니, 마치 눈먼 사람이 인도하는 사람도 없이, 빠져나갈 길이 아닌데 나갈 길인줄만 알고, 마군의 경계에 들어가 도둑에게 붙들리고, 마군의 마음을 따르고 부처님의 뜻과는 멀어지니, 내가 마땅히 험난한 곳에서 구제해서 두려움이 없는 온갖 지혜의 성중에 머물게 하리라' 합니다.

또 생각하기를 '일체 중생이 빨리 흐르는 폭류瀑流에 휩쓸려서, 욕계의 폭류〔欲流〕·색계의 폭류〔有流〕·무명의 폭류〔無明流〕·소견의 폭류〔見流〕에 들어가, 생사에서 소용돌고 애욕에 헤매면서, 빠르게 솟구치고 심하게 부딪치느라고 살펴볼 겨를도 없이, 탐내는 생각·성내는 생각·해치려는 생각을 따라서 버리지 못하는데, 내 몸이라고 고집하는 나찰〔身見羅刹〕에게 붙들려서 애욕의 숲속으로 끌려 들어가, 탐욕과 애정에 집착을 내고 나라는 교만의 언덕에 머물며, 육처六處라는 동리에 있게 되어 구원할 이도 없고 제도할 이도 없으니, 내가 마땅히 그에게 대비심을 일으키고 여러 선근으로 구제하여, 환난이 없게 하고, 모든 물든 것을 떠나서 고요하게 온갖 지혜의 섬에 머물게 하리라' 합니다.

또 생각하기를 '일체 중생이 세간의 옥중에 있으면서 고통이 많고, 사랑하고 미워하는 생각을 품어 스스로 공포하며, 탐욕이란 고랑에 얽매이고 무명의 숲속에 가리웠으므로, 삼계에서 벗어나지 못하나니, 내가 마땅히 그로 하여금 삼유三有를 길이 여의고 장애가 없는 대열반에 머물게 하리라' 합니다.

또 생각하기를 '일체 중생이 나라는 데 집착하여 여러 온蘊 속에서 벗어나지 못하고, 육처라는 동리를 의지하여 네 가지 뒤바뀐 행〔四顚倒行〕을 일으키며, 네 마리 독사에게 시달리고 오온이란 원수의 살해를 당하면서 한량없는 고통을 받아, 내가 마땅히 그로 하여금 가장 훌륭하고 집착이 없는 곳에 머물게 하리니, 곧 모든 장애가 없어진 위없는 열반이라' 합니다.

또 생각하기를 '일체 중생의 마음이 용렬하여 가장 좋은 온갖 지혜의 도를 행하지 못하므로, 비록 벗어나려 하면서도 성문승과 벽지불승만 좋아하나니, 내가 마땅히 광대한 부처님 법과 광대한 지혜에 머물게 하리라' 합니다.

불자여, 보살은 이렇게 계율을 보호하여 지니며 자비한 마음을 증장케 합니다.

불자여, 보살이 이 이구지에 머물고는 서원하는 힘으로 많은 부처님을 보게 되나니, 이른바 여러 백 부처님, 여러 천 부처님, 여러 백천 부처님, 여러 억 부처님, 여러 백억 부처님, 여러 천억 부처님, 여러 백천억 부처님을 보며, 내지 여러 백천억 나유타 부처님을 봅니다.

여러 부처님 계신 데서 광대한 마음과 깊은 마음으로 공경하고 존중하고 받들어 섬기고 공양하며, 의복과 음식과 와구와 의약과 모든 필수품으로 보시하며, 또한 모든 스님들에게도 공양하나니, 이 선근으로써 아뇩다라삼먁삼보리에 회향합니다. 또 여러 부처님 계신 데서 존중한 마음으로 다시 십선도법十善道法을 받아 행하며, 그 받은 것을 따르고, 내지 보리를 마침내 잊지 아니합니다.

이 보살이 한량없는 백천억 나유타겁 동안에 아끼고 미워하고 파계한 허물을 멀리 여의었으므로 보시하고 계행 가지는 일이 청정하고 만족하나니, 마치 진금을 명반[礬石] 가운데 넣고 법대로 연단하면 모든 쇠똥이 없어지고 점점 더 밝고 깨끗하여지듯 합니다. 보살이 이구지에 머무는 것도 그와 같아서, 한량없는 백천억 나유타겁 동안에 아끼고 미워하고 파계한 허물을 멀리 여의었으므로 보시와 계행 가지는 일이 청정하고 만족합니다.

　불자여, 이 보살은 사섭법四攝法 중에서는 사랑스러운 말[愛語]이 치우쳐 많고, 십바라밀 중에서는 지계持戒바라밀이 치우쳐 많으니, 다른 것을 행하지 않는 것은 아니지마는 힘을 따르고[隨力] 분한을 따를[隨分] 뿐입니다.

　불자여, 이것을 이름하여 보살마하살의 제2 이구지를 간략히 말한다 합니다.

　보살이 이 이구지에 머물러서는 흔히 전륜성왕이 되고, 큰 법주[大法主]가 되어 칠보가 구족하고 자재한 힘이 있어, 능히 일체 중생의 아끼고 탐하고 파계한 허물을 제멸하고, 좋은 방편으로써 그들을 십선도에 머물게 하며, 큰 시주가 되어 널리 주는 일이 끝나지 아니하며, 보시하고[布施] 좋은 말을 하고[愛語] 이익케 하고[利行] 일을 같이 하나니[同事], 이와 같이 모든 하는 일이 모두 부처님을 생각하고 법을 생각하고 승가를 생각함을 떠나지 아니하며, 내지 온갖 지혜와 온갖 지혜의 지혜를 구족하려는 생각을 떠나지 아니합니다.

　또 생각하기를 '내가 일체 중생들 가운데서 머리가 되고 나은 이가 되고 썩 나은 이가 되고, 묘하고 미묘하고, 위가 되고 위없는 이가 되고, 내지 온갖 지혜의 지혜[一切智智]로 의지함이 되리라' 하느니라.

　이 보살이 만일 집을 버리고 불법 가운데서 부지런히 정진하려면, 문득 집과 처자와 다섯 가지 욕락을 버리며, 이미 출가하고는 정진을 부지런히 하여 잠깐 사이에 천 삼매를 얻고, 천 부처님을 보고, 천 부처님의 신통력을 알고, 천 세계를 진동하며, 내지 천 가지 몸을 나타내고, 몸마다 천 보살을 나타내어 권속을 삼습니다.

만일 보살의 훌륭한 원력으로 자재하게 나타내게 되면 이보다 지나가서, 백 겁 천 겁으로, 내지 백천억 나유타겁에도 능히 세어서 알 수 없습니다."

그 때 금강장보살이 이 뜻을 다시 펴려고 게송으로 말하였다.

　　질직하고 부드럽고 참을성 있고
　　조복한 맘 고요한 맘 순일한 마음
　　생사를 뛰어나는 광대한 마음
　　열 가지 마음으로 2지地에 들다.

　　여기 있어 계행 공덕 성취하며는
　　살생과 해치는 일 멀리 여의고
　　도둑질과 사음이며 거친 말이며
　　이간하고 뜻 없는 말 또한 여의리.

　　재물을 탐하잖고 늘 사랑하며
　　바른 도와 곧은 마음 아첨이 없고
　　험피〔險〕와 교만 버려 조화한다면
　　교법대로 수행하고 방일치 않고,

　　지옥과 축생에서 고통을 받고
　　아귀는 불에 타서 불길이 맹렬

온갖 것이 모두 다 죄로 생기니
내가 모두 떠나고 법에 머물리.

인간에 마음대로 태어나거나
색·무색계 태어나는 선정의 낙과
독각이나 성문이나 부처 되는 길
모두가 십선으로 성취하나니.

이런 일 생각하고 방일 않으며
자기도 계행 갖고 남을 권하며
중생이 고통 받는 것을 보고는
점점 더 자비한 맘 증장하나니.

범부의 삿된 지혜 정견正見이 없어
분노를 항상 품고 투쟁 잘하고
육진六塵 경계 탐하노라 만족 모르니
저들로 세 가지 독毒 덜게 하리라.

캄캄한 어리석음 덮인 바 되어
험한 길과 삿된 소견 그물에 들고
생사의 난간 속에 구속되나니
저들에게 원수 마군 부수게 하며.

사해에 표류하며 마음 잠기고
삼계가 불타는듯 고통이 무량

오온으로 집이 되어 제가 있으니
그들을 제도하려 도를 행하고,

뛰어나기 구하여도 마음이 좁아
가장 높은 부처 지혜 모두 버릴세
그들을 대승법에 가게 하려고
부지런히 정진하고 만족을 몰라.

보살이 이 지에서 공덕 모으며
한량없는 부처님 뵙고 공양해
억겁 동안 선을 닦아 밝고도 깨끗하니
명반으로 진금을 단련하듯이.

불자가 여기에선 전륜왕 되어
중생을 교화하여 십선 행하며
여러 가지 선근을 모두 닦아서
십력을 이루어 세상 구제하네.

왕위나 재물을 다 버리려고
집을 떠나 불교에 귀의하여서
용맹하게 정진하며 잠깐 동안에
일천 삼매 얻고서 천 불 보나니,

이 세간에 가지가지 신통의 힘을
이 지에 있는 보살 능히 나투며

원력으로 짓는 일 이보다 지나
한량없이 자재한 힘 중생 건지네.

한량없는 세간을 이익하는 이
보살들 수행하는 가장 좋은 법
이러한 제2지의 모든 공덕을
불자들을 위하여 연설하노라.

3) 발광지發光地

불자들이 이 지地의 행을 들으니
생각도 말도 못할 보살의 경계.
공경하며 기쁜 마음 모두 내어서
공중에 꽃을 흩어 공양하더라.

'장하여라' 대산왕大山王을 찬탄하는 말
자비로써 모든 중생 가엾이 여겨
지혜 있는 이들의 계행과 위의威儀
제2지의 행상行相을 말씀하시니,

이러한 보살들의 미묘한 행은
진실하고 둘 아니고 차별도 없어
중생들을 이익하기 위하심이니
이와 같이 연설함은 가장 청정해,

천상 인간 공양을 받으시는 이
제3지의 법문을 연설하소서
교법과 상응하는 지혜의 업을
그 경계와 꼭 같이 보여지이다.

큰 선인의 갖추신 보시와 계율
인욕과 정진이며, 선정과 지혜
방편과 자비하신 원과 도력과
부처님의 청정한 행 말씀하소서.

그 때에 해탈월이 다시 청하길
두려움 없으신 금강장보살이여
제3지에 들어가 화순한 이의
여러 가지 공덕을 연설하소서.

그 때 금강장보살이 해탈월보살에게 말하였다.

"불자여, 보살마하살이 제2지를 깨끗이 수행하고, 제3지第三地에 들어가려면 여러 가지 깊은 마음을 일으켜야 하나니, 무엇을 열 가지라 하는가, 청정한 마음, 편안히 머무는 마음, 싫어서 버리는 마음, 탐욕을 여의는 마음, 물러가지 않는 마음, 견고한 마음, 밝고 성대한 마음, 용맹한 마음, 넓은 마음, 큰 마음입니다. 보살은 이 열 가지 마음으로 제3지를 얻어 들어갑니다.

불자여, 보살마하살이 제3지에 머물고는, 모든 하염 있는 법〔有爲法〕의 실상을 관찰하나니, 이른바 무상하고, 괴롭고, 부정하고, 안온하지 못하고, 파괴하고, 오래 있지 못하고, 찰나에 났다 없어지고, 과거에서 오는 것도 아니고, 미래로 가는 것도 아니고, 현재에 있는 것도 아닙니다.

또 이 법을 관찰하면 구원할 이도 없고, 의지할 데도 없고, 근심과 함께하고, 슬픔과 함께하고, 고통과 함께 있으며, 사랑하고 미워하는 데 얽매이고, 걱정이 많아지고, 정지하여 있지 못하며, 탐욕, 성내는 일, 어리석은 불이 쉬지 아니하고, 여러 근심에 얽매여 밤낮으로 늘어나며, 요술과 같아서 진실하지 않습니다.

이런 것을 보고는 모든 하염 있는 법에 대한 싫증이 배나 더하여 부처님 지혜로 나아가는데, 부처님 지혜는 헤아릴 수 없고, 동등할 이 없고, 한량이 없고, 얻기 어렵고, 섞이지 않으며, 시끄러움이 없고, 근심이 없고, 두려움 없는 성에 이르러 다시 물러가지 않고, 한량없이 고통받는 중생을 구제함인 것을 봅니다.

보살은 이와 같이 여래의 지혜가 한량없이 이익함을 보고, 모든 하염 있는 법은 한량없이 걱정되는 줄을 보았으므로, 일체 중생에게 열 가지 불쌍히 여기는 마음을 냅니다.

무엇이 열인가. 중생들이 고독하여 의지할 데 없음을 보고 불쌍한 마음을 내며, 중생이 빈궁하여 곤란함을 보고 불쌍한 마음을 내며, 중생들이 삼독의 불에 타는 것을 보고 불쌍한 마음을 내며, 중생들이 모든 업보의 옥에 갇힘을 보고 불쌍한 마음을 내며, 중생들이 번뇌의 숲에 막혔음을 보고 불쌍한 마음을 내며, 중생들이 잘 살펴보지 못함을 보고 불쌍한 마음을 내며, 중생들이 선한 법에 욕망이 없음을 보고 불쌍한 마음을 내며, 중생들이 부처님 법을 잃어버린 것을 보고 불쌍한 마음을 내며, 중생들이 생사의 물결에 따르는 것을 보고 불쌍한 마음을 내며, 중생들이 해탈하는 방편을 잃음을 보고 불쌍한 마음을 내나니, 이것이 열입니다.

보살이 이렇게 중생계의 한량없는 고통과 시끄러움을 보고, 크게 정진할 마음을 내어 생각하기를 '이 중생들을 내가 구호하고, 내가 해탈케 하고, 내가 깨끗하게 하고, 내가 제도하고, 선한 곳에 두고, 편안히 있게 하고, 즐겁게 하고, 알고 보게 하고, 조복하게 하고, 열반케 하리라' 합니다.

보살이 이렇게 하염 있는 법을 싫어하고, 이렇게 일체 중생을 불쌍히 생각하고, 온갖 지혜의 지혜에 의지하여 중생을 제도하려 하면서 생각하기를 '이 중생들이 번뇌와 큰 고통 속에 빠졌으니, 어떠한 방편으로 구제하여 구경究竟열반의 낙에 머물게 할 것인가' 합니다.

그리고 이렇게 생각합니다. '중생을 제도하여 열반에 머물게 하려면 장애가 없이 해탈한 지혜를 여의지 않아야 하나니, 장애가 없이 해탈한 지혜는 일체 법을 실상과 같이 깨달음〔一切法如實覺〕을 여의지 않고, 일체 법을 실상과 같이 깨달음은 만들어짐도 없고〔無行〕생멸도 없는〔無生〕행의 지혜를 여의지 않고, 만들어짐도 없고 생멸도 없는 행의 지혜는 선정의 공교롭고 결정하게 관찰하는 지혜〔禪善巧決定觀察智〕를 여의지 않고, 선정의 공교롭게 많이 앎〔善巧多聞〕을 여의지 않았도다' 하고.

보살은 이렇게 관찰하여 알고는, 바른 법을 곱으로 부지런히 닦으며, 밤낮으로 원하기를 '법을 듣고 법을 기뻐하고 법을 좋아하고 법을 의지하고 법을 따르고 법을 해설하고 법을 순종하고 법에 이르고 법에 머물고 법을 행하여지이다' 합니다.

보살이 이렇게 부지런히 불법을 구하면서, 가진 재물을 아끼지 아니하고, 어떤 물건도 희귀하고 소중하게 보지 아니하며, 다만 불법을 말하는 사람에게 만나기 어렵다는 생각을 내나니, 그러므로 안 재물과 바깥 재물을 불법을 구하기 위하여 모두 버리며, 어떠한 공경도 행하지 못할 것이 없고, 어떠한 교만도 버리지 못할 것이 없고, 어떠한 섬기는 일도 행치 못할 것이 없고, 어떠한 고생도 받지 못할 것이 없으며, 일찍이 듣지 못했던 법을 한 구절만 들어도 크게 흰희하여 삼천대천세계에 가득한 보배를 얻은 것보다 좋아하고, 듣지 못했던 바른 법을 한 게송만 들어도 크게 환희하여 전륜왕의 지위를 얻은 것보다 기뻐하며, 듣지 못했던 법을 한 게송만 얻어서 보살의 행을 깨끗이 하여도 제석천왕이나 범천왕의 지위를 얻어서 한량없는 백천 겁을 지내는 것보다 낫게 생각합니다.

만일 사람이 말하기를 '내게 부처님께서 말씀한 한 구절의 법으로 보살의 행을 깨끗이 할 것이 있는데, 그대가 능히 큰 불구렁에 들어가서 엄청난 고통을 겪으면 일러주리라' 하면, 그 때에 보살은 생각하기를, '내가 부처님께서 말씀하신 한 구절의 법을 듣고 보살의 행을 깨끗이 할 수 있다면, 삼천대천세계에 가득한 불구렁 속에라도, 오히려 대범천의 위로부터 몸을 던져 떨어지는 것도 몸소 받들 터인데, 하물며 이 조그만 불속에 들어가지 못하랴. 그리고 불법을 구하기 위해서는 온갖 지옥의 고통도 받으려든, 하물며 인간에 있는 조그만 고통을 받지 않으리요' 하나니, 보살은 이와 같이 부지런히 정진하여 불법을 구하고, 들은 대로 관찰하고 수행합니다.

이 보살은 법을 듣고는 마음을 거두어서 고요한 곳에 있으면서 생각하기를 '말한 대로 행을 닦고서야 불법을 얻을 것이니, 말만 하여서는 청정할 수 없으리라' 합니다.

불자여, 이 보살이 발광지發光地에 머물렀을 때에는 곧 욕심과 악한 일과 선하지 못한 법을 여의고, 각覺과 관觀이 있고, 여의는 데서 생기는 기쁨[喜]과 즐거움[樂]으로 초선初禪에 머뭅니다.

각覺과 관觀을 멸하고[滅] 안으로 깨끗한 한마음[內淨一心]이 되어 각도 없고 관도 없는[無覺無觀], 선정에서 생기는 기쁨과 즐거움[定生喜樂]으로 제2선에 머뭅니다.

기쁨을 여의고〔離喜〕, 평등함에 머물러〔住捨〕 기억과 바른 앎〔有念正知〕을 갖추고 몸에 즐거움을 받아〔身受樂〕, 여러 성인들이 말씀하시는 '평등함과 기억을 갖추어 즐거움을 받는다〔能捨有念受樂〕'는 제3선에 머뭅니다.

즐거움〔樂〕을 끊고, 이미 고통〔苦〕도 제거하고, 기쁨〔喜〕과 근심〔憂〕이 멸하여 괴롭지도 않고 즐겁지도 않은, 평정〔捨〕과 기억〔念〕을 갖춘 청정한淸淨 제4선에 머뭅니다.

모든 색이란 생각을 초월하고〔超一切色想〕 상대가 있다는 생각을 멸하여〔滅有對想〕 가지가지 생각을 생각하지 않으면〔不念種種想〕, 허공이 끝없는 데 들어가 허공무변처虛空無邊處에 머뭅니다.

일체 허공이 끝없는 데를 초월하면 식識이 끝없는 데 들어가 식무변처識無邊處에 머뭅니다.

일체 식이 끝없는 곳을 초월하면 조그만 것도 소유함이 없는 데 들어가 무소유처無所有處에 머뭅니다. 일체 소유함이 없는 데를 초월하면 비유상비무상처非有想非無想處에 머뭅니다.

그러나 다만 법을 따라서 행할지언정 즐거워 집착하는 일은 없습니다.

불자여, 이 보살의 마음이 인자함〔慈〕을 따르나니, 넓고 크고 한량없고 둘이 아니고 원수가 없고 상대가 없고 장애가 없고 시끄러움이 없으며, 온갖 곳에 두루 이르며, 법계와 허공계를 끝까지 하여 일체 세간에 두루합니다. 불쌍히 여김〔悲〕·따라 기뻐함〔喜〕·평등함〔捨〕에 머무는 것도 그와 같습니다.

불자여, 이 보살은 한량없는 신통의 힘을 얻어서, 땅덩이를 흔들며, 한 몸으로 여러 몸이 되고, 여러 몸으로 한 몸이 되며, 숨기도 하고 나타나기도 하며, 돌이나 절벽이나 산이 막혔더라도 장애 없이 통과하기를 허공과 같이하여, 공중에서 가부좌跏趺坐하고 가기를 나는 새와 같이 하며, 땅에 들어가기를 물과 같이하고, 물을 밟고 가기를 땅과 같이하며, 몸에서 연기와 불길을 내는 것이 불더미와 같고, 물 내리기를 큰 구름과 같이하며, 해와 달이 허공에 있듯이 큰 위력이 있어 손으로 만지고 주무르고 부닥치며, 몸이 자재하여 범천에까지 이릅니다.

이 보살은 천이통天耳通이 청정하여 인간의 귀보다 썩 지나가서, 인간이나 천상이나 가까운 데나 먼 데 있는 음성을 모두 들으며, 내지 모기·등에·파리 따위의 소리 들도 다 듣습니다.

이 보살이 타심통의 지혜〔他心智〕로 다른 중생의 마음을 사실대로 아나니, 이른바 탐심이 있으면 탐심이 있음을 실지대로 알고, 탐심이 없으면 탐심이 없음을 실지대로 알며, 성내는 마음·성냄을 떠난 마음·어리석은 마음·어리석음을 떠난 마음·번뇌가 있는 마음·번뇌가 없는 마음·작은 마음·넓은 마음·큰 마음·한량없는 마음·간략한 마음·간략하지 않은 마음·산란한 마음·산란하지 않은 마음·선정의 마음·선정이 아닌 마음·해탈한 마음·해탈하지 못한 마음·위가 있는 마음·위가 없는 마음·물든 마음·물들지 않은 마음·광대한 마음·광대하지 않은 마음 들을 모두 실지대로 압니다. 보살이 이와 같이 타심통의 지혜로 중생의 마음을 압니다.

이 보살은 한량없이 차별한 지나간 세상의 일을 아나니〔念知無量宿命差別〕, 이른바 한 생의 일을 알고, 이 생·삼 생·사 생과, 내지 십 생·이십 생·삼십 생으로, 백 생·무량백 생·무량천 생·무량백천 생의 일과, 생겨나는 겁〔成劫〕, 망그러지는 겁〔壞劫〕, 생겨나고 망그러지는 겁〔成壞劫〕, 한량없이 생겨나고 망그러지는 겁을 알며, 내가 어느 때 아무 곳에 어떤 이름·어떤 성·어떤 가문·어떤 음식이며, 얼마의 수명으로 얼마나 오래 살았고, 어떤 고통과 낙을 받은 일과, 어디서 죽어 아무 곳에 났고, 아무 데서 죽어 여기 났으며, 어떤 형상·어떤 모습·어떤 음성, 이러한 지난 적의 한량없는 차별을 다 기억하여 압니다.

이 보살은 천안통[天眼]이 청정하여 인간의 눈보다 썩 지나가서, 모든 중생의 나는 때·죽는 때·좋은 몸·나쁜 몸·좋은 갈래·나쁜 갈래에 업을 따라 가는 것을 보며, 만일 중생이 몸으로 나쁜 행을 짓고, 말로 나쁜 행을 짓고, 뜻으로 나쁜 행을 지으며, 성현을 비방하고, 나쁜 소견과 나쁜 소견의 업을 구족하면, 그 인연으로 몸이 죽고는 나쁜 갈래에 떨어져서 지옥에 태어나고, 만일 중생이 몸으로 선한 행을 짓고, 말로 선한 행을 짓고, 뜻으로 선한 행을 지으며, 성현을 비방하지 않고, 바른 소견과 바른 소견의 업을 구족하면, 그 인연으로 몸이 죽고는 좋은 갈래에 태어나 천상에 나는 것을, 보살이 천안통으로 실지대로 모두 압니다.

이 보살은 선정과 삼매와 삼마발저에 마음대로 들고 나면서도, 그 힘을 따라 태어나는 것이 아니고, 보리분菩提分을 만족할 수 있는 곳을 따라서 마음과 원력으로 그 가운데 태어납니다.

불자여, 보살이 이 발광지에 머물고는 서원하는 힘으로 많은 부처님을 보게 되나니, 이른바 여러 백 부처님을 보며, 여러 천 부처님을 보며, 여러 백천 부처님을 보며, 내지 여러 백천억 나유타 부처님을 봅니다.

모두 광대한 마음과 깊은 마음으로 공경하고 존중하고 받들어 섬기고 공양하며, 의복과 음식과 와구와 탕약과 모든 필수품으로 보시하며, 또한 일체 스님에게 공양하고, 이 선근으로 아뇩다라삼먁삼보리에 회향하며, 그 부처님 계신 데서 공경하여 법을 듣고 받아 지니며, 힘대로 수행하며, 이 보살이 일체 법이 나지도 않고 멸하지도 않아 인연으로 생기는 줄을 관찰합니다.

소견의 속박〔見縛〕이 먼저 멸하고, 욕계의 속박·색계의 속박〔色縛〕·무색계의 속박〔有縛〕·무명의 속박〔無明縛〕이 점점 희박하여지고, 한량없는 백천억 나유타 겁에 모아 쌓지 아니하므로 삿된 탐욕·삿된 성내는 일·삿된 어리석음이 모두 끊어지고, 모든 선근이 점점 더 밝고 깨끗해집니다.

불자여, 마치 진금을 공교롭게 연단하면 근량〔秤兩〕이 줄지 않고 더욱 밝고 깨끗하여 지는 것 같이, 보살도 그와 같아서 이 발광지에 머무르면 모아 쌓지 아니하므로 삿된 탐욕·삿되게 성내는 일·삿된 어리석음이 모두 끊어지고, 모든 선근이 점점 더 밝고 깨끗하여지나니, 이 보살의 참는 마음·화평한 마음·동하지 않는 마음·혼탁하지 않은 마음·높고 낮음이 없는 마음·갚음을 바라지 않는 마음·은혜를 갚는 마음·아첨하지 않는 마음·속이지 않는 마음·험피하지 않은 마음 들이 점점 청정하여집니다.

이 보살은 네 가지로 거두어 주는 법 중에서는 이롭게 하는 행이 치우쳐 많고, 십바라밀 중에는 인바라밀忍波羅蜜이 치우쳐 많으니, 다른 것을 닦지 아니함은 아니지마는, 힘을 따르고 분한을 따를 뿐입니다.

불자여, 이것을 이름하여 보살의 제3 발광지라 합니다.

보살이 이 발광지에 머물러서는 흔히 삼십삼천왕이 되며, 방편으로써 중생들로 하여금 탐욕을 버리고, 보시하고 좋은 말을 하고 이로운 행을 하고 일을 함께하나니, 이와 같이 모든 하는 일이 모두 부처님을 생각하고 법을 생각하고 승가를 생각함을 떠나지 아니하며, 내지 갖가지 지혜와 온갖 지혜의 지혜를 구족하려는 생각을 더하지 아니합니다.

또 생각하기를 '내가 중생들 가운데서 머리가 되고 나은 이가 되고 썩 나은 이가 되고, 묘하고 미묘하고, 위가 되고 위없는 이가 되고, 내지 온갖 지혜의 지혜〔一切智智〕로 의지함이 되리라' 합니다. 만일 부지런히 정진하면 잠깐 동안에 백천 삼매를 얻고, 백천 부처님을 보고, 백천 부처님의 신통력을 알고, 백천 부처님의 세계를 진동하며, 내지 백천 가지 몸을 나타내고, 몸마다 백천 보살로 권속을 삼습니다.

만일 보살의 훌륭한 원력으로 자재하게 나타내면, 이보다 지나가서, 백 겁 천 겁으로, 내지 백천억 나유타 겁에도 능히 세어서 알 수 없습니다."

그 때 금강장보살이 이 뜻을 다시 펴려고 게송으로 말하였다.

  청정하고 잘 머물고 밝고 성한 맘
  싫어하고 탐심 없고 해치지 않고
  견고하고 용맹하고 넓고 큰 마음
  지혜론 이 이것으로 제3지에 든다.

  보살이 발광지에 머물고 보니
  모든 법이 괴롭고 깨끗치 않고
  무상하고 파괴되고 빨리 멸하고
  굳지 않고 안 머물고 왕래가 없어,

  하염 있는 모든 법 중병重病과 같고
  슬퍼하고 괴롭고 번뇌에 묶여
  삼독의 맹렬한 불 성하게 타서
  끝없는 옛적부터 쉬지 않으며,

  삼유를 다 여의어 탐하지 않고

부처님의 지혜 구해 딴 생각 없고
헤아리기 어렵고 짝할 이 없어
한량없고 그지없고 핍박도 없다.

부처 지혜 보고나니 딱하다 중생
고독하여 의지 없고 구할 이 없어
삼독불이 치성한데 항상 곤하고
생사옥에 있으면서 고통 받도다.

번뇌에 덮이어서 눈이 멀었고
마음이 용렬하여 법보 잃으며
생사를 따르노라 열반을 공포
내가 저를 구하려고 항상 정진해.

지혜 얻어 중생을 이익하려면
어떠한 방편으로 해탈케 하리.
여래의 큰 지혜를 여의지 않고
생멸 없는 슬기로 일으켰도다.

생각하니 이 지혜 들어서 얻고
이리하여 부지런히 애를 쓰면서
밤낮으로 듣고 익혀 쉬지 않으며
오로지 바른 법을 존중하도다.

나라와 재물이며 모든 보물과

처자나 권속들과 국왕의 자리
보살이 법을 위해 공경한 마음
이와 같은 모든 것 능히 버리고,

눈과 머리 귀와 코 혀와 치아와
손발과 골수와 염통과 피와 살
이런 것 다 버려도 어렵잖지만
바른 법 듣는 일이 가장 어려워.

어떤 사람 보살에게 와서 하는 말
누구나 큰 불구렁 몸을 던지면
그에게 불법 보배 일러 주리라.
이 말 듣고 몸 던져도 겁날 것 없어.

맹렬한 불 삼천세계 가득 찼는데
범천에서 몸을 던져 뛰어든대도
법을 듣기 위하여선 어렵잖거든
인간의 작은 고통 참지 못하랴.

처음 마음 낸 때부터 부처 되도록
그 동안에 닥쳐오는 지옥 고통도
법을 듣기 위하여서 능히 받거든
인간에 모든 괴로움 말도 말아라.

법문 듣고 이치대로 생각해 보아

사선정과 무색계의 삼매 얻으며
자·비·희·사, 오신통이 생겨난 대로
그 힘으로 태어나진 아니하리라.

삼지 보살 수많은 부처님 보고
공양하고 법문 들어 마음이 결정
삿된 의혹 다 끊으니 더욱 청정해
진금을 연단해도 근량 안 줄듯.

이 보살은 도리천왕 흔히 되어서
한량없는 하늘 대중 다 교화하고
탐욕심 버리고 선도善道에 있어
한결같이 부처 공덕 구하게 하며,

불자들이 여기서 정진 잘하여
백천 삼매 구족하고 백천 부처님
상호相好로 장엄한 몸 모두 보지만
서원하는 힘으로는 이보다 지나,

일체 중생 모두 다 이익케 하는
저 여러 보살들의 가장 좋은 행
이와 같은 제3지 모든 인행을
내가 지금 이치대로 해석했노라.

대방광불화엄경 제36권

제36권

26. 십지품 ③

4) 염혜지燄慧地

이렇게 광대하고 좋아할 행과
묘하고 수승한 법 불자가 듣고
용맹한 마음으로 크게 환희해
여러 꽃을 흩어서 부처님 공양.

이와 같은 묘한 법 연설할 적에
대지大地와 바닷물이 다 진동하고
수많은 천녀들이 모두 즐거워
아름다운 음성으로 찬탄하오며,

자재천궁 임금도 기뻐 뛰면서
마니주를 공양하고 찬탄하는 말
부처님 나를 위해 출현하시어
제일가는 공덕행을 연설하시니,

지혜 있는 이들의 여러 지地의 뜻
백천 겁에 듣기가 어렵삽거늘
보살의 거룩한 행 미묘한 법문
내가 이제 뜻밖에 들었나이다.

바라건대 총명한 이 이다음 지地의
결정한 뜻 빠짐없이 연설하시어
천상 인간 중생들에 이익 주소서
불자들이 듣기를 원하옵니다.

용맹하고 거룩한 해탈월보살
금강장보살에게 간청하는 말
여기서 제4지에 들어가려면
그 행상行相 어떠한지 말씀하소서.

이 때 금강장보살이 해탈월보살에게 말하였다.
"불자여, 보살마하살이 제3지를 이미 청정하게 닦고 제4 염혜지焰慧地에 들어가려면 법에 밝은 문[法明門] 열 가지를 수행하여야 합니다.
무엇이 열 가지인가. 이른바 중생계를 관찰하고, 법계를 관찰하고, 세계를 관찰하고, 허공계를 관찰하고, 식계識界를 관찰하고, 욕계를 관찰하고, 색계를 관찰하고, 무색계를 관찰하고, 넓은 마음으로 믿고 아는 계를 관찰하고 큰 마음으로 믿고 아는 계를 관찰하는 것이니, 보살은 법에 밝은 열 가지 문으로 제4 염혜지에 들어갑니다.

불자여, 보살이 이 염혜지에 머물면, 능히 열 가지 지혜로써 성숙한 법을 말미암아 안법[內法]을 얻고 여래의 가문에 납니다.

무엇이 열 가지인가. 이른바 깊은 마음이 물러가지 않는 연고며, 삼보에 깨끗한 신심을 내어 끝까지 무너지지 않는 연고며, 모든 행行법이 생멸함을 관찰하는 연고며, 모든 법의 성품이 나지 아니함을 관찰하는 연고며, 세간이 이루어지고 망가짐을 관찰하는 연고며, 업으로 인하여 생生이 있음을 관찰하는 연고며, 생사와 열반을 관찰하는 연고며, 중생의 국토에 대한 업을 관찰하는 연고며, 지나간 세월[前際]과 오는 세월[後際]을 관찰하는 연고며, 아무것도 다할 것이 없음을 관찰하는 연고니, 이것이 열입니다.

불자여, 보살은 제4지에 머물러서는 안몸[內身]을 관觀하되 몸을 두루 관찰하며, 부지런하고 용맹하게 생각하고 알아서, 세간의 탐욕과 근심을 없앱니다. 바깥 몸[外身]을 관하되 몸을 두루 관찰하며, 부지런하고 용맹하게 생각하고 알아서, 세간의 근심을 없앱니다. 안팎 몸을 관하되 몸을 두루 따라 관찰하며, 부지런하고 용맹하게 생각하고 알아서, 세간의 근심을 없앱니다.

이와 같이 안으로 받아들이고[內受] 밖으로 받아들이고 안팎으로 받아들임을 관하되 받아들임을 두루 따라 관찰하며, 안 마음[內心]과 바깥 마음과 안팎 마음을 관하되 마음을 두루 따라 관찰하며, 안법을 관하고 바깥 법을 관하고 안팎법을 관하되 법을 두루 따라 관찰하여, 부지런하고 용맹하게 생각하고 알아서, 세간의 탐욕과 근심을 없앱니다.

또 이 보살은 아직 생기지 않은 악하고 선하지 못한 법은 생기지 못하게 하려고 부지런히 정진하여 마음을 내어 바로 끊으며, 이미 생긴 악하고 선하지 못한 법을 끊으려고 부지런히 정진하여 마음을 내어 바로 끊으며, 아직 생기지 않은 선한 법은 생기게 하려고 부지런히 정진하여 마음을 내어 바로 행하며, 이미 생긴 선한 법은 잃지 않으려 하며, 더욱 증대하게 하려고 부지런히 정진하여 마음을 내어 바로 행합니다.

또 이 보살은 하려는 정력〔欲定〕으로 끊는 행을 수행하여 신족통〔神足〕을 성취하고, 싫어함을 의지하며 떠남을 의지하며 멸함을 의지하여 버리는 데로 회향합니다. 정진하는 정력과 마음의 정력과 관하는 정력으로 끊는 행을 수행하여 신족통을 성취하고, 싫어함을 의지하며 떠남을 의지하며 멸함을 의지하여 버리는 데로 회향합니다.

또 이 보살은 믿는 근〔信根〕을 수행하되, 싫어함을 의지하여 떠남을 의지하며, 멸함을 의지하여 버리는 데로 회향합니다. 정진하는 근〔精進根〕과, 생각하는 근〔念根〕과 선정의 근〔定根〕과 지혜의 근〔慧根〕을 수행하되, 싫어함을 의지하며, 떠남을 의지하며 멸함을 의지하여 버리는 데로 회향합니다.

또 이 보살은 믿는 힘〔信力〕을 수행하되, 싫어함을 의지하며 떠남을 의지하며 멸함을 의지하여 버리는 데로 회향합니다. 정진하는 힘과 생각하는 힘과 선정의 힘과 지혜의 힘을 수행하되, 싫어함을 의지하며 떠남을 의지하며, 멸함을 의지하여 버리는 데로 회향합니다.

또 이 보살은 생각하는 각의 부분〔念覺分〕을 수행하되, 싫어함을 의지하며 떠남을 의지하며 멸함을 의지하여 버리는 데로 회향합니다. 법을 선택하는 각의 부분〔擇法覺分〕과 정진하는 각의 부분〔精進覺分〕과 기뻐하는 각의 부분〔喜覺分〕과 가뿐한 각의 부분〔猗覺分〕과 선정인 각의 부분〔定覺分〕과 버리는 각의 부분〔捨覺分〕을 수행하되, 싫어함을 의지하며 떠남을 의지하며 멸함을 의지하여 버리는 데로 회향합니다.

또 이 보살은 바른 소견(正見)을 수행하되, 싫어함을 의지하며 떠남을 의지하며 멸함을 의지하여 버리는 데로 회향합니다. 바르게 생각함(正思惟)과 바른 말(正語)과 바른 업(正業)과 바른 생명(正命)과 바른 정진(正精進)과 바른 생각(正念)과 바른 선정(正定)을 수행하되, 싫어함을 의지하며 떠남을 의지하며 멸함을 의지하여 버리는 데로 회향합니다.

보살이 이런 공덕을 수행함은 일체 중생을 버리지 않으려는 연고며, 본래의 원으로 지니는 연고며, 대비가 으뜸이 된 연고며, 대자로 성취한 연고며, 온갖 지혜의 지혜를 생각하는 연고며, 장엄한 불국토를 성취하는 연고며, 여래의 힘과 두려움 없음과 함께하지 않는 부처님 법을 성취하고 상호(相好)와 음성을 다 구족하려는 연고며, 상상(上上)인 수승한 도를 구하려는 연고며, 들은 바 매우 깊은 부처님의 해탈을 따르는 연고며, 큰 지혜와 공교한 방편을 생각하는 연고입니다.

불자여, 보살은 이 염혜지에 머물고는 몸이란 소견(身見)이 머리가 되어 나란 고집(我見), 사람이란 고집(人見), 중생이란 고집(衆生見), 오래 산다는 고집(壽命見), 온(蘊)·계(界)·처(處)로 일으킨 집착과, 나오고 빠지고 하는 것을 생각하고 관찰하여 다스리는 연고며, 나의 소유인 연고며, 재물인 연고며, 집착하는 곳인 연고로, 이런 모든 것을 다 여윕니다.

이 보살은 만일 업이 여래께서 꾸중하신 것이고, 번뇌에 물든 것으로 보았으면 모두 떠나고, 만일 업이 보살의 도를 따르는 것이고 여래께서 찬탄하신 것으로 보았으면 다 닦아 행합니다.

불자여, 이 보살은 일으킨 방편과 지혜로 도와 도를 돕는 부분(助道分)을 닦아 모으고는, 이리하여 윤택한 마음, 부드럽고 연한 마음, 조화롭고 순한 마음, 이익하고 안락케 하는 마음, 잡되고 물들지 않는 마음, 상상의 수승한 법을 구하는 마음, 수승한 지혜를 구하는 마음, 일체 세간을 구호하는 마음, 높은 덕을 공경하고 가르치는 명령을 어기지 않는 마음, 들은 법을 따라서 잘 수행하는 마음을 얻습니다.

이 보살은 은혜를 알고 은혜 갚을 줄을 알며, 마음이 화평하여 함께 있으면서 안락하며, 질직하고 유순하여 빽빽한 숲과 같은 행이 없으며, 나라는 교만이 없고, 가르침을 받아서 말하는 이의 뜻을 얻나니, 이 보살이 이렇게 참는 일을 성취하고, 이렇게 조화하고 부드러움을 성취하고, 이렇게 고요함을 성취합니다.

이렇게 참는 일과 조화하고 부드러움과 고요함을 성취하여 다음 지의 업을 깨끗이 다스리고 마음을 두어 수행할 적에, 쉬지 않는 정진과, 섞이고 물들지 않는 정진과, 물러가지 않는 정진과, 광대한 정진과, 끝이 없는 정진과, 치성한 정진과, 같음이 없는데 같은 정진과, 깨뜨릴 수 없는 정진과, 일체 중생을 성취하는 정진과, 도와 도 아닌 것을 잘 분별하는 정진을 얻습니다.

이 보살은 마음 경계(心界)가 청정하고, 깊은 마음을 잃지 아니하여 깨달아 아는 것이 명쾌하고 선근이 증장하며, 세간의 혼탁을 여의고 모든 의혹을 끊었으며, 밝게 판단함이 구족하고 기쁨이 충만하며, 부처님께서 호념하여 한량없이 좋은 뜻을 모두 성취합니다.

불자여, 보살은 이 염혜지에 머물고는 서원하는 힘으로 많은 부처님을 보게 되나니, 이른바 여러 백 부처님을 보며, 여러 천 부처님을 보며, 여러 백천 부처님을 보며, 내지 여러 백천억 나유타 부처님을 봅니다.

모두 공경하고 존중하고 받들어 섬기고 공양하며, 의복과 와구와 음식과 탕약과 모든 필수품을 받들어 이바지하며, 또한 모든 스님들에게 공양하고, 이 선근으로 아뇩다라삼먁삼보리에 회향하며, 그 부처님 계신 데서 공경하여 법을 듣고 받아 지니며, 구족히 수행하고, 다시 저 부처님의 법에 출가하여 수도합니다.

또 다시 닦아서 깊은 마음으로 믿고 이해하며, 한량없는 백천억 나유타 겁 동안에 선근이 더욱 밝고 청정해집니다. 불자여, 마치 은장이[金師]가 진금을 잘 연단하여 장엄거리를 만들면, 다른 금은 미치지 못하나니, 보살마하살도 그러하여 이 지에 있으면서 닦은 선근은 아랫 지의 선근으로는 미칠 수 없습니다.

마니보배의 청정한 광명덩이가 놓는 광명을 다른 보배로는 미칠 수 없어서 폭풍우 따위로는 깨뜨릴 수 없는 것처럼, 보살마하살도 그와 같아서 이 지에 머무르면, 아래 지의 보살들은 미칠 수 없으며, 마군과 번뇌로도 깨뜨리지 못합니다.

이 보살은 사섭법 중에서는 일을 함께하는 것[同事]이 치우쳐 많고, 십바라밀 중에는 정진바라밀精進波羅蜜이 치우쳐 많으니, 다른 것을 닦지 아니함은 아니지마는 힘을 따르고 분한을 따를 뿐입니다.

불자여, 이것을 이름하여 보살마하살의 제4 염혜지를 간략히 말한다 합니다.

보살이 이 지에 머물러서는 흔히 수야마천왕이 되며 선방편으로 중생들의 몸이란 소견[身見] 등의 의혹을 제하여 바른 소견에 머물게 하며, 보시하고[布施] 좋은 말을 하고[愛語] 이로운 행을 하고[利行] 일을 함께하나니[同事], 이렇게 하는 일들이 모두 부처님을 생각하고 법을 생각하고 승가를 생각함을 떠나지 아니하며, 내지 갖가지 지혜와 온갖 지혜의 지혜를 구족하려는 생각을 떠나지 아니합니다.

또 생각하기를 '내가 중생들 가운데 머리가 되고 나은 이가 되고 썩 나은 이가 되고, 묘하고 미묘하고, 위가 되고 위없는 이가 되고, 내지 온갖 지혜의 지혜[一切智智]로 의지함이 되리라' 합니다.

이 보살이 부지런히 정진하면 잠깐 동안에 억 삼매에 들어가고, 억 부처님을 보고, 억 부처님의 신통력을 알고, 억 부처님의 세계를 진동하며, 내지 억 가지 몸을 나타내고, 몸마다 억 보살로 권속을 삼습니다. 만일 보살의 훌륭한 원력으로 자재하게 나타내면 이보다 지나가서 백 겁 천 겁으로 내지 백천억 나유타 겁에도 세어서 알 수 없습니다."

그 때 금강장보살이 이 뜻을 다시 펴려고 게송으로 말하였다.

보살이 제3지를 잘 다스리고
중생계와 세계와 모든 법계와
허공계와 식계識界와 삼계를 보고
마음이 열리어서 나아가리라.

염혜지에 처음 올라 세력이 늘어
여래 가문 태어나 퇴전치 않고
삼보를 믿는 마음 무너지지 않아
무상하고 나지 않는 법을 보오며.

세간이 성괴成壞하고 업으로 나며
생사와 열반이며 국토의 업과
앞세상 뒷세상과 다함을 보며
행을 닦아 부처님 집에 나나니.

이러한 법을 얻고 자비가 늘어
네 가지 염처念處를 더욱 닦으며
몸과 받음, 마음과 법, 안팎을 관찰

세간의 탐애심 모두 멸하며,

네 가지 부지런함〔四正勤〕 보살이 닦아
나쁜 법은 없어지고 선이 증장해
사신족四神足과 오근 오력 모두 닦으며
칠각분七覺分 팔정도도 그렇게 닦고,

중생을 건지려고 행을 닦으며
원력으로 보호하고 자비가 으뜸
일체지와 불세계를 모두 구하며
여래의 열 가지 힘 생각하도다.

두려움 없는 힘과 함께 않는 법
특별하게 잘 생기고 미묘한 음성
묘한 도와 해탈과 큰 방편들을
얻으려고 저러한 행을 닦더라.

신견身見이 머리 되어 육십이 견見과
나라 내 것이라 하는 무량한 종류
온蘊과 계界와 십이처의 모든 집착을
제4지에서 온갖 것을 모두 여의며,

여래가 꾸짖으신 번뇌의 행은
이익이 없으므로 끊어버리고
지혜론 이〔智者〕 행하는 청정한 업은

중생을 제도하려 모두 지으며,

부지런히 행을 닦아 게을잖으면
열 가지 마음 얻어 다 구족하고
불도를 구하기에 싫음 없으며
직분을 받고 나서 중생을 제도.

높은 이의 닦는 행을 공경하오며
은혜 알고 교훈 받고 퉁명이 없고
교만 아첨 버리고 마음이 유순
부지런히 행을 닦아 퇴전치 않네.

보살이 염혜지에 머물러서는
청정한 맘 영원히 잃지 않으며
깨달음이 결정하고 선이 증장해
의혹과 더러운 때 모두 여의고,

이 보살이 인간에서 가장 수승해
나유타 부처님을 공양하오며
바른 법문 듣삽고 출가하여서
저해할 수 없는 일 진금과 같다.

보살이 이 지에서 공덕 갖추고
지혜와 방편으로 도를 행하여
마군에게 마음이 퇴전 않으니

묘한 보배 파괴할 이 없음과 같고,

이 보살이 수야마 천왕이 되어
모든 법에 자재하여 대중이 존중
중생의 나쁜 소견 없이해 주고
부처 지혜 구하여 선업 닦으며,

보살이 정진하는 힘을 쌓아서
삼매 얻고 부처 보기 모두 억이니
서원과 지혜 힘을 나타낸다면
이 보다 지나가서 알 수 없더라.

이러하게 보살의 제4지 법문
수행이 청정하고 미묘한 도가
공덕과 뜻과 지혜 상응하는 일
불자들을 위하여 다 말하노라.

5) 난승지難勝地

보살이 제4지의 수행을 듣고
법 깨달아 마음에 환희하거늘
공중에서 꽃비 내려 찬탄하기를
거룩하다, 대사이신 금강장보살,

자재천왕 하늘의 대중과 함께

법 듣고 뛰놀면서 허공에 있어
가지가지 광명구름 널리 놓아서
여래께 공양하며 기쁨이 가득.

하늘의 채녀들이 풍악 잡히고
말로써 부처 공덕 노래하는데
모두 다 보살들의 위신으로써
노래 속에 이런 말이 섞여 나온다.

부처 서원 오랜만에 지금에 만족
부처님 도道 오랜만에 이제 얻었고
석가모니부처님 천궁에 오시니
하늘 사람 이익한 이 이제 보도다.

큰 바다 오랜만에 처음 동하고
부처 광명 오랜만에 지금 놓으며
중생들 오랜만에 비로소 안락
자비하온 음성을 이제 듣노라.

공덕행의 저 언덕에 이미 이르고
캄캄한 교만심을 이미 멸하니
끝까지 청정하심 허공 같으며
세상에 물 안들기 연꽃과 같다.

대모니大牟尼 세존께서 출현하시니

수미산이 바다에서 솟아 나온 듯
공양하면 모든 고통 끝낼 수 있고
공양하면 부처 지혜 얻게 되리라.
공양할 데 공양한 복 짝 없으리니
환희하게 부처님께 공양하시오.

이렇게 한량없이 많은 천녀들
이런 말을 하여서 칭찬하거늘
여럿이 공경하며 기쁨이 가득
부처님 쳐다보며 잠자코 있어,

이 때에 대사이신 해탈월보살
두려움 없으신 금강장에게
바라건대 불자시여, 나를 위하여
제5지의 행상을 말씀하소서.

그 때 금강장보살이 해탈월보살에게 말하였다.
 "불자여, 보살마하살이 제4지에서 행할 것을 이미 원만하고, 제5지第五地에 들어가려면 열 가지 평등하고 청정한 마음[平等清淨心]으로 들어가야 하나니, 무엇이 열인가. 이른바 과거의 불법에 평등하고 청정한 마음, 미래의 불법에 평등하고 청정한 마음, 현재의 불법에 평등하고 청정한 마음, 계율에 평등하고 청정한 마음, 마음에 평등하고 청정한 마음, 소견과 의혹을 끊는 데[除見疑悔] 평등하고 청정한 마음, 도이고 도 아닌 것을 가리는 지혜에 평등하고 청정한 마음, 수행하는 지견[修行智見]에 평등하고 청정한 마음, 모든 보리분법菩提分法을 상상上上으로 관찰하는 데 평등하고 청정한 마음, 일체 중생을 교화하는 데 평등하고 청정한 마음이니, 보살마하살은 이 열 가지 평등하고 청정한 마음으로 보살의 제5지에 들어갑니다.

불자여, 보살마하살이 이 제5지에 머물고는, 보리분법을 잘 닦는 연고며, 깊은 마음을 잘 깨끗이 하는 연고며, 상품이고 수승한 도를 더욱 구하는 연고며, 진여를 순종하는 연고며, 원력으로 부지하는 연고며, 일체 중생에게 불쌍히 여기는 생각을 버리지 않는 연고며, 복과 지혜로 도를 돕는 일을 모아 쌓는 연고며, 부지런히 닦기를 쉬지 않는 연고며, 교묘한 방편을 내는 연고며, 상상지上上智를 관찰하여 밝게 비치는 연고며, 여래의 호념을 받는 연고며, 지혜의 힘으로 부지하는 연고로 물러가지 않는 마음을 얻습니다.

불자여, 보살마하살은 이것이 고성제苦聖諦며, 이것이 고집성제苦集聖諦며, 이것이 고멸성제苦滅聖諦며, 이것이 고멸도성제苦滅道聖諦임을 실상대로 아나니, 세속의 이치〔俗諦〕를 잘 알고, 제일가는 이치〔第一義諦〕를 잘 알고, 형상의 이치〔相諦〕를 잘 알고, 차별한 이치〔差別諦〕를 잘 알고, 성립하는 이치〔成立諦〕를 잘 알고, 사물의 이치〔事諦〕를 잘 알고, 생기는 이치〔生諦〕를 잘 알고, 다하여 생기지 않는 이치〔盡無生諦〕를 잘 알고, 도에 들어가는 지혜의 이치〔入道智諦〕를 잘 알고, 모든 보살의 지위가 차례로 성취되는 이치〔一切菩薩地次第成就諦〕를 잘 알고, 내지 여래의 지혜가 성취되는 이치〔如來智成就諦〕를 잘 압니다.

이 보살은 중생의 좋아하는 뜻을 따라서 환희케 하려고 세속의 이치를 알며, 한결같은 실상을 통달하려고 제일가는 이치를 알며, 법의 제 모양과 공통한 모양을 깨달으므로 형상의 이치를 알며, 여러 법의 시분과 지위〔分位〕의 차별을 알므로 차별한 이치를 알며, 온蘊과 계界와 처處를 잘 분별하므로 성립하는 이치를 알며, 몸과 마음의 괴로움을 깨달으므로 사물의 이치를 알며, 여러 갈래와 태어나는 것이 계속 이어짐을 깨달으므로 생기는 이치를 알며, 모든 뜨겁던 번뇌가 필경에 멸하므로 다하여 생기지 않는 지혜의 이치〔盡無生智諦〕를 알며, 둘이 없는 것을 내므로 도에 들어가는 지혜의 이치를 알며, 모든 행상行相을 바로 깨달으므로 모든 보살의 지위가 차례로 성취되는 이치와 내지 여래의 지혜가 성취되는 이치를 아나니, 믿고 이해하는 지혜의 힘〔信解力智〕으로 아는 것이고, 끝까지 이른 지혜의 힘〔究竟智力〕으로 아는 것은 아닙니다.

　불자여, 이 보살마하살이 이와 같은 여러 가지 이치를 아는 지혜를 얻고는, 모든 하염있는 법〔有爲法〕이 허망하고 거짓되어 어리석은 사람을 속이는 줄을 실상대로 아나니, 보살은 이 때에 중생들에게 대비심이 점점 더하여 대자大慈의 광명을 냅니다.

　불자여, 이 보살마하살은 이러한 지혜의 힘을 얻고는 일체 중생을 버리지 아니하고 부처님 지혜를 항상 구하여, 모든 하염 있는 행의 지난 적〔前際〕과 오는 적〔後際〕을 실상대로 관찰하나니, 지난 적의 무명無明으로부터 사랑함이 있으므로 나는 일이 있으며, 생사에 헤매면서 오온이란 집에서 헤어나지 못하고 고통무더기가 증장하며, 나〔我〕도 없고 오래사는 이〔壽者〕도 없고 길러주는 이〔養育者〕도 없으며, 다시 뒷갈래〔後趣〕의 몸을 자주자주 받을 이도 없어, 나와 내 것을 여읜 줄을 아나니, 지난 적과 같이 오는 적도 그와 같아서 아무것도 없으며, 허망하게 탐하고 집착함을 끊어버리면 벗어나게 되어, 있거나 없거나를 모두 사실대로 압니다.

　불자여, 이 보살마하살은 또 이렇게 생각합니다.

　'이 범부들이 어리석고 지혜가 없으니 매우 딱하도다. 무수한 몸이 이미 없어졌고, 지금 없어지고, 장차 없어질 것이며, 이렇게 끝까지 없어지건마는, 몸에 대하여 싫증은 내지 않고, 기계적으로 받는 고통만 더욱 증장하여 생사에 헤매면서 돌아올 줄을 모르고, 오온의 굴택에서 벗어나기를 구하지 아니하며, 네 마리 독사가 무서운 줄을 알지 못하고, 교만과 잘못된 소견의 화살을 뽑지 못하며, 삼독의 불을 끄지 못하고, 무명의 어둠을 깨트리지 못하고, 애욕愛欲의 바다를 말리지 못하고 열 가지 힘을 가진 대도사를 희구할 줄 모르고, 마군의 생각의 숲속에 들어가서 나고 죽는 바다에서 깨닫고 관찰하는 파도〔覺觀波濤〕에 휩쓸리는구나.'

불자여, 이 보살마하살은 또 생각하기를 '이 중생들이 이런 고통을 받으며 고독하고 곤궁하지마는, 구할 이도 없고 의지할 데도 없고 섬도 없고 집도 없고 인도할 이도 없고 눈도 없어서, 무명에 덮이고 어둠에 싸였으니, 내가 저 일체 중생을 위하여 복과 지혜로 도를 돕는 법을 수행하되, 혼자서 발심하고 동무를 구하지 아니할 것이며, 여러 중생으로 하여금 이 공덕을 의지하여 필경까지 청정하며, 내지 여래의 열 가지 힘과 걸림 없는 지혜를 얻게 하리라' 합니다.

불자여, 이 보살마하살이 이런 지혜로 관찰하며 닦는 선근은, 모두 일체 중생을 구호하며, 일체 중생을 이익하며, 일체 중생을 안락케 하며, 일체 중생을 불쌍히 여기며, 일체 중생을 성취하며, 일체 중생을 해탈케 하며, 일체 중생을 거두어 주며, 일체 중생으로 하여금 시끄러운 괴로움을 여의게 하며, 중생들로 하여금 청정함을 얻게 하며, 중생들로 하여금 모두 조복케 하며, 중생들로 하여금 반열반에 들게 합니다.

불자여, 보살마하살이 이 제5 난승지에 머물면, 생각하는 이라 이름하나니 모든 법을 잊지 않는 연고며, 지혜 있는 이라 하나니 잘 결정하는 연고며, 지취〔趣〕가 있는 이라 하나니 경의 이치가 차례로 연합連合되는 연고며, 부끄러움을 아는 이라 하나니, 스스로 보호하고 남을 보호하는 연고며, 굳은 이라 하나니 계행을 버리지 않는 연고며, 깨달은 이라 하나니 옳은 곳·그른 곳을 관찰하는 연고며, 슬기를 따르는 이라 하나니 다른 것을 따르지 않는 연고며, 지혜를 따르는 이라 하나니 이치에 맞고 맞지 않는 말을 잘 아는 연고며, 신통 있는 이라 하나니 선정을 닦는 연고며, 교묘한 방편이 있는 이라 하나니 세상을 따라 행하는 연고입니다.

 만족함이 없는 이라 하나니 복덕을 잘 모으는 연고며, 쉬지 않는 이라 하나니 항상 지혜를 구하는 연고며, 고달프지 않는 이라 하나니 대자비를 모으는 연고며, 남을 위하여 부지런히 수행하는 이라 하나니 일체 중생을 열반에 들게 하려는 연고며, 부지런히 구하고 게으르지 않는 이라 하나니 여래의 역力과 무외無畏와 불공법不共法을 구하는 연고며, 뜻을 내어 능히 행하는 이라 하나니 부처님 세계를 장엄함을 성취하는 연고며, 여러 가지 선한 업을 부지런히 닦는 이라 하나니 상호를 구족하는 연고며, 항상 수행하는 이라 하나니 부처님의 몸과 말과 뜻을 장엄하기를 구하는 연고며, 법을 크게 존중하고 존경하는 이라 하나니 일체 보살과 법사에게서 가르치는 대로 행하는 연고며, 마음에 장애가 없는 이라 하나니 큰 방편으로 세간에 항상 다니는 연고며, 다른 마음을 밤낮으로 여의는 이라 하나니 일체 중생을 교화하기를 항상 좋아하는 연고입니다.

 불자여, 보살마하살이 이렇게 부지런히 행할 때에 보시함으로 중생을 교화하며, 좋은 말과 이익한 행과 일을 함께 함으로써 중생을 교화하며, 색신을 나타내어 중생을 교화하며, 법을 연설하여 중생을 교화하며, 보살의 행을 보여서 중생을 교화하며, 여래의 큰 위엄을 나타내어 중생을 교화하며, 나고 죽는 허물을 보여서 중생을 교화하며, 여래의 지혜와 이익을 칭찬하여 중생을 교화하며, 큰 신통력을 나타내어 중생을 교화하며, 여러 가지 방편의 행으로 중생을 교화합니다.

　불자여, 이 보살마하살은 이와 같이 부지런한 방편으로 중생을 교화하는데, 마음이 서로 계속하여 부처님의 지혜에 나아가며, 짓는 선근이 퇴전하지 아니하며, 수승하게 행하는 법을 부지런히 배웁니다.

　불자여, 이 보살마하살은 중생을 이익케 하기 위하여 세간의 기예를 모두 익히나니, 이른바 글과 산수와 그림과 서적과 인장과 지대·수대·화대·풍대와 가지가지 언론을 모두 통달하며, 처방법을 잘 알아서 여러 가지 병과 간질과 미친 증세와 소갈병들을 치료하며, 귀신이 지피고 도깨비에 놀라고 모든 방자와 저주를 능히 제멸하며, 문장과 글씨와 시와 노래와 춤과 풍악과 연예와 웃음거리와 고담과 재담 따위를 모두 잘 하며, 도성과 성시와 촌락과 가옥과 원림과 샘과 못과 내와 풀과 나무와 꽃과 약초들을 계획하고 가꾸는데 모두 묘리(宜)가 있고, 금·은·마니·진주·유리·나패·벽옥·산호 등의 있는 데를 다 알고 파내어 사람들에게 보이며, 일월성신이나, 새가 울고 천둥하고 지진하고 길하고 흉한 것이나, 상과 신수가 좋고 나쁜 것을 잘 관찰하여 조금도 틀리지 아니합니다.

　계행을 가지고 선정에 들고, 신통의 도술과 사무량심(四無量)과 사무색정(四無色定)과, 그 외의 여러 가지 세간일로서 중생을 해롭히지 않고 이익하는 일이면 모두 일러 보이어 위없는 불법에 머물게 합니다.

　불자여, 보살이 이 난승지에 머물고는 서원하는 힘으로 많은 부처님을 보게 되나니, 이른바 여러 백 부처님을 보며, 여러 천 부처님을 보며, 여러 백천 부처님을 보며, 내지 여러 백천억 나유타 부처님을 보는데, 모두 공경하고 존중하고 받들어 섬기고 공양하며, 의복과 음식과 와구와 탕약과 모든 필수품을 받들어 이바지하며, 모든 스님들에게도 공양하고, 이 선근으로 아뇩다라삼먁삼보리에 회향하며, 그 부처님 계신 데서 공경하여 법을 듣고 받아 지니며 힘을 따라 수행하고, 다시 저 부처님의 법에서 출가합니다.

출가하고는 또 법을 듣고 다라니를 얻어서 듣고 지니는 법사가 되어, 이 지에 있으면서 백 겁을 지내고, 천 겁을 지내고, 내지 한량없는 백천억 나유타 겁 동안에 닦은 선근이 점점 더 밝고 청정해집니다. 불자여, 마치 진금을 자거로써 갈고 닦으면 더욱 밝고 깨끗하여지나니 이 지에 있는 보살의 선근도 그와 같아서 방편과 지혜로 생각하고 관찰하므로 더욱 밝고 깨끗하여집니다.

불자여, 보살이 이 난승지에 있으면서 방편과 지혜로 성취한 공덕은 아랫 지의 선근으로는 미칠 수 없습니다. 불자여, 마치 해나 달이나 별들의 광명은 바람의 힘으로 유지되는 것이어서 저해할 수 없으며, 다른 바람으로도 동요할 수 없는 것처럼, 이 지의 보살이 가진 선근도 그와 같아서 방편과 지혜로 따르면서 관찰하는 것이므로 저해할 수 없으며, 모든 성문이나 독각이나 세간의 선근으로는 움직일 수 없습니다.

이 보살은 십바라밀 중에서 선정(禪)바라밀이 치우쳐 많으니, 다른 것을 닦지 아니함은 아니지마는 힘을 따르고 분한을 따를 뿐입니다.

불자여, 이것을 이름하여 보살마하살의 제5 난승지를 간략히 말한다 합니다.

보살이 이 지에 머물러서는 흔히 도솔타천왕兜率陀天王이 되며, 중생들에게 하는 일이 자재하여 모든 외도들의 삿된 소견을 굴복하고, 중생들로 하여금 진실한 이치에 머물게 하며, 보시하고 좋은 말을 하고 이익한 행을 하고 일을 함께하나니, 이렇게 하는 일들이 모두 부처님을 생각하고 법을 생각하고 승가를 생각함을 떠나지 아니하며, 내지 갖가지 지혜와 온갖 지혜의 지혜를 구족하려는 생각을 떠나지 아니합니다.

또 생각하기를 '내가 중생들 가운데 머리가 되고 나은 이가 되고 썩 나은 이가 되고, 묘하고 미묘하고, 위가 되고 위없는 이가 되고, 내지 온갖 지혜의 지혜〔一切智智〕로 의지함이 되리라' 합니다.

이 보살이 부지런히 정진하면 잠깐 동안에 천억 삼매를 얻고, 천억 부처님을 보고, 천억 부처님의 신통력을 알고, 천억 부처님의 세계를 진동하며, 내지 천억 몸을 나타내고, 몸마다 천억 보살로 권속을 삼습니다. 만일 보살의 훌륭한 원력으로 자재하게 나타내면 이보다 지나가서, 백 겁 천 겁으로 내지 백천억 나유타 겁에도 세어서 알 수 없습니다."

그 때 금강장보살이 이 뜻을 다시 펴려고 게송으로 말하였다.

보살의 제4지가 청정했으면
삼세 불법 평등함과 계戒와 마음과
의심 덜고 도와 비도非道 생각하나니
이렇게 관찰하여 오지에 들고,

사념처는 활이 되고 근은 살〔箭〕이 되며
정근正勤은 말이 되고 신족은 수레
오력의 갑옷으로 대적 파하며
용맹하게 안 물러가 오지에 들며,

부끄러움은 옷이요 각분覺分은 화만
선정은 바르는 향 계戒도 향 되고
지혜와 방편으로 묘하게 장엄해
총지總持 숲과 삼매 동산 들어가도다.

여의如意는 발이 되고 정념正念의 목에
자비로 눈을 삼고 지혜는 치아
인간의 사자로서 무아無我의 외침
번뇌의 원수 깨뜨리고 오지에 든다.

보살이 제5지에 머물러서는
매우 높고 청정한 도 더욱 닦으며
불법을 구하느라 퇴전치 않고
자비를 생각하여 게으름 없어,

복과 지혜 좋은 공덕 쌓아 모으며
부지런함과 방편으로 상지上地 관하고
부처님의 가피加被로 지혜를 구족
실상대로 사제四諦를 분명히 아네.

세속 이치 참된 이치 형상의 이치
차별하고 성립하고 사물의 이치
생기는 법 다하는 법 도에 드는 법
여래의 걸림 없는 이치를 알며,

이런 이치 관찰함이 비록 묘하나
걸림 없는 좋은 해탈 못 얻지마는
이것이 큰 공덕을 능히 내므로
세간의 모든 지혜 뛰어 넘나니,

이치를 관찰하니 하염 있는 법
허망하여 견실하지 못함을 알고
부처님의 자비한 광명을 얻어
중생을 이익하려 지혜 구하네.

하염 있는 모든 법 앞뒤를 보니
무명과 어두움과 애욕에 묶여
고통 바다 헤매면서 오고 또 가고
나도 없고 사람도 수명도 없어,

애정과 취함으로 고통 받나니
끝단 데를 구하여도 찾을 수 없고
떠내려가 돌아올 기약 없으매
불쌍한 이런 이를 제도하리라.

오온五蘊 집과 사대四大 독사 소견은 화살
타는 마음 맹렬하고 우치도 겹겹
애욕 강에 휩쓸려서 볼 겨를 없고
고통 바다 헤매는데 길잡이 없어,

이렇게 알고 나서 늘 정진하며
짓는 일이 중생을 건지려 하매
이름하여 생각 있는 이 지혜 있는 이
깨달은 이 방편 있는 이라 하더라.

복과 지혜 닦아서 만족 모르며
공경하고 많이 알아 피곤치 않고
국토거나 상호를 모두 장엄해
이러한 모든 것이 중생 위하네.

세간의 모든 사람 교화하려고
글씨와 인장들고 산수를 알며
방문과 여러 약을 모두 잘 알아
모든 병을 치료하여 쾌차케 하며

글 잘하고 노래하고 춤도 잘 추고
집 짓는 일 공원 설계 모두 잘 하며
땅에 묻힌 보배도 내어 보여서
한량없는 중생을 이익케 하네.

일월성신 천문 보고 지진도 알고
상을 보아 길흉 알고 사선정들과
무색계의 사정이며 모든 신통을
세간을 이익하려 모두 말한다.

난승지에 머무른 지혜 있는 이
무량불게 공양하며 법을 듣나니
보배로써 진금을 마찰하는 듯
모든 선근 점점 더 밝고 깨끗해,

비유하면 별들이 허공에 있어
바람으로 유지되고 변동 없는 듯
연꽃에 물방울이 맺혀 구르듯
보살이 이와 같이 세상에 사네.

흔하게는 도솔타천왕이 되어
외도들의 나쁜 소견 꺾어버리고
부처 지혜 위하여 선을 닦으며
열 가지 힘을 얻어 중생을 구호.

저는 또 수행하며 크게 정진해
천억 부처 뵈옵고 공양하오며
얻는 삼매, 세계 진동, 모두가 천억
원력으로 지을 적엔 이보다 많아,

이러한 다섯째의 난승지 보살
인간에서 가장 높은 진실한 도를
내가 지금 여러 가지 방편으로써
불자를 위하여서 말하였노라.

대방광불화엄경 제37권

제37권

26. 십지품 ④

6) 현전지現前地

보살이 뛰어난 행 듣고 나서는
마음이 환희하여 꽃비 내리며
깨끗한 광명 놓고 진주를 흩어
여래께 공양하고 칭찬 올리네.

백천의 하늘 무리 기뻐 날뛰며
공중에서 여러 가지 보배를 흩고
화만과 영락이며 당기와 깃발
일산과 향으로써 부처님 공양,

자재천의 천왕과 여러 권속들
환희한 마음으로 공중에 있어
보배 흩어 구름되어 공양하면서
불자여, 좋은 법문 말씀하시네.

한량없는 천녀들 허공 중에서
풍악 잡혀 부처님 찬탄하더니
음악 속에 이러한 말을 내어서
부처 말씀 번뇌와 병 덜어주시다.

법의 성품 고요하고 형상이 없어
허공이 모든 분별 없는 것 같이
모든 집착 초월하고 말이 끊어져
진실하고 평등하여 항상 청정해.

모든 법의 성품을 통달한다면
있건 없건 마음이 동하지 않고
세상을 구원하려 수행하나니
부처님 입으로 난 참 불자로다.

겉모양 집착 않고 보시 행하며
모든 악이 끊긴 채 계행 지니고
법에 해害가 없는 데 항상 참으며
법의 성품 여읜 줄 알고 정진해.

번뇌가 다했는데 선정에 들고
공한 성품 잘 알고 분별해
지혜와 힘 구족하고 널리 건지니
모든 악을 제멸하여 대사大士라 한다.

그렇게 묘한 음성 천만 가지로
찬탄하고 부처님 우러러보니
해탈월이 금강장께 여쭙는 말씀
다음 지에 드는 행상 어떠합니까.

그 때 금강장보살이 해탈월보살에게 말하였다.
"불자여, 보살마하살이 제5지를 구족하고 제6 현전지現前地에 들려면, 열 가지 평등한 법을 관찰하여야 합니다.
무엇이 열인가. 일체 법이 형상이 없으므로 평등하고, 자체가 없으므로 평등하고, 나는 일이 없으므로 평등하고, 성장함이 없으므로 평등하고, 본래부터 청정하므로 평등하고, 희롱의 말이 없으므로 평등하고, 취하고 버림이 없으므로 평등하고, 고요하므로 평등하고, 요술 같고 꿈 같고 영상 같고 메아리 같고 물 속의 달 같고 거울 속의 모습 같고 아지랑이 같고 화현과 같으므로 평등하며, 있고 없음이 둘이 아니므로 평등합니다.
보살이 이렇게 일체 법을 관찰하여 제 성품이 청정하고, 따라 순종하며 어김이 없으면 제6 현전지에 들어가나니 밝고 이로운 수순인隨順忍은 얻었으나 무생법인無生法忍은 얻지 못하였습니다.
불자여, 이 보살마하살이 이렇게 관찰하고는 다시 대비大悲를 으뜸으로 하여 대비가 늘어나고 대비가 만족하며, 세간의 나고 멸함을 관찰하여 이런 생각을 합니다.

'세간에 태어나는 것이 모두 나에 집착한 탓이니, 만일 나를 여의면 날 곳이 없으리라.'

또 생각하기를 '범부는 지혜가 없어 나에 집착하여 항상 있는 것과 없는 것을 구하며, 바르게 생각하지 못하고 허망한 행을 일으키어 사특한 도를 행하므로, 죄 받을 업[罪業]과 복 받을 업[福業]과 변동하지 않는 업[不動業]이 쌓이고 증장하며, 여러 가지 행에 마음의 종자를 심고 번뇌[漏]도 있고 취함[取]도 있으므로, 다시 오는 생의 나고 늙고 죽음을 일으키나니, 이른바 업은 밭이 되고, 식識은 종자가 되는데, 무명無明이 덮이고, 애정의 물이 축여주고, 나[我]라는 교만이 물을 대어주므로 소견이 증장하여 명색名色이란 싹이 나느니라.

명색이 증장하여 오근五根이 생기고, 여러 근根이 상대하여 촉觸이 생기고, 촉과 상대하여 수受가 생기고, 수受 뒤에 희망하여 구하므로 애愛가 생기고, 애가 증장하여 취取가 생기고, 취가 증장하여 유有가 생기고, 유가 생겨 여러 갈래 중에 오온으로 된 몸[五蘊身]을 일으키는 것을 난다[生] 하고, 나서는 변하고 쇠하는 것을 늙는다[老] 하고, 필경에 없어지는 것을 죽는다[死] 하며, 늙어서 죽는 동안에 여러 가지 시끄러움[熱惱]이 생기고, 시끄러움으로 인하여 근심하고 걱정하고 슬퍼하고 탄식하는 여러 가지 고통이 모이느니라.

이는 인연으로 모이는 것이요 모으는 이가 없으며, 그와 같이 멸하는 것이요 멸하는 이가 없나니, 보살이 이런 인연으로 생기는 모양을 따라서 관찰하느니라' 합니다.

불자여, 이 보살마하살은 또 이렇게 생각합니다.

'제일가는 이치[第一義諦]를 알지 못하므로 무명이라 하고, 지어놓은 업과業果를 행行이라 하고, 행을 의지한 첫 마음이 식識이요, 식과 함께

난 사취온四取蘊을 명색名色이라 하고, 명색이 증장하여 육처六處가 되고, 근根과 경境과 식識의 세 가지가 화합한 것을 촉觸이라 하고, 촉과 함께 생긴 것을 수受라 하고, 수에 물드는 것을 애愛라 하고, 애가 증장한 것을 취取라 하고, 취가 일으킨 유루업有漏業이 유有가 되고, 업으로부터 온蘊을 일으키는 것을 나는 것〔生〕이라 하고, 온이 성숙함을 늙음〔老〕이라 하고, 온이 무너짐을 죽음〔死〕이라 하고, 죽을 적에 이별하는 것을 어리석어 탐내고 그리워하여 가슴이 답답한 것을 걱정이라 하고, 눈물 흘리며 슬퍼함을 탄식이라 하나니, 오근에 있어서는 괴로움이라 하고, 뜻에 있어서는 근심이라 하고, 근심과 괴로움이 점점 많아지면 시달림이라 하나니, 이리하여 괴로움이란 나무가 자라거니와, 나도 없고 내 것도 없고 짓는 이도 없고 받는 이도 없도다.'

또 생각하기를 '만일 짓는 이가 있으면 짓는 일이 있을 것이요, 만일 짓는 이가 없으면 짓는 일도 없을 것이니, 제일가는 이치에는 모두 찾아볼 수가 없는 것이로다' 합니다.

불자여, 이 보살마하살은 또 이렇게 생각합니다.

'삼계에 있는 것이 오직 한 마음뿐인데, 여래가 이것을 분별하여 십이유지(十二有支: 十二緣起)라 말하였으니, 다 한 마음을 의지하여 이렇게 세운 것이로다.

무슨 까닭인가. 일을 따라서 생기는 탐욕이 마음과 함께 나나니, 마음은 식識이요, 일은 행行이라. 행에 미혹함이 무명無明이며, 무명과 마음으로 더불어 함께 나는 것이 명색名色이요, 명색이 증장한 것이 육처六處요, 육처의 셋이 합한 것이 촉觸이요, 촉과 함께 생긴 것이 수受요, 수가 싫어함이 없는 것이 애愛요, 애가 거두어 버리지 아니함이 취取요, 이 여러 존재의 가지〔支〕가 생기는 것이 유有요, 유가 일으킨 것이 태어남〔生〕이요, 나서 성숙함이 늙음〔死〕이요, 늙어서 무너짐을 죽음〔死〕이라 하도다' 합니다.

　불자여, 이 가운데서 무명에 두 가지 업이 있으니, 하나는 중생으로 하여금 반연한 바를 미혹하게 함이요, 둘은 행行이 생겨나는 인因이 됩니다. 행에도 두 가지 업이 있으니, 하나는 장래의 과보를 내는 것이요, 둘은 식識이 생겨나는 인이 됩니다. 식에도 두 가지 업이 있으니, 하나는 여러 유有를 서로 계속하게 함이요, 둘은 명색名色이 생겨나는 인이 됩니다. 명색에도 두 가지 업이 있으니, 하나는 서로 도와서 성립케 함이요, 둘은 육처六處가 생겨나는 인이 됩니다. 육처에도 두 가지 업이 있으니, 하나는 각각 제 경계를 취함이요, 둘은 촉觸이 생겨나는 인이 됩니다. 촉에도 두 가지 업이 있으니, 하나는 반연할 것을 능히 부딪침이요, 둘은 수受가 생겨나는 인이 됩니다.

　수에도 두 가지 업이 있으니, 하나는 사랑스러운 일과 미운 일을 받아들임이요, 둘은 애愛가 생겨나는 인이 됩니다. 애에도 두 가지 업이 있으니, 하나는 사랑할 만한 일에 물듦이요, 둘은 취取가 생겨나는 인이 됩니다. 취에도 두 가지 업이 있으니, 하나는 여러 가지 번뇌를 서로 계속케 함이요, 둘은 유有가 생겨나는 인이 됩니다. 유에도 두 가지 업이 있으니, 하나는 다른 갈래에 태어나게 함이요, 둘은 태어남[生]이 생겨나는 인이 됩니다. 태어남에도 두 가지 업이 있으니, 하나는 여러 온蘊을 일으킴이요, 둘은 늙음[老]이 오게 하는 인이 됩니다. 늙음에도 두 가지 업이 있으니, 하나는 여러 근根이 변동하게 함이요, 둘은 죽음[死]이 이르게 하는 인이 됩니다. 죽음에도 두 가지 업이 있으니, 하나는 모든 행行을 파괴함이요, 둘은 알지 못하므로 서로 계속되어 끊어지지 않습니다.

　불자여, 이 가운데서 무명은 행의 연이 되고, 내지 나는 것은 늙어 죽음의 연이 된다는 것은, 무명이나 내지 태어남이 연이 되어서 행이나 내지 늙어 죽음으로 하여금 끊어지지 않게 하고 도와서 이루게 하는 연고입니다.

무명이 멸하면 행이 멸하고, 내지 태어남이 멸하면 늙어 죽음이 멸한다는 것은 무명이나 내지 태어남이 연緣이 되지 않아서 행이나 내지 늙어 죽음으로 하여금 끊어져 없어져서 도와서 이루게 하지 않는 연고입니다.

불자여, 이 가운데서 무명과 애와 취가 끊어지지 않는 것은 번뇌의 길이요, 행과 유가 끊어지지 않는 것은 업의 길이요, 다른 것이 끊어지지 않는 것은 고통의 길입니다. 앞의 것[前際]이라, 뒤의 것[後際]이라 하는 분별이 멸하면 삼도三道가 끊어지나니, 이렇게 삼도가 나와 내 것을 여의고, 나고 멸하는 것만이 있는 것은 마치 묶어 세운 갈대[束蘆]와 같습니다.

또 무명이 행의 연이 된다 함은 과거를 관觀함이요, 식과 내지 수는 현재를 관함이요, 애와 내지 유는 미래를 관함이니, 이 뒤부터 차츰차츰 서로 계속합니다.

무명이 멸하면 행이 멸한다 함은 관찰하고 의지하여 끊는[觀待斷] 것입니다.

또 십이유지十二有支를 세 가지 괴로움[三苦]이라 하나니, 이 가운데서 무명과 행과 내지 육처는 변천하는 괴로움[行苦]이요, 촉과 수는 괴로운데 괴로움[苦苦]이요, 다른 것들은 무너지는 괴로움[壞苦]입니다.

무명이 멸하면 행이 멸한다 함은 세 가지 괴로움이 끊어지는 것입니다.

또 무명이 행의 연이 된다 함은 무명의 인연으로 여러 행을 내는 것이요, 무명이 멸하면 행이 멸한다 함은 무명이 없으므로 여러 행도 멸함이니, 다른 것들도 역시 그러합니다.

또 무명이 행의 연이 된다 함은 얽매여 속박됨〔繫縛〕을 내는 것이요, 무명이 멸하면 행이 멸한다 함은 얽매여 속박됨을 멸하는 것이니, 다른 것들도 역시 그러합니다.

또 무명이 행의 연이 된다 함은 아무것도 없는 관찰을 따름이요, 무명이 멸하면 행이 멸한다 함은 다하여 멸하는 관찰을 따름이니, 다른 것도 역시 그러합니다.

불자여, 보살마하살은 이렇게 열 가지의 역순逆順으로 모든 연기緣起를 관찰하나니, 이른바 십이유지十二有支가 계속하는 연고며, 한 마음에 포섭되는 연고며, 자기의 업이 다른 연고며, 서로 여의지 않는 연고며, 삼도三道가 끊어지지 않는 연고며, 과거와 현재와 미래를 관찰하는 연고며, 세 가지 괴로움이 모이는 연고며, 인연으로 나고 없어지는 연고며, 얽매여 속박됨을 내고 멸하는 연고며, 아무것도 없고 다함을 관하는〔無所有盡觀〕 연고입니다.

불자여, 보살마하살이 이러한 열 가지 모양으로 연기를 관찰하여 내가 없고〔無我〕사람이 없고〔無人〕 수명이 없고〔無壽命〕, 제 성품이 공하고〔自性空〕짓는 이〔作者〕가 없고 받는 이〔受者〕가 없음을 알면, 곧 공해탈문空解脫門이 앞에 나타나게 됩니다.

모든 유지有支가 다 제 성품이 멸함을 관찰하여, 필경까지 해탈하고 조그만 법도 서로 내는 것〔相生〕이 없으면, 곧 모양 없는 해탈문〔無相解脫門〕이 앞에 나타나게 됩니다.

이와 같이 공하고 모양 없는 데 들어가서는, 원하는 것이 없고, 다만 대비를 으뜸으로 하여 중생을 교화할 뿐이니, 곧 원이 없는 해탈문〔無願解脫門〕이 앞에 나타나게 됩니다.

보살이 이와 같이 세 해탈문을 닦으면, 남이라 내라는 생각을 여의고, 짓는 이라 받는 이라는 생각을 여의며, 있다 없다 하는 생각을 여웁니다.

불자여, 이 보살마하살은 대비가 점점 더하여서 부지런히 닦나니, 아직 원만하지 못한 보리분법을 원만케 하려는 연고며, 이렇게 생각하나니 '모든 하염 있는 법이 화합하면 생겨나고[轉], 화합하지 않으면 생겨나지 못하며, 연이 모이면 생겨나고, 연이 모이지 않으면 생기지 못하도다. 내가 하염 있는 법이 이렇게 허물이 많은 줄을 알았으니, 마땅히 이 화합하는 인연을 끊을 것이나 중생을 성취하기 위하므로, 끝까지 여러 행을 멸하지 않으리라' 합니다.

불자여, 보살이 이렇게 하염 있는 법이 허물이 많고 제 성품이 없어서 나지도 않고 멸하지도 않음을 관찰하고는 대비심을 항상 일으키어 중생을 버리지 아니하면, 곧 반야般若바라밀이 앞에 나타나나니, 이름이 장애가 없는 지혜의 광명[無障礙智光]이라, 이러한 지혜의 광명을 성취하고는, 비록 보리의 부분인 인연을 닦더라도 하염 있는[有爲] 가운데 머물지 아니하며, 비록 하염 있는 법의 성품이 적멸함을 관찰하더라도 적멸한 가운데도 머물지 아니하나니, 보리분법이 아직 원만치 못한 까닭입니다.

불자여, 보살이 이 현전지에 머물고는, 들어감에 공한[入空] 삼매와, 제 성품이 공한 삼매와, 제일가는 이치의 공한[第一義空] 삼매와 첫째 공[第一空] 삼매와, 크게 공한[大空] 삼매와, 합함이 공한[合空] 삼매와, 일어남이 공한[起空] 삼매와, 실상과 같이 분별하지 않음이 공한[如實不分別空] 삼매와, 떠나지 않음이 공한[不捨離空] 삼매와, 떠남과 떠나지 않음이 공한[離不離空] 삼매를 얻습니다.

이 보살이 이렇게 열 가지 공한 삼매문을 얻은 것이 머리가 되어, 백천 가지 공한 삼매가 모두 앞에 나타나며, 이와 같이 열 가지 모양 없는 삼매문과, 열 가지 원이 없는 삼매문이 머리가 되어, 백천 가지 모양 없고 원이 없는 삼매문이 모두 앞에 나타납니다.

불자여, 보살이 이 현전지에 머물고는 다시 닦아서 파괴하지 못할 마음을 만족하여, 결정한 마음, 순전하게 선한 마음, 매우 깊은 마음, 퇴전하지 않는 마음, 쉬지 않는 마음, 광대한 마음, 그지없는 마음, 지혜를 구하는 마음, 방편 지혜와 서로 응하는 마음이 모두 원만합니다.

불자여, 보살이 이 마음으로 부처님의 보리를 따르고 다른 논리〔異論〕를 두려워하지 않으며, 지혜의 지위에 들어가, 이승二乘의 길을 여의고 부처님 지혜에 나아가며, 여러 번뇌의 마군이 능히 저해하지 못하고, 보살의 지혜 광명에 머물며, 공하고 모양 없고 원이 없는 법 가운데서 잘 닦아 익히며, 방편의 지혜와 서로 응하며, 보리분법을 항상 행하고 버리지 않습니다.

불자여, 보살이 이 현전지에 머물고는 반야바라밀행이 증장하고, 제3의 밝고 이로운 수순인〔明利順忍〕을 얻나니, 모든 법의 실상과 같은 것을 따르고 어기지 않는 연고입니다.

불자여, 보살이 이 현전지에 머물고는 서원하는 힘으로 많은 부처님을 보게 되나니, 이른바 여러 백 부처님을 보며, 내지 여러 백천억 나유타 부처님을 보는 데, 모두 광대한 마음과 깊은 마음으로 공양하고 공경하고 존중하고 찬탄하며, 의복과 음식과 와구와 탕약과 모든 필수품을 받들어 이바지하며, 모든 스님들에게도 공양하고 이 선근으로 아뇩다라삼먁삼보리에 회향하며, 여러 부처님 계신 데서 공경하여 법을 듣고 받아 지니며, 실상과 같은 삼매와 지혜의 광명을 얻고, 따라 수행하며 기억하고 버리지 아니하며, 또 부처님의 매우 깊은 법장을 얻으며 백 겁을 지나고 천 겁을 지나고, 내지 한량없는 백천억 나유타 겁을 지나더라도 갖고 있는 선근은 점점 더 밝고 청정합니다.

마치 진금을 비유리毘瑠璃로 자주 갈고 닦으면 더욱 밝고 깨끗하여지는 것과 같나니, 이 지에 있는 보살의 선근도 그와 같아서 방편과 지혜로 따르고 관찰하므로 더욱 밝고 깨끗하여지고, 다시 적멸하여서 능히 가리워 무색케 할 것이 없습니다.

마치 달빛이 중생의 몸에 비치어 서늘하게 함을, 네 가지 바람둘레〔風輪〕로도 깨뜨릴 수 없는 것과 같나니, 이 지에 있는 보살의 선근도 그와 같아서, 한량없는 백천억 나유타 중생의 번뇌불을 능히 멸하거니와, 네 가지 마군의 도술로 깨뜨리지 못합니다.

이 보살은 십바라밀 중에서는 반야바라밀이 치우쳐 많으니, 다른 것을 닦지 아니함은 아니지마는 힘을 따르고 분한을 따를 뿐입니다.

불자여, 이것이 보살마하살의 제6 현전지를 간략히 말한다 합니다.

보살이 이 지에 머물러서는 흔히 선화천왕善化天王이 되며, 하는 일이 자재하여 모든 성문聲聞의 문난으로는 굴복할 수 없으며, 중생들로 하여금 아만심을 제하고 연기緣起에 깊이 들어가게 하며, 보시하고 좋은 말을 하고 이익한 행을 하고 일을 함께하나니, 이렇게 모든 짓는 업이 모두 부처님 생각을 떠나지 아니하며, 내지 갖가지 지혜와 온갖 지혜의 지혜를 구족하려는 생각을 떠나지 아니합니다.

또 생각하기를 '내가 중생들 가운데 머리가 되고 나은 이가 되고, 내지 온갖 지혜의 지혜〔一切智智〕로 의지함이 되리라' 합니다.

이 보살은 부지런히 정진하면 잠깐 동안에 백천억 삼매를 얻으며, 내지 백천억 보살을 나타내어 권속을 삼으며, 만일 서원하는 힘으로 자재하게 나타내면 이보다 지나가서, 내지 백천억 나유타 겁에도 헤아려서 알 수 없습니다."

그 때 금강장보살이 이 뜻을 다시 펴려고 게송으로 말하였다.

보살이 제5지를 원만하고는

법을 보니 모양 없고 성품도 없어
나도 않고 죽도 않고 본래 청정해
희론戱論이나 들고 버릴〔取捨〕 것도 없으며,

성품·형상 고요하여 요술과 같고
있고 없고 둘 아니어 분별 떠났네.
법의 성품 따라서 이렇게 관찰
이 지혜로 제6지에 들어가도다.

밝고 이익한 수순인과 지혜를 구족
생멸하는 세간 모양 보아 살피니
무명의 힘으로써 세간에 나고
무명이 없어지면 세간도 없어,

인연법 관찰하니 참 이치 비고
이름을 빌린 것이 작용에 화합해
짓는 이도 받는 이도 생각도 없어
모든 행이 구름처럼 일어나도다.

참 이치 모르는 것 이름이 무명이라네.
생각으로 지은 업은 우치愚癡의 과보
식식識이 생겨 함께 난 것 이름과 물질
이와 같이 필경은 고통덩어리,

마음으로 삼계가 생긴 것이고

열두 가지 인연도 그런 것이며
나고 죽음 마음으로 짓는 것이니
마음이 다한다면 생사도 없어,

무명의 짓는 업이 둘이 있으니
반연을 미혹하고 행의 인 되며
이와 같이 나중엔 늙어 죽나니
이로부터 고통 생겨 다함이 없다.

무명이 연이 되어 끊지 못하나
저 연이 없어지면 모두 멸하며
무명과 사랑, 취함 번뇌가 되고
행과 유는 업이요, 다른 건 고통.

우치에서 육처까진 변천의 고통〔行苦〕
받아들임, 촉이 자라 고통에 고통〔苦苦〕
남은 것은 무너지는 괴로움〔壞苦〕이니
나 없는 줄 본 이는 세 고통 없어,

무명과 행의 인연 과거가 되고
식에서 받아들임 현재가 되며
애욕·취함·유有로는 미래의 고통
보고 대해〔觀待〕 끊으면 가도 없어져,

무명이 연이 되어 속박 생기고

인연을 여의면 속박이 다해
인으로 생긴 과보 여의면 끊겨
이것을 관찰하고 공한 줄 알고

무명을 따르므로 유지有支 생기니
따르지 아니하면 유지 끊길 것
이 유지와 저 유지 없음도 그래
열 가지 생각는 맘 집착 여의며,

십이인연 계속함과 한 마음 포섭
자기 업과 안 여윔과 세 가지 길과
세 세상, 세 괴로움, 인연의 생멸
속박이 생겨나고, 없어 다한다.

이렇게 연기緣起함을 두루 관찰해
짓고 받는 이 없고 진실치 않고
요술 같고 꿈 같고 그림자 같고
바보가 아지랑이 따라다니듯,

이와 같이 관찰하고 공에 들어가
인연 성품 여의어 모양이 없고
허망한 줄 알고 보니 원이 없으나
자비로 중생 제도 문제 밖이라,

보살이 해탈문을 닦아 행하니

대비심 더욱 늘어 불법 구하며
모든 법이 화합으로 생긴 줄 알고
즐기는 맘 결정하여 도를 행하네.

공하다는 삼매문 백천 갖추고
모양 없고 원 없는 문 역시 그러해
반야와 수순인隨順忍이 점점 더 늘고
해탈한 지혜들도 만족해진다.

정성으로 부처님께 공양하오며
부처님 교법에서 도를 닦아서
부처님의 법장 언어 선근 늘리니
진금을 비유리로 연마하듯이.

밝은 달이 서늘하게 중생을 비춰
네 가지 바람으로 셀 수 없나니
육지 보살 마의 길을 초월했으며
중생들의 번뇌도 쉬게 하더라.

이 지에선 선화천왕이 되어서
중생을 교화하여 교만 없애고
짓는 일은 온갖 지혜 모두 구하여
모두 다 성문도를 뛰어넘더라.

이 보살이 부지런히 정진하여서

백천억 많은 삼매 이미 얻었고
한량없는 부처님 뵈옵게 되니
삼복 여름 허공 중에 해와 같도다.

매우 깊고 미묘한 법 보기 어려워
성문이나 독각도 알지 못하니
이러한 보살들의 제6지 법을
내가 지금 불자들께 펴서 말했다.

7) 원행지遠行地

이 때에 하늘 무리 환희한 마음
흩은 보물 구름 되어 공중에 있고
가지가지 묘한 음성 두루 내어서
가장 청정한 이에게 여쭙는 말씀.

좋은 이치 통달하고 자재한 지혜
백천억 공과 덕을 성취하시고
사람 중의 연화로서 집착이 없어
중생 위해 깊은 수행 연설하시네.

자재천 임금님은 허공에 있어
광명 놓아 부처님 몸에 비치고
가장 묘한 향기 구름 널리 흩어져
근심 번뇌 없는 이를 공양하더라.

이 때에 하늘 무리 모두 기뻐서
아름다운 음성으로 찬탄하는 말
우리들이 이 지의 공덕을 듣고
크게 착한 이익을 얻었습니다.

천녀들도 마음이 기뻐 날뛰며
천만 가지 음악을 연주하는데
그들도 부처님의 신력으로써
음악 속에 이런 말이 새어 나온다.

위의가 고요하사 비길 데 없고
왈패들을 조복하며 공양 받을 이
모든 세간 미리부터 초월했으나
세상에 다니시며 도를 밝히고,

한량없는 여러 몸 나타내지만
낱낱 몸이 공한 줄 이미 아시고
여러 말로 모든 법 연설하시나
음성과 글자에는 집착이 없고

백천 세계 여러 국토 두루 나아가
좋은 공양 부처님께 이바지하나
지혜가 자재하고 집착이 없어
내 부처님 국토라는 생각 안 내고,

모든 중생 부지런히 교화하여도
저라 내라 분별하는 마음 없으며
많은 선근 이미 닦아 이루었지만
선한 법에 집착을 내는 일 없고,

일체 세간 중생들을 살펴보건대
삼독 불이 언제나 치열하거늘
여러 가지 생각을 모두 여의고
대자비로 정진하는 힘을 내시네.

수없는 천상 사람 하늘 여인들
가지가지 공양하며 칭찬하고는
고요하게 보살을 첨앙하면서
다음 법문 듣자오려 기다리는데,

그 때에 해탈월이 청하는 말씀
이 대중의 마음이 청정하오니
제7지에 행하는 모든 공덕을
바라건대 불자시여 말씀하소서.

이 때 금강장보살이 해탈월보살에게 말하였다.
 "불자여, 보살마하살이 육지의 수행을 구족하고, 제7 원행지遠行地에 들어가려면, 열 가지 방편 지혜를 닦으며 수승한 도를 일으켜야 합니다.
 무엇이 열인가. 이른바 공하고 모양 없고 원이 없는 삼매를 닦지마는 자비한 마음으로 중생을 버리지 아니하며, 부처님의 평등한 법을 얻었지마는 항상 부처님께 공양하기를 좋아하며, 공함을 관찰하는 지혜의 문에 들었지마는 복덕을 부지런히 모으며, 삼계를 멀리 떠났지마는 그래도 삼계를 장엄하며, 모든 번뇌의 불꽃을 끝까지 멸하였지마는 일체 중생을 위하여 탐하고 성내고 어리석은 번뇌의 불꽃을 일으키며, 모든 법이 요술 같고 꿈 같고 그림자 같고 메아리 같고 아지랑이 같고 변화와 같고 물 속의 달 같고 거울 속에 영상 같아서 성품이 둘이 없는 줄 알지마는 마음을 따라 한량없이 차별한 업을 짓습니다.

 비록 일체 국토가 허공과 같은 줄을 알지마는 청정하고 묘한 행으로 부처님 국토를 장엄하며, 부처님의 법신은 본 성품이 몸이 없는 줄 알지마는 상相과 호好로 몸을 장엄하며, 부처님의 음성은 성품이 적멸하여 말할 수 없는 줄을 알지마는 일체 중생을 따라서 여러 가지 차별한 맑은 음성을 내며, 부처님을 따라서 삼세가 오직 한 생각인 줄을 알지마는 중생들의 뜻으로 이해하는 분별을 따라서 여러 가지 모양, 여러 가지 시기, 여러 가지 겁으로써 모든 행을 닦습니다.

 보살이 이렇게 열 가지 방편 지혜로 수승한 행을 일으키므로, 제6지로부터 제7지에 들어가는 것이며, 들어간 뒤에는 이 행이 항상 앞에 나타나는 것을 제7 원행지에 머문다 합니다.

 불자여, 보살마하살이 제7지에 머물고는, 한량없는 중생계에 들어가고, 한량없는 부처님들의 중생을 교화하는 업에 들어가며, 한량없는 세계 그물에 들어가고, 한량없는 부처님의 청정한 국토에 들어가고, 한량없는 가지가지 차별한 법에 들어가고, 한량없는 부처님의 현재에 깨닫는 지혜에 들어가며, 한량없는 겁에 들어가며, 한량없는 부처님의 삼세를 깨닫는 지혜에 들어가며, 한량없는 중생이 차별하게 믿고 이해하는 데 들어가고, 한량없는 부처님의 가지가지 이름을 나타내는 색신에 들어가며, 한량없는 중생의 욕망과 좋아함과 근성이 차별한 데 들어가고, 한량없는 부처님의 말씀과 음성으로 중생을 즐겁게 하는 데 들어가며, 한량없는 중생의 여러 가지 마음과 행동에 들어가고, 한량없는 부처님의 분명하게 아시는 광대한 지혜에 들어갑니다.

한량없는 성문들의 믿고 이해하는 데 들어가고, 한량없는 부처님 지혜의 도를 말하여 믿고 이해하게 하는 데 들어가며, 한량없는 벽지불이 성취하는 데 들어가고, 한량없는 부처님의 매우 깊은 지혜문을 말하여 나아가게 하는 데 들어가며, 한량없는 보살의 방편행에 들어가고, 한량없는 부처님이 말씀하신 대승을 모아서 집대성하는 일에 들어가서 보살로 하여금 들어가게 합니다.

이 보살은 생각하기를 '이와 같이 한량없는 여래의 경계는 내지 백천억 나유타 겁에도 알 수 없는 것이니, 내가 마땅히 공용(功用)이 없고 분별이 없는 마음으로 원만하게 성취하리라' 합니다.

불자여, 이 보살은 깊은 지혜로 이렇게 관찰하고, 방편 지혜를 부지런히 닦고 수승한 도를 일으키어 편안히 머물고 동하지 않으며, 한 생각도 쉬거나 폐하지 아니하고, 가고 서고 앉고 눕거나 내지 꿈에라도 번뇌와 업장으로 더불어 서로 응하지 않으며, 이런 생각을 언제나 버리지 않습니다.

이 보살은 생각마다 열 가지 바라밀을 항상 구족하나니, 왜냐 하면 생각마다 대비를 으뜸으로 하여 부처님 법을 수행하여 부처님 지혜에 향하는 까닭입니다.

자기에게 있는 선근을 부처님 지혜를 구하기 위하여 중생에게 주는 것은 보시(檀)바라밀이라 하고, 일체 번뇌의 뜨거움을 능히 멸하는 것은 지계(尸)바라밀이라 하고, 자비를 으뜸으로 하여 중생을 해롭히지 않는 것은 인욕(羼提)바라밀이라 하고, 훌륭하고 선한 법을 구하여 만족함이 없는 것은 정진(毘梨耶)바라밀이라 하고, 온갖 지혜의 길이 항상 앞에 나타나서 잠간도 산란하지 않는 것은 선정(禪那)바라밀이라 하고, 모든 법이 나지도 않고 멸하지도 않음을 능히 인정하는 것은 반야般若바라밀이라 하고, 한량없는 지혜를 능히 내는 것은 방편方便바라밀이라 하고, 상상품의 수승한 지혜를 구하는 것은 서원(願)바라밀이라 하고, 모든 이단의 언론과 마군들이 능히 깨뜨릴 수 없는 것은 힘(力)바라밀이라 하고, 일체 법을 실제와 같이 아는 것은 지혜(智)바라밀이라 합니다.

불자여, 이 열 가지 바라밀은 보살이 찰나찰나마다 모두 구족하였으며, 이와 같이 사섭법(四攝), 사총지(四持), 삼십칠조도법三十七助道法, 삼해탈문三解脫門과 내지 일체 보리분법을 찰나찰나마다 모두 원만히 합니다."

그 때 해탈월보살이 금강장보살에게 물었다.

"불자시여, 보살이 제7지에서만 일체 보리분법을 만족합니까, 여러 지에서도 모두 만족합니까?"

금강보살이 말하였다.

"불자여, 보살이 십지 중에서 보리분법을 모두 만족하지마는, 제7지에서 가장 수승합니다. 왜냐 하면 이제 칠지에서 공용의 행(功用行)이 만족하여서 지혜의 자재하는 행에 들어가게 되는 연고입니다.

불자여, 보살이 초지에서는 일체 불법을 상대하고 원을 세워 구하므로 보리분법을 만족하며, 제2지에서는 마음의 때를 여의는 연고며, 제3지에서는 원이 더욱 증장하여 법의 광명을 얻는 연고며, 제4지에서는 도에 들어가는 연고며, 제5지에서는 세상의 하는 일을 따르는 연고며, 제6지에서는 깊은 법문에 들어가는 연고며, 제7지에서는 일체 불법을 일으키는 연고로, 모두 보리분법을 만족합니다.

왜냐 하면 보살이 초지로부터 제7지에 이르도록 지혜의 공용 있는 부분을 성취하는 것이며, 이 공용의 힘으로 제8지에 들어가서 제10지에 이르도록 공용이 없는 행을 모두 성취하기 때문입니다.

불자여, 비유하면 여기 두 세계가 있는데, 한 곳은 물들었고, 한 곳은 청정하거든, 두 세계의 중간은 지나가기 어렵거니와, 다만 보살로서 큰 방편과 신통과 원과 힘이 있는 이는 말할 것 없습니다. 불자여, 보살의 여러 지도 이와 같아서 물든 행도 있고 청정한 행도 있거든, 이 두 지의 중간은 지나가기 어렵거니와, 오직 보살로서 큰 원과 힘과 방편과 지혜가 있는 이라야 능히 지나갈 수 있습니다."

해탈월보살이 물었다.

"불자시여, 이 제7지 보살은 물든 행입니까, 청정한 행입니까?"

금강장보살이 말하였다.

"불자여, 초지로부터 제7지에 이르도록 수행하는 여러 행이, 모두 번뇌의 업을 떠나서 위없는 보리로 회향하는 것이므로, 부분적으로 평등한 도를 얻었거니와, 그러나 번뇌를 초월한 행이라고는 이름하지 못합니다.

불자여, 마치 전륜성왕이 하늘 코끼리를 타고 사천하로 다닐 적에, 빈궁하고 곤란한 사람이 있는 줄을 알면서도 그들의 걱정에 물들지 않지마는 그래도 인간의 지위를 초월하였다고는 이름하지 않습니다. 만일 전륜성왕의 몸을 버리고 범천에 태어나서 하늘 궁전을 타고 천 세계를 보면서 천 세계에 다닐 적에, 범천의 광명과 위력을 나타내면, 그제야 인간의 지위를 초월하였다고 이름합니다.

불자여, 보살도 그와 같습니다. 처음 초지로부터 제7지에 이르도록 바라밀을 타고 세간에 다닐 적에, 세간의 번뇌와 근심을 알면서도, 바른 도를 탔으므로 번뇌의 허물에 물들지는 않지마는, 번뇌를 초월한 행이라고는 이름하지 못합니다. 만일 일체 공용 있는 행을 버리고 제7지로부터 제8지에 들어가서 보살의 청정한 법을 타고 세간에 다닐 적에는, 번뇌의 허물을 알지마는 거기에 물들지 아니하여, 그 때에야 번뇌를 초월한 행이라 이름하리니, 온갖 것을 모두 초월한 연고입니다.

　불자여, 이 제7지 보살이 탐욕이 많은 따위의 번뇌들을 모두 초월하여 이 지에 머물면, 번뇌가 있는 이라 이름하지도 않고 번뇌가 없는 이라 이름하지도 않습니다.

　왜냐 하면 일체 번뇌가 현재에 행하지 아니하므로 있는 이라 하지도 않고, 여래의 지혜를 구하는 마음이 아직 만족하지 못하였으므로 없는 이라 하지도 않습니다.

　불자여, 보살이 이 제7지에 머물러서는, 깊고 깨끗한 마음으로 몸의 업을 성취하고, 말의 업을 성취하고, 뜻의 업을 성취하여 선하지 못한 일체 업으로서 여래가 꾸짖으신 것은 모두 여의었고, 선한 일체 업으로서 여래가 칭찬하신 것은 항상 닦아 행하며, 세간에 있는 경전이나 기술이나 제5지에서 말한 것들을 모두 자연으로 행하게 되어 일부러 공을 드리는 것이 아닙니다.

　이 보살이 삼천대천세계에서 크게 밝은 스승이 되나니, 여래와 제8지 이상 보살을 제외하고, 다른 보살의 깊은 마음과 묘한 행으로는 동등할 이가 없으며, 모든 선정의 삼매와 삼마발저와 신통과 해탈이 모두 앞에 나타나거니와, 그러나 그것은 닦아서 이루어진[修成] 것이고, 제8지와 같이 과보로 얻은[報得] 것이 아닙니다. 이 지의 보살이 찰나찰나마다 구족하게 닦아 모은 방편 지혜와 모든 보리분법이 점점 더 원만해집니다.

　불자여, 보살이 이 지에 머무르면, 보살의 잘 관찰하여 선택하는[善觀擇] 삼매와, 이치를 잘 선택하는[善擇義] 삼매와, 가장 승한 지혜[最勝慧]

삼매와, 이치의 장을 분별하는〔分別義藏〕삼매와, 실제와 같이 뜻을 분별하는〔如實分別義〕삼매와, 견고한 뿌리에 잘 머무는〔善住堅固根〕삼매와, 지혜와 신통의 문〔智慧神通門〕삼매와, 법계의 업〔法界業〕삼매와, 여래의 수승한 이익〔如來勝利〕삼매와, 가지가지 뜻을 갈무리한 생사 열반의 문〔種種義藏生死涅槃門〕삼매에 들어가며, 이와 같이 큰 지혜와 신통의 문을 구족한 백천 삼매에 들어가서 이 지를 깨끗하게 다스립니다.

이 보살은 이 삼매를 얻고는, 방편 지혜를 잘 다스리어 깨끗이하는 연고와, 크게 자비한 힘으로, 이승의 지위를 뛰어넘어 지혜의 지地를 관찰하게 됩니다.

불자여, 보살은 이 지에 머물러서 몸으로 짓는 한량없는 업의 모양 없는 행을 잘 깨끗이 하며, 말로 짓는 한량없는 업의 모양 없는 행을 깨끗이 하며, 뜻으로 짓는 한량없는 업의 모양 없는 행을 깨끗이 하므로, 무생법인의 광명을 얻습니다."

해탈월보살이 말하였다.

"불자시여, 보살이 초지로부터 닦은 몸과 말과 뜻으로 지은 한량없는 업은 어찌하여 이승을 뛰어넘지 못하나이까?"

금강장보살이 대답하였다.

"불자여, 저것들도 뛰어넘었지마는, 다만 부처님 법을 구하기 원하여 하는 일이고, 자기의 지혜로 관찰하는 힘이 아니었거니와, 이제 제7지는 자기 지혜의 힘으로 하는 것이므로 모든 이승이 미치지 못하는 것입니다.

마치 왕자가 왕의 가문에 태어나면, 왕후가 낳았고 왕의 모습을 갖추었으므로, 나면서부터 모든 백성들보다 승하거니와, 그것은 오직 왕의 힘이요, 자기의 힘이 아니지마는 몸이 자라고 기예를 모두 이루면 자기의 힘으로 모든 사람들보다 뛰어난 것과 같습니다. 보살마하살도 그와 같아서, 처음 발심할 때부터 대승법을 뜻 두어 구하므로 일체 성문과 독각을 초과하였지마는, 이 지에 머물러서는 자신이 행하는 지혜의 힘으로 일체 이승들의 위에 지나가는 것입니다.

불자여, 보살이 이 제7지에 머물러서는 매우 깊고 멀리 여의었으며, 행함이 없이 항상 행하는 몸과 말과 뜻으로 짓는 업을 얻고, 윗자리의 도를 부지런히 구하여 버리지 아니하나니, 그러므로 보살이 비록 실제를 행하지마는 증證하지는 아니합니다."

해탈월보살이 말하였다.

"불자시여, 보살이 어느 지로부터 적멸한 선정에 드나이까?"

금강장보살이 대답하였다.

"불자여, 보살이 제6지로부터 적멸한 선정에 들어가거니와, 지금 이 지에서는 찰나찰나마다 들어가고, 찰나찰나마다 일어나면서도 증하지는 아니하나니, 그러므로 이 보살을 '몸과 말과 뜻으로 짓는 부사의한 업을 성취하고, 실제를 행하지마는 증하지는 않는다' 합니다.

마치 어떤 사람이 배를 타고 바다에 들어갔으나 교묘한 방편의 힘으로 물의 재난을 만나지 아니함과 같나니, 이 지의 보살도 그러하여 바라밀의 배를 타고 실제라는 바다에 다니면서도, 서원의 힘으로 열반을 증하지 아니합니다.

불자여, 이 보살은 이러한 삼매의 지혜를 얻고는 큰 방편으로써, 비록 생사를 나타내지마는 항상 열반에 머물며, 권속들이 둘러앉았지마는 항상 멀리 여의기를 좋아하며, 원력으로써 삼계에 태어나지마는 세상법에 물들지 아니하며, 항상 적멸하지마는 방편의 힘으로 도로 치성하며, 비록 불사르지마는 타지 아니하며, 부처님의 지혜를 따르지마는 성문이나 벽지불의 지위에 들어가며, 부처님 경계의 장을 얻었지마는 일부러 마군의 경계에 머물며, 마군의 도를 초월하였지마는 지금에 마군의 법을 행하며, 외도의 행과 같이하지마는 부처님의 법을 버리지 아니하며, 일부러 모든 세간을 따르지마는 출세간법을 항상 행하며, 일체 장엄하는 일이 하늘·용·야차·건달바·아수라·가루라·긴나라·마후라가 등의 사람인 듯 아닌 듯한 이들과, 제석·범천왕·사천왕이 가진 것보다 지나가지마는 법을 좋아하는 마음을 버리지 아니합니다.

불자여, 보살이 이런 지혜를 성취하여 원행지에 머물고는, 서원하는 힘으로 많은 부처님을 보게 되나니, 이른바 여러 백 부처님을 보며, 내지 여러 백천억 나유타 부처님을 봅니다. 저 부처님 계신 데서 광대한 마음과 더욱 승한 마음으로 공양하고 공경하고 존중하고 찬탄하며, 의복과 음식과 와구와 의약과 모든 필수품을 받들어 이바지하며, 모든 스님들에게도 공양하고, 이 선근으로 아뇩다라삼먁삼보리에 회향하며, 또 부처님 계신 데서 공경하여 법을 듣고 받아 지니며, 실상과 같은 삼매와 지혜의 광명을 얻고, 따라 수행하며, 여러 부처님 계신 데서 바른 법을 보호하여 지니므로 항상 여래의 찬탄을 받나니, 모든 이승의 문난으로는 능히 퇴굴케 하지 못합니다.

중생에 이익 주며 법인法忍이 청정하여, 한량없는 백천억 나유타 겁을 지나도 갖고 있는 선근은 점점 더 훌륭하게 되나니, 마치 진금에다 묘한 보배로 사이사이 장엄하면 더욱 훌륭하여지고 광명이 많아져서, 다른 장엄거리로는 미치지 못하는 것과 같습니다. 보살이 제7지에 머물러서 가진 선근도 그와 같아서, 방편 지혜의 힘으로 더욱 밝고 깨끗하여지나니, 이것은 이승으로는 미치지 못합니다.

불자여, 비유하면 햇빛은 달이나 별 따위의 빛으로는 미칠 수 없으며, 염부제에 있는 진창들을 모두 말리나니, 이 원행지 보살도 그와 같아서 일체 이승으로는 미칠 수 없으며, 모든 중생의 번뇌 진창을 모두 말립니다.

이 보살은 십바라밀 중에서는 방편바라밀이 치우쳐 많으니, 다른 것을 닦지 아니함은 아니지마는, 힘을 따르고 분한을 따를 뿐입니다.

불자여, 이것이 보살마하살의 제7 원행지를 간략히 말한다 합니다.

보살이 이 지에 머물러서는 흔히 자재천왕이 되며, 중생들에게 증한 지혜의 법〔證智法〕을 말하여 증득하여 들어가게 하며, 보시하고 좋은 말을 하고 이익한 행을 하고 일을 함께하나니, 이렇게 여러 가지 짓는 업이 모두 부처님 생각함을 떠나지 아니하며, 내지 갖가지 지혜〔一切種智〕와 온갖 지혜의 지혜〔一切智智〕를 구족하려는 생각을 떠나지 아니합니다.

또 생각하기를 '내가 중생들 가운데 머리가 되고 나은 이가 되고, 내지 온갖 지혜의 지혜로 의지함이 되리라' 합니다.

이 보살이 만일 부지런히 정진하면 잠깐 동안에 백천억 나유타 삼매를 얻으며, 내지 백천억 나유타 보살로 권속을 삼거니와, 만일 보살의 수승한 원력으로 자유롭게 나타내면 이보다 지나가서, 내지 백천억 나유타 겁에도 세어서 알 수 없습니다."

그 때 금강장보살이 이 뜻을 다시 펴려고 게송으로 말하였다.

첫째가는 지혜와 삼매의 길을
육지에서 수행하여 마음이 만족
그 자리에 방편 지혜 성취하여서
보살이 제7지에 들어가나니,

삼해탈 밝혔으나 자비심 내고
여래와 평등해도 부처님 공양
공함을 관찰코도 복덕 모으니

보살이 제7지에 올라가도다.

삼계를 여의고도 삼계를 장엄
번뇌 불 멸했으나 불꽃 일으켜
둘 없는 법 알고도 업을 지으며
세계가 공하지만 장엄 좋아해.

법신이 부동不動하나 상호 갖추고
소리 성품 떠났지만 연설 잘하며
한 생각에 들었지만 일은 갖가지
지혜론 이 제7지에 올라가더라.

이런 법 관찰하여 분명히 알고
중생들 위하여서 이익을 내며
그지없는 중생계에 들어갔는데
부처님의 교화 사업 한량이 없고,

국토와 모든 법과 한량없는 겁
이해 욕망 마음과 행 다 들어가서
삼승법을 말하기 한량없나니
이렇게 모든 중생 교화하더라.

보살이 가장 나은 도를 구하여
어느 때나 방편 지혜 버리지 않고
부처님의 보리로 회향하여서

찰나마다 바라밀 성취하는데,

발심하여 회향함은 보시가 되고
번뇌 끊고 침해 않는 계행과 인욕
선을 구해 만족 없어 정진이라고
보리도에 부동不動하니 선정이 되며,

무생법인 아는 것 반야라 하고
회향은 방편이요 구함은 서원
꺾지 못할 힘이며 잘 아는 지혜
이렇게 온갖 것을 모두 만족해.

초지에선 반연으로 공덕이 만족
이지는 때 여의고 삼지에 쉬고
사지는 도에 들고 오지 순종코
육지에는 남이 없는 지혜 빛나며

칠지에서 보리의 공덕 원만코
가지가지 큰 원을 모두 구족해
이것으로 팔지에 오르게 되면
여러 가지 짓는 일이 청정하리라.

지나갈 수 없는 칠지 지혜로 초월
비유하면 두 세계의 중간 같으며
전륜왕이 물들지 않았지마는

인간을 초월했다 이름 아니해,

지혜인 제8지에 머문 뒤에야
마음의 경계들을 뛰어넘나니
범천에서 인간을 초월하듯이
연꽃에 물이 묻지 아니하는 듯.

이 지에서 모든 번뇌 초월했으나
번뇌 있다 번뇌 없다 하지 않나니
번뇌 없이 그 속에서 행하지마는
부처 지혜 구하는 맘 만족치 못해,

세간에서 행하는 모든 기예와
경전이나 언론을 두루 다 알고
선정이건 삼매건 모든 신통을
이렇게 수행하여 성취하더라.

보살이 칠지의 도 닦아 이루어
일체의 이승행을 초월하나니
초지에선 원력이요 이 지는 지혜
왕자의 자기 힘이 구족하는 듯,

깊은 법을 성취하고 도에 나아가
마음이 적멸하나 증치 않나니
배를 타고 바다에 들어가듯이

물 속에 있으면서 빠지지 않아,

방편 지혜 행하여 공덕 갖추니
일체 세간 사람을 아는 이 없고
많은 부처 공양하여 마음 밝으니
보배로써 진금을 장엄한 듯이,

칠지 보살 지혜가 가장 밝아서
햇빛이 애욕 진창 말리우는 듯
흔히는 자재천의 임금이 되어
중생들을 바른 지혜 닦게 하더라.

이 보살이 용맹하게 정진한다면
많은 삼매 얻고서 많은 부처님
백천억 나유타를 보게 되지만
자재한 원력으론 이보다 많아,

이것은 보살들이 원행지에서
방편 지혜 청정한 공덕들이니
모든 세계 천인이나 여러 사람과
성문과 독각들도 알지 못하리.

대방광불화엄경 제38권

제38권

26. 십지품 ⑤

8) 부동지 不動地

이 때에 천왕들과 하늘 무리들
이 좋은 행을 듣고 모두 기뻐서
자비하신 부처님과 한량이 없는
거룩한 보살들께 공양하려고,

묘한 꽃과 깃발과 당기와 일산
향과 화만, 영락과 옷을 내리니
한량없고 끝없는 천만 가진데
모두 다 마니로써 곱게 꾸미고,

천녀들은 같은 때에 하늘 풍류로
가지가지 음성을 두루 내어서
부처님과 불자들께 공양하면서
한꺼번에 말을 내어 찬탄하기를,

모든 세간 보시는 부처님께서
중생을 애민哀愍하사 신력 나투어
여러 가지 모든 하늘 음악 속에서
아름다운 소리 내어 듣게 하신다.

백천만억 나유타 많은 국토를
부수어 가루 만든 티끌 수처럼
그렇게 한량없는 부처님들이
한 털 끝에 계시어 법문을 연설.

한 털구멍 들어 있는 수없는 세계
세계마다 사천하와 바다가 있고
수미산과 철위산도 그러하거늘
털구멍에 있어도 비좁지 않고,

한 털 끝에 여섯 갈래 들어 있으니
삼악도 인간과 천상
용왕과 신중들과 아수라들이
제각기 업을 따라 과보 받으며

저러한 모든 세계 국토 가운데
부처님 계시어서 묘한 소리로
수없는 중생들의 마음을 따라
가장 높은 법륜을 운전하시며,

세계 안에 가지가지 중생 몸 있고
몸 가운데 가지가지 세계가 있어
천상 인간 여러 갈래 각각 다른데
부처님이 다 아시고 법문을 연설.

큰 세계가 생각 따라 작게 변하고
작은 세계 마음대로 크게 되나니
이러한 신통 변화 한량이 없어
온 세상이 다 말해도 끝낼 수 없어.

이와 같은 묘한 음성 두루 내어서
여래의 크신 공덕 찬탄하고는
모든 대중 환희하며 잠자코 앉아
일심으로 앙모하고 법을 듣더니,

그 때에 해탈월이 청하는 말씀
여기 모인 대중이 적정하오니
바라건대 이 다음에 들어가려는
제8지의 행상을 말씀하소서.

그 때 금강장보살이 해탈월보살에게 말하였다.

"불자여, 보살마하살이 제7지에서 방편 지혜를 잘 닦으며, 모든 도를 잘 깨끗케 하며, 도를 돕는 법을 잘 모으며, 큰 원력으로 붙들어 유지하고 여래의 힘으로 가피하고, 자기 선근의 힘으로 유지하므로 여래의 힘과 두려움 없음과 함께하지 않는 부처님 법을 항상 생각하며, 깊은 마음으로 생각함을 청정케 하며, 행덕과 지혜를 성취하며, 대자대비로 중생을 버리지 않고 한량없는 지혜의 도에 들어가게 합니다.

일체 법에 들어가니, 본래 나는 일도 없고 일어남도 없고 모양도 없고 이룸도 없고 무너짐도 없고 다함도 없고 옮아감도 없으며, 성품이 없는 것으로 성품을 삼으며, 처음과 중간과 나중이 모두 평등하며, 분별이 없는 진여와 같은 지혜〔如如智〕로 들어갈 곳입니다.

모든 마음〔心〕과 뜻〔意〕과 식識으로 분별하는 생각을 여의었으며, 집착함이 없으며, 허공과 같으며, 일체 법에 들어가 허공의 성품과 같나니, 이것을 말하여 무생법인無生法忍을 얻었다 합니다.

불자여, 보살은 이 인忍을 성취하고는 즉시로 제8 부동지不動地에 들어가, 깊이 행하는 보살이 되나니, 알기 어려우며, 차별이 없으며, 일체 모양과 일체 생각과 일체 집착을 여의며, 한량이 없고 끝이 없으며, 일체 성문과 벽지불이 미칠 수 없으며, 모든 시끄러움을 여의어서 적멸寂滅이 앞에 나타나게 됩니다.

마치 비구가 신통을 구족하고 마음이 자재하게 되어, 차례로 멸진정滅盡定에까지 들어가면 모든 동하는 마음과 기억하는 분별이 모두 쉼과 같나니, 이 보살도 그와 같아서 부동지에 머물면, 일체 공들여 작용하는 행을 버리고 공들여 작용함이 없는 법에 들어가서, 몸과 입과 뜻으로 하는 업과 생각과 일이 모두 쉬고 과보의 행에 머뭅니다.

마치 어떤 사람이 꿈에 큰 강에 빠졌는데, 건너가기 위하여 큰 용기를 내어 방편을 베풀었고, 용기를 내어 방편을 베풀었으므로 꿈을 깨게 되었는데, 꿈을 깨고 나니 하는 일이 모두 쉽게 되는 것과 같습니다. 보살도 그와 같아서 중생의 몸이 네 가지 폭류〔四流〕에 있음을 보고 제도하기 위하여 큰 용기를 내어 크게 정진하며, 큰 용맹으로 정진하므로 이 부동지에 이르나니, 이 지에 이르면 일체 공들여 작용함이 모두 쉬어서, 두 가지 행〔二行〕과 형상 있는 행〔相行〕이 앞에 나타나지 아니합니다.

 불자여, 마치 범천에 태어나면 욕계의 번뇌가 앞에 나타나지 아니함과 같나니, 부동지에 머무는 것도 그와 같아서 모든 마음과 뜻과 식으로 하는 행이 앞에 나타나지 아니합니다.

 이 보살마하살은 보살의 마음, 부처님 마음, 보리란 마음, 열반이란 마음도 일으키지 아니하거든 하물며 다시 세간의 마음을 일으키겠습니까.

 불자여, 이 지의 보살은 본래의 원력으로 여러 부처님 세존이 그 앞에 나타나 여래의 지혜를 주어서 법의 흐르는 문〔法流門〕에 들어가게 하고 이러한 말을 합니다.

 '장하고 장하도다, 선남자여. 이 인忍은 제일에 부처님의 법을 순종하는 것이니라. 그러나 선남자여, 우리가 가지고 있는 열 가지 힘과, 두려움이 없음과, 열여덟 가지 함께하지 않는 부처님의 법은 그대가 아직 얻지 못하였으니 그대는 이 법을 성취하기 위하여 부지런히 정진할 것이요, 이 인의 문에서 방일하지 말라.

 또 선남자여, 그대는 비록 이 고요한 해탈을 얻었지마는, 범부들은 능히 증득하지 못하였으므로 여러 가지 번뇌가 앞에 나타나기도 하고, 여러 가지 깨닫고 관찰함이 항상 침노하나니, 그대는 이런 중생들을 불쌍하게 생각하라.

또 선남자여, 그대는 본래에 세운 서원을 기억하고 일체 중생을 모두 이익케 하여 부사의한 지혜의 문에 들어가게 하라.

또 선남자여, 이 모든 법의 성품은 부처님께서 세상에 나셨거나 나지 않았거나 간에 항상 있어 다르지 아니하며, 부처님께서 이 법을 얻었다고 해서 여래라 이름하는 것은 아니니, 일체 이승도 이 분별없는 법을 능히 얻느니라.

또 선남자여, 그대는 나의 몸이 한량없고 지혜가 한량없고 국토가 한량없고 방편이 한량없고 광명이 한량없고 청정한 음성이 한량없음을 보나니, 그대는 이제 이 일을 성취하도록 하라.

또 선남자여, 그대는 이제 다만 한 가지 법에 밝음[一法明]을 얻었나니 일체 법의 남이 없고 분별이 없는 것이니라. 선남자여, 여래의 법에 밝음[如來法明]은 한량없는 데 들어가서 한량없이 작용하고 한량없이 굴러가며, 내지 백천억 나유타 겁에도 알 수 없나니, 그대는 마땅히 수행하여 이 법을 성취하라.

또 선남자여, 그대는 시방의 한량없는 국토와 한량없는 중생과 한량없는 법의 가지가지로 차별한 것을 보나니, 모두 사실과 같이 그런 일을 통달하라.'

불자여, 부처님 세존께서는 이 보살에게 이렇게 한량없이 지혜를 일으키는 문을 주어서, 한량없고 끝이 없이 차별한 지혜의 업을 일으키게 합니다. 불자여, 만일 부처님께서 이 보살에게 지혜를 일으키는 문을 주지 아니하였으면, 그 때에 구경의 열반에 들어서 모든 중생을 이익하는 업을 버렸을 것이언만, 여러 부처님께서 이렇게 한량없고 끝이 없이 지혜를 일으키는 문을 주었으므로, 잠깐 동안에 내어진 지혜의 업은 처음 발심한 때부터 칠지에 이르도록 닦은 행으로는 백분의 하나에도 미치지 못하고, 내지 백천억 나유타분의 하나에도 미치지 못하며, 이와

같이 아승기분·가라분歌羅分·산수분·비유분·우파니사타분의 하나
에도 미치지 못합니다.

무슨 까닭인가. 불자여, 이 보살이 먼저는 한 몸으로 행을 일으켰지
마는, 이제 이 지地에서는 한량없는 몸과 한량없는 음성과 한량없는 지
혜와 한량없이 태어남과 한량없이 깨끗한 국토를 얻었으며, 한량없는
중생을 교화하고 한량없는 부처님께 공양하고 한량없는 법문에 들어가
고 한량없는 신통을 갖추고 한량없는 대중이 모인 도량을 가졌으며, 한
량없는 몸과 말과 뜻으로 짓는 업에 머물러서 모든 보살의 행을 모으되
동요하지 않는 법으로써 하는 연고입니다.

불자여, 마치 배를 타고 바다에 나아갈 적에, 바다까지 이르지 못하
여서는 많은 공력을 써야 하지마는, 바다에 나아가서는 바람을 따라다
니고 사람의 힘을 빌리지 않는 것과 같나니, 바다에 이르러서 하루 동
안 행하는 것을, 바다에 이르지 못하였을 적에 백년 동안 가는 것으로
도 미치지 못합니다.

불자여, 보살마하살도 그와 같아서, 광대한 선근의 양식[資粮]을 모아
가지고 대승의 배를 타고서, 보살행의 바다에 이르면 잠깐 동안에 공력
을 쓰지 않는 지혜[無功用智]로 온갖 지혜의 지혜 경계에 들어가는 것을,
본래에 공력을 쓰는 행[本有功用行]으로는 한량없는 백천억 나유타 겁을
지내더라도 미치지 못합니다.

불자여, 보살이 제8지에 머물러서는 큰 방편과 교묘한 지혜로 일으
킨 공용이 없는 지혜[無功用覺慧]로써 온갖 지혜의 지혜로 행할 경계를
관찰하나니, 이른바 세간이 이루어짐을 관찰하고 세간이 망가짐을 관
찰하며 이 업이 모임으로써 이루어지고 이 업이 다함으로써 망가지며
얼마 동안 이루어지고 얼마 동안 망가지며, 얼마 동안 이루어 머물고
얼마 동안 망가져서 머무는 것을 모두 사실대로 압니다.

또 지대 경계(地界)의 작은 모양과 큰 모양과 한량없는 모양과 차별한 모양을 알고, 수대·화대·풍대 경계의 작은 모양과 큰 모양과 한량없는 모양과 차별한 모양을 알며, 작은 티끌의 미세한 모양과 차별한 모양과 한량없이 차별한 모양을 알며, 어떠한 세계에 있는 티끌의 무더기와 티끌의 차별한 모양이라도 모두 사실대로 알며, 어떠한 세계에 있는 지대·수대·화대·풍대의 경계가 각각 얼마만한 티끌인 것과, 거기 있는 보물의 티끌이 얼마인 것과, 중생의 몸의 티끌이 얼마인 것과, 국토들의 티끌이 얼마인 것을 사실대로 알며, 중생의 큰 몸과 작은 몸이 각각 얼마의 티끌로 이루어졌는지를 알며, 지옥의 몸과 축생의 몸과 아귀의 몸과 아수라의 몸과 하늘의 몸과 인간의 몸이 각각 얼마의 티끌로 이루어졌는지를 알아서, 이렇게 티끌의 차별을 아는 지혜를 얻습니다.

또 욕계와 색계와 무색계의 이루어짐을 알고, 욕계와 색계와 무색계의 망그러짐을 알며, 욕계와 색계와 무색계의 작은 모양·큰 모양·한량없는 모양·차별한 모양을 알아서 이렇게 삼계의 차별을 관찰하는 지혜를 얻습니다.

불자여, 이 보살은 다시 지혜의 광명을 일으켜서 중생을 교화하나니, 이른바 중생의 차별한 몸을 잘 알며, 중생의 몸을 잘 분별하며, 태어나는 곳을 잘 알아서, 그 마땅한 대로 몸을 나타내어 교화하고 성숙케 합니다.

이 보살은 한 삼천대천세계에서 중생의 몸과 믿고 아는 차별을 따라서 지혜의 광명으로 두루 태어나는 일을 나타내며, 이와 같이 둘이나 셋이나 내지 백천이나 내지 말할 수 없는 삼천대천세계에서 모든 중생의 몸과 믿고 아는 차별을 따라서 그 가운데서 널리 태어남을 나타냅니다.

이 보살은 이러한 지혜를 성취하였으므로, 한 부처님 세계에서 몸이 동요하지 아니하며, 내지 말할 수 없는 세계의 대중이 모인 가운데서 그 몸을 나타냅니다.

불자여, 이 보살은 중생들의 몸과 마음과 믿음과 아는 일이 가지가지로 차별함을 따라서 그 부처님의 대중 가운데서 몸을 나타내나니, 이른바 사문 대중 가운데서는 사문의 형상을 보이고, 바라문 대중 가운데서는 바라문의 형상을 보이고, 찰제리 대중 가운데서는 찰제리의 형상을 나타내며, 이와 같이 비사毘舍 대중, 수타首陀 대중, 거사 대중, 사천왕 대중, 삼십삼천 대중, 야마천 대중, 도솔타천 대중, 화락천 대중, 타화자재천 대중, 마군 대중, 범천 대중과, 내지 아가니타천阿迦尼吒天 대중 가운데서도 각각 그들의 종류를 따라서 형상을 나타냅니다.

또 성문의 몸으로 제도할 이에게는 성문의 형상을 나타내고, 벽지불의 몸으로 제도할 이에게는 벽지불의 형상을 나타내고, 보살의 몸으로 제도할 이에게는 보살의 형상을 나타내고, 여래의 몸으로 제도할 이에게는 여래의 형상을 나타내나니, 불자여, 보살은 이와 같이 말할 수 없는 모든 부처님의 국토에서 중생들의 믿고 좋아하는 차별을 따라서 이렇게 몸을 나타냅니다.

불자여, 이 보살의 모든 몸이란 분별을 아주 여의고 평등한 데 머물며, 이 보살이 중생인 몸과 국토인 몸과 업으로 받는 몸과 성문의 몸과 독각의 몸과 보살의 몸과 여래의 몸과 지혜인 몸과 법인 몸과 허공인 몸을 압니다.

이 보살은 중생들의 마음에 좋아함을 알고는, 중생인 몸으로써 자기의 몸을 짓기도 하고, 국토인 몸과 업으로 받는 몸과 내지 허공인 몸을 짓기도 하며, 또 중생들의 좋아함을 알고는, 국토인 몸으로써 자기의 몸을 짓기도 하고, 중생인 몸과 업으로 받는 몸과 내지 허공인 몸을 짓기도 하며, 또 중생들의 좋아함을 알고는, 업으로 받는 몸으로써 자기의 몸을 짓기도 하고, 중생인 몸과 국토인 몸과 내지 허공인 몸을 짓기도 하며, 또 중생들의 몸과 국토인 몸과 내지 허공인 몸을 짓나니, 중생들의 좋아함이 같지 아니함을 따라서 이 몸으로 이러한 형상을 나타냅니다.

이 보살이 중생들의 업이 모인 몸[集業身]과 갚아진 몸[報身]과 번뇌의 몸과 형상 있는 몸[色身]과 형상 없는 몸[無色身]을 알며, 또 국토인 몸의 작은 모양·큰 모양·한량없는 모양·더러운 모양·깨끗한 모양·넓은 모양·거꾸로 있는 모양·바로 있는 모양·널리 들어간 모양·사방으로 그물처럼 차별한 모양을 압니다.

또 업으로 갚아진 몸이 붙인 이름으로 차별한[假名差別] 것과, 성문의 몸과 독각의 몸과 보살의 몸이 붙인 이름으로 차별한 것을 알며, 여래의 몸에 보리의 몸[菩提身]·서원의 몸[願身]·나툰몸[化身]·힘으로 유지하는 몸[力持身]·몸매로 장엄한 몸[相好莊嚴身]·위엄과 세력 있는 몸[威勢身]·뜻대로 나는 몸[意生身]·복덕의 몸·법의 몸·지혜의 몸이 있음을 압니다.

또 지혜의 몸에 잘 생각하는 모양·사실대로 결정하는 모양·결과와 행에 거두어진 모양·세간과 출세간의 차별한 모양·삼승이 차별한 모양·함께하는 모양·함께하지 않는 모양·뛰어난 모양·뛰어나지 않은 모양·배우는 모양·배울 것 없는 모양·뛰어나지 않은 모양·배우는 모양·배울 것 없는 모양을 압니다.

또 법의 몸에 평등한 모양·깨뜨릴 수 없는 모양·때를 따르고 시속을 따라 붙인 이름이 차별한 모양·중생과 중생 아닌 법의 차별한 모양·부처님 법과 거룩한 스님의 법이 차별한 모양을 압니다.

또 허공인 몸에 한량없는 모양·두루한 모양·형상 없는 모양·다르지 않은 모양·그지없는 모양·형상 몸을 나타내는 모양을 압니다.

불자여, 보살이 이러한 몸과 지혜를 성취하고는, 목숨에 자유롭고 마음에 자유롭고 재물에 자유롭고 업에 자유롭고 나는 데 자유롭고 서원에 자유롭고 아는 데 자유롭고 뜻대로 하는 데 자유롭고 지혜에 자유롭고 법에 자유로움을 얻나니, 이 열 가지 자유로움을 얻었으므로, 헤아릴 수 없이 지혜로운 이〔不思議智者〕·한량없이 지혜로운 이〔無量智者〕·넓고 크게 지혜로운 이〔廣大智者〕·깨뜨릴 수 없이 지혜로운 이〔無能壞智者〕가 됩니다.

　이 보살은 이렇게 들어가고 이렇게 성취하고는 필경 허물 없는 몸의 업과 허물 없는 말의 업과 허물 없는 뜻의 업을 얻으며, 몸과 말과 뜻으로 짓는 업이 지혜를 따라 행하여 반야바라밀이 늘어나고, 가엾이 여기는 마음이 머리가 되어 공교한 방편으로 잘 분별하며 큰 서원을 일으키고, 부처님의 힘으로 보호함이 되어 중생을 이익할 지혜를 부지런히 닦으며 그지없이 차별한 세계에 널리 머뭅니다.

　불자여, 요점을 들어 말하면, 보살이 이 부동지에 머물러서는 몸과 말과 뜻의 업으로 하는 일이 모두 온갖 부처의 법을 쌓아 모읍니다.

　불자여, 보살이 이 지에 머물고는, 잘 머무른 깊은 마음의 힘을 얻나니 모든 번뇌가 행하지 않는 연고며, 잘 머무른 훌륭한 마음의 힘을 얻나니 도를 여의지 않는 연고며, 잘 머무른 대비의 힘을 얻나니 중생을 이익하기를 버리지 않는 연고며, 잘 머무른 대자의 힘을 얻나니 모든 세간을 구호하는 연고며, 잘 머무른 다라니 힘을 얻나니 법을 잊지 않는 연고며, 잘 머무른 변재의 힘을 얻나니 모든 법을 관찰하여 분별하는 연고며, 잘 머무른 신통의 힘을 얻나니 그지없는 세계에 널리 머무는 연고며, 잘 머무른 큰 서원의 힘을 얻나니 모든 보살의 지을 것을 버리지 않는 연고며, 잘 머무른 바라밀의 힘을 얻나니 모든 불법을 성취하는 연고며, 여래의 호념하시는 힘을 얻나니 갖가지 지혜와 온갖 지혜의 지혜가 앞에 나타나는 연고입니다.
　이 보살은 이러한 지혜의 힘을 얻고는 모든 지어야 할 일을 능히 나투며, 모든 일에 허물이 없습니다.
　불자여, 이 보살의 지혜의 지〔智地〕를 부동지라 이름하나니 깨뜨릴 수 없는 연고며, 굴러가지 않는 지라 이름하나니 지혜가 물러나지 않는 연고며, 얻기 어려운 지라 이름하나니 일체 세간에서 헤아릴 수 없는 연고며, 동진지童眞地라 이름하나니 모든 허물을 여의는 연고며, 내는 지〔生地〕라 이름하나니 따라 즐거워함이 자유로운 연고며, 이루어진 지〔成地〕라 이름하나니 다시 지을 것이 없는 연고며, 한껏 간 지〔究竟地〕라 이름하나니 지혜가 결정한 연고며, 변화하는 지라 이름하나니 소원을 따라 성취하는 연고며, 힘으로 유지하는 지〔力持地〕라 이름하나니 다른 이가 흔들지 못하는 연고며, 힘의 작용이 없는 지〔無功用地〕라 이름하나니 이미 성취한 연고입니다.
　불자여, 보살이 이런 지혜를 이루고는 부처님의 경계에 들어가며, 부처님의 공덕을 비쳐보며, 부처님의 위의를 따르며, 부처님 경지가 앞에 나타나며, 항상 여래의 호념하심이 되며, 범천과 제석천과 사천왕과 금강역사가 항상 따라 모시고 호위하며, 여러 큰 삼매를 떠나지 아니하며, 한량없는 여러 가지 몸의 차별함을 나타내며, 낱낱 몸마다 큰 세력이 있으며, 과보로 신통을 얻으며, 삼매에 자유로우며, 교화할 중생이 있는 데를 따라서 바른 깨달음〔正覺〕을 이룹니다.
　불자여, 보살은 이와 같이 대승의 모임에 들어가서 큰 신통을 얻으며, 큰 광명을 놓으며, 걸림이 없는 법계에 들어가며, 세계의 차별함을 알며, 모든 큰 공덕을 나타내며, 마음대로 자유로우며, 앞세상 뒷세상을 잘 통달하며, 모든 마군과 외도들을 굴복하며, 여래의 행하시는 경지에 깊이 들어갑니다.

한량없는 국토에서 보살의 행을 닦아서 물러나지 않는 법을 얻었으므로 부동지에 머물렀다고 이름합니다.

불자여, 보살은 이 부동지에 머물고는, 삼매의 힘으로써 한량없는 부처님을 항상 뵈오며, 항상 떠나지 않고 받들어 섬기며 공양합니다. 이 보살이 모든 겁마다 낱낱 세계에서 한량없는 백 부처님, 한량없는 천 부처님과 내지 한량없는 백천억 나유타 부처님을 뵙고 공경하고 존중하며 섬기고 공양하며, 온갖 필수품을 모두 이바지하며, 여러 부처님에게서 여래의 깊고 깊은 법장을 얻고 차별한 세계들과 같은 한량없는 법을 밝게 알게 되었으므로 세계의 차별함을 묻는 이가 있더라도 그런 이치로는 굽힐 수 없습니다. 이렇게 한량없는 백 겁 한량없는 천 겁과 내지 한량없는 백천억 나유타 겁을 지내었으므로 선근이 점점 더 밝고 깨끗하여집니다.

비유컨대 진금으로 보배관을 만들어 염부제 임금이 머리에 쓰면, 모든 신하들의 장엄거리로는 같을 이가 없나니, 이 지 보살이 가진 선근도 그와 같아서 모든 이승二乘이나 내지 제7지 보살이 가진 선근으로는 미칠 수 없습니다. 이 지에 머물러서는 큰 지혜의 광명으로 중생들의 캄캄한 번뇌를 멸하고 지혜의 문을 잘 여는 까닭입니다.

불자여, 마치 천세계千世界의 주인인 대범천왕은 자비한 마음을 널리 운전하고 광명을 두루 놓아서 천세계에 가득함과 같나니, 이 지의 보살도 그와 같아서 광명을 놓아 백만 세계의 티끌 수 같은 세계를 비추어, 중생들로 하여금 번뇌의 불길을 멸하고 서늘하게 합니다.

이 보살은 십바라밀 중에는 서원[願]바라밀이 더욱 느나니, 다른 바라밀을 닦지 않는 것이 아니지마는 힘을 따르고 분한을 따를 뿐입니다.

이것이 보살마하살의 제8 부동지를 간략히 말함이라 하거니와, 만일 자세히 말하자면 한량없는 겁을 지나더라도 다할 수 없습니다.

불자여, 보살마하살이 이 지에 머물러서는 흔히 대범천왕이 되어 천세계를 주관하며, 가장 훌륭하고 자유롭게 여러 이치를 말하여 성문이나 벽지불에게 보살의 바라밀을 일러주며, 만일 세계의 차별을 힐난하는 이가 있더라도 능히 굽히지 못합니다.

보시하고 좋은 말을 하고 이익한 행을 하고 일을 함께하나니, 이렇게 여러 가지 짓는 업이 모두 부처님 생각함을 떠나지 아니하며, 내지 갖가지 지혜와 온갖 지혜의 지혜를 생각함을 떠나지 아니합니다.

또 생각하기를 '내가 중생들 가운데 머리가 되고 나은 이가 되며, 내지 온갖 지혜의 지혜[一切智智]로 의지함이 되리라' 합니다.

이 보살이 만일 크게 정진하는 힘을 내면, 잠깐 동안에 백만 삼천대천세계의 티끌 수 같은 삼매를 얻으며, 내지 백만 삼천대천세계의 티끌 수 보살로 권속을 삼거니와, 만일 보살의 수승한 원력으로 자유롭게 나타내면, 이보다 지나가서, 내지 백천억 나유타 겁에도 세어서 알지 못합니다."

그 때 금강장보살이 이 뜻을 다시 펴려고 게송으로 말하였다.

  칠지에서 방편 지혜 닦아 행하며
  도를 돕는 큰 원력을 잘 모두었고
  세존의 거둬주심 다시 얻어서
  나은 지혜 구하려고 팔지에 올라,

  공덕을 성취하고 늘 사랑하며
  지혜가 넓고 크기 허공과 같고
  법 듣고 결정한 힘 능히 내나니
  이것이 적멸寂滅하온 무생의 법인

법이 나고 일어남이 없음을 알며
이루고 파괴하고 다함도 없고
생사 없고 평등하고 분별도 없어
마음 작용 초월하여 허공과 같네.

이 인忍을 성취하고 희론戱論을 넘어
매우 깊고 동요 없어 늘 적멸하니
모든 세간 아무도 알지 못하며
마음으로 집착함도 모두 여읜다.

이 지에 머무르면 분별이 없어
멸진정滅盡定에 들어간 비구와 같고
꿈에 물을 건너도 깨면 없어져
범천에 난 사람이 욕심 없듯이,

본래의 원력으로 권장도 하고
좋은 인忍을 찬탄하고 관정灌頂하면서
우리의 여러 불법, 그대가 아직
다 얻지 못했으니 노력하시오.

그대는 번뇌의 불 비록 껐으나
세간에는 아직도 번뇌 성하니
본래 원을 생각하고 중생 건지어
좋은 인을 닦아서 해탈케 하라.

법의 성품 참되고 생각 여의어
이승들도 이런 것 능히 얻으매
이것으로 세존이 되진 못하니
매우 깊고 걸림 없는 지혜뿐이라.

천상 인간 공양 받는 부처님께서
이렇게 지혜 주어 관찰케 하니
그지없는 부처님 법 다 성취하고
한 생각에 예전 수행 뛰어넘더라.

보살이 묘한 지혜 이 지에 있어
광대한 신통의 힘 금방 얻고서
한 찰나에 몸을 나눠 시방에 두루
바다에 떠 있는 배 순풍 만난 듯,

마음은 작용 없는 지혜 힘으로
국토가 성취하고 무너지는 일
여러 세계 갖가지로 모두 다르며
작고 크고 무량함을 능히 다 알고,

삼천대천세계의 사대종種들과
여섯 갈래 중생의 몸 각각 다르며
여러 가지 보배와 티끌의 수효
지혜로 살펴보아 남지 않으니

보살이 여러 종류 몸을 다 알고
중생을 교화하려 그 몸 같게 해.
한량없는 국토도 각각 다른데
형상을 나타내어 모두 두루하네.

비유하면 허공에 뜬 해나 달이
모든 강물 가운데 영상 비치듯
법계에 있는 보살 변동 없지만
마음 따라 나투는 영상도 그래.

좋아함이 각각 다른 마음을 따라
여러 중생 가운데 몸을 나투되
성문이나 독각이나 보살들이나
부처님 몸까지도 모두 나타내,

중생 몸과 국토 몸과 업보의 몸과
성인들의 지혜 몸과 법의 몸들과
허공인 몸까지도 모두 평등해
중생을 위하여서 두루 나투네.

열 가지 성지聖智를 널리 살피며
자비한 마음으로 모든 업 짓고
여러 가지 불법도 성취하여서
계행도 수미산과 같이 부동해,

열 가지 힘 이루어 동요 않으니
모든 마군 어찌할 길이 없으며
부처님이 호념하고 천왕이 경례
비밀한 금강신이 항상 지키네.

이 지의 큰 공덕이 그지없으며
천만억겁 말하여도 다할 수 없고
부처님께 공양하여 더욱 밝으니
전륜왕 머리 위의 장엄과 같네.

보살이 제8지에 머무르고는
흔히는 범왕 되어 천세계 주인
삼승법 연설하기 다함이 없고
자비 광명 널리 비쳐 번뇌 없애네.

한 찰나에 얻은 바 모든 삼매가
백만 세계 티끌 수 같이 많으며
여러 가지 짓는 사업 다 그렇거든
원력으로 나투는 일 이보다 많아,

보살들의 여덟째 부동지 공덕
그대에게 간략히 말했거니와
차례차례 자세하게 분별한다면
억만겁 지내어도 다할 수 없다.

9) 선혜지善慧地

보살이 제8지를 말씀할 적에
여래께서 큰 신통 나타내시어
시방의 모든 국토 진동하나니
한량없는 억천만 부사의하고,

일체를 알고 보는 부처님께서
몸으로 큰 광명을 널리 놓아서
한량없는 저 국토 밝게 비추며
중생들로 하여금 안락 얻게 해,

한량없는 백천억 저 보살들이
한꺼번에 허공에 솟아 있으며
하늘보다 더 좋은 공양거리로
가장 설법 잘하는 이에게 공양.

대자재大自在천왕들과 자재천왕이
모두 같이 한량없이 기뻐하면서
제각기 여러 가지 공양거리로
깊고 깊은 공덕바다 공양하오며,

또 다시 억천만 명 하늘 여인들
온 몸에 기쁜 마음 가득하여서
한량없는 가지가지 풍류를 잡혀

천상 인간 대도사大導師께 공양하더라.

여러 종류 음악을 동시에 연주
가지각색 곡조가 각각 다르나
모두 다 부처님의 위신력으로
묘한 음성 내어서 찬탄하는데,

고요하고 부드럽고 때 없는 이들
들어가는 지위 따라 닦아 익히니
마음이 허공같이 시방에 가서
부처님 법 말하여 중생 깨닫게,

천상이나 인간에 가는 곳마다
독특하게 묘한 장엄 나타내시니
여래의 공덕으로 생겨나는 것
보는 이들 부처 지혜 즐겨하도다.

한 나라 떠나잖고 각국에 가니
한 달이 여러 세간 비추이듯이
음성이나 생각이 모두 없지만
골짜기에 메아리 울려 퍼지듯,

어떤 중생 생각이 용렬하거든
그에게는 성문법을 연설해 주고
마음이 총명하고 영리한 이껜

벽지불의 도리를 말하여 주며,

자비로 이익하기 좋아하거든
보살의 행할 일을 말하여 주고
가장 나은 지혜를 가진 이에겐
위없는 여래의 법 보여 주나니,

요술쟁이 여러 일을 지어내는데
가지각색 형상이 참이 아니듯
보살의 지혜들도 그와 같아서
모든 것 나투지만 있는 것 없어,

이렇게 아름다운 여러 음성들
부처님 찬탄하고 잠잠했는데
이제 대중 청정하니 구지에 올라
행할 도를 말하소서, 해탈월의 말.

이 때 금강장보살이 해탈월보살에게 말하였다.

"불자여, 보살마하살은 이렇게 한량없는 지혜로 생각하며 관찰하고는, 다시 더 좋은 적멸한 해탈을 구하며, 또 여래의 지혜를 닦으며, 여래의 비밀한 법에 들어가며, 부사의한 큰 지혜의 성품을 관찰하며, 다라니와 삼매의 문을 깨끗이 하며, 광대한 신통을 갖추며, 차별한 세계에 들어가며, 힘과 두려움 없음과 함께하지 않는 법을 닦으며, 부처님들을 따라 법륜을 굴리며, 크게 가엾이 여기는 본래의 원력을 버리지 아니하려고 보살의 제9 선혜지善慧地에 들어갑니다.

불자여, 보살마하살이 이 선혜지에 머물러서는 선과 불선과 무기無記의 법의 행과, 새고[漏] 새지 않는[無漏]법의 행과, 세간과 출세간법의 행과, 헤아리고 헤아릴 수 없는 법의 행과, 결정하고 결정하지 못하는 법의 행과, 성문과 독각법의 행과, 보살행법의 행과, 여래지如來地의 법의 행과, 함이 있는[有爲] 법의 행과 함이 없는[無爲] 법의 행을 사실대로 압니다.

이 보살은 이러한 지혜로써, 중생들의 마음의 빽빽한 숲[稠林]과 번뇌의 빽빽한 숲과, 업의 빽빽한 숲과, 근기의 빽빽한 숲과, 지혜의 빽빽한 숲과, 근성의 빽빽한 숲과, 욕망의 빽빽한 숲과, 수면隨眠의 빽빽한 숲과, 태어나는 빽빽한 숲과, 버릇[習氣]이 계속하는 빽빽한 숲과 세 종류 차별의 빽빽한 숲을 사실대로 압니다.

이 보살은 중생들의 마음의 가지가지 모양을 사실대로 아나니, 이른바 섞이어 일어나는 모양과, 빨리 구르는 모양과 헐리고 헐리지 않는 모양과, 바탕이 없는 모양과 가이없는[無邊際] 모양과, 청정한 모양과, 때묻고 때묻지 않은 모양과, 얽매고 얽매지 않은 모양과, 요술처럼 지어지는 모양[幻所作相]과 여러 갈래에 나는 모양 등이 백천만억이며 내지 무량한 것을 모두 사실대로 압니다.

또 여러 번뇌의 가지가지 모양을 아나니, 이른바 오래도록 멀리 따라다니는 모양[久遠隨行相]과, 그지없이 끌어 일으키는 모양[無邊引起相]과, 함께 나서 버리지 못하는 모양[俱生不捨相]과, 자는 것과 일어남이 한 뜻인 모양[眠起一義相]과, 마음과 서로 응하거나 응하지 않는 모양과, 갈래를 따라 태어나서 머무는 모양과, 삼계가 차별한 모양과, 애정과 소견과 어리석음과 교만이 화살처럼 깊이 들어가 걱정되는 모양과, 세 가지 업의 인연이 끊어지지 않는 모양 등으로 간략히 말하노니, 내지 팔만 사천을 모두 사실대로 압니다.

또 여러 업의 가지가지 모양을 아나니, 이른바 선과 악과 선도 악도 아닌(無記) 모양과, 표시할 수 있고(有表示) 표시할 수 없는 모양과, 마음과 함께 나서 떠나지 않는 모양과, 인의 성품이 찰나에 헐어지지마는 차례로 결과가 모여 잃어지지 않는 모양과, 갚음이 있고 갚음이 없는 모양과, 검고 검은 따위의 여러 가지 갚음을 받는 모양과, 밭과 같아 한량없는 모양과, 범부와 성인이 차별한 모양과, 이승에 받고 저승에 받고 뒷승에 받는 모양(現受生受後受相)과, 승승과 승 아닌 것이 결정하고 결정하지 않은 모양 등으로 간략히 말하노니, 내지 팔만 사천 가지를 모두 사실대로 압니다.

또 여러 근기의 둔하고 중간이고 승한 모양과, 먼저와 나중이 차별하고 차별하지 않은 모양과, 상품이요 중품이요 하품인 모양과, 번뇌가 함께 나서 서로 여의지 않는 모양과, 승과 승 아닌 것이 결정하고 결정하지 않은 모양과 잘 성숙되어 부드러운 모양과, 따르는 근(隨根)의 속박하고 가볍고 점점 무너지는 모양과, 더 늘어서 파괴할 수 없는 모양과, 물러나고 물러나지 않는 차별한 모양과, 함께 남을 멀리 따라서 같지 않은 모양 등으로 간략히 말하노니, 내지 팔만 사천 가지를 모두 사실대로 압니다.

또 지혜(解)가 하품이고 중품이고 상품인 모양과, 근성이 하품이고 중품이고 상품인 모양과, 욕망이 하품이고 중품이고 상품인 모양 등으로 간략히 말하노니, 내지 팔만 사천 가지를 압니다.

또 따라다니며 자게 하는 것(隨眠)의 가지가지 모양을 아나니, 이른바 깊은 마음과 함께 나는 모양과, 마음으로 더불어 함께 나는 모양과, 마음과 서로 응하고 서로 응하지 않는 것이 차별한 모양과, 오래 전부터 따라다니는 모양과, 비롯함이 없는 적부터 뽑지 못한 모양과, 온갖 선정·해탈·삼매·삼마발저·신통과 서로 어기는 모양과, 삼계에 계속하여 태어나서 얽매이는 모양과, 그지없는 마음이 계속하여 현재에 일어나게 하는 모양과, 여러 처소[諸處]의 문을 여는 모양과, 굳고 진실하여 다스리기 어려운 모양과, 지처地處에 성취하고 성취하지 못한 모양과 오직 성인의 도로써 뽑아내는 모양입니다.

또 태어나는[受生]의 차별한 모양을 아나니, 이른바 업을 따라 태어나는 모양과, 여섯 갈래가 차별한 모양과, 형상 있고 형상 없음이 차별한 모양과, 생각 있고 생각 없음이 차별한 모양과, 업의 밭에 사랑의 물로 축이고 무명으로 덮어서 식識이란 종자가 뒷세상 싹을 내게 하는 모양과, 마음과 물질로 함께 나서[名色俱生] 서로 떠나지 않는 모양과, 무명과 사랑으로 계속하여 있기를 희구하는 모양과, 받아들이려 하고 태어나려 하여 끝없는 때부터 좋아하여 집착하는 모양과, 허망하게 삼계에 나려고 욕구하는 모양입니다.

또 버릇[習氣]의 가지가지 모양을 아나니, 이른바 행하고 행하지 않는 차별한 모양과, 갈래를 따라 익힌 버릇의 모양과, 중생의 행을 따라 익힌 버릇의 모양과, 업과 번뇌를 따라 익힌 버릇의 모양과, 선과 악과 무기의 익힌 버릇[熏習]의 모양과, 뒷세상[後有]에 들어감을 따라 익힌 버릇의 모양과, 차례로 익힌 버릇의 모양과, 번뇌를 끊지 않고 멀리 가면서 버리지 않고 익힌 버릇의 모양과, 진실하고 진실하지 않은 익힌 버릇의 모양과, 성문·독각·보살·여래를 보고 듣고 친근하여 익힌 버릇의 모양입니다.

또 중생이 바르게 결정[正定聚]되고 잘못 결정[邪定聚]되고 결정되지 못한[不定聚] 모양을 아나니, 이른바 바른 소견으로 바르게 결정된 모양과, 삿된 소견으로 삿되게 결정된 모양과, 두 가지가 모두 결정되지 않은 모양[二俱不定相]과, 오역五逆의 잘못 결정된 모양[五逆邪定相]과, 오근五根으로 바르게 결정된 모양과, 이 두 가지가 모두 결정되지 않은 모양과, 팔사八邪로 삿되게 결정된 모양과, 바른 성품으로 바르게 결정된 모양과, 다시 두 가지를 짓지 않고 다 여의어서 결정되지 않은 모양과, 삿된 법에 물들어 삿되게 결정된 모양과, 성인의 도를 행하여 바르게 결정된 모양과, 두 가지를 다 버려서 결정되지 않은 모양입니다.

불자여, 보살이 이런 지혜를 따라 순종함을 선혜지에 머문다 하니 이 지에 머물러서는 중생들의 여러 행의 차별을 알고 교화하고 조복하여 해탈을 얻게 합니다.

불자여, 이 보살은 성문승의 법과 독각승의 법과 보살승의 법과 여래지위의 법을 잘 연설하는데, 온갖 행할 곳에서 지혜가 따라 행하므로, 중생의 근기와 성품과 욕망과 지혜와 행할 바가 다름과 여러 갈래의 차별을 따르며, 또한 태어난 번뇌와 자게 하는 속박〔眼縛〕과 여러 업의 버릇〔習氣〕을 따라서, 그들에게 법을 말하여 믿고 이해함을 내고 지혜를 늘게 하여 각각 그 승법〔乘〕에서 해탈을 얻게 합니다.

불자여, 보살이 이 선혜지에 머물러서는 큰 법사가 되고 법사의 행을 갖추어서 여래의 법장法藏을 잘 수호하나니, 한량없이 공교한 지혜로 네 가지 걸림 없는 변재를 일으키고 보살의 말로써 법을 연설합니다. 이 보살은 항상 네 가지 걸림 없는 지혜를 따라서 연설하고 잠깐도 버리지 아니하나니, 무엇이 넷인가. 이른바 법에 걸림 없는 지혜〔法無礙智〕와, 뜻에 걸림 없는 지혜〔義無礙智〕와, 말에 걸림 없는 지혜〔辭無礙智〕와, 말하기 즐기는 데 걸림 없는 지혜〔樂說無礙智〕입니다.

이 보살은 법에 걸림 없는 지혜로는 모든 법의 제 모양을 알고, 뜻에 걸림 없는 지혜로는 모든 법의 차별한 모양을 알고, 말에 걸림 없는 지혜로는 그릇되지 않게 말하고, 말하기 즐기는 데 걸림 없는 지혜로는 끊어짐이 없이 말합니다.

또 법에 걸림 없는 지혜로는 모든 법의 제 성품을 알고, 뜻에 걸림 없는 지혜로는 모든 법의 나고 사라짐을 알고, 말에 걸림 없는 지혜로는 온갖 법을 안돈하여 세우고 끊지지 않게 말하고, 말하기 즐기는 데 걸림 없는 지혜로는 안돈하여 세움을 따라 파괴할 수 없고 그지없이 말합니다.

또 법에 걸림 없는 지혜로는 지금 있는 법의 차별을 알고, 뜻에 걸림 없는 지혜로는 지나간 법과 오는 법의 차별을 알고, 말에 걸림 없는 지혜로는 지나간 법과 오는 법과 지금 법을 그릇되지 않게 말하고, 말하기 즐기는 데 걸림 없는 지혜로는 모든 세상에서 그지없는 법을 분명하게 말합니다.

또 법에 걸림 없는 지혜로는 법의 차별을 알고, 뜻에 걸림 없는 지혜로는 이치의 차별을 알고, 말에 걸림 없는 지혜로는 그들의 말을 따라 말하고, 말하기 즐기는 데 걸림 없는 지혜로는 그들의 좋아함을 따라 말합니다.

또 법에 걸림 없는 지혜는 법의 지혜(智慧)로 차별함이 다르지 않음을 알고, 뜻에 걸림 없는 지혜는 견주는 지혜(比智)로 차별함이 실상과 같음을 알고, 말에 걸림 없는 지혜는 세상 지혜로 차별하게 말하고, 말하기 즐기는데 걸림 없는 지혜는 첫째가는 지혜(第一義智)로 공교하게 말합니다.

또 법에 걸림 없는 지혜로는 모든 법이 한 모양이어서 무너지지 않음을 알고, 뜻에 걸림 없는 지혜로는 온蘊과 계界와 처處와 제諦와 인연이 교묘함을 알고, 말에 걸림 없는 지혜로는 모든 세간에서 알기 쉽고 미묘한 음성과 글자로써 말하고, 말하기 즐기는 데 걸림 없는 지혜로는 더욱 수승하고 그지없는 법에 밝은 지혜로 말합니다.

또 법에 걸림 없는 지혜로는 일승의 평등한 성품을 알고, 뜻에 걸림 없는 지혜로는 여러 승의 차별한 성품을 알고, 말에 걸림 없는 지혜로는 온갖 승의 차별 없음을 말하고, 말하기 즐기는 데 걸림 없는 지혜로는 낱낱 승마다 그지없는 법을 말합니다.

또 법에 걸림 없는 지혜로는 일체 보살의 행인 지혜행(智行)과 법행法行과 지혜로 따라 증득함을 알고, 뜻에 걸림 없는 지혜로는 십지의 나누어진 위치(分位)의 뜻이 차별함을 알고, 말에 걸림 없는 지혜로는 십지의 길이 차별없는 모양을 말하고, 말하기 즐기는 데 걸림 없는 지혜로는 낱낱 지의 그지없는 행의 모양을 말합니다.

또 법에 걸림 없는 지혜로는 모든 여래께서 한 생각에 바른 깨달음을 이룸을 알고, 뜻에 걸림 없는 지혜로는 여러 때와 여러 곳들이 각각 차별함을 알고, 말에 걸림 없는 지혜로는 바른 깨달음을 이루는 차별을 말하고, 말하기 즐기는 데 걸림 없는 지혜로는 낱낱 글귀의 법을 한량없는 겁에 말하여도 다하지 못합니다.

또 법에 걸림 없는 지혜로는 일체 여래의 말씀과 힘과 두려울 것 없음과 함께하지 않는 부처님 법과 대자비와 변재와 방편과 법륜을 굴리는 온갖 지혜의 지혜로 따라 증득함을 알고, 뜻에 걸림 없는 지혜로는 여래께서 팔만 사천 중생의 마음과 행과 근기와 이해를 따르는 차별한 음성을 알고, 말에 걸림 없는 지혜로는 일체 중생의 차별을 따라 여래의 음성으로써 차별하게 말하고, 말하기 즐기는 데 걸림 없는 지혜로는 중생의 믿음과 이해를 따라서 여래의 지혜로써 청정한 행을 원만하게 말합니다.

불자여, 보살이 제9지에 머물면 이러한 공교하고 걸림 없는 지혜를 얻으며, 여래의 미묘한 법장을 얻어서 큰 법사가 되나니, 뜻 다라니와 법 다라니와 지혜 다라니와 광명이 비치는 다라니와 선한 지혜 다라니와 여러 재물 다라니와 위덕威德다라니와 걸림 없는 문 다라니와 그지없는 다라니와 가지가지 이치 다라니와 이러한 백만 아승기 다라니문을 얻어 모두 원만하고, 백만 아승기의 공교한 음성과 변재의 문으로 법을 연설합니다.

이 보살은 이러한 백만 아승기 다라니문을 얻고는 한량없는 부처님 계신 데서 부처님 앞에서마다 이러한 백만 아승기 다라니문으로 바른 법을 들으며, 듣고는 잊어버리지 않고 한량없이 차별한 문으로 다른 이를 위하여 연설합니다.

이 보살은 처음 부처님을 뵙고 머리를 조아려 예경하고, 부처님 계신 데서 한량없는 법문을 얻었으니, 이 법문은 저 듣고 기억하는〔聞持〕 큰 성문들이 백천 겁 동안에도 들을 수 있는 것이 아닙니다.

이 보살이 이러한 다라니와 이러한 걸림 없는 지혜를 얻고 법상에 앉아서 법을 말할 적에, 대천세계에 가득한 중생들에게 그 좋아하는 마음의 차별함을 따라서 연설하였으니, 여러 부처님과 직위를 받은〔受職〕 보살들을 제하고는 다른 대중들은 그 위덕과 광명을 비길 이가 없습니다.

이 보살은 법상에 앉아서, 한 음성으로써 모든 대중이 다 알게 하려면 곧 알게 되며, 어떤 때에는 가지가지 음성으로써 모든 대중이 다 깨닫게 하려 하며, 어떤 때에는 큰 광명을 놓아서 법문을 연설하게 하려 하며, 어떤 때에는 그 몸에 있는 털구멍마다 모두 법을 연설하게 하려 하며, 어떤 때에는 삼천대천세계에 있는 형상이 있거나 형상이 없는 물건들이 모두 법문하는 음성을 내게 하려 하며, 어떤 때에는 한 말을 내어도 법계에 가득 퍼져서 여럿이 알게 하려 하며, 어떤 때에는 온갖 음성이 모두 법문의 소리가 되어 항상 머물고 없어지지 않게 하려 하며, 어떤 때에는 모든 세계의 퉁소・저・종・북과 노래와 모든 풍류 소리가 다 법문을 연설하게 하려 하며, 어떤 때에는 한 글자 가운데 온갖 법문 구절과 음성과 말의 차별한 것을 모두 구족케 하려 하며, 어떤 때에는 마음으로 말할 수 없이 한량없는 세계의 땅・물・불・바람 등 사대의 덩어리에 있는 티끌들마다 모두 말할 수 없는 법문을 연설하게 하려 하거든, 이렇게 생각하는 것이 모두 마음대로 되지 않는 것이 없습니다.

불자여, 이 보살은 가령 삼천대천세계에 있는 모든 중생이 모두 그 앞에 와서 제각기 한량없는 말로 문난을 일으키는데, 그 낱낱 문난이 각각 같지 않더라도, 이 보살이 한 생각 동안에 모두 듣고, 바로 한 음성으로 두루 해석하여 그들의 마음을 따라서 제각기 환희케 합니다.

이와 같이 내지 말할 수 없는 세계에 있는 중생들이 한 찰나 동안에 낱낱이 한량없는 말과 음성으로 문난을 일으키는데, 낱낱 문난이 각각 같지 않더라도, 이 보살이 한 생각 동안에 모두 듣고, 또한 한 음성으로 두루 해석하여 그들의 마음을 따라서 제각기 환희케 하며, 내지 말할 수 없이 말할 수 없는 세계에 있는 중생들을, 보살이 모두 그 마음을 따르고 근성을 따르고 지혜를 따라서 법을 말하며, 부처님의 신통력을 받들고 불사를 널리 지어 일체 중생의 의지할 바가 됩니다.

불자여, 이 보살은 다시 정진하여 밝은 지혜를 성취하나니, 가령 한 털 끝만한 곳에 말할 수 없는 세계의 티끌 수 같이 많은 부처님의 대중들이 모였고, 대중들이 모인 데마다 말할 수 없는 세계의 티끌 수 같이 많은 중생이 있고, 낱낱 중생마다 말할 수 없는 세계의 티끌 수 같은 근성과 욕망이 있는데, 저 부처님들이 그들의 근성과 욕망을 따라서 각각 법문을 일러 주어 한 털 끝만한 곳에서와 같이, 일체 법계처마다 모두 그러하나니, 이와 같이 말하신 바 한량없는 법문을, 보살이 한 생각에 모두 듣고 기억하여 잊지 아니합니다.

불자여, 보살이 이 제9지에 머물러서는, 밤낮으로 부지런히 정근하고 다른 생각이 없으며, 다만 부처님 경지에 들어가서 여래를 친근하며, 보살들의 매우 깊은 해탈에 들어가서 항상 삼매에 있으면서 여러 부처님을 뵙고 잠깐도 떠나지 아니하며, 낱낱 겁마다 한량없는 부처님과 한량없는 백 부처님과 한량없는 천 부처님과, 내지 한량없는 백천억 나유타 부처님을 뵙고 공경하고 존중하고 받들어 섬기고 공양하며, 여러 부처님 계신 데서 가지가지로 문난하여 설법說法 다라니를 얻어 그러한 선근이 점점 더 밝고 깨끗하여집니다.

마치 공교한 은장이가 진금으로 보배관을 만들어 전륜성왕의 머리에 장엄하면 사천하 안에 있는 모든 왕들과 신하들의 여러 장엄거리로는 그와 같을 것이 없는 것과 같나니, 이 제9지 보살의 선근도 그와 같아서 일체 성문이나 벽지불이나 아래 지위에 있는 보살들이 가진 선근으로는 능히 대등할 수가 없습니다.

불자여, 마치 이천세계 중에 있는 깊고 먼 곳을 모두 비추어서 그 어둠을 제하는 것과 같나니, 이 지의 보살의 선근도 그와 같아서 능히 광명을 내어 중생의 마음에 비치어 번뇌의 어둠을 모두 없어지게 합니다.

이 보살은 십바라밀 중에서는 힘[力]바라밀이 가장 승하니, 다른 바라밀을 닦지 않는 것이 아니지마는 힘을 따르고 분한을 따를 뿐입니다.

불자여, 이것이 보살마하살의 제9 선혜지를 간략히 말함이라 하거니와 만일 자세히 말하자면 한량없는 겁에도 다할 수 없습니다.

불자여, 보살마하살은 이 지에 머물러서는 흔히 이천세계의 임금인 대범천왕이 되어 잘 통치하며 자유롭게 이익하고, 모든 성문과 연각과 보살들을 위하여 바라밀행을 분별하여 연설하며, 중생의 마음을 따라 문난하더라도 능히 굽힐 수 없습니다. 보시하고 좋은 말을 하고 이익한 행을 하고 일을 함께하나니, 이렇게 여러 가지 짓는 업이 모두 부처님 생각함을 떠나지 아니하며, 내지 갖가지 지혜와 온갖 지혜의 지혜를 생각함을 떠나지 아니합니다.

또 생각하기를 '내가 모든 중생들 가운데 머리가 되고 나은 이가 되며, 내지 온갖 지혜의 지혜〔一切智智〕로 의지함이 되리라' 합니다.

 이 보살이 만일 부지런히 정진하면 잠깐 동안에 백만 아승기 국토의 티끌 수 같이 많은 삼매를 얻으며, 내지 백만 아승기 국토의 티끌 수 같이 많은 보살을 나투어 권속을 삼거니와, 만일 보살의 수승한 원력으로 자유롭게 나타내면 이보다 지나가서, 내지 백천억 나유타겁에도 세어서 알지 못합니다."

 그 때 금강장보살이 이 뜻을 다시 펴려고 게송으로 말하였다.

    한량없는 지혜로 자세 살피니
    가장 높고 미묘하여 알기 어려워
    여래의 비밀하온 곳에 들어가
    중생들 이익 주려 구지에 들고,

    다라니와 삼매에 다 자재하고,
    신통으로 한량없는 세계에 들며
    힘과 지혜, 두렴 없고, 함께 않는 법
    원력과 자비로써 구지에 드네.

    이 지에 머물고는 법장을 호지護持
    선하고 불선하고 둘이 아닌〔無記〕 법
    샘이 있고 샘이 없고 세간 출세간
    사의思議와 부사의를 모두 잘 알고,

    결정하고 결정하지 못한 법이나
    삼승의 할 일들을 다 관찰하며

함이 있고 함이 없는 행의 차별을
이렇게 다 알고서 세간에 들며,

중생들의 마음을 알고자 하면
지혜로써 사실대로 모두 아나니
빨리 굴고 헐리고 헐리지 않고
바탕 없고 끝이 없는 여러 모양들,

그지없는 번뇌와 함께 있으며
자고 일어남 한 뜻이고 갈래가 계속
업의 성질 가지가지 차별한 것과
인이 가고 과가 모임 모두 다 알고,

여러 근기 하품 중품 상품되는 것
앞과 뒤가 한량없이 차별한 일과
지혜나 근성이나 욕망도 그래
팔만 사천 가지를 모두 다 알고,

중생은 번뇌 소견 따라 얽히고
비롯없는 빽빽한 숲 찍지 못하니
깊은 뜻과 마음과 함께 나면서
항상 서로 얽혀서 끊지 못하며,

허망한 생각이란 참이 아니니
마음을 안 여의나 처소가 없고

선정 경계 등지고 물러나나니
금강도金剛道에 멸해야 끝이 나리라.

여섯 갈래 태어남에 각각 다르고
업 밭에 사랑 붓고 무명 덮으며
식이란 종자에서 후생 싹〔名色芽〕나서
삼계가 언제나 계속하더라.

번뇌 업과 습기로 육도에 나니
이것만을 여의면 다시 안 나며
중생들이 세 종류〔三聚〕의 가운데 있어
소견에도 빠지고 도道도 행하네.

이 지에 머물러서 잘 관찰하고
그 마음과 근성과 이해를 따라
모두 다 걸림 없이 묘한 변재로
적당하게 분별하여 연설하는데,

법상에 앉아 있어 사자도 같고
우왕牛王이나 보배산의 왕도 같으며
용왕이 빈틈없는 구름을 펴고
큰 비내려 바다에 가득하듯이,

법의 성품 깊은 이치 모두 잘 알고
여러 가지 말을 따라 연설하오며

백만 아승기 다라니문은
큰 바다가 많은 비를 받아들이듯,

다라니와 삼매가 모두 청정해
한 생각에 많은 부처 모두 뵈오며
부처님께 낱낱이 법문을 듣고
미묘한 음성으로 연설하더라.

언제나 삼천대천 넓은 세계서
수많은 중생들을 교화하려면
구름이 온 세계에 널리 퍼지듯
근기와 욕망 따라 기쁘게 하며,

털 끝에 부처 대중 수가 없으며
중생의 욕망들도 끝이 없거든
그 마음 모두 따라 법 일러 주며
한량없는 법계에도 그와 같더라.

보살이 부지런히 더 정진하면
더 훌륭한 공덕을 다시 얻어서
저러한 모든 법문 들어 가지기
땅덩이가 온갖 만물 받들고 있듯,

시방세계 한량없는 모든 중생들
모두 와서 회중會中에 친근히 앉아

마음 따라 제각기 문난하는 일
한 소리로 응대하여 만족케 하네.

이 지에 머물러선 법왕이 되어
근기 따라 일러주기 게으름 없고
밤낮으로 부처 뵙고 버리지 않아
깊은 적멸寂滅 지혜 해탈 들어가도다.

부처님들 공양하여 밝음 더하니
전륜왕이 보배관을 머리에 쓴 듯
또다시 중생들의 번뇌 멸하니
대범천왕 밝은 광명 널리 비치듯,

이 지에서 흔히는 대범왕 되어
삼승의 법문으로 중생을 교화
수행한 선업으로 이익케 하니
마땅히 온갖 지혜 이루게 되리.

한 생각에 들어간 여러 삼매들
아승기 세계 안에 티끌 수 같고
부처 뵙고 법 말함도 그러하거늘
원력으로 짓는 것은 그보다 많아,

이런 것이 제9의 선혜지에서
큰 지혜 보살들이 행하는 데니

매우 깊고 미묘하여 볼 수 없거늘
내가 지금 불자 위해 일러주노라.

대방광불화엄경 제39권

제39권

26. 십지품 ⑥

10) 법운지法雲地

정거천淨居天 하늘 무리 나유타들이
이 지의 좋은 행을 듣고 나서는
공중에서 뛰놀며 마음이 기뻐
정성으로 부처님께 공양하오며,

헤아릴 수가 없는 보살 대중도
허공 중에 있으며 크게 즐거워
뜻에 맞는 좋은 향을 모두 사르어
대중에게 풍기어 청정케 하네.

자재천의 임금과 하늘 무리들
한량없는 억 사람 허공에 있어
하늘 옷을 흩어서 부처님 공양
백천만 가지들이 술술 내리며,

하늘의 채녀들도 한량이 없어
환희하게 공양하지 않는 이 없고
제각기 묘한 풍류 소리를 내어
이런 말로 부처님을 찬탄하리라.

부처님 몸 한 국토에 앉아 계시나
온 세계에 여러 몸 나타내시니
몸매가 단정하기 한량없으사
크고 넓은 법계에 가득 차시고,

한 털구멍 속으로 광명을 놓아
세간의 어둔 번뇌 두루 없애니
세계의 티끌 수는 헬 수 있지만
이 광명은 헤어서 알 수가 없고,

혹은 여래 모든 몸매 모두 갖추고
위없이 바른 법륜 굴림을 보며
여러 세계 다니심을 보기도 하고
어떤 때는 고요하여 동치 않으며,

어떤 때엔 도솔천궁 계심을 보고
어떤 때엔 내려와서 모태에 들고
혹은 태에 머물다가 혹은 나와서
한량없는 국토에서 보게 하오며,

어떤 때는 집을 떠나 도를 닦다가
어떤 때는 도량에서 정각 이루고
법문을 말하기도, 열반에 들어
시방세계 중생들이 보게도 하니,

비유하면 요술쟁이 요술을 부려
대중에게 여러 물건 나타내나니
부처님의 지혜도 그와 같아서
세간에서 여러 가지 몸을 나투네.

깊고 참된 성품 속에 부처 계시어
고요하고 형상 없어 허공 같지만
제일이고 진실한 진리 가운데
가지가지 행할 일을 보이시나니,

중생을 이익하려 짓는 일들이
법의 성품 의지하여 있게 되나니
형상 있고 형상 없음 차별이 없이
필경에 들어가면 모두 없는 것,

여래의 깊은 지혜 얻으려거든
갖가지 허망 분별 여읠 것이니
있고 없음 통달하면 모두 평등해
천상 인간 대도사大導師를 빨리 지으리.

한량없고 그지없는 하늘 아씨들
가지가지 음성으로 칭찬하더니
몸과 마음 고요하고 함께 즐거워
부처님 앙모하며 잠자코 있네.

그 때에 우두머리 해탈월보살
모인 대중 고요함을 살펴서 알고
금강장보살에게 청하는 말씀
두려움이 없으신 참된 불자여,

제9지로부터 십지에 드는
여러 가지 공덕과 모든 행상과
아울러 신통으로 변화하는 일
지혜 있는 보살께서 말씀하소서.

그 때 금강장보살마하살이 해탈월보살에게 말하였다.
"불자여, 보살마하살이 초지로부터 제9지에 이르면서, 이렇게 한량 없는 지혜로 관찰하여 깨닫고는 잘 생각하여 닦으며, 선한 법[白法]을 만족하고 그지없는 도를 돕는 법을 모으며, 큰 복덕과 지혜를 증장하고 크게 가엾이 여기는 마음을 널리 행하여, 세계의 차별함을 알며, 중생

세계의 빽빽한 숲에 들어가며, 여래께서 행하시는 곳에 들어가며, 여래의 적멸한 행을 따라 순종하며, 여래의 힘과 두려움 없음과 함께하지 않는 부처님 법을 항상 관찰하나니, 갖가지 지혜와 온갖 지혜의 지혜를 얻은 직책을 받는 지위라 이름합니다.

불자여, 보살마하살은 이러한 지혜로 직책을 받는 지위에 들어가서는 곧 보살의 때를 여의는[離垢] 삼매를 얻으며, 법계의 차별한 삼매와 도량을 장엄하는 삼매와 온갖 종류의 화광華光삼매와 해장海藏삼매와 해인海印삼매와 허공이 넓고 큰 삼매와 모든 법의 제 성품을 관찰하는 삼매와 일체 중생의 마음과 행동을 아는 삼매와 모든 부처님이 앞에 나타나는 삼매에 들어가나니, 이러한 백만 아승기 삼매가 모두 앞에 나타납니다.

보살은 이 모든 삼매에 들어가고 일어날 적에 다 선교함을 얻으며, 모든 삼매의 짓는 일이 차별함도 잘 아나니, 그 마지막 삼매를 이름하여 온갖 지혜와 수승한 직책을 받는 지위라 합니다.

이 삼매가 앞에 나타날 때에 큰 보배 연꽃이 홀연히 솟아나나니, 그 꽃은 넓고 커서 백만 삼천대천세계와 같으며, 여러 가지 묘한 보배로 사이사이 장엄하였으니, 일체 세간의 경계를 초월하여 출세간의 선근으로 생기었으며, 모든 법이 요술과 같은 성품인 줄을 아는 여러 행으로 이룬 것이며, 항상 광명을 놓아 법계에 두루 비치어 여러 하늘에도 있는 것이 아니어서, 비유리 마니보배로 줄기가 되고 전단으로 꽃판[臺]이 되고 마노로 꽃술[鬚]이 되고 염부단금으로 잎이 되었는데, 그 꽃에는 언제나 한량없는 광명이 있고, 여러 보배로 연밥이 되고 보배 그물로 덮였으니, 열 삼천대천세계의 티끌처럼 많은 연꽃으로 권속이 되었습니다.

그 때 보살이 이 꽃자리에 앉으니, 몸의 크기가 잘 어울리고, 한량없는 보살로 권속이 되었는데, 각각 다른 연꽃 위에 앉아서 둘러쌌으며, 제각기 백만 삼매를 얻고, 큰 보살을 향하여 일심으로 우러러보고 있었습니다.

불자여, 이 큰 보살과 권속들이 꽃자리에 앉았을 적에 놓는 광명과 말과 음성이 시방 법계에 두루 가득하여 모든 세계가 한꺼번에 진동하여, 나쁜 갈래는 고통이 쉬고 국토가 깨끗하여져서 함께 수행하는 보살이 모두 와서 모이었으며, 인간과 천상의 풍류에서 한꺼번에 소리를 내니 모든 중생들이 모두 안락함을 얻었고, 부사의한 공양거리로 모든 부처님께 공양하니, 여러 부처님의 대중들이 다 나타났습니다.

불자여, 이 보살이 큰 연꽃 자리에 앉았을 적에, 두 발바닥으로 백만 아승기 광명을 놓으니 시방의 여러 큰 지옥에 비치어 지옥 중생들의 고통을 멸하며, 두 무릎으로 백만 아승기 광명을 놓으니 시방의 여러 축생 갈래에 비치어 축생들의 고통을 멸하며, 배꼽으로 백만 아승기 광명을 놓으니 시방의 염라왕 세계에 비치어 중생들의 고통을 멸하며, 좌우의 옆구리로 백만 아승기 광명을 놓으니 시방의 모든 인간에게 비치어 중생들의 고통을 멸하며, 두 손바닥으로 백만 아승기 광명을 놓으니 시방의 모든 천상과 아수라들의 궁정에 비치며, 두 어깨로 백만 아승기 광명을 놓으니 시방의 모든 성문들에게 비치며, 목덜미로 백만 아승기 광명을 놓으니 시방의 벽지불들의 몸에 비치었습니다.

입〔面門〕으로 백만 아승기 광명을 놓으니 시방의 처음으로 발심한 보살과 내지 구지 보살의 몸에 비치며, 두 눈썹 사이로 백만 아승기 광명을 놓으니 시방에서 직책을 받은 보살들에게 비치어 마군의 궁전들을 나타나지 못하게 하였습니다.

정수리로 백만 아승기 삼천대천세계 티끌 수 같은 광명을 놓으니 시방 일체 세계에 있는 모든 부처님의 도량에 모인 대중에게 비치어 오른쪽으로 열 바퀴를 돌고는 허공에 머물러서 광명 그물이 되었으니 이름이 치성한 광명〔熾然光明〕이라, 여러 가지 공양거리를 내어 부처님께 공양하니, 다른 보살들이 처음 발심한 때로부터 구지에 이르기까지 하던 공양으로 이 공양에 비하면 백분의 일에도 미치지 못하며, 내지 산수와 비유로도 미칠 수 없습니다. 그 광명 그물이 시방의 모든 부처님의 대중들이 모인 데 두루하여, 여러 가지 묘한 향과 꽃타래와 의복과 당기와 번기와 보배 일산과 여러 가지 마니 따위의 장엄거리를 비 내려 모든 세간의 경계를 초월하였으며, 만일 중생들이 이런 것을 보고 알면 아뇩다라삼먁삼보리에서 물러나지 아니합니다.

불자여, 이 큰 광명이 이렇게 공양하는 일을 마치고는 다시 시방의 모든 세계에 있는 모든 부처님의 도량마다 모인 대중들을 열 바퀴를 돌았고, 그리고는 여러 여래의 발바닥으로 들어갔습니다.

그 때 여러 부처님과 보살들이, 아무 세계의 아무 보살마하살이 이런 광대한 행을 능히 행하고 직책을 받는 지위에 이른 줄을 알았으며, 불자여, 이 때에 시방에 있던 한량없고 그지없는 보살, 제9지의 보살들까지 모두 와서 둘러싸고 공경하며 한결같은 마음으로 관찰하였으며, 한창 관찰할 적에 그 보살들이 각각 십천 삼매를 얻었습니다.

이러한 때에 시방에 있는 직책을 받은 보살들이, 모두 가슴에 있는 금강으로 장엄한 공덕 모양에서 큰 광명을 놓으니 이름이 마군과 원수를 파괴함〔能壞魔怨〕이라, 백만 아승기 광명으로 권속을 삼고 시방을 두루 비추어 한량없는 신통 변화를 나타내고, 이런 일을 마치고는 이 보살마하살들의 가슴에 있는 금강으로 장엄한 공덕 모양으로 들어갔으며, 그 광명이 들어간 후에는 이 보살들의 지혜가 세력을 더하여 백천 곱절을 지났습니다.

그 때 시방의 모든 부처님들의 양미간으로부터 청정한 광명이 나오니 이름이 온갖 지혜와 신통을 더함〔增益一切智神通〕이라, 무수한 광명으로 권속을 삼아 시방의 일체 세계에 비추면서 오른쪽으로 열 바퀴를 돌고, 여래의 광대하게 자재함을 나타내며, 한량없는 백천억 나유타 보살들을 깨우치고, 모든 부처님 세계를 두루 진동하여, 모든 나쁜 갈래의 고통을 없애고, 모든 마군의 궁전을 가리우며, 모든 부처님들께서 보리를 얻으신 도량에 있는 대중들의 장엄한 위덕을 보이었습니다. 이와 같이 온 허공과 법계에 가득한 모든 세계를 두루 비추고는 이 보살들의 회상會上에 돌아와서 오른쪽으로 두루 돌면서 가지가지로 장엄한 일을 나타내었습니다.

이런 일을 나타내고는 큰 보살의 정수리로 들어가니, 그 권속 광명들도 보살들의 정수리로 들어갔습니다. 이러는 동안에 이 보살들이 전에 얻지 못하였던 백만 가지 삼매를 얻었으니, 이름이 직책을 받는 지위를 얻음〔爲已得受職之位〕이라, 부처님의 경계에 들어가서 열 가지 힘을 구족하고 부처님 가운데 섞이었습니다.

불자여, 마치 전륜성이 낳은 태자는 어머니가 왕후요, 몸매가 구족한데, 전륜왕이 태자로 하여금 흰 코끼리 등에 마련한 황금자리에 앉게 하고, 그물로 된 휘장을 두르고 큰 당기와 번기를 세우고 향을 사르고 꽃을 흩고 음악을 잡히며, 황금병으로 사해의 물을 길어다가 왕이 손수 병을 들고 태자의 정수리에 부으면, 이것을 이름하여 왕의 직책을 받는 지위라 하여, 머리에 물을 부은 찰제리왕의 축에 들게 되며, 곧 열 가지 착한 도를 행하여 전륜성왕이란 이름을 얻는 것과 같습니다.

보살이 직책을 받는 것도 그와 같아서 부처님의 지혜 물을 정수리에 부으므로 직책을 받는다 하며, 여래의 열 가지 힘을 구족하였으므로 부처님 가운데 섞이게 됩니다.

불자여, 이것을 이름하여 보살이 큰 지혜의 직책을 받았다 하며, 보살이 이 지혜의 직책을 받으므로, 한량없는 백천만억 나유타나 되는 행하기 어려운 행을 능히 행하며, 한량없는 지혜 공덕을 증장하니, 이를 법운지法雲地에 머문다 이름합니다.

 불자여, 보살마하살이 이 법운지에 머물면, 사실대로 욕심세계의 모임과 형상세계의 모임과 형상 없는 세계의 모임과 세계의 모임과 법계의 모임과 함이 있는 세계의 모임과 함이 없는 세계의 모임과 중생계의 모임과 인식계〔識界〕의 모임과 열반계의 모임을 알며, 이 보살이 사실대로 모든 소견과 번뇌의 행이 모임을 알며, 세계가 이루고 헐림의 모임을 알며, 성문의 행이 모임과 벽지불의 행이 모임과 보살의 행이 모임과, 여래의 힘과 두려움 없음과 형상의 몸〔色身〕과 법의 몸〔法身〕이 모임과, 갖가지 지혜와 온갖 지혜의 지혜가 모임과, 보리를 얻어 법륜 굴림을 보이는 것이 모임과, 온갖 법에 들어가 분별하고 결정하는 지혜가 모임을 아나니, 요점을 들어 말하면 온갖 지혜로써 온갖 모임을 압니다.

 불자여, 이 보살마하살은 이러한 상상품의 깨달은 지혜〔覺慧〕로써, 중생의 업으로 변화함과 번뇌로 변화함과 여러 소견으로 변화함과 세계로 변화함과 법계로 변화함과 성문으로 변화함과 벽지불로 변화함과 보살로 변화함과 여래로 변화함과 일체 분별 있고 분별 없게 변화함을 사실대로 아나니, 이런 따위를 다 사실대로 압니다.

 또 부처님의 가지〔持〕와 법의 가지와 승의 가지와 업의 가지와 번뇌의 가지와 시절의 가지와 원력의 가지와 공양의 가지와 행의 가지와 겁의 가지와 지혜의 가지를 사실대로 아나니, 이런 따위를 다 사실대로 압니다.

 또 부처님 여래들의 미세微細한 데 들어가는 지혜를 사실대로 아나니, 이른바 수행함이 미세한 지혜와 목숨을 마침이 미세한 지혜와 태어남이 미세한 지혜와 집 떠남이 미세한 지혜와 신통을 나타냄이 미세한 지혜와 바른 깨달음을 이룸이 미세한 지혜와 법륜 굴림이 미세한 지혜와 목숨을 유지함이 미세한 지혜와 열반에 듦이 미세한 지혜와 교법이 세상에 머묾이 미세한 지혜니, 이런 따위를 다 사실대로 압니다.

또 여래의 비밀한 곳에 들어가나니, 이른바 몸의 비밀과 말의 비밀과 마음의 비밀과 때와 때 아님을 생각하는 비밀과 보살에게 수기하는 비밀과 중생을 거두어주는 비밀과 가지가지 승乘의 비밀과 일체 중생의 근성과 행이 차별한 비밀과 업으로 짓는 비밀과 보리를 얻는 행의 비밀이니, 이런 따위를 사실대로 압니다.

또 부처님들께서 겁에 들어가는 지혜를 아나니, 이른바 한 겁이 아승기겁에 들어가고 아승기겁이 한 겁에 들어감과, 수 있는 겁이 수 없는 겁에 들어가고 수 없는 겁이 수 있는 겁에 들어감과, 한 찰나가 겁에 들어가고 겁이 한 찰나에 들어감과, 겁이 겁 아닌 데 들어가고 겁 아닌 것이 겁에 들어감과, 부처님 있는 겁이 부처님 없는 겁에 들어가고 부처님 없는 겁이 부처님 있는 겁에 들어감과, 과거 겁과 미래 겁이 현재 겁에 들어가고 현재 겁이 과거 겁과 미래 겁에 들어감과, 오랜 겁이 짧은 겁에 들어가고 짧은 겁이 오랜 겁에 들어감이라, 이런 따위를 다 사실대로 압니다.

또 여래께서 들어가는 지혜를 아나니, 이른바 터럭같은 범부에 들어가는 지혜〔入毛道智〕와 작은 티끌에 들어가는 지혜와 국토의 몸으로 바로 깨닫는 데 들어가는 지혜와 중생의 몸으로 바로 깨닫는 데 들어가는 지혜와 중생의 마음으로 바로 깨닫는 데 들어가는 지혜와 중생의 행으로 바로 깨닫는 데 들어가는 지혜와 온갖 곳을 따라서 바로 깨닫는 데 들어가는 지혜와 두루 행함〔偏行〕을 보이는 데 들어가는 지혜와 수순하는 행을 보이는 데 들어가는 지혜와 거슬리는 행을 보이는 데 들어가는 지혜와, 헤아릴 수 있고 헤아릴 수 없는 세간을 알고 알지 못하는 행을 보이는 데 들어가는 지혜와, 성문의 지혜·벽지불의 지혜·보살의 행·여래의 행을 보이는 데 들어가는 지혜입니다.

　불자여, 모든 부처님의 가진 지혜가 광대하고 한량이 없거늘, 이 지의 보살은 모두 능히 들어갑니다.

　불자여, 보살마하살이 이 지에 머물러서는, 곧 보살의 부사의한 해탈과 걸림 없는 해탈과 깨끗하게 관찰하는 해탈과 두루 밝게 비치는 해탈과 여래장 해탈과 따라 순종하여 걸림 없는 바퀴 해탈과 삼세를 통달하는 해탈과 법계장 해탈과 해탈한 광명의 바퀴 해탈과 남음 없는 경계의 해탈이니, 이 열 가지를 으뜸으로 하여 한량없는 백천 아승기 해탈문이 있는데, 모두 이 제10지에서 얻으며, 이와 같이 내지 한량없는 백천 아승기 삼매문과 한량없는 백천 아승기 다라니문과 한량없는 백천 아승기 신통문을 모두 성취합니다.

　불자여, 이 보살마하살은 이러한 지혜를 통달하고는 한량없는 보리를 따라서 공교하게 생각하는 힘을 성취하였으므로 시방의 한량없는 부처님들이 가지신 한량없는 큰 법의 광명과 큰 법의 비침과 큰 법의 비를, 잠깐 동안에 모두 능히 견디고 능히 받고 능히 거두고 능히 유지합니다.

　비유하면 사가라娑伽羅용왕이 내리는 큰 비를, 큰 바다를 제하고는 어떠한 곳에서도 견디지 못하며 받지 못하며 거두지 못하며 유지하지 못하듯이, 여래의 비밀한 법장인 큰 법의 광명과 큰 법의 비침과 큰 법의 비도 그와 같아서, 오직 제10지 보살을 제하고는 다른 모든 중생이나 성문이나 독각이나 내지 제9지 보살들도 능히 견디지 못하며 능히 받지 못하며 능히 거두지 못하며 능히 유지하지 못합니다.

　불자여, 마치 큰 바다는 한 용왕이 내리는 큰 비를 능히 견디고 받고 거두고 유지하며, 둘이나 셋이나 내지 한량없는 용왕의 비가 잠깐 동안에 한꺼번에 내리더라도 다 능히 견디고 받고 거두고 유지하나니, 왜냐하면 이것은 한량없고 크고 넓은 그릇인 까닭인 것과 같습니다. 법운지에 있는 보살도 그와 같아서 한 부처님의 법의 광명과 법의 비침과 법의 비를 능히 견디고 받고 거두고 유지하며, 둘이나 셋이나 내지 한량없는 부처님께서 잠깐 동안에 한꺼번에 연설하시더라도 또한 이와 같나니, 그러므로 이 지를 법운이라 이름합니다."

해탈월보살이 말하였다.

"불자시여, 이 지의 보살이 한 찰나 동안에 몇 여래의 처소에서 큰 법의 광명과 큰 법의 비침과 큰 법의 비를 능히 견디고 받고 거두고 유지하나이까?"

금강장보살이 말하였다.

"불자여, 산수로는 알 수 없나니, 내가 그대를 위하여 비유를 말하겠습니다.

불자여, 비유컨대 시방에 각각 열 배의 말할 수 없는 백천억 나유타 부처 세계의 티끌 수 세계가 있고, 그 세계들 가운데 있는 낱낱 중생이 모두 듣고 지니는(聞持) 다라니를 얻고 부처님의 시자侍者가 되어 성문 대중 중에 많이 듣기로 제일인 것이, 금강연화상金剛蓮華上부처님 회상의 대승大勝비구와 같지마는, 한 중생이 받은 법을 다른 이는 다시 받지 않는다 하면, 불자여, 그대는 어떻게 생각합니까. 이 여러 중생들의 받은 법이 한량이 있겠습니까, 한량이 없겠습니까?"

해탈월보살이 말하였다.

"그 수효가 매우 많아서 한량없고 그지없겠나이다."

금강장보살이 말하였다.

"불자여, 내가 그대에게 말하여 알게 하겠습니다. 불자여, 이 법운지 보살이 한 부처님 계신 데서 한 찰나 동안에 견디고 받고 거두고 유지한 큰 법의 광명과 큰 법의 비침과 큰 법의 비인 삼세의 부처님 법장을 앞에 말한 그러한 세계의 일체 중생이 듣고 지닌 법으로는 백분의 하나에도 미치지 못하며, 내지 비유로도 미칠 수 없습니다.

한 부처님 계신 데서와 같이, 시방에는 앞에 말한 바와 같은 그렇게 많은 세계의 티끌 수 부처님보다 더 지나가서 한량없고 그지없는 부처님께서 계시거든, 그 낱낱 여래의 처소에 있는 법의 광명과 법의 비침과 법의 비인 삼세의 부처님 법장을 모두 다 능히 견디고 능히 받고 능히 거두고 능히 유지하나니, 그러므로 이 지의 이름을 법운지라 합니다.

불자여, 이 지의 보살은 자기의 원력으로 크게 자비한 구름을 일으키고 큰 법의 우레를 진동하며 육통과 삼명三明과 두려움 없음으로 번개가 되고 복덕과 지혜는 빽빽한 구름이 되며, 여러 가지 몸을 나타내어 가고 오며 두루 돌아다니면서, 잠깐 동안에 시방으로 백천억 나유타 세계의 티끌 수 국토에 두루하여 큰 법문을 연설하여 마군과 원수들을 꺾어 굴복하며, 이보다 더 지나가는 한량없는 백천억 나유타 세계의 티끌 수 국토에서, 중생들의 좋아하는 마음을 따라서 단이슬 비〔甘露雨〕를 퍼부어 일체 번뇌의 불을 멸하나니, 그러므로 이 지를 법운지라 합니다.

불자여, 이 지의 보살은 한 세계에서 도솔천에서 내려오며, 내지 열반에 드시도록 제도를 받을 중생들의 마음을 따라서 불사를 나타내며, 두 세계, 세 세계로, 내지 앞에서 말한 티끌 수 국토에 이르며, 또 이보다 지나가서 한량없는 백천억 나유타 세계의 티끌 수 국토에서도 그와 같이 하나니, 그러므로 이 지를 법운지라 합시다.

불자여, 이 지의 보살은 지혜가 밝게 통달하고 신통이 자재하므로 그 생각을 따라서 능히 좁은 세계를 넓은 세계로 만들고 넓은 세계를 좁은 세계로 만들며, 더러운 세계를 깨끗한 세계로 만들고 깨끗한 세계를 더러운 세계로 만들며, 어지럽게 있고 차례대로 있고 거꾸로 있고 바로 있는 이렇게 한량없는 모든 세계들을 다 능히 서로 만듭니다.

혹은 생각[心念]을 따라서 한 티끌 속에 한 세계의 수미산과 모든 산과 강을 넣더라도 티끌의 모양이 본래와 같고, 세계도 줄어지지 아니하며, 혹은 또 가장 작은 한 티끌 속에, 두 세계, 세 세계 내지 말할 수 없는 세계의 수미산과 모든 산과 강을 넣더라도, 저 작은 티끌 모양이 본래와 같고 그 속에 있는 세계도 분명히 나타납니다.

혹은 생각을 따라서 한 세계의 장엄을 나타내기도 하고, 혹은 한 세계의 장엄 가운데 두 세계, 내지 말할 수 없는 세계를 나타내기도 하며, 혹은 생각을 따라서 말할 수 없는 세계에 있는 중생들을 한 세계에 두기도 하고, 혹은 생각을 따라서 한 세계에 있는 중생들을 말할 수 없는 세계에 두더라도 그 중생들에게는 시끄럽거나 해로움이 없습니다.

혹은 생각을 따라서 한 털구멍에 모든 부처님 경계와 장엄한 일을 나타내기도 하며, 혹은 생각을 따라서 한 생각 동안에 말할 수 없는 세계의 티끌 수 몸을 나타내고, 낱낱 몸마다 저러한 티끌 수 손을 나타내고, 낱낱 손마다 항하의 모래 수 같은 꽃바구니·향상자·화만·일산·당기·번기를 들고 시방으로 돌아다니면서 부처님께 공양하며, 또 낱낱 몸마다 저러한 티끌 수 머리를 나타내고, 낱낱 머리에 저러한 티끌 수 혀를 나타내어 찰나찰나 동안에 시방으로 다니면서 부처님의 공덕을 찬탄합니다.

혹은 생각을 따라서 잠깐 동안에 시방에 두루하여 바른 깨달음을 이루며, 내지 열반에 드는 일과 국토를 장엄하는 일을 보이기도 하고, 혹은 그 몸이 삼세에 두루함을 나타내는데, 몸 가운데 한량없는 부처님과 부처님 국토의 장엄한 일이 있기도 하고, 세계가 성취하고 파괴하는 일을 나타내며, 혹은 자신의 한 털구멍에서 온갖 바람을 내지마는 중생에게는 시끄럽지 아니합니다.

혹은 생각을 따라서 그지없는 세계로 큰 바다를 만들고, 그 바다 가운데에 큰 연꽃이 나타나는데, 광명이 훌륭하여 한량없고 그지없는 세계를 두루 덮으며, 그 가운데 큰 보리수와 장엄하는 일을 보이기도 하고, 내지 갖가지 지혜〔一切種智〕를 성취함을 보이기도 하며, 혹은 그 몸을 시방세계에 나타내는데, 온갖 광명과 마니구슬과 해와 달과 별과 구름과 번개의 빛이 모두 나타나며, 혹은 입으로 바람을 토하며 시방의 한량없는 세계를 흔들지마는 중생들을 놀라지 않게 하며, 혹은 시방에 풍재와 화재와 수재를 나타냅니다.

혹은 중생의 마음을 따라서 형상 몸을 나타내는데 장엄이 구족하며, 혹은 자기의 몸에 부처님 몸을 나타내고, 혹은 부처님 몸에 자기의 몸을 나타내며, 혹은 부처님 몸에 자기의 국토를 나타내고, 혹은 자기의 국토에 부처님 몸을 나타내나니, 불자여, 이 법운지 보살은 이러한 신통과 그 외에 한량없는 백천억 나유타의 자유로운 신통을 나타냅니다."

그 때 회중에 있는 보살들과 하늘과 용과 야차와 건달바와 아수라와, 세상을 보호하는 사천왕과 석제환인과 범천왕과, 정거천淨居天과 마혜수라의 여러 천자들이 이렇게 생각하였다.

'보살의 신통과 지혜의 힘이 이러하다면 부처님은 어떠하시겠는가?'

이 때 해탈월보살이 여러 모인 대중의 생각함을 알고 금강장보살에게 말하였다.

"불자시여, 이 대중이 보살의 신통과 지혜의 힘을 듣고 의심에 떨어졌사오니, 거룩하여이다, 어진 이시여. 저들의 의심을 풀기 위하여 보살의 신통한 힘과 장엄하는 일을 조금만 나타내어 보이소서."

때에 금강장보살이 곧 일체 부처님 국토의 자체 성품 삼매〔體性三昧〕

에 들었다. 이 삼매에 들었을 적에 여러 보살과 모든 대중이, 자기의 몸이 금강장보살의 몸 속에 있음을 보았으며, 그 속에서 삼천대천세계에 있는 가지가지 장엄한 일을 보는 데, 억 겁을 지내면서 말하여도 다 할 수 없으며, 또 그 가운데서 보리수를 보는 데, 그 밑동은 십만 삼천대천세계가 되고 높이는 백만 삼천대천세계가 되며, 가지와 잎으로 덮인 것도 그와 같으며, 나무의 형체에 알맞게 사자좌가 있고, 그 위에 부처님께서 계시니 명호는 일체지통왕一切智通王이시라, 모든 대중이 보니 그 부처님께서 보리수 아래 있는 사자좌에 앉으셨는데, 가지가지 꾸미개로 장엄한 것은 억 겁을 두고 말하더라도 다할 수 없었다.

금강장보살이 이렇게 큰 신통을 나타내고는, 다시 모인 대중으로 하여금 각각 제 자리에 있게 하였다. 그 때 대중이 전에 없던 일을 보고 이상한 생각을 가지고 잠자코 있으면서 금강장보살을 일심으로 우러러 보았다.

그 때 해탈월보살이 금강장보살에게 말하였다.

"불자시여, 지금 드신 삼매는 매우 희유하옵고 큰 세력이 있사오니, 이름이 무엇이오니까?"

금강장보살이 대답하였다.

"그 삼매의 이름은 '일체 부처님 국토의 자체 성품'입니다."

"이 삼매의 경계는 어떠하오니까?"

"불자여, 보살이 이 삼매를 닦으면 생각하는 대로 자기의 몸에 항하의 모래 같은 세계의 티끌 수 부처님 세계를 나타내되, 그보다도 지나가서 한량이 없고 끝이 없습니다.

불자여, 보살이 법운지에 머물러서는 이렇게 한량없는 백천 가지 큰 삼매를 얻었으므로, 이 보살의 몸과 몸으로 짓는 업을 헤아릴 수 없으며, 말과 말로 짓는 업과, 뜻과 뜻으로 짓는 업이 신통하고 자유로워서, 삼세를 관찰하는 삼매의 경계와 지혜의 경계와 모든 해탈문에 유희하는 일과 변화로 짓는 일과 신력으로 짓는 일과 광명으로 짓는 일 등으로 간략하게 말하여, 내지 발을 들고 발을 내리는 일과 그러한 여러 가지 짓는 일을, 내지 법왕자法王子로서 선혜지에 머무른 보살들도 능히 알지 못합니다.

불자여, 이 법운지 보살의 가진 경계를 간략히 말하면 이러하거니와, 만일 자세히 말한다면 한량없는 백천 아승기겁 동안에도 다할 수 없습니다."

해탈월보살이 말하였다.

"불자시여, 만일 보살의 신통한 경계가 이러하다면, 부처님의 신통한 힘은 어떠하겠나이까?"

금강장보살이 말하였다.

"불자여, 비유하면 어떤 사람이 사천하에서 한 덩이 흙을 들고 말하기를 '그지없는 세계의 땅덩어리 흙이 많겠는가, 이 흙이 많은가' 한다고 합시다. 내가 보건댄 그대가 묻는 것도 그와 같아서 여래의 지혜는 그지없고 같을 이가 없거늘, 어떻게 보살의 지혜와 견주어 말하겠습니까?"

또 불자여, 마치 사천하에서 한 덩이 흙을 든 것보다는 나머지 흙이 한량없는 것과 같고 이 법운지의 신통과 지혜를 한량없는 겁 동안에 조금만 말한 것과 같나니, 하물며 여래의 신통이겠습니까?

불자여, 내 이제 그대에게 다른 일을 가지고 증명하여 그대로 하여금 여래의 경계를 알게 하겠습니다.

불자여, 가령 시방의 낱낱 방위에 각각 그지없는 세계의 티끌 수 같은 많은 부처님의 국토가 있고, 낱낱 국토마다 이 지의 보살과 같은 이들이 가득하여 사탕수수·대·갈대·벼·삼대·숲같이 많고, 그 여러 보살들이 백천억 나유타 겁에 보살의 행을 닦아서 생긴 지혜를 한 부처님 지혜의 경계에 비긴다면, 백분의 하나도 미치지 못하고, 내지 우바니사타분의 하나에도 미치지 못합니다.

불자여, 이 보살은 이런 지혜에 머물고는, 여래의 몸의 업, 말의 업, 뜻의 업과 다르지도 않고, 보살의 여러 삼매의 힘을 버리지도 않으면서, 수없는 겁 동안에 모든 부처님을 받들어 섬기며 공양하되, 낱낱 겁마다 갖가지 공양거리로 공양하였고, 모든 부처님의 신통의 힘으로 가피加被하여 지혜의 광명이 더욱 증장하고 훌륭하였으며, 온 법계에서 묻는 문난을 잘 해석하여 백천억 겁에라도 능히 굴복할 이가 없습니다.

불자여, 마치 은장이가 상품의 진금으로 몸에 장엄할 거리를 만들고 마니보배로 사이사이 박아 장식한 것을, 자재천왕이 몸에 장식하였으면, 다른 천인들의 장엄거리로는 미칠 수 없는 것과 같습니다. 이 지의 보살도 그와 같아서 초지로부터 제9지에 이르는 모든 보살의 지혜와 행으로는 미칠 수 없습니다.

이 지의 보살의 지혜 광명은 중생으로 하여금 내지 온갖 지혜의 지혜에 들어가게 하나니, 다른 지혜의 광명으로는 능히 이와 같을 수 없습니다. 불자여, 마치 마혜수라천왕의 광명은 능히 중생으로 하여금 몸과 마음이 청량하게 하는 것이어서, 모든 광명으로는 미칠 수 없는 것같이, 이 지의 보살의 지혜광명도 그와 같아서 중생으로 하여금 서늘함을 얻게 하며, 내지 온갖 지혜의 지혜에 머물게 하는 것이어서, 모든 성문이나 벽지불이나 내지 제9지 보살의 지혜광명으로는 모두 미치지 못합니다.

불자여, 이 보살마하살이 이미 이러한 지혜에 편안히 머물렀는데, 여러 부처님 세존께서 다시 그에게 삼세의 지혜, 법계의 차별한 지혜, 일체 세계에 두루하는 지혜, 일체 세계를 비추는 지혜, 일체 중생을 인자하게 생각하는 지혜를 말하나니, 요점을 들어 말하면, 내지 온갖 지혜의 지혜를 얻도록 말합니다.

이 보살은 십바라밀 중에서는 지혜바라밀이 가장 승한데, 다른 바라밀도 닦지 않는 것은 아닙니다.

불자여, 이것이 보살마하살의 제10 법운지를 간략하게 말함이라 하거니와, 만일 자세히 말하자면 가령 한량없는 아승기겁에도 다할 수 없습니다.

불자여, 보살이 이 지에 머물러서는 흔히 마혜수라천왕이 되어 법에 자재하며, 중생들에게 성문이나 독각이나 모든 보살의 바라밀 행을 주며, 법계 가운데 있는 문난으로는 능히 굽힐 이가 없습니다. 보시하고 좋은 말을 하고 이익한 행을 하고 일을 함께하나니, 이렇게 여러 가지 짓는 업이 모두 부처님 생각함을 떠나지 아니하며, 내지 갖가지 지혜와 온갖 지혜의 지혜를 구족하도록 생각함을 떠나지 아니합니다.

또 생각하기를 '내가 모든 중생들 가운데 머리가 되고 나은 이가 되며, 내지 온갖 지혜의 지혜〔一切智智〕로 의지함이 되리라' 합니다.

만일 부지런히 정진하면 잠깐 동안에 열 곱절 말할 수 없는 백천억 나유타 부처 세계의 티끌 수 같은 삼매를 얻으며, 내지 저러한 티끌 수 같은 보살을 나투어 권속을 삼거니와, 만일 보살의 수승한 원력으로 자유롭게 나타내면 이보다 지나가나니, 이른바 수행과 장엄과 믿고 이해함과 짓는 것과 몸과 말과 광명과 여러 근과 신통 변화와 음성과 행하는 곳을, 내지 백천억 나유타 겁에도 능히 헤어서 알지 못할 것입니다.

불자여, 이 보살마하살은 열 가지 지地의 행상行相이 차례로 앞에 나타나서 능히 온갖 지혜의 지혜에 들어갑니다. 마치 아뇩달〔阿耨達〕못에서 네 줄기 큰 강이 흘러내리는데, 그 강이 염부제에 두루 흘러대어도 다하지 아니하고 더욱 불어서 바다에까지 들어가서 가득 차게 하는 것과 같습니다.

불자여, 보살도 그와 같아서 보리심으로부터 선근과 큰 서원의 물이 흘러나와서 사섭법으로 중생에게 가득 차게 하지마는 다하지 아니하고 더욱 불어서, 내지 온갖 지혜의 바다에까지 들어가서 가득 차게 합니다.

불자여, 보살의 열 가지 지地는 부처님의 지혜를 인하여서 차별이 있는 것이, 마치 땅을 인하여 열 산이 있는 것과 같습니다. 무엇이 열인가. 이른바 설산雪山・향산香山・비다리산鞞陀山梨・신선산神仙山・유간다라산由乾陀羅山・마이산馬耳山・니민다라산尼民陀羅山・작갈라산 斫羯羅山・계도말저산計都末底山・수미산須彌山입니다.

불자여, 마치 설산은 온갖 약초가 거기 있어서 아무리 캐어내도 다하지 않듯이, 보살이 머물러 있는 환희지歡喜地도 그와 같아서 일체 세간의 경전과 예술과 글과 게송과 주문과 기술이 그 가운데 있어서 말하여도 다할 수 없습니다. 불자여, 마치 향산은 온갖 향이 거기 모이어서 가져와도 다하지 않듯이, 보살이 머물러 있는 이구지離垢地도 그와 같아서 모든 보살의 계행과 위의가 거기 있어서 말하여도 다할 수 없습니다.

불자여, 마치 비다리산은 순전한 보배로 이루었으매 온갖 보배가 거기 있어서 취하여도 다하지 않듯이, 보살이 머물러 있는 발광지發光地도 그와 같아서 모든 세간의 선정・신통・해탈・삼매・삼마발저가 거기 있어서 말하여도 다할 수 없습니다. 불자여, 마치 신선산은 순전한 보배로 되었고 오신통을 얻은 신선들이 거기 있어서 다함이 없듯이, 보살이 머물러 있는 염혜지燄慧地도 그와 같아서 온갖 도의 수승한 지혜가 거기 있어서 말하여도 다할 수 없습니다.

불자여, 마치 유간다라산은 순전한 보배로 되었고 야차신들이 거기 있어서 다함이 없듯이, 보살이 머물러 있는 난승지難勝地도 그와 같아서 일체 자재하고 뜻대로 되는 신통이 거기 있어서 말하여도 다할 수 없습니다. 불자여, 마치 마이산은 순전한 보배로 이루었고 모든 과일이 거기 있어서 취하여도 다하지 않듯이, 보살이 머물러 있는 현전지現前地도 그와 같아서 연기의 이치에 들어가 성문과를 증하는 일이 거기 있어서 말하여도 다할 수 없습니다.

마치 니민다라산은 순전한 보배로 되었고 기운 센 용신龍神들이 거기 있어서 다함이 없듯이, 보살이 머물러 있는 원행지遠行地도 그와 같아서 방편 지혜로 연각의 과를 증하는 일이 거기 있어서 말하여도 다할 수 없습니다. 마치 작갈라산은 순전한 보배로 되었고 여러 자재한 무리들이 거기 있어서 다함이 없듯이, 보살이 머물러 있는 부동지不動地도 그와 같아서 모든 보살의 자재한 행의 차별한 세계가 거기 있어서 말하여도 다할 수 없습니다.

마치 계도말저산은 순전한 보배로 되었고 큰 위덕 있는 아수라왕이 거기 있어서 다함이 없듯이, 보살이 머물러 있는 선혜지善慧地도 그와 같아서 일체 세간의 나고 사라지는 지혜의 행이 거기 있어서 말하여도 다할 수 없습니다.

마치 수미산은 순전한 보배로 되었고 큰 위덕 있는 하늘들이 거기 있어서 다함이 없듯이, 보살이 머물러 있는 법운지法雲地도 그와 같아서 여래의 힘과 두려움 없음과 함께하지 않은 일체 부처님의 일이 거기 있어서 묻고 대답하고 말하여도 다할 수 없습니다.

불자여, 이 열 가지 보배산이 다 같이 큰 바다에 있으면서 차별하게 이름을 얻었듯이, 보살의 십지도 그와 같아서 다 같이 온갖 지혜의 가운데 있으면서 차별하게 이름을 얻은 것입니다.

불자여, 마치 큰 바다는 열 가지 모양으로써 큰 바다라는 이름을 얻어 고치거나 뺏을 수 없는 것과 같습니다. 무엇이 열인가. 하나는 차례로 점점 깊어짐이요, 둘은 송장을 받아두지 않음이요, 셋은 다른 물이 그 가운데 들어가면 모두 본래의 이름을 잃음이요, 넷은 모두 다 한 맛이요, 다섯은 한량없는 보물이 있고, 여섯은 바닥까지 이를 수 없고, 일곱은 넓고 커서 한량이 없고, 여덟은 큰 짐승들이 사는 데요, 아홉은 조수가 기한을 어기지 않고, 열은 큰 비를 모두 받아도 넘치지 않음입니다.

보살의 행도 그와 같아서 열 가지 모양으로써 보살의 행이라 이름하여 고치거나 뺏을 수 없습니다. 무엇이 열인가. 이른바 환희지는 큰 서원을 내어 점점 깊어지는 연고요, 이구지는 모든 파계한 송장을 받지 않는 연고요, 발광지는 세간에서 붙인 이름〔假名子〕을 여의는 연고요, 염혜지는 부처님의 공덕과 맛이 같은 연고요, 난승지는 한량없는 방편과 신통인 세간에서 만드는 보배들을 내는 연고요, 원행지는 넓고 큰 깨닫는 지혜를 잘 관찰하는 연고요, 부동지는 광대하게 장엄하는 일을 나타내는 연고요, 선혜지는 깊은 해탈을 얻고 세간으로 다니면서 사실대로 알아서 기한을 어기지 않는 연고요, 법운지는 모든 부처님 여래의 큰 법의 밝은 비를 받으면서 만족함이 없는 연고입니다.

불자여, 큰 마니 구슬은 열 가지 성질이 다른 보배보다 지나가나니, 무엇이 열인가. 하나는 큰 바다에서 나왔고, 둘은 솜씨 좋은 공장이 다스렸고, 셋은 둥글고 만족하여 흠이 없고, 넷은 청정하여 때가 없고, 다섯은 안팎이 투명하게 밝고, 여섯은 교묘하게 구멍을 뚫었고, 일곱은 보배 실로 꿰었고, 여덟은 유리로 만든 당기 위에 달았고, 아홉은 가지가지 광명을 널리 놓고, 열은 왕의 뜻을 따라 모든 보물을 내며 중생들의 마음과 같이 소원을 만족케 합니다.

불자여, 보살도 그와 같아서 열 가지가 여러 성인보다 뛰어나는 줄을 알아야 합니다. 무엇이 열인가. 하나는 온갖 지혜(一切智)를 얻으려는 마음을 냄이요, 둘은 계행을 가지어 두타의 행이 맑음이요, 셋은 여러 선정과 삼매가 원만하여 흠이 없고, 넷은 도행이 청백하여 때를 여의었고, 다섯은 방편과 신통이 안팎으로 사무치게 밝고, 여섯은 연기緣起의 지혜로 잘 뚫었고, 일곱은 가지가지 방편과 지혜의 실로 꿰었고, 여덟은 자유로운 높은 당기 위에 두었고, 아홉은 중생의 행을 관찰하여 들어 지니는(聞持) 광명을 놓고, 열은 부처님 지혜의 직책을 받아 부처님 가운데 들어가 중생을 위하여 불사를 널리 지음입니다.

불자여, 이 갖가지 지혜와 온갖 지혜의 공덕을 모으는 보살행의 법문은 여러 중생이 선근을 심지 않고는 듣지 못하는 것입니다."

해탈월보살이 말하였다.

"이 법문을 들으면 얼마나 되는 복을 얻겠나이까?"

금강장보살이 말하였다.

"온갖 지혜로 모으는 복덕과 같이, 이 법문을 들은 복덕도 그와 같습니다. 왜냐 하면 이 공덕의 법문을 듣지 못하고는, 능히 믿고 이해하거나 받아 지니고 읽고 외우지도 못하거든, 하물며 꾸준히 노력하고 말한 대로 수행하겠습니까. 그러므로 반드시 이 온갖 지혜의 공덕을 모으는 법문을 듣고야 능히 믿고 이해하고 받아 지니고 닦아 익힐 것이며, 그런 후에야 온갖 지혜의 지위에 이를 수 있음을 마땅히 알아야 합니다."

그 때에 부처님의 신력이며, 으례 그러한 법이므로, 시방으로 각각 십억 부처 세계의 티끌 수 세계가 여섯 가지(六種)의 열여덟 모양으로 진동하니, 이른바 흔들흔들·두루 흔들흔들·온통 두루 흔들흔들·들썩들썩·두루 들썩들썩·온통 두루 들썩들썩·울쑥불쑥·두루 울쑥불쑥·온통 두루 울쑥불쑥·우르르·두루 우르르·온통 두루 우르르·와르릉·두루 와르릉·온통 두루 와르릉·와지끈·두루 와지끈·온통 두루 와지끈 하는 것이었다.

　여러 하늘 꽃과 하늘 화만과 하늘 옷과 하늘의 보배 장엄거리와 당기와 번기와 비단 일산을 내리며, 하늘 풍류를 잡히니, 소리가 화평하며 한꺼번에 소리를 내어 온갖 지혜의 지위에 있는 공덕을 찬탄하였다.

　이 세계의 타화자재천왕 궁전에서 이 법을 연설하는 것과 같이, 시방의 모든 세계에서도 모두 이와 같이 하였다.

　이 때에 다시 부처님의 신통력으로써 시방으로 각각 십억 부처 세계의 티끌 수 같은 세계 밖에 십억 부처 세계의 티끌 수 같은 보살들이 이 회상에 와서 이렇게 말하였다.

　"잘하시었습니다, 금강장이여. 이 법을 통쾌하게 말씀하셨습니다. 우리들은 다 같이 이름이 금강장金剛藏이며, 살고 있는 세계가 각각 다르지마는 이름이 다 같이 금강덕金剛德이며, 부처님 명호는 모두 금강당金剛幢입니다. 우리들도 우리들 세계에 있으면서 모두 부처님의 위신력을 받들고 이 법을 연설하나니, 모인 대중들도 모두 같고, 글자나 구절이나 뜻도 여기서 말하는 바와 늘거나 줄지 아니합니다. 모두 부처님의 신력으로써 이 모임에 와서 당신을 위하여 증명합니다. 우리들이 지금 이 세계에 들어온 것처럼 시방의 모든 세계에서도 다 이와 같이 가서 증명할 것입니다."

　그 때 금강장보살이 시방의 모든 대중이 모인 것이 법계에 두루함을 관찰하고는 온갖 지혜의 지혜를 얻으려는 마음을 찬탄하고, 보살의 경계를 나타내며, 보살의 수행하는 힘을 깨끗이 하고, 갖가지 지혜를 거두어 가지는 길을 말하고, 모든 세간의 때를 없애며, 온갖 지혜를 베풀어 주고, 부사의한 지혜의 장엄을 나타내 보이고, 모든 보살의 공덕을 드러내며, 이러한 지地의 뜻을 더욱 열어 보이게 하고자 부처님의 위신력을 받들어 게송으로 말하였다.

그 마음 고요하고 항상 화평해
평등하고 걸림 없기 허공 같으며
더러운 것 여의고 도에 머무니
이렇게 훌륭한 행 그대 들으라.

백천억겁 동안에 착한 행 닦아
한량없고 그지없는 부처님 공양
성문과 독각들도 역시 그러해
중생을 이익하려 큰 마음 내고,

꾸준하고 계행 갖고 참고 유순해
부끄럼과 복과 지혜 다 구족하고
부처 지혜 구하려고 지혜 닦으며
열 가지 힘 얻고자 큰 마음 내고,

삼세의 부처님들 다 공양하고
갖가지 국토들을 깨끗이 장엄
모든 법 평등함을 분명히 알고
중생을 이익하려 큰 마음 내다.

초지에 머물러서 이 마음 내고
나쁜 짓 아주 떠나 항상 기쁘며
원력으로 선한 법 널리 닦아서
어여삐 여김으로 이지二地에 들고,

계행 다문多聞 갖추고 중생을 생각
더러운 때 씻으니 마음이 깨끗
세간에서 세 가지 독한 불 관찰
넓고 크게 아는 이 삼지三地에 들고,

세 가지 있는 곳이[三有] 모두가 무상
화살에 맞은 듯이 고통이 치성
하여진 것[有爲] 떠나서 불법 구하려
큰 지혜 있는 이가 염혜지 들고,

지혜가 구족하여 보리를 얻고
한량없는 백천의 부처님 공양
가장 승한 공덕을 늘 관찰하면
이 사람이 난승지에 들어가오며,

지혜와 모든 방편 잘 관찰하고
가지가지 나타내어 중생 구하며
위없는 십력 세존 공양하오면
생멸 없는 현전지에 들어가오며,

세상에서 모르는 것 능히 다 알고
나를 고집 않고 유무有無 떠나며
법의 성품 고요한데 인연 따르면
미묘한 지혜 얻어 칠지에 들고,

지혜와 방편이며 광대한 마음
행하고 굴복하고 알기 어려워
적멸을 증하고도 항상 닦으면
허공 같은 부동지에 나아가리라.

부처 말씀 적멸한 데서 일어나
가지가지 지혜 업을 널리 닦아서
열 가지 자재 갖춰 세간을 관찰
이러하게 선혜지에 들라 하시네.

미묘한 지혜로써 중생 마음과
업과 번뇌 빽빽한 숲 다 관찰하고
그들을 교화하려 도에 나아가
부처님의 깊은 도리 연설도 하고,

차례로 수행하여 착한 일 구족
구지에서 복과 지혜 쌓아 모으고
부처님의 위없는 법 항상 구하여
부처님 지혜 물을 머리에 붓네.

수없이 많은 삼매 골고루 얻고
삼매의 짓는 업도 분명히 알아
나중의 삼매 이름 직책 받는데
광대한 경계에서 동치 않으니,

보살이 이 삼매를 얻을 적에는
보배 연꽃 어느덧 앞에 나타나
연꽃 같이 큰 몸으로 위에 앉으니
불자들이 둘러앉아 우러러보네.

찬란한 백억 줄기 큰 광명 놓아
중생의 모든 고통 없애버리고
정수리에 또다시 광명을 놓아
시방의 부처 회상 두루 들어가,

공중에서 광명 그물 모두 되어서
부처님께 공양하고 좇아 들어가
그 때에 부처님은 이 불자들이
직책 받는 지위에 오른 줄 아네.

시방의 보살들이 와서 살피니
직책 받은 보살들 광명을 펴고
부처님 미간서도 광명을 놓아
여기 와서 비추고는 정상에 들다.

시방의 세계들이 다 진동하고
모든 지옥 고통이 소멸되거늘
그 때에 부처님이 직책을 주어
전륜왕의 태자가 되듯 하니라.

정수리에 부처님이 물을 부으면
법운지에 올랐다 이름하나니
지혜가 점점 늘어 끝단 데 없어
모든 세간 중생을 깨우쳐 주며,

욕심세계 형상세계 무형세계와
법계와 모든 세계 중생세계들
셀 수 있고 없고 허공까지도
이런 것을 모두 다 통달하오며,

일체를 교화하는 위덕의 힘과
부처님이 가지加持한 미세한 지혜
비밀한 많은 겁과 범부들까지
모두 다 사실대로 관찰하오며,

태어나고 집을 떠나 바른 도 이뤄
법 바퀴 굴리기도 열반하기도
필경에 적멸하고 해탈하는 법
말하지 않은 것도 능히 다 알아

보살이 법운지에 머물러서는
생각는 힘 구족하여 불법 갖나니
큰 바다가 용의 비를 모두 받듯이
이 지에서 받는 법도 그와 같더라.

시방에 한량없는 모든 중생들
부처님 법 얻어 듣고 지니었거든
한 부처님 계신 데서 들은 불법도
저보다 지나가서 한량없으며,

옛적의 지혜 서원 위신력으로
잠깐에 시방세계 널리 퍼지게
단이슬 비내려서 번뇌를 소멸
그래서 법운지라 이름한다네.

신통을 나타내어 시방에 두루
인간·천상 경계를 뛰어났는데
이보다 더 지나서 한량없는 억
세상 꾀로 생각하면 마음이 아득,

발 한 번 드는 동안 지혜와 공덕
제9지 보살들도 알 수 없는데
하물며 모든 범부 중생들이나
성문이나 벽지불 말도 마시오.

이 지의 보살들이 부처님 공양
시방의 모든 국토 두루 다니고
지금 있는 성인께도 공양하여서
구족하게 부처 공덕 장엄하였고,

이 지에 머물러선 다시 삼세의
걸림 없는 법계 지혜 연설하오며
중생과 국토들도 다 그러하여
부처님의 모든 공덕 이르기까지,

이 지에 있는 보살 지혜 광명이
중생에게 바른 길 보여주나니
세간 어둠 멸하기는 자재천 광명
이 광명도 그와 같이 어둠을 멸해.

이 지에 머물러선 삼계왕 되어
삼승의 모든 법문 연설도 하고
잠깐 동안 한량없는 삼매 얻으며
부처님을 뵈옴도 이와 같더라.

이 지 공덕 지금 대강 말했거니와
전부를 말하자면 끝이 없나니
이런 지地는 부처님의 지혜 가운데
열 가지 산왕처럼 우뚝 솟으니,

초지의 모든 예술 끝이 없어서
설산에 여러 약초 모이듯하고
이지의 계율 다문 향산과 같고
삼지는 비다산에 묘한 꽃 피듯,

염혜지는 도道의 보배 다함이 없어
신선산에 어진 이들 머문 것 같고
오지의 자재 신통 유간산 같고
육지는 마이산에 과일 많은 듯,

칠지의 큰 지혜는 니민다라산
팔지의 자재함은 작갈라 같고
구지는 계도산에 걸림 없듯이
십지는 수미처럼 모든 덕 구족,

초지는 서원이요 이지는 계율
삼지는 공덕이요 사지는 정진
오지는 미묘하고 육지는 깊고
칠지는 넓은 지혜 팔지는 장엄,

구지에는 미묘한 뜻을 헤아려
세간의 모든 길을 뛰어났으며
십지에선 부처님의 법을 받아서
이러한 수행 바다 마를 줄 몰라,

열 가지 행 뛰어나니 초지는 발심
계율은 제2지요 선정은 삼지
깨끗한 행 제4지요 오지는 성취
십이인연 육지요 꿰는 건 칠지

제8은 금강 당기 위에 두는 듯
구지는 빽빽한 숲 관찰하는 것
십지의 관정灌頂위는 왕의 뜻 따라
이렇게 공덕 보배 점점 깨끗해.

시방 국토 부수어 티끌된 것은
한 생각에 그 수효 알 수도 있고
털 끝으로 허공 재어 안다 하여도
이 공덕은 억겁 동안 말로 못 다해.

대방광불화엄경 제40권

제40권

27. 십정품十定品 ①

1) 서론

그 때 세존께서 마갈제국摩竭提國 아란야阿蘭若법의 보리도량[菩提場]에서 비로소 바른 깨달음을 이루시고, 보광명전普光明殿에서 여러 부처님의 찰나제刹那際 삼매에 드시었다. 온갖 지혜와 온갖 신통한 힘으로 여래의 몸을 나타내니 청정하여 걸림이 없으며 의지한 데가 없고 더위잡을 것[攀緣]이 없으며, 사마타奢摩他에 머물러 가장 고요하며 큰 위엄과 덕을 갖추고 물들 것이 없으며, 보는 이로 하여금 모두 깨닫게 하며 마땅하게 태어나서 시기를 놓치지 아니하며, 항상 한 가지 모양에 머무시니 곧 모양 없는 것이었다.

열 부처님 세계의 작은 티끌 수 같은 보살마하살과 함께 계시었으니, 모두 정수리에 물 붓는 지위[灌頂之位]에 들어가 보살의 행을 갖추고, 법계와 평등하여 한량없고 그지없으며, 보살들의 두루 보는 삼매를 얻어

가엾이 여기는 마음으로 일체 중생을 편안케 하며, 신통이 자유로움이 여래와 같고, 지혜가 깊은 데까지 들어가 진실한 이치를 연설하고, 온갖 지혜를 갖추어 여러 마를 항복 받으며, 비록 세간에 들어갔으나 마음은 항상 고요하여 보살의 머문 데 없는 해탈에 머무른 이들이었다.

그 이름은 금강혜보살金剛慧菩薩・무등혜無等慧보살・의어혜義語慧보살・최승혜最勝慧보살・상사혜常捨慧보살・나가혜那伽慧보살・성취혜成就慧보살・조순혜調順慧보살・대력혜大力慧보살・난사혜難思慧보살・무애혜無礙慧보살・증상혜增上慧보살・보공혜普供慧보살・여리혜如理慧보살・선교혜善巧慧보살・법자재혜法自在慧보살・법혜法慧보살・적정혜寂靜慧보살・허공혜虛空慧보살・일상혜一相慧보살・선혜善慧보살・여환혜如幻慧보살・광대혜廣大慧보살・세력혜勢力慧보살・세간혜世間慧보살・불지혜佛地慧보살・진실혜眞實慧보살・존승혜尊勝慧보살・지광혜智光慧보살・무변혜無邊慧보살과, 염장엄念莊嚴보살・달공제達空際보살・성장엄性莊嚴보살・심심경甚深境보살・선해처비처善解處非處보살・대광명大光明보살・상광명常光明보살・요불종了佛種보살・심왕心王보살・일행一行보살・상현신통常現神通보살・지혜아智慧芽보살・공덕처功德處보살・법등法燈보살・조세照世보살・지세持世보살・최안은最安隱보살・최상最上보살・무상無上보살・무비無比보살・초륜超倫보살・무애행無礙行보살・광명염光明燄보살・월광月光보살・일진一塵보살・견고행堅固行보살・주법우霍法雨보살・최승당最勝幢보살・보장엄普莊嚴보살・지안智眼보살・법안法眼보살・혜운慧雲보살・총지왕摠持王보살・무주원無住願보살・지장智藏보살과, 심왕心王보살・내각혜內覺慧보살・주불지住佛智보살・다라니陀羅尼보살・용건력勇健力보살・지지력持地力보살・묘월妙月보살・수미정須彌頂보살・보정寶頂보살・보광조普光照보살・위덕왕威德王보살・지혜륜智慧輪보살・대위덕大威德보살・대용상大龍相보살・질직행質直行보살・불퇴전不退轉보살・지법당持法幢보살・무망실無忘失보살・섭제취攝諸趣보살・부사의결정혜不思議決定慧보살・유희무변지遊戱無邊智보살・무진묘법장無盡妙法藏보살・지일智日보살・법일法日보살・지장智藏보살・지택智澤보살・보견普見보살・불공견不空見보살・금강통金剛通보살・금강지金剛智보살・금강염金剛燄보살・금강혜金剛慧보살・보안普眼보살・불일佛日보살・지불금강비밀의持佛金剛秘密義보살・보안경계지장엄普安境界智莊嚴보살 들이었다.

이런 보살마하살들이 열 부처님 세계의 작은 티끌 수와 같이 있으니, 옛날에 비로자나부처님과 함께 보살의 여러 가지 착한 행을 닦은 이들이다.

그 때 보안보살마하살이 부처님의 신력을 받잡고 자리에서 일어나 오른 어깨를 드러내고 오른 무릎을 땅에 대고 합장하고 여쭈었다.

"세존이시여, 제가 여래・응공・정등각께 여쭈려 하오니 어여삐 여겨 허락하시옵소서."

부처님께서 말씀하셨다.

"보안보살이여, 마음대로 물으라. 내 마땅히 그대에게 말하여 기쁘게 하리라."

보안보살이 말하였다.

"세존이시여, 보현보살과 보현의 행과 서원에 머무른 보살들이 얼마나 많은 삼매와 해탈을 성취하였기에 보살의 여러 가지 큰 삼매에 들기도 하고 나기도 하며, 혹은 편안히 머물기도 하며, 보살의 부사의한 넓고 큰 삼매에 잘 들어가고 나옴으로써 모든 삼매에 자유로우며, 신통과 변화가 쉬지 않나이까?"

부처님께서 말씀하셨다.

"착하다. 보안이여, 그대는 과거와 미래와 현재의 보살들을 이익케 하려고 이런 이치를 묻는구나.

보안이여, 보현보살이 지금 여기 있나니, 이미 헤아릴 수 없는 자유로운 신통을 성취하여 모든 보살의 위로 뛰어났으며 만나기 어렵고, 한량없는 보살의 행으로부터 났으며, 보살의 큰 서원을 이미 깨끗이 하였고, 수행하는 행은 모두 물러나지 아니하며, 한량없는 바라밀문과 걸림없는 다라니문과 다하지 않는 변재의 문을 모두 얻어서 청정하여 걸림이 없으며, 크게 어여삐 여기므로 일체 중생을 이익케 하고, 본래의 원력으로 오는 세월이 끝나도록 게으름이 없느니라. 그대는 저에게 청하라. 보살이 그대에게 삼매와 자유로운 해탈을 말하리라."

그 때 모였던 보살들이 보현의 이름을 듣고 헤아릴 수 없고 한량없는 삼매를 얻었으므로 마음에 걸림이 없고 고요하여 동하지 아니하며, 지혜가 광대하여 헤아릴 수 없고 경계가 매우 깊어서 비등할 이가 없으며, 이 자리에서 수없는 부처님을 뵈옵고 여래의 힘을 얻어 여래의 성품과 같으며, 과거·미래·현재의 일을 밝히 비추지 못할 것이 없으며, 가지고 있는 복덕은 다할 수가 없고 모든 신통을 모두 구족하였다.

그 보살들이 보현보살에게 존중하는 마음을 내고 사모하여 뵈옵고자 하여 모인 대중을 두루 관찰하였으나 뵈올 수도 없고 앉은 자리도 볼 수 없으니, 이것은 여래의 위신력으로 그러한 것이며, 역시 보현보살의 신통이 자유자재하므로 그렇게 되는 것이다.

그 때 보안보살이 부처님께 여쭈었다.

"세존이시여, 보현보살이 지금 어디에 있나이까?"

"보안이여, 보현보살은 지금 이 도량에 모인 대중 가운데서 나에게 가까이 있으면서 조금도 이동하지 않았느니라."

이 때 보안과 여러 보살들이 다시금 도량에 모인 이들을 살펴보면서 두루 찾다가 부처님께 여쭈었다.

"세존이시여, 저희들이 여태도 보현보살이나 그의 앉은 자리도 보지 못하였나이다."

부처님께서 말씀하시었다.

"그러니라. 선남자여, 그대들이 보현보살을 보지 못함은 이런 까닭이니라. 선남자여, 보현보살의 머문 데가 매우 깊어서 말할 수 없는 연고니라. 보현보살은 그지없는 지혜문을 얻고 사자의 위엄 떨치는〔師子奮迅〕삼매에 들었으며, 위없이 자유로운 작용을 얻어 청정하기 그지없는 즈음〔際〕에 들어갔으며, 여래의 열 가지 힘을 내어 법계 갈무리로 몸을 삼았으며, 일체 여래가 함께 두호하여 잠깐 동안에 삼세 부처님들의 차별 없는 지혜를 증득하였으니, 그러므로 그대들이 보지 못하느니라."

이 때 보안보살이 여래께서 보현보살의 청정한 공덕 말씀하심을 듣고 십천 아승기 삼매를 얻고, 삼매의 힘으로 두루 살펴보고 앙모하며 보현보살을 보려 하였으나 보지 못하였다.

그 때 보안보살이 삼매에서 일어나 부처님께 여쭈었다.

"세존이시여, 제가 십천 아승기 삼매에 들어서 보현보살을 보려 하였으나 보지 못하였으며, 그의 몸이나 몸으로 짓는 업이나 말이나 말로 짓는 업이나 뜻이나 뜻으로 짓는 업을 보지 못하오며, 자리와 있는 데도 보지 못하겠나이다."

부처님께서 말씀하셨다.

"그러니라. 그러니라. 선남자여, 이것은 모두 보현보살이 헤아릴 수 없는 해탈에 머문 힘이니라. 보안이여, 어떻게 생각하는가. 어떤 사람이 요술하는 글자 가운데 있는 가지가지 요술의 모양이 있는 데를 말할 수 있겠느냐?"

"말할 수 없나이다."

"보안이여, 요술 가운데 있는 요술의 모양도 말할 수 없거든, 하물며 보현보살의 비밀한 몸의 경지와 비밀한 뜻의 경지에 어떻게 들어갈 수 있으며 볼 수 있겠느냐.

　무슨 까닭이냐, 보현보살의 깊은 경계는 헤아릴 수 없으며, 한정이 없고, 한정을 뛰어났으니, 요점을 들어 말하면 보현보살은 금강 같은 지혜로 법계에 두루 들어갔으며, 모든 세계에 갈 데도 없고 머물 데도 없으며, 일체 중생의 몸이 몸 아닌 줄을 알며, 갈 것도 없고 올 것도 없고 아주 끊어짐도 차별도 없으며, 자유자재한 신통이 의지함도 지음도 없으며, 옮겨지지도 아니하나 법계의 끝까지 이르니라.

　선남자여, 어떤 이가 보현보살을 보거나 받들어 섬기거나 이름을 듣거나 생각하거나 기억하거나 믿고 이해하거나 부지런히 관찰하거나 향하여 나아가거나 찾아다니거나 서원을 내어 계속하고 끊어지지 아니하면 모두 이익을 얻게 되고 헛되이 지나가지 아니하리라."

　이 때 보안과 여러 보살들이 보현보살에게 앙모하는 마음으로 뵈옵기를 원하여 "나무 일체 제불" "나무 보현보살" 하면서 세 번 일컫고 땅에 엎드려 절하였다.

　그 때 부처님께서 보안보살과 여러 대중에게 말씀하였다.

　"불자들이여, 그대들은 다시 보현보살에게 절하고 은근하게 청하라. 또 지성으로 시방을 관찰하고 보현보살이 앞에 있는 줄로 생각하며, 이렇게 생각하여 법계에 두루하되 깊은 마음으로 믿고 이해하여 모든 것을 여의며, 보현보살로 더불어 행과 원이 같아서 둘이 아닌 진실한 법에 들어가며, 몸이 일체 세간에 나타나서 중생들의 차별된 근성을 다 알고 온갖 곳에서 보현의 도를 모으기를 서원하라. 만일 이러한 큰 소원을 일으키면 마땅히 보현보살을 보게 되리라."

　보안보살이 부처님의 말씀을 듣고 여러 보살과 함께 엎드려 절하고 보현보살 뵈옵기를 청하였다.

　그 때 보현보살이 해탈과 신통의 힘으로 마땅하게 형상 몸〔色身〕을 나타내어 모든 보살들로 하여금 보현보살이 여래와 친근하게 이 보살 대중 가운데서 연꽃 자리에 앉았음을 보게 하며, 또 다른 모든 세계의 여러 부처님 계신 데서 차례차례 계속하여 오는 것을 보게 하며, 또 저 부처님들 계신 데서 다른 여러 보살의 행을 연설하며, 온갖 지혜의 지혜를 열어 보이며, 모든 보살의 신통을 밝히며, 모든 보살의 위엄과 공덕을 분별하며, 삼세의 모든 부처님을 나타냄을 보게 하였다.

이 때에 보안보살과 모든 보살들이 이러한 신통변화를 보고 기뻐 뛰놀며 크게 환희하여 보현보살에게 엎드려 절하고 존중하게 생각하여 시방의 모든 부처님을 뵈옵는듯이 하였다.

이 때에 부처님의 큰 위신의 힘과 보살들의 믿고 이해하는 힘과 보현보살의 본래의 서원한 힘으로써 십천 가지 구름이 저절로 내리니, 곧 가지가지 꽃 구름·가지가지 화만 구름·가지가지 향 구름·가지가지 가루향 구름·가지가지 일산 구름·가지가지 옷 구름·가지가지 꾸미개 구름·가지가지 보배 구름·가지가지 사르는 향 구름·가지가지 비단 구름 들이었다.

말할 수 없는 세계가 여섯 가지로 진동하며 하늘 풍류를 잡히니 그 소리가 말할 수 없는 세계에 멀리 들리고, 큰 광명을 놓으니 그 광명이 말할 수 없는 세계에 두루 비치며, 세 나쁜 길이 모두 없어져서 말할 수 없는 세계가 모두 깨끗하여지며, 말할 수 없는 보살로 하여금 보현의 행에 들게 하고, 말할 수 없는 보살이 보현의 행을 이루고, 말할 수 없는 보살이 보현의 행과 원을 원만하여 아뇩다라삼먁보리를 이루게 하였다.

그 때 보안보살이 부처님께 여쭈었다.

"세존이시여, 보현보살은 큰 위엄과 덕망에 머무른 이며, 같을 이 없는 데 머무른 이며, 지나갈 이 없는 데 머무른 이며, 물러나지 않는 데 머무른 이며, 평등한 데 머무른 이며, 헐어지지 않는 데 머무른 이며, 모든 차별한 법에 머무른 이며, 모든 차별이 없는 법에 머무른 이며, 일체 중생이 공교한 마음으로 머물러 있는 데 머무른 이며, 일체 법에 자유로운 해탈과 삼매에 머무른 이입니다."

부처님께서 말씀하셨다.

"그러하고 그러하니라. 보안이여, 그대의 말과 같이 보현보살은 아승기 청정한 공덕이 있으니, 이른바 같을 이 없이 장엄한 공덕과 한량없는 보배 공덕과 헤아릴 수 없는 바다 공덕과 한량없는 몸매 공덕과 그지없는 구름 공덕과 가이없고 칭찬할 수 없는 공덕과 다함 없는 법의 공덕과 말할 수 없는 공덕과 모든 부처님의 공덕과 칭찬으로 다할 수 없는 공덕이니라."

그 때 부처님께서 보현보살에게 말씀하셨다.

"보현이여, 그대는 보안과 여기 모인 여러 보살들을 위하여 열 가지 삼매를 말하여서 그들로 하여금 보현의 온갖 행과 원에 들어가 원만히 이루게 하라.

모든 보살마하살이 이 열 가지 큰 삼매를 말함으로써 과거 보살들은 이미 뛰어났고, 현재 보살들은 지금 뛰어나고, 미래 보살들은 장차 뛰어나게 되리라. 무엇이 열인가. 하나는 넓은 광명〔普光〕 큰 삼매요, 둘은 묘한 광명〔妙光〕 큰 삼매요, 셋은 여러 부처님 국토에 차례로 가는〔次第徧往諸佛國土〕 큰 삼매요 넷은 청정하고 깊은 마음인〔淸淨深心行〕 큰 삼매요, 다섯은 과거의 장엄한 갈무리를 아는〔知過去莊嚴藏〕 큰 삼매요, 여섯은 지혜 광명의 갈무리인〔智光明藏〕 큰 삼매요, 일곱은 모든 세계의 부처님 장엄을 아는〔了知一切世界佛莊嚴〕 큰 삼매요, 여덟은 중생의 차별한 몸인〔衆生差別身〕 큰 삼매요, 아홉은 법계에 자유자재하는〔法界自在〕 큰 삼매요, 열은 걸림 없는 바퀴인〔無礙輪〕 큰 삼매니라.

이 열 가지 큰 삼매는 여러 큰 보살들이 잘 들어갔으며, 과거·미래·현재의 부처님이 이미 말했고, 장차 말하고, 지금 말하느니라.

만일 여러 보살이 사랑하고 존중하여 닦아 익히고 게으르지 아니하면 곧 성취하게 되리니, 이런 사람을 이름하여 부처라 하고 여래라 하며, 열 가지 힘을 얻은 이라 하고 길잡이라 하며, 큰 길잡이라 하고 온갖 지혜라 하며, 온갖 것 보는 이라 하고 걸림 없는 데 머문 이라 하며, 모든 경계를 통달한 이라 하고 온갖 법에 자유로운 이라 하느니라.

이 보살은 모든 세계에 두루 들어가되 세계에 집착하지 아니하며, 모든 중생계에 두루 들어가되 중생에 취하는 것이 없으며, 모든 몸에 두루 들어가되 몸에 걸리지 아니하며, 모든 법계에 두루 들어가되 법계가 끝이 없음을 알며, 삼세의 모든 부처님을 친근하며, 모든 부처님 법을 분명히 보고 모든 글자를 교묘하게 말하며, 모든 붙인 이름을 통달하고 모든 보살의 청정한 도를 성취하며, 모든 보살의 차별한 행에 편안히 머물며, 잠깐 동안에 일체 삼세의 지혜를 두루 얻으며, 일체 삼세의 법을 두루 알며, 일체 부처님의 가르침을 두루 말하며, 모든 물러나지 않는 바퀴를 두루 굴리며, 과거·미래·현재의 낱낱 세상에 일체 보리의 도를 두루 증득하며, 이 낱낱 보리에서 일체 부처님의 말씀하신 것을 두루 아느니라.

이것은 여러 보살의 법상(法相)의 문이며, 여러 보살의 깨닫는 문이며, 갖가지 지혜의 이길 이 없는 당기 문〔無勝幢門〕이며, 보현보살의 행과 원의 문이며, 용맹한 신통과 서원의 문이며, 모든 것을 다 지닌 변재의 문이며, 삼세의 모든 법의 차별한 문이며, 모든 보살들의 나타내는 문이며, 부처님의 신통으로 일체 세계를 장엄하는 문이니라.

만일 보살이 이 삼매에 들어가면 법계의 힘을 얻어 다함이 없고, 허공같이 행함을 얻어 걸림이 없고, 법왕의 지위를 얻어 한량없이 자유로움이 마치 세간에서 정수리에 물을 부어 직책을 받음과 같으며, 그지없는 지혜를 얻어 모든 것을 통달하며, 광대한 힘을 얻어 열 가지가 원만하며, 다투지 않는 마음을 이루어 고요한 짬에 들어가며, 가엾이 여김으로 두려움 없음이 사자와 같으며, 지혜 있는 대장부가 되어 바른 법의 등을 켜며, 모든 공덕을 이루 찬탄할 수 없으며, 성문이나 독각으로는 헤아리지 못하느니라.

법계의 지혜를 얻어 흔들이지 않는 짬〔無動際〕에 머물렀지마는 세속을 따라서 여러 가지로 연설하며, 형상 없는 데 머물렀지마는 법의 모양에 잘 들어가며, 제 성품이 청정한 광〔藏〕을 얻어 여래의 청정한 가문에 태어나며, 가지가지 차별한 법문을 열지마는 지혜로써 아무것도 없음을 알며, 시기를 잘 알아서 항상 법으로 보시함을 행하며, 온갖 것을 깨우치어 지혜 있는 이라 이름하며, 중생들을 널리 포섭하여 모두 청정케 하며, 방편의 지혜로 부처의 도를 이루지마는 보살의 행을 항상 닦아서 끊임이 없으며, 온갖 지혜와 방편의 경계에 들어가서 가지가지 광대한 신통을 나타내느니라.

그러므로 보현이여, 그대는 이제 일체 보살의 열 가지 큰 삼매를 분별해서 말하라. 여기 모인 이들이 모두 듣기를 원하느니라."

2) 넓은 광명 큰 삼매

이 때 보현보살이 부처님의 뜻을 받자와 보안 등 보살 대중을 살펴보고 말하였다.

"불자들이여, 어떤 것을 보살마하살의 넓은 광명 삼매라 하는가.

불자들이여, 이 보살마하살은 열 가지 다함이 없는 법이 있으니, 무엇이 열인가. 이른바 여러 부처님의 나타나시는 지혜가 다함이 없고, 중생의 변화하는 지혜가 다함이 없고, 세계가 그림자 같은 지혜가 다함이 없고, 법계에 깊이 들어가는 지혜가 다함이 없고, 보살을 잘 거두는 지혜가 다함이 없고, 보살의 물러가지 않는 지혜가 다함이 없고, 온갖 법의 뜻을 잘 관찰하는 지혜가 다함이 없고, 마음의 힘을 잘 가지는 지혜가 다함이 없고, 광대한 보리심에 머무는 지혜가 다함이 없고, 온갖 불법과 온갖 지혜와 원력에 머무는 지혜가 다함이 없느니라. 불자여, 이것을 보살마하살의 열 가지 다함이 없는 법이라 하느니라.

불자들이여, 이 보살마하살은 열 가지 그지없는 마음(無邊心)을 내나니, 무엇이 열인가. 이른바 일체 중생을 제도하려는 그지없는 마음을 내고, 모든 부처님을 받자와 섬기려는 그지없는 마음을 내고, 모든 부처님께 공양하려는 그지없는 마음을 내고, 모든 부처님을 널리 뵈오려는 그지없는 마음을 내고, 모든 부처님의 법을 받아 지니어 잊지 않으려는 그지없는 마음을 내고, 모든 부처의 한량없는 신통변화를 나타내려는 그지없는 마음을 내고, 부처님의 힘을 얻기 위하여 온갖 보리의 행을 버리지 않으려는 그지없는 마음을 내고, 온갖 지혜의 미세한 경계에 두루 들어가서 모든 부처님 법을 말하려는 그지없는 마음을 내고, 부처님의 부사의하고 넓고 큰 경계에 두루 들어가려는 그지없는 마음을 내고, 온갖 지혜의 미세한 경계에 두루 들어가서 모든 부처님 법을 말하려는 그지없는 마음을 내고, 부처님의 부사의하고 넓고 큰 경계에 두루 들어가려는 그지없는 마음을 내고, 가지가지 자유로운 몸을 나타내어 일체 여래의 도량에 모인 대중 속에 들어가려는 그지없는 마음을 내는 것이니, 이것이 열이니라.

불자들이여, 이 보살마하살은 열 가지로 삼매에 들어가는 차별한 지혜가 있으니, 무엇이 열인가. 동쪽으로 선정에 들어 서쪽에서 일어나고, 서쪽으로 선정에 들어 동쪽에서 일어나고, 남쪽으로 선정에 들어 북쪽에서 일어나고, 북쪽으로 선정에 들어 남쪽에서 일어나고, 동북쪽으로 선정에 들어 서남쪽에서 일어나고, 서남쪽으로 선정에 들어 동북쪽에서 일어나고, 서북쪽으로 선정에 들어 동남쪽에서 일어나고, 동남쪽으로 선정에 들어 서북쪽에서 일어나고, 아래쪽으로 선정에 들어 위쪽에서 일어나고, 위쪽으로 선정에 들어 아래쪽에서 일어나나니, 이것이 열이니라.

불자들이여, 이 보살마하살은 열 가지로 큰 삼매에 들어가는 교묘한 지혜가 있으니, 무엇이 열인가. 불자여, 보살마하살이 삼천대천세계로 한 연꽃을 만들고, 이 연꽃 위에 가득하게 몸을 나타내어 가부하고 앉으며, 몸 속에 다시 삼천대천세계를 나타내고 그 가운데 백억 사천하가 있으며, 낱낱 사천하마다 백억 몸을 나타내고, 낱낱 몸이 백억씩 백억의 삼천대천세계에 들어가며, 저 세계의 낱낱 사천하에서 백억씩 백억의 보살이 수행함을 나타내고, 낱낱 보살의 수행에 백억씩 백억의 결정한 이해를 내며, 낱낱 결정한 이해마다 백억씩 백억의 근성이 원만케 하고, 낱낱 근성마다 백억씩 백억의 보살의 법이 물러나지 않는 법을 이루게 하느니라. 그러나 나타내는 몸은 하나도 아니고 여럿도 아니며, 선정에 들고 선정에서 나오는 것이 어수선하지도 아니하니라.

불자들이여, 라후羅睺 아수라왕의 본 몸의 키는 칠백 유순이고 변화한 몸은 십육만 팔천 유순이니, 큰 바다 속에서 그 몸의 반만 드러내도 수미산 높이와 같으니라. 불자여, 저 아수라왕이 몸을 변화하여 키가 십육만 팔천 유순이 되었지마는 그 본 몸의 형상이 변동하지도 않고 온蘊·계界·처處도 본래와 같아서 마음이 어수선하지도 아니하며, 변화한 몸에 대하여 다른 이라는 생각도 내지 않고 본래 몸에 대하여 자기가 아니라는 생각도 내지 않으며, 본래 몸은 항상 여러 가지 즐거움을 받으면서 변화한 몸은 항상 여러 가지 자유로운 신통과 위엄을 나타내느니라.

불자들이여, 아수라왕은 탐욕과 성내는 일과 어리석음과 교묘한 마음을 갖추 가지고도 저렇게 몸을 변화하는데, 하물며 보살마하살로 마음이 요술과 같고 모든 세간이 꿈과 같고 부처님들이 세상에 나시는 것이 영상과 같고, 모든 세계는 변화한 것과 같고 음성과 말은 메아리와 같은 줄을 깊이 깨달았으며, 실상대로의 법을 보았고 실상대로의 법으로 몸이 되었으며, 모든 법이 본래 청정한 줄을 알고 몸과 마음이 진실한 자체가 없음을 알아서, 몸이 항상 한량없는 경계에 있으며, 부처님의 지혜와 광대한 광명으로 온갖 보리의 행을 닦는 이일까보냐.

불자들이여, 보살마하살이 이 삼매에 머물면 세상을 넘어서고 세상을 멀리 여의어서, 의혹케 할 이도 없고 무색케 할 이도 없느니라. 불자여, 마치 몸 속을 관찰하여 부정하다는 관〔不淨觀〕에 머물면 몸이 모두 부정한 줄을 보게 되듯이, 보살마하살도 그와 같아서 이 삼매에 들어서 법의 몸〔法身〕을 관찰하며, 여러 세간이 그 몸에 들어감을 보며, 그 가운데서 모든 세간과 세간의 법을 분명히 보지마는 세간과 세간의 법에 모두 집착하지 않느니라.

불자들이여, 이것을 이름하여 보살마하살의 첫째 넓은 광명 큰 삼매의 교묘한 지혜〔光明大三昧善巧智〕라 하느니라.

3) 묘한 광명 큰 삼매

불자들이여, 어떤 것을 보살마하살의 묘한 광명 삼매라 하는가.

불자들이여, 이 보살마하살이 삼천대천세계의 티끌 수 같은 삼천대천세계에 능히 들어가고, 낱낱 세계마다 삼천대천세계의 티끌 수 몸을 나타내고, 낱낱 몸에서 삼천대천세계의 티끌 수 광명을 놓고, 낱낱 광명에서 삼천대천세계의 티끌 수 빛을 나타내고, 낱낱 빛마다 삼천대천세계의 티끌 수 세계를 비추고, 낱낱 세계에서 삼천대천세계의 티끌 수 중생을 조화하여 굴복케 하느니라.

 이 여러 세계가 가지각색으로 같지 아니한 것을 보살이 모두 아나니, 이른바 세계가 더러움과 세계가 깨끗함과 세계의 인한 바와 세계가 건립되는 것과 세계가 함께 머무는 것과 세계의 빛과 세계가 가고 오는 것이니라. 이러한 모든 것을 보살이 다 알고 보살이 다 들어가며, 이 여러 세계도 모두 와서 보살의 몸에 들어가거니와, 모든 세계는 복잡하거나 어지럽지도 아니하고, 여러 가지 법도 파괴되지 아니하느니라.

 불자들이여, 마치 해가 떠서 수미산을 돌면서 일곱 보배산에 비치거든 그 일곱 보배산과 보배산 사이에는 모두 빛이 있어서 분명하게 나타나는데, 보배산 위에 있는 해의 그림자가 산과 산 사이의 그림자 속에 모두 나타나고, 일곱 산 사이에 있는 해의 그림자도 산위에 있는 그림자 속에 나타나며, 이러하게 서로서로 겹겹으로 나타나는 것을 혹은 말하기를 해의 그림자가 일곱 보배산에서 난다 하고, 혹은 해의 그림자가 일곱 산 사이에서 난다 하며, 혹은 해의 그림자가 일곱 보배산에 들어간다 하고, 혹은 해의 그림자가 일곱 산 사이에 들어간다 하느니라.

 그러나 이 해의 그림자는 서로 비치고 서로 나타내어 끝이 없거니와 그 자체는 있는 것도 아니고 없는 것도 아니며, 산에 머물지도 않고 산을 떠나지도 않으며, 물에 머물지도 않고 물을 떠나지도 않았느니라.

 불자들이여, 보살마하살도 그와 같아서 이 묘한 광명 큰 삼매에 머무르면 세간이 제 자리에 정돈되어 있는 것을 헐지도 않고, 세계의 온갖 법의 성품을 없애지도 않으며, 세계의 안에 있지도 않고, 세계의 밖에 있지도 않으며, 모든 세계를 분별하지 않지마는 세계의 형상을 파괴하지도 않으며, 모든 법이 한 모양이어서 형상이 없음을 관찰하면서도 모든 법의 제 성품을 헐지도 아니하며, 진여의 성품에 머물러서 항상 여의지 아니하느니라.

불자들이여, 마치 요술쟁이가 요술하는 방법을 잘 알고서 길 네거리에서 요술을 부리는데, 하루 안에서 잠깐 동안에 혹 하루를 나타내기도 하고 혹 하룻밤을 나타내기도 하며, 또 혹은 이레·이렛밤을 나타내기도 하며, 반달·한 달·일 년·백 년을 하고 싶은 대로 모두 나타내기도 하여, 도시·시골·샘·냇물·강·바다·해·달·구름·비·궁전·가옥 같은 것들을 갖추지 못하는 것이 없지마는 그 나타내는 것이 몇 해가 된다고 해서 본래의 하루나 한시를 변동하지 아니하며, 본래의 시간이 짧다고 해서 그 나타내는 날과 해를 변동하지 아니하나니, 요술로 만드는 모양이 분명히 나타나지마는 본래의 시간은 달라지지 아니함과 같으니라.

　보살마하살도 그와 같아서 이 묘한 광명 큰 삼매에 들고는 아승기 세계가 한 세계에 들어감을 나타내는데, 그 아승기 세계에는 낱낱 땅·물·불·바람과 바다·산·도시·시골·동산·숲·집들과 천궁天宮·용궁·야차궁·건달바궁·아수라궁·가루라궁·긴나라궁·마후라가궁이 있어 가지가지 장엄이 모두 구족하며, 욕심세계·형상세계·무형세계·소천세계·대천세계와 업과 행으로 받는 과보와 여기서 죽어 저기 나는 일과 일체 세계에 있는 시절의 잠깐·낮·밤·반달·한 달·한 해·백 년과 이루는 겁·헐어지는 겁과 더러운 국토·청정한 국토·큰 국토·작은 국토와 그 가운데 부처님들이 세상에 나시어서 세계가 청정하고 보살 대중이 둘러앉았으며 신통이 자재하여 중생을 교화하며, 그 세계의 가는 곳마다 한량없는 사람들이 가득 찼으며, 형상이 이상하고 길이 다른 가지각색 중생들이 한량없고 그지없어 헤아릴 수 없으며, 과거·미래·현재의 청정한 업의 힘으로 한량없는 훌륭한 보배들을 내는, 그러한 일을 모두 나타내어서 한 세계에 들어가게 하느니라.

보살이 여기 있어서 다 보며 두루 들어가며 두루 살피며 두루 생각하며 두루 통달하며 끝이 없는 지혜로 사실과 같이 알지마는, 저 세계가 여럿이라고 해서 이 한 세계를 파괴하지도 아니하고, 이 세계가 하나라고 해서 저 여러 세계를 파괴하지도 아니하느니라.

무슨 까닭이냐. 보살은 모두 법이 다 나가 없음을 아는 연고로 생명이 없는 법과 만들 이 없는 법에 머문 이라 하며, 보살은 일체 세간에서 다툼이 없는 법을 수행하였으므로 나가 없는 법에 머문 이라 하며, 보살은 모든 몸이 인연으로부터 일어난 줄을 사실대로 아는 연고로 중생 없는 법에 머문 이라 하며, 보살은 모든 생멸하는 법이 인연으로부터 생긴 것임을 아는 연고로 보특가라〔補伽羅〕 없는 법에 머문 이라 하며, 보살은 모든 법의 본 성품이 평등함을 알므로 마음대로 나는 일〔意生〕이 없고 마납바〔摩納婆〕 없는 법에 머문 이라 하느니라.

보살은 온갖 법의 본 성품이 고요함을 알므로 고요한 법에 머문 이라 하며, 보살은 온갖 법이 한 모양임을 알므로 분별 없는 법에 머문 이라 하며, 보살은 법계에 가지가지 차별한 법이 없음을 알므로 부사의한 법에 머문 이라 하며, 보살은 모든 방편을 닦아서 중생을 조화하여 굴복케 하므로 크게 자비한 법에 머문 이라 하느니라.

불자들이여, 보살도 그와 같아서 아승기 세계를 한 세계에 들게 하여 수없는 중생의 가지가지 차별함을 알며, 수없는 중생의 각각 나아감〔發趣〕을 보며, 수없는 부처님께서 곳곳마다 나심을 관찰하여, 저 여래께서 연설하시는 법문을 보살들이 모두 듣고 자신도 그 가운데서 수행함을 보지마는 그러나 이 곳을 버리지 아니하고서 저기 있음을 보고, 저 곳을 버리지 아니하고서 여기 있음을 보나니, 저 몸과 이 몸이 차별이 없어 법계에 들어가는 까닭이며, 부지런히 관찰하고 쉬지 아니하나니 지혜를 버리지 아니하여 물러남이 없는 연고니라.

마치 요술쟁이가 한 곳에서 여러 요술을 할 적에 요술로 만든 고장이라 해서 본래의 고장을 헐지도 아니하며, 요술로 만든 날[日]이라 해서 본래의 날을 헐지도 아니함과 같나니, 보살마하살도 그와 같아서 국토가 없는 데서 국토 있는 것을 나타내고, 국토가 있는 데서 국토 없는 것을 나타내며, 중생이 있는 데서 중생 없는 것을 나타내고, 중생이 없는 데서 중생 있는 것을 나타내며, 빛이 없는 데서 빛을 나타내고, 빛이 있는 데서 빛 없음을 나타내지마는, 처음이 나중을 어지럽히지도 아니하고 나중이 처음을 어지럽히지도 아니하느니라.

보살이 온갖 세상 법을 아는 것도 그와 같아서 요술과 같나니, 법이 요술임을 알므로 지혜가 요술임을 알고, 지혜가 요술임을 알므로 입이 요술임을 알며, 지혜가 요술이고 입이 요술임을 알고는 요술 같은 지혜를 일으키어 모든 업을 관찰하느니라.

세상의 요술쟁이가 처소 밖에서 요술을 부리지도 아니하고 요술 밖에 처소가 있는 것도 아니니, 보살마하살도 그와 같아서 허공 밖에서 세간에 들어오지도 아니하고, 세간 밖에서 허공에 들어가지도 아니하느니라. 왜냐 하면, 허공과 세간이 차별이 없는 연고니라. 그리하여 세간에 있으면서 허공에도 있나니, 보살마하살이 허공 속에서 모든 세간의 가지가지로 차별하고 묘하게 장엄하는 업을 보기도 하고 닦기도 하느니라.

잠깐 동안에 수없는 세계가 이룩하는 것과 파괴하는 것을 모두 알고, 여러 겁이 서로 계속하는 차례도 알며, 한 생각에 수없는 겁을 나타내지마는 그 한 생각을 확대하지도 않나니, 보살마하살은 부사의한 해탈의 요술과 같은 지혜를 얻고 저 언덕에 이르며, 요술의 짬[幼際]에 머물러서 세상의 요술 같은 데 들어가며, 모든 법이 요술과 같은 줄을 생각하여 요술인 세상과 어기지 아니하며, 요술 같은 지혜를 다하여 삼세가 요술과 다르지 아니함을 알며, 결정코 통달하여 마음이 끝이 없느니라. 마치 부처님께서 요술 같은 지혜에 머물러서 마음이 평등한 것처럼 보살마하살도 그와 같아서 모든 세간이 모두 요술 같음을 알고, 온갖 곳에 짐작함도 없고 내 것이란 것도 없느니라.

 요술쟁이가 여러 가지 요술을 부릴 적에 요술로 만든 물건과 함께 있지 않지마는 요술로 만든 일에 미혹하지도 않는 것같이, 보살마하살도 그와 같아서 모든 법이 저 언덕에 이르는 줄을 알지마는, 내가 능히 법에 들어간다고 생각하지도 않고, 법에 들어 어지럽지도 아니하느니라.

 이것이 보살마하살의 둘째 묘한 광명 큰 삼매의 교묘한 지혜〔妙光明大三昧善巧智〕니라."

대방광불화엄경 제41권

제41권

27. 십정품 ②

4) 여러 부처님 국토에 차례로 가는 신통한 큰 삼매

"불자들이여, 어떤 것을 보살마하살의 여러 부처님 국토에 차례로 가는 신통한 삼매〔次第徧往諸佛國土神通三昧〕라 하는가.

불자들이여, 이 보살마하살은 동쪽으로 수없는 세계를 지나가고 다시 저러한 세계의 티끌 수 세계를 지나가면서 그 모든 세계에서 이 삼매에 들어가는데, 혹 찰나 동안에 들고, 혹 잠깐 동안에 들고, 혹 계속하여 들고, 혹 아침나절〔日初分時〕에 들고, 혹 점심나절에 들고, 혹 저녁나절에 들고, 혹 초저녁〔夜初分時〕에 들고, 혹 한밤중에 들고, 혹 새벽녘에 들기도 하느니라.

혹 하루 동안 들고, 혹 닷새 동안 들고, 혹 반달 들고, 혹 한달 들고, 혹 일 년 들고, 혹 백 년 들고, 혹 천 년 들고, 혹 백천 년 들고, 혹 억 년 들고, 혹 백천억 년 들고, 혹 백천 나유타억 년 들고, 혹 한 겁 동안 들고, 혹 백 겁 들고, 혹 백천 겁 들고, 혹 백천 나유타억 겁 들고, 혹

무수겁 들고, 혹 한량없는 겁 들고, 혹 그지없는 겁 들고, 혹 같을 이 없는 겁 들고, 혹 헤아릴 수 없는 겁 들고, 혹 일컬을 수 없는 겁 들고, 혹 생각할 수 없는 겁 들고, 혹 헤아릴 수 없는 겁 들고, 혹 말할 수 없는 겁 들고, 혹 말할 수 없이 말할 수 없는 겁 동안 들기도 하느니라.

오래기도 하고 가깝기도 하며 법이나 시간이 갖가지로 같지 아니하거든, 보살이 저런 것에는 분별도 내지 않고 물들지도 않고 둘이라 하지도 않고 둘이 아니라 하지도 않고 두루하다 하지도 않고 다르다 하지도 않느니라.

비록 이런 분별을 떠났지마는 신통과 방편으로 삼매에서 일어나 모든 법을 잊지도 않고 잃지도 아니하고 마지막까지 이르느니라.

마치 해가 돌면서 비치고 밤낮으로 머물지 아니하여, 해가 뜨면 낮이라 하고 해가 지면 밤이라 하거니와, 낮에도 나지 않고 밤에도 없어지지 않는 것과 같나니, 보살마하살도 그와 같아서 수없는 세계에서 신통 삼매에 들며, 삼매에 들고는 저렇게 수없는 세계를 분명하게 보는 것도 그와 같으니라.

불자들이여, 이것이 보살마하살의 셋째 여러 부처님 세계에 차례로 가는 신통 큰 삼매의 교묘한 지혜니라.

5) 청정하고 깊은 마음의 행인 큰 삼매

불자들이여, 어떤 것을 보살마하살의 청정하고 깊은 마음의 행인 삼매〔淸淨深心行三昧〕라 하는가.

불자들이여, 이 보살마하살은 모든 부처님의 몸이 중생의 수효와 같음을 알며, 한량없는 부처님께서 아승기 세계의 티끌 수보다 지나가는 것을 보느니라.

저 낱낱 부처님 계신 데서 가지가지 훌륭한 향으로 공양하고, 가지가지 훌륭한 꽃으로 공양하고, 크기가 아승기 부처님 국토와 같은 가지가지 일산으로 공양하고, 온갖 세계보다 지나가는 모든 훌륭한 장엄거리로 공양하고, 가지가지 보배를 흩어서 공양하고, 가지가지 장엄거리로 거니는 곳을 장엄하여 공양하고, 수없이 많은 묘한 마니보배로 공양하고, 부처님의 신통으로 흘러나오는 천상 음식보다 더 좋은 음식으로 공양하고, 모든 부처님 세계의 가지가지 훌륭한 공양거리를 신통의 힘으로 모두 거두어서 공양하느니라.

저 낱낱 부처님 계신 데서 공경하고 존중하고 땅에 엎드려 절하고 몸으로 보시하면서 부처님의 법을 묻고 부처님의 평등함을 칭찬하고 부처님의 광대한 공적을 일컬으며, 부처님들께서 들어가신 자비한 마음에 들어가서 부처님의 평등하고 걸림 없는 힘을 얻고 잠깐 동안에 여러 부처님 계신 데서 묘한 법을 부지런히 구하느니라.

그러나 여러 부처님께서 세상에 나시고 열반에 드시는 그런 것은 모두 얻을 바 없는 것이니, 마치 산란한 마음으로 대상을 분별할 때에 마음이 일어나도 무슨 인연으로 일어나는지 알지 못하고, 마음이 사라져도 무슨 인연으로 사라지는지 알지 못하는 것과 같이, 보살마하살도 그와 같아서 여래께서 세상에 나시고 열반에 드시는 것을 분별하지 아니하느니라.

불자들이여, 마치 햇볕에 나타나는 아지랑이가 구름에서 생기지도 않고 못에서 생기지도 않고 육지에 있지도 않고 물에 있지도 않으며, 있는 것도 아니고 없는 것도 아니고 착하지도 않고 악하지도 않고 맑은 것도 아니고 흐린 것도 아니며 마실 수도 없고 더럽힐 수도 없으며 자체가 있지도 않고 자체가 없지도 않고 맛이 있지도 않고 맛이 없지도 않나니, 인연으로써 물인 듯한 모양이 나타나서 의식으로 분별하는 것이며, 멀리서 보면 물과 같아서 물이라는 생각이 나지마는 가까이 가면 없어져서 물이라는 생각이 저절로 사라지는 것과 같으니라. 보살마하살도 그와 같아서 여래께서 세상에 나시고 열반에 드시는 모습을 분별하지 않나니, 부처님께서 형상이 있다 형상이 없다 하는 것은 모두 허망한 마음으로 분별하는 것이니라.

불자들이여, 이 삼매는 이름을 청정하고 깊은 마음의 행이라 하나니, 보살마하살은 이 삼매에 들었다가 일어나며 일어나서도 잃어버리지 않느니라.

마치 사람이 자다가 깨어나도 꿈꾸던 일을 기억하는 것 같아서 깨었을 적에는 꿈속의 경계가 없지마는 분명히 기억하고 잊지 아니하나니, 보살마하살도 그와 같아서 삼매에 들어 부처님을 뵈옵고 법을 듣고는 삼매에서 일어나서도 잘 기억하여 그 법문으로 도량에 모인 이들을 깨우쳐 주고 부처님들의 국토를 장엄하며, 한량없는 이치를 분명하게 통달하고 온갖 법문이 모두 청정하며 큰 지혜의 횃불로 부처의 종자를 자라게 하며 두려움 없음이 구족하고 변재가 다하지 아니하여 깊고 깊은 법장을 연설하느니라.

이것이 보살마하살의 넷째 청정하고 깊은 마음의 행인 큰 삼매의 교묘한 지혜니라."

6) 과거의 장엄한 갈무리를 아는 큰 삼매

"불자들이여, 어떤 것을 보살마하살의 과거에 장엄한 갈무리를 아는 삼매〔知過去莊嚴藏三昧〕라 하는가.

불자들이여, 이 보살마하살은 과거의 여러 부처님께서 나신 일을 아나니, 이른바 겁의 차례 중에 있는 여러 세계의 차례와 세계의 차례 중에 있는 여러 겁의 차례와 겁의 차례 중에 여러 부처님께서 나신 차례와 부처님께서 나신 차례에서 법을 말씀한 차례와 법을 말씀하는 차례에서 마음이 즐거운 차례와 마음이 즐거운 차례에서 여러 근기의 차례와 근기의 차례에서 조화하여 굴복한 차례와 조화하여 굴복한 차례에서 여러 부처님 수명의 차례와 수명의 차례에서 억 나유타 해의 수량과 차례를 아느니라.

불자들이여, 이 보살마하살은 이렇게 그지없는 차례를 아는 지혜를 얻었으므로 곧 과거의 부처님을 알고, 과거의 세계들을 알고, 과거의 법문을 알고, 과거의 겁을 알고, 과거의 법을 알고, 과거의 마음을 알고, 과거의 지혜를 알고, 과거의 중생들을 알고, 과거의 번뇌를 알고, 과거의 의식을 알고, 과거의 청정함을 아느니라.

불자들이여, 이 삼매를 과거의 청정한 갈무리라 하나니, 잠깐 동안에 백 겁에 들어가고, 천 겁에 들어가고, 백천 겁에 들어가고, 백천억 나유타 겁에 들어가고, 수없는 겁에 들어가고, 한량없는 겁에 들어가고, 셀 수 없는 겁에 들어가고, 일컬을 수 없는 겁에 들어가고, 생각할 수 없는 겁에 들어가고, 헤아릴 수 없는 겁에 들어가고, 말할 수 없는 겁에 들어가고, 말할 수 없이 말할 수 없는 겁에 들어가느니라.

불자들이여, 저 보살마하살은 이 삼매에 들어서는 현재를 멸하지도 아니하고 과거를 반연하지도 아니하느니라.

불자들이여, 저 보살마하살이 이 삼매에서 일어나면 여래의 계신 데서 열 가지 헤아릴 수 없는 정수리에 물 붓는 법〔灌頂法〕을 받아서 얻고 청정히 하고 성취하고 들어가고 증득하고 만족하고 지니고 평등하게 알아서 세 바퀴〔三輪〕가 청정해지느니라.

무엇이 열인가. 하나는 말하는 것이 뜻과 어기지 않고, 둘은 법을 말함이 다하지 않고, 셋은 해석하는 말이 잘못이 없고, 넷은 말하기 좋아하여 끊어지지 않고, 다섯은 마음에 두려움이 없고, 여섯은 말이 진실하고, 일곱은 중생들의 의지가 되고, 여덟은 삼세를 구호하여 해탈케 하고, 아홉은 선근이 가장 승하고, 열은 묘한 법으로 잘 지도함이니라.

불자들이여, 이것이 열 가지 정수리에 물 붓는 법이니, 보살이 이 삼매에 들었다가 삼매에서 일어나면 고대 얻게 되는 것이 마치 가라라歌羅邏가 태에 들 적에 잠깐 동안에 의식이 곧 의탁함과 같이 보살마하살도 그와 같아서 이 삼매에서 일어나면 부처님 계신 데서 잠깐 동안에 이 열 가지 법을 얻게 되느니라.

불자들이여, 이것을 보살마하살의 다섯째 과거의 장엄한 갈무리를 아는 큰 삼매의 교묘한 지혜라 하느니라."

7) 지혜 광명의 갈무리인 큰 삼매

"불자들이여, 어떤 것을 지혜 광명의 갈무리인 삼매(智光明藏三昧)라 하는가.

불자여, 저 보살마하살이 이 삼매에 머물면 오는 세상의 모든 세계 모든 겁에 나시는 부처님을 알며, 이미 말하였거나 말하지 않았거나 수기를 받았거나 수기를 받지 않았거나 가지가지 이름이 각각 같지 아니함을 아나니, 이른바 수없는 이름·한량없는 이름·그지없는 이름·같을 이 없는 이름·셀 수 없는 이름·일컬을 수 없는 이름·생각할 수 없는 이름·헤아릴 수 없는 이름·말할 수 없는 이름 들이니라.

이런 이들이 세상에 나실 것이며, 중생을 이익케 할 것이며, 법왕이 되실 것이며, 부처님 일을 일으킬 것이며, 복과 이익을 말씀할 것이며, 착한 이치를 찬탄할 것이며, 깨끗한 뜻(白分義)을 말할 것이며, 모든 나쁜 짓을 다스릴 것이며, 공덕에 편안히 머물 것이며, 으뜸가는 진리(第一義諦)를 보일 것이며, 정수리에 물 붓는 자리에 들어갈 것이며, 온갖 지혜를 이룰 것이니라.

저 모든 여래의 원만한 행을 닦고 원만한 서원을 내고 원만한 지혜에 들어가고 원만한 대중을 가지고 원만한 장엄을 갖추고 원만한 공덕을 모으고 원만한 법을 깨닫고 원만한 결과를 얻고 원만한 몸매를 구족하고 원만한 깨달음을 이룰 것이며, 저 모든 여래의 이름·성씨·문벌·방편의 교묘함·신통·변화와 중생을 성숙하고 열반에 드시는 온갖 것을 다 분명하게 아느니라.

이 보살이 잠깐 동안에 한 겁에 들어가며, 백 겁·천 겁·백천 겁·백천억 나유타 겁에 들어가며, 염부제閻浮提 티끌 수 겁에 들어가며, 사천하 티끌 수 겁에 들어가며, 소천세계 티끌 수 겁에 들어가며, 중천세계 티끌 수 겁에 들어가며, 대천세계 티끌 수 겁에 들어가며, 백천 부처님 세계 티끌 수 겁에 들어가며, 백천억 나유타 부처님 세계 티끌 수 겁에 들어가느니라.

또 수없는 부처님 세계 티끌 수 겁에 들어가며, 한량없는 부처님 세계 티끌 수 겁에 들어가며, 그지없는 부처님 세계 티끌 수 겁에 들어가며, 같을 이 없는 부처님 세계 티끌 수 겁에 들어가며, 셀 수 없는 부처님 세계 티끌 수 겁에 들어가며, 일컬을 수 없는 부처님 세계 티끌 수 겁에 들어가며, 생각할 수 없는 부처님 세계 티끌 수 겁에 들어가며, 헤아릴 수 없는 부처님 세계 티끌 수 겁에 들어가며, 말할 수 없는 부처님 세계 티끌 수 겁에 들어가며, 말할 수 없이 말할 수 없는 부처님 세계 티끌 수 겁에 들어가나니, 이렇게 오는 세계에 있는 모든 겁을 지혜로써 능히 아느니라.

이렇게 분명하게 아는 연고로 그 마음이 또 열 가지 지니는 문[持門]에 들어가나니, 무엇이 열인가. 이른바 부처님을 지니는 데 들어갔으므로 말할 수 없는 부처님 세계 티끌 수 부처님의 호념함을 얻고, 법을 지니는 데 들어갔으므로 열 가지 다라니 광명과 다하지 않는 변재를 얻고, 행을 지니는 데 들어갔으므로 원만하고 수승한 서원을 내고, 힘을 지니는 데 들어갔으므로 가리어 무색하게 할 이가 없으며 꺾어 굴복할 이가 없고, 지혜를 지니는 데 들어갔으므로 불법을 행하는 데 장애가 없고, 대비를 지니는 데 들어갔으므로 물러나지 않는 청정한 법을 굴리느니라.

또 차별하고 교묘한 글귀를 지니는 데 들어갔으므로 모든 글자의 바퀴를 굴리어 모든 법[法門地]을 깨끗케 하고, 사자가 태어나는 법을 지니는 데 들어갔으므로 법의 자물쇠를 열어 탐욕의 진창에서 나오고, 지혜의 힘을 지니는 데 들어갔으므로 보살의 행을 닦아 항상 쉬지 아니하고, 선지식의 힘을 지니는 데 들어갔으므로 그지없는 중생으로 청정함을 얻게 하고, 머무름이 없는 힘을 지니는 데 들어갔으므로 말할 수 없이 말할 수 없는 광대한 겁에 들어가고, 법의 힘을 지니는 데 들어갔으므로 걸림 없는 방편과 지혜로 온갖 법의 성품이 청정함을 아느니라.

불자들이여, 보살마하살은 이 삼매에 머물고는 말할 수 없이 말할 수 없는 겁에 잘 머물며, 말할 수 없이 말할 수 없는 세계에 잘 머물며, 말할 수 없이 말할 수 없는 가지가지 중생을 잘 알며, 말할 수 없이 말할 수 없는 중생의 다른 모습을 잘 알며, 말할 수 없이 말할 수 없는 같고 다른 업보를 잘 알며, 말할 수 없이 말할 수 없는 정진하는 근기와 버릇[習氣]이 계속됨과 차별한 여러 행을 잘 알며, 말할 수 없이 말할 수 없는 무량한 물든 생각과 깨끗한 생각을 잘 아느니라.

또 말할 수 없이 말할 수 없는 법과 가지가지 뜻과 한량없는 글자와 연설하는 말을 잘 알며, 말할 수 없이 말할 수 없는 가지가지 부처님이 나타나는 일과 문벌과 시절과 형상을 나타내어 법을 말함과 부처의 일을 지음과 열반에 드심을 잘 알며, 말할 수 없이 말할 수 없는 일체 신통과 한량없는 변화를 잘 아느니라.

불자들이여, 마치 해가 뜨면 세간에 있는 마을·도시·궁전·가옥·

산·못·날짐승·들짐승·나무·숲·꽃·과실 등의 가지가지 물건을 눈 있는 사람은 모두 보는 것과 같으니라. 불자여, 햇빛은 평등하여 분별이 없지마는 여럿으로 하여금 가지각색 모양을 보게 하듯이 이 삼매도 그와 같아서 성품이 평등하여 분별이 없지마는 보살들로 하여금 말할 수 없이 말할 수 없는 백천억 나유타 차별한 형상을 알게 하느니라.

불자들이여, 이 보살마하살은 이렇게 알면서 중생들로 하여금 열 가지 헛되지 않음〔不空〕을 얻게 하느니라.

무엇이 열인가. 하나는 보는 것이 헛되지 않으니 중생들로 하여금 착한 뿌리를 내게 함이요, 둘은 들음이 헛되지 않으니 중생들을 성숙케 함이요, 셋은 함께 머무름이 헛되지 않으니 중생들의 마음을 길들게 함이요, 넷은 발기發起함이 헛되지 않으니 중생들을 말한 대로 행하게 하여 온갖 법과 뜻을 통달케 함이요, 다섯은 행이 헛되지 않으니 그지없는 세계를 다 청정케 함이니라.

여섯은 친근함이 헛되지 않으니 말할 수 없이 말할 수 없는 세계의 부처님 계신 데서 말할 수 없이 말할 수 없는 중생의 의심을 끊게 함이요, 일곱은 서원이 헛되지 않으니 생각하는 중생들로 훌륭한 공양을 짓게 하여 서원을 성취케 함이요, 여덟은 교묘한 법이 헛되지 않으니 모두 걸림 없는 해탈과 청정한 지혜에 머물게 함이요, 아홉은 법 비를 내림이 헛되지 않으니 말할 수 없이 말할 수 없는 여러 가지 근성을 가진 중생들에게 온갖 지혜의 행을 방편으로 열어 보여서 부처의 도에 머물게 함이요, 열은 나타남이 헛되지 않으니 그지없는 몸매를 나타내어 일체 중생으로 하여금 비침을 얻게 함이니라.

불자들이여, 보살마하살이 이 삼매에 머물러서 열 가지 헛되지 않음을 얻을 적에 모든 천왕들은 와서 예배하고, 용왕들은 큰 향기 구름을 일으키고, 야차왕들은 땅에 엎드려 발에 절하고, 아수라왕들은 공경하며 공양하고, 가루라 왕들은 앞뒤로 옹호하고, 범천왕들은 와서 청하고, 긴나라왕과 마후라가왕들은 모두 칭찬하고, 건달바왕들은 항상 와서 친근하고, 인간의 왕들은 받자와 섬기며 공양하느니라.

불자들이여, 이것이 보살마하살의 여섯째 지혜 광명의 갈무리인 큰 삼매의 교묘한 지혜니라."

8) 모든 세계의 부처님 장엄을 아는 큰 삼매

"불자들이여, 어떤 것을 보살마하살의 모든 세계의 부처님 장엄을 아는 삼매〔了知一切世界佛莊嚴三昧〕라 하는가. 불자여, 이 삼매를 무슨 연고로 모든 세계의 부처님 장엄을 안다고 이름하는가.

불자들이여, 보살마하살이 이 삼매에 머물면 능히 차례로 동방 세계에 들어가고 차례로 남방 세계에 들어가며, 서방·북방과 네 간방과 상방·하방에 있는 세계에도 능히 차례로 들어가서 여러 부처님께서 세상에 나시는 것을 보고, 그 부처님들의 모든 신통한 힘을 보고, 부처님들의 유희를 보고, 부처님들의 광대한 위엄과 공덕을 보고, 부처님의 가장 좋은 자재하심을 보고, 부처님의 크게 사자후하심을 보고, 부처님들의 닦으시는 행을 보고, 부처님들의 가지가지 장엄을 보고, 부처님들의 다니시는 신통과 변화를 보고, 부처님들의 대중이 구름처럼 모이는 것을 보느니라.

모인 대중이 청정함과 대중이 광대함과 대중이 한 모양임과 대중이 여러 모양임과 대중이 모인 처소와 대중이 거처함과 대중이 성숙함과 대중이 조복함과 대중의 위엄과 공덕과 이런 것들을 모두 분명히 보느니라.

또 모인 대중의 집단〔量〕이 염부제와 같음을 보고, 대중의 모임이 사천하와 같음을 보고 대중이 소천세계와 같음을 보고, 대중이 중천세계와 같음을 보고, 대중이 삼천대천세계와 같음을 보고, 대중이 백천억 나유타 부처님 세계에 가득함을 보고, 대중이 아승기 부처님 세계에 가득함을 보고, 대중이 백 부처님 세계 티끌 수 같은 부처님 세계에 가득함을 보고, 대중이 천 부처 세계의 티끌 수 부처님 세계에 가득함을 보고, 대중이 백천억 나유타 세계의 티끌 수 부처님 세계에 가득함을 보느니라.

또 모인 대중이 수없는 부처 세계의 티끌 수 부처님 세계에 가득함을 보고, 대중이 한량없는 부처 세계의 티끌 수 부처님 세계에 가득함을 보고, 대중이 그지없는 부처 세계의 티끌 수 부처님 세계에 가득함을 보고, 대중이 같을 이 없는 부처 세계의 티끌 수 부처님 세계에 가득함을 보고, 대중이 셀 수 없는 부처 세계의 티끌 수 부처님 세계에 가득함을 보고, 대중이 일컬을 수 없는 부처 세계의 티끌 수 부처님 세계에 가득함을 보고, 대중이 생각할 수 없는 부처 세계의 티끌 수 부처님 세계에 가득함을 보고, 대중이 헤아릴 수 없는 부처 세계의 티끌 수 부처님 세계에 가득함을 보고, 대중이 말할 수 없는 부처 세계의 티끌 수 부처님 세계에 가득함을 보고, 또 대중이 말할 수 없이 말할 수 없는 부처 세계의 티끌 수 부처님 세계에 가득함을 보느니라.

또 여러 부처님께서 저 대중들이 모인 도량에서 나타내시는 갖가지 모양・갖가지 시간・갖가지 국토・갖가지 변화・갖가지 신통・갖가지 장엄・갖가지 자재・갖가지 형상・갖가지 하시는 일을 보느니라.

보살마하살은 또 자신이 저 대중의 모임에 가는 것을 보며, 자기의 몸이 저기 있어서 법문 말함을 보며, 자기의 몸이 부처님 말씀을 받아 지님을 보며, 자기의 몸이 연기緣起를 잘 아는 것을 보며, 자기의 몸이 허공에 있음을 보며 자기의 몸이 법신에 머물렀음을 보며, 자기의 몸이 물드는 집착을 내지 아니함을 보며, 자기의 몸이 분별에 머물지 않음을 보며, 자기의 몸이 고달프지 아니함을 보며, 자기의 몸이 모든 지혜에 들어감을 보며, 자기의 몸이 모든 이치를 두루 앎을 보며, 자기의 몸이 여러 지위에 두루 들어감을 보며, 자기의 몸이 여러 갈래에 두루 들어감을 보며, 자기의 몸이 여러 방편을 아는 것을 보며, 자기의 몸이 여러 부처님 앞에 있음을 보며, 자기의 몸이 여러 가지 힘에 들어갔음을 보며, 자기의 몸이 진여에 들어감을 보며, 자기의 몸이 다툼이 없는 데 들어감을 보며, 자기의 몸이 모든 법에 두루 들어갔음을 보느니라.

　이렇게 보는 때에 국토를 분별하지 않고 중생을 분별하지 않고 부처님을 분별하지도 않고 법을 분별하지도 않고, 몸에 집착하지도 않고 몸으로 짓는 업에 집착하지도 않고 마음에 집착하지도 않고 뜻에 집착하지도 않나니, 마치 모든 법이 제 성품을 분별하지도 않고 음성을 분별하지도 않지마는, 제 성품을 버리지 않고 이름이 사라지지 않는 것 같이 보살마하살도 그와 같아서 행을 버리지 않고 세상을 따라 짓지마는 이 두 가지에 집착함이 없느니라.

　불자들이여, 보살마하살은 부처님의 한량없는 빛과 한량없는 형상과 원만하게 성취함과 평등하고 청정함을 보는 데 낱낱이 앞에 나타나서 분명하게 증거하여 아느니라.

　혹은 부처님 몸의 가지가지 광명을 보고, 혹은 부처님 몸의 둥근 광명이 한 길[尋]인 것을 보고, 혹은 부처님 몸이 치성한 햇빛 같음을 보고, 혹은 부처님 몸이 미묘한 빛임을 보고, 혹은 부처님 몸이 청정한 빛임을 보고, 혹은 부처님 몸이 황금빛임을 보고, 혹은 부처님 몸이 금강빛임을 보고, 혹은 부처님 몸이 야청빛임을 보고, 혹은 부처님 몸이 그지없는 빛임을 보고, 혹은 부처님 몸이 푸른 마니보배빛임을 보느니라.

　혹은 부처님 키가 일곱 침척[肘]임을 보고, 혹은 부처님 키가 여덟 침척임을 보고, 혹은 부처님 키가 아홉 침척임을 보고, 혹은 부처님 키가 열 침척임을 보고, 혹은 부처님 키가 스무 침척임을 보고, 혹은 부처님 키가 서른 침척임을 보기도 하며, 그리하여 내지 백 침척・천 침척임을 보며, 혹은 부처님 몸이 일 구로사俱盧舍됨을 보고, 혹은 부처님 몸이 반 유순 됨을 보고, 혹은 부처님 몸이 일 유순 됨을 보고, 혹은 부처님 몸이 열 유순 됨을 보고, 혹은 부처님 몸이 백 유순 됨을 보고, 혹은 부처님 몸이 천 유순 됨을 보고, 혹은 부처님 몸이 백천 유순 됨을 보고, 혹은 부처님 몸이 염부제와 같음을 보고, 혹은 부처님 몸이 사천하와 같음을 보고, 혹은 부처님 몸이 소천세계만함을 보고, 혹은 부처님 몸이 중천세계만함을 보고, 혹은 부처님 몸이 대천세계만함을 보고, 혹은 부처님 몸이 백 대천세계만함을 보고, 혹은 부처님 몸이 천 대천세계만함을 보고, 혹은 부처님 몸이 백천 대천세계만함을 보고, 혹은 부처님 몸이 백천억 나유타 대천세계만함을 보고, 혹은 부처님 몸이 수없는 대천세계만함을 보고, 혹은 부처님 몸이 한량없는 대천세계만함을 보고, 혹은 부처님 몸이 그지없는 대천세계만함을 보고, 혹은 부처님 몸이 같을 이 없는 대천세계만함을 보고, 혹은 부처님 몸이 셀 수 없는 대천세계만함을 보고, 혹은 부처님 몸이 일컬을 수 없는 대천세계만함을 보고, 혹은 부처님 몸이 생각할 수 없는 대천세계만함을 보고 혹은 부처님 몸이 말할 수 없는 대할 수 없는 대천세계만함을 보느니라.

불자들이여, 보살이 이렇게 모든 여래의 한량없는 빛깔과 한량없는 형상과 한량없이 나타냄과 한량없는 광명과 한량없는 광명 그물을 보나니, 그 광명의 분량이 법계와 같아서 법계 안에서 비치지 않는 데가 없으며, 여럿으로 하여금 위없는 지혜를 내게 하며, 또 부처님 몸에는 물드는 일이 없고 장애가 없고, 가장 기묘하고 청정함을 보느니라.

불자들이여, 보살이 이와 같이 부처님 몸을 보지마는 여래의 몸은 더

커지지도 않고 작아지지도 않느니라. 마치 허공이 벌레 먹은 겨자씨 구멍에서도 작아지지 아니하고 수없는 세계에서도 커지지 아니하듯이, 부처님 몸도 그와 같아서 크게 볼 적에도 커지지 아니하고 작게 볼 적에도 작아지지 아니하느니라.

불자들이여, 마치 달을 염부제 사람들이 작게 본다고 해서 작아지지도 않고, 달 가운데 있는 이들이 크게 본다고 해서 커지지도 않듯이 보살마하살도 그와 같아서 이 삼매에 머물면 그 마음을 따라서 부처님 몸이 가지가지로 변화하는 모양을 보고 법문을 연설하는 말씀을 듣고 잊지 않지마는 여래의 몸은 커지지도 아니하고 작아지지도 아니하느니라.

불자들이여, 마치 중생이 목숨을 마친 뒤에 장차 태어나려 할 적에 마음을 여의지 않고 보는 바가 청정하듯이 보살마하살도 그와 같아서 이 깊고 깊은 삼매를 여의지 아니하고 보는 바가 청정하느니라.

불자들이여, 보살마하살은 이 삼매에 머물고는 열 가지 빠른 법[速法]을 성취하나니, 무엇이 열인가. 이른바 모든 행을 빨리 더하여 큰 서원을 만족하고, 빠르게 법의 광명으로 세간을 비추고, 빠르게 방편으로 법륜을 굴리어 중생을 제도하고, 빠르게 중생의 업을 따라서 부처님의 청정한 국토를 나타내고, 빠르게 평등한 지혜로 열 가지 힘에 나아가고, 빨리 모든 여래와 더불어 함께 머물고, 빨리 크게 인자한 힘으로 마군을 깨뜨리고, 빨리 중생의 의심을 끊어 기쁨을 내게 하고, 빨리 수승한 지혜를 따라 신통 변화를 보이고, 빨리 갖가지 묘한 법과 말로써 세상을 깨끗하게 함이니라.

불자들이여, 이 보살마하살은 다시 열 가지 법인[法印]이 있어 모든 법을 인가[印可]하느니라.

무엇이 열인가. 하나는 과거・미래・현재의 모든 부처님과 선근이 평등하고, 둘은 모든 여래와 같이 그지없는 지혜인 법신을 얻고, 셋은 모든 여래와 같이 둘이 아닌 법에 머물고, 넷은 모든 여래와 같이 삼세의 한량없는 경계가 모두 평등함을 관찰하고, 다섯은 모든 여래와 같이 법계를 통달하여 걸림이 없고, 여섯은 모든 여래와 같이 열 가지 힘을 성취하여 다니는 데 걸림이 없고, 일곱은 모든 여래와 같이 두 가지 행을 아주 끊고 다툼이 없는 법에 머물고, 여덟은 모든 여래와 같이 중생을 교화하여 항상 쉬지 아니하고, 아홉은 모든 여래와 같이 교묘한 지혜와 교묘한 이치를 잘 관찰하고, 열은 모든 여래와 같이 온갖 부처님과 평등하여 둘이 없는 것이니라.

불자들이여, 만일 보살마하살이 이 모든 세계의 부처님 장엄을 아는 큰 삼매의 교묘한 방편문을 성취하면, 이는 스승이 없는 이니 남의 가르침을 받지 않고 모든 부처님 법에 들어간 연고요, 이는 대장부이니 일체 중생을 능히 깨우치는 연고요, 이는 청정한 이니 마음의 성품이 본래 청정함을 아는 연고요, 이는 으뜸 되는 이〔第一者〕니 모든 세간을 건지어 해탈케 하는 연고요, 이는 편안하게 위로하는 이니 일체 중생을 알도록 일러 주는 연고요, 이는 편안히 머무른 이니 부처님 종성에 머물지 못한 이를 머물게 하는 연고요, 이는 진실하게 아는 이니 온갖 지혜의 문에 들어간 연고요, 이는 다른 생각이 없는 이니 말하는 것이 둘이 없는 연고요, 이는 법장에 머무른 이니 온갖 부처님 법을 알기를 원하는 연고요, 이는 법 비를 내리는 이니 중생의 좋아함을 따라 만족케 하는 연고니라.

불자들이여, 마치 제석천왕이 상투에 마니보배를 꽂으면 보배의 힘으로 위엄이 더욱 성해지는 것과 같이 제석천왕이 처음 이 보배를 가지면 열 가지 법을 얻어 삼십삼천보다 뛰어나나니, 무엇이 열인가. 하나는 몸매요, 둘은 형체요, 셋은 나타남이요, 넷은 권속이요, 다섯은 쓰는 도구요, 여섯은 음성이요, 일곱은 신통이요, 여덟은 자재함이요, 아홉은 지혜와 이해함〔慧解〕이요, 열은 슬기니, 이러한 열 가지가 삼십삼천보다 뛰어나느니라.

　보살마하살도 그와 같아서 이 삼매를 처음 얻었을 때에 열 가지 광대한 지혜광〔廣大智藏〕을 얻나니, 무엇이 열인가. 하나는 모든 부처님 세계를 비추는 지혜요, 둘은 일체 중생의 태어남을 아는 지혜요, 셋은 삼세의 변화를 두루 짓는 지혜요, 넷은 온갖 부처님 몸에 두루 들어가는 지혜요, 다섯은 모든 부처님 법을 통달하는 지혜요, 여섯은 모든 청정한 법을 널리 포섭하는 지혜요, 일곱은 일체 중생을 법신에 들어가게 하는 지혜요, 여덟은 모든 법을 보는 넓은 눈이 청정한 지혜요, 아홉은 모든 일에 자재하여 저 언덕에 이르는 지혜요, 열은 일체 광대한 법에 머물러서 모두 다하고 남음이 없는 지혜니라.

　불자들이여, 보살마하살은 이 삼매에 머물고는 다시 열 가지 가장 청정하고 위덕 있는 몸을 얻나니, 무엇이 열인가. 하나는 말할 수 없이 말할 수 없는 세계를 비추기 위하여 말할 수 없이 말할 수 없는 광명 바퀴를 놓음이요, 둘은 세계를 다 청정케 하기 위하여 말할 수 없이 말할 수 없는 한량없는 빛깔 광명 바퀴를 놓음이요, 셋은 중생을 조화하고 굴복하기 위하여 말할 수 없이 말할 수 없는 광명 바퀴를 놓음이요, 넷은 모든 부처님을 친근하기 위하여 말할 수 없이 말할 수 없는 몸을 변하여 냄이요, 다섯은 모든 부처님께 받자와 섬기고 공양하기 위하여 말할 수 없이 말할 수 없는 가지가지 훌륭한 향과 꽃 구름을 내림이니라.

　여섯은 모든 부처님을 섬기며 공양하고 일체 중생을 조화하여 굴복하기 위하여 낱낱 털구멍으로 말할 수 없이 말할 수 없는 가지가지 음악을 변화하여 만들고, 일곱은 중생을 성숙케 하기 위하여 말할 수 없이 말할 수 없는 가지가지 한량없는 자재로운 신통과 변화를 나타내고, 여덟은 시방의 가지가지 명호를 가진 모든 부처님 계신 데서 법을 묻기 위하여 한 걸음에 말할 수 없이 말할 수 없는 세계를 뛰어 넘음이요, 아홉은 일체 중생의 보고 듣는 이로 하여금 헛되지 않게 하기 위하여 말할 수 없이 말할 수 없는 가지가지 한량없는 청정한 몸매를 가지고 정수리를 볼 수 없는 몸을 나타내고, 열은 중생에게 한량없는 비밀한 법을 보여 주기 위하여 말할 수 없이 말할 수 없는 음성과 말을 내느니라.

　불자들이여, 보살마하살은 열 가지 청정하고 위덕 있는 몸을 얻고는 중생들로 하여금 열 가지 원만함을 얻게 하나니, 무엇이 열인가. 하나는 중생들로 하여금 부처님을 보게 함이요, 둘은 중생들로 하여금 부처님을 믿게 함이요, 셋은 중생들로 하여금 법을 듣게 함이요, 넷은 중생들로 하여금 부처님 세계가 있음을 알게 함이요, 다섯은 중생들로 하여금 부처님의 신통과 변화를 보게 함이요, 여섯은 중생으로 하여금 모은 업을 생각하게 함이요, 일곱은 중생으로 하여금 선정의 마음이 원만케 함이요, 여덟은 중생들로 하여금 부처님의 청정한 데 들게 함이요, 아홉은 중생들로 하여금 보리심을 내게 함이요, 열은 중생들로 하여금 부처님의 지혜를 원만케 함이니라.

　불자들이여, 보살마하살이 열 가지 원만함을 얻고는 다시 중생을 위하여 열 가지 부처님 일을 하게 하나니, 무엇이 열인가. 음성으로 부처님 일을 하나니 중생을 성숙하려 함이요, 형상으로 부처님 일을 하나니 중생을 조화하고 굴복하려 함이요, 기억함으로 부처님 일을 하나니 중생을 청정케 함이요, 세계를 진동함으로 부처님 일을 하나니 중생으로 하여금 나쁜 길에서 떠나게 함이요, 방편과 깨닫게 함으로 부처님 일을 하나니 중생으로 하여금 생각[念]을 잃어 버리지 않게 함이니라.

꿈에 모습을 나타냄으로 부처님 일을 하나니 중생으로 하여금 항상 바르게 생각하게 하기 위함이요, 큰 광명을 놓음으로 부처님 일을 하나니 여러 중생을 널리 거두어 주려 함이요, 보살의 행을 닦는 것으로 부처님 일을 하나니 중생으로 하여금 훌륭한 소원에 머물게 함이요, 다 옳게 깨달음〔正等覺〕을 이룸으로 부처님 일을 하나니 중생들로 하여금 요술 같은 법을 알게 함이요, 묘한 법륜을 굴리므로 부처님 일을 하나니 대중에 법을 말할 적에 시기를 놓치지 않게 함이요, 지금 오래 삶으로 부처님의 일을 하나니 일체 중생을 조화하고 굴복하려 함이요, 열반에 듦을 보이는 것으로 부처님 일을 하나니 중생들이 고달파하고 싫어함을 아는 연고니라.

　불자들이여, 이것이 보살마하살의 일곱째 모든 세계의 부처님 장엄을 아는 큰 삼매의 교묘한 지혜니라."

대방광불화엄경 제42권

제42권

27. 십정품 ③

9) 일체 중생의 차별한 몸 큰 삼매

"불자들이여, 어떤 것을 보살마하살의 일체 중생의 차별한 몸 삼매〔差別身三昧〕라 하는가.

불자들이여, 보살마하살이 이 삼매에 머물면 열 가지 집착이 없게 되나니, 무엇이 열인가. 이른바 온갖 세계에 집착이 없고, 온갖 방위에 집착이 없고, 온갖 겁에 집착이 없고, 온갖 법에 집착이 없고, 모든 보살에 집착이 없고, 모든 보살의 원에 집착이 없고, 온갖 삼매에 집착이 없고, 모든 부처님께 집착이 없고, 온갖 지위에 집착이 없나니, 이것이 열이니라.

불자들이여, 보살마하살은 이 삼매에 어떻게 들어가고 어떻게 일어나는가. 불자들이여, 이 보살은 이 삼매에 안몸〔內身〕으로 들어가 바깥 몸에서 일어나고, 바깥 몸으로 들어가 안몸에서 일어나며, 같은 몸으로 들어가 다른 몸에서 일어나고, 다른 몸으로 들어가 같은 몸에서 일어나며, 사람의 몸으로 들어가 야차의 몸에서 일어나고, 야차의 몸으로 들어가 용의 몸에서 일어나며, 용의 몸으로 들어가 아수라 몸에서 일어나고, 아수라 몸으로 들어가 하늘의 몸에서 일어나고, 하늘의 몸으로 들어가 범왕의 몸에서 일어나고, 범왕의 몸으로 들어가 욕심세계〔欲界〕의 몸에서 일어나느니라.

천상에서 들어가 지옥에서 일어나고, 지옥에서 들어가 인간에서 일어나며, 인간에서 들어가 다른 갈래에서 일어나며, 천 몸에서 들어가 한 몸에서 일어나고, 한 몸에서 들어가 천 몸에서 일어나며, 나유타 몸에서 들어가 한 몸에서 일어나고, 한 몸에서 들어가 나유타 몸에서 일어나느니라.

염부제 중생들 가운데서 들어가서 서西 구다니瞿陀尼 중생들 가운데서 일어나고, 서 구다니 중생들 가운데서 들어가 북北 구로拘盧 중생들 가운데서 일어나며, 북 구로 중생들 가운데서 들어가 동東 비제하毘提訶 중생들 가운데서 일어나고, 동 비제하 중생들 가운데서 들어가 삼천하三天下 중생들 가운데서 일어나며, 삼천하 중생들 가운데서 들어가 사천하 중생들 가운데서 일어나고, 사천하 중생들 가운데서 들어가 일체 바다 차별한 중생들 가운데서 일어나며, 일체 바다 차별한 중생들 가운데서 들어가 일체 바다 신장들 가운데서 일어나느니라.

일체 바다 신장들 가운데서 들어가 일체 바다 수대水大 가운데서 일어나고, 일체 바다 수대 가운데서 들어가 일체 바다 지대地大 가운데서 일어나며, 일체 바다 지대 가운데서 들어가 일체 바다 화대火大 가운데서 일어나고, 일체 바다 화대 가운데서 들어가 일체 바다 풍대風大 가운데서 일어나며, 일체 바다 풍대 가운데서 들어가 일체 사대종四大種 가운데서 일어나고, 일체 사대종 가운데서 들어가 죽사리 없는 법 가운데서 일어나며, 죽사리 없는 법 가운데서 들어가 묘고산 가운데서 일어나고, 묘고산 가운데서 들어가 칠보산 가운데서 일어나며, 칠보산 가운데서 들어가 모든 땅에 가지가지로 가꾸는 나무숲 흑산(一切地種種稼穡樹林黑山) 가운데서 일어나고, 모든 땅에 가지가지로 가꾸는 나무숲 흑산 가운데서 들어가 온갖 묘한 향과 꽃과 보배로 장엄한 가운데서 일어나느니라.

온갖 묘한 향과 꽃과 보배로 장엄한 가운데서 들어가 모든 사천하의 아래와 위에서 온갖 중생이 태어나는 가운데서 일어나고, 모든 사천하의 아래와 위에서 온갖 중생의 태어나는 가운데서 들어가 소천세계의 중생들 가운데서 일어나며, 소천세계의 중생들 가운데서 들어가 중천세계의 중생들 가운데서 일어나고, 중천세계의 중생들 가운데서 들어가 대천세계의 중생들 가운데서 일어나며, 대천세계의 중생들 가운데서 들어가 백천억 나유타 삼천대천세계의 중생들 가운데서 일어나고, 백천억 나유타 삼천대천세계의 중생들 가운데서 들어가 수없는 세계의 중생들 가운데서 일어나느니라.

수없는 세계의 중생들 가운데서 들어가 한량없는 세계의 중생들 가운데서 일어나고, 한량없는 세계의 중생들 가운데서 들어가 그지없는 부처님 세계의 중생들 가운데서 일어나며, 그지없는 부처님 세계의 중생들 가운데서 들어가 같을 이 없는 부처님 세계의 중생들 가운데서 일어나고, 같을 이 없는 부처님 세계의 중생들 가운데서 들어가 헤아릴 수 없는 세계의 중생들 가운데서 일어나고, 헤아릴 수 없는 세계의 중생들 가운데서 들어가 일컬을 수 없는 세계의 중생들 가운데서 일어나고, 일컬을 수 없는 세계의 중생들 가운데서 들어가 생각할 수 없는 세계의 중생들 가운데서 일어나느니라.

생각할 수 없는 세계의 중생들 가운데서 들어가 헤아릴 수 없는 세계의 중생들 가운데서 일어나고, 헤아릴 수 없는 세계의 중생들 가운데서 일어나고, 헤아릴 수 없는 세계의 중생들 가운데서 들어가 말할 수 없는 세계의 중생들 가운데서 일어나며, 말할 수 없는 세계의 중생들 가운데서 들어가 말할 수 없이 말할 수 없는 세계의 중생들 가운데서 일어나고, 말할 수 없이 말할 수 없는 세계의 중생들 가운데서 들어가 더러운 중생들 가운데서 일어나며, 더러운 중생들 가운데서 들어가 깨끗한 중생들 가운데서 일어나고, 깨끗한 중생들 가운데서 들어가 더러운 중생들 가운데서 일어나느니라.

눈으로 들어가 귀에서 일어나고, 귀로 들어가 눈에서 일어나며, 코로 들어가 혀에서 일어나고, 혀로 들어가 코에서 일어나며, 몸으로 들어가 뜻에서 일어나고, 뜻으로 들어가 몸에서 일어나며, 자기 처소에서 들어가 남의 처소에서 일어나고, 남의 처소에서 들어가 자기의 처소에서 일어나느니라.

한 티끌 속에서 들어가 수없는 세계의 티끌 가운데서 일어나고, 수없는 세계의 티끌 가운데서 들어가 한 티끌 속에서 일어나며, 성문에서 들어가 독각에서 일어나고, 독각에서 들어가 성문에서 일어나며, 자기 몸에서 들어가 부처님 몸에서 일어나고, 부처님 몸에서 들어가 자기 몸에서 일어나며, 한 생각에 들어가 억 겁에 일어나고, 억 겁에 들어가 한 생각에 일어나며, 같은 생각에 들어가 다른 때에 일어나고, 다른 때에 들어가 같은 생각에 일어나며, 앞 즈음〔前際〕에 들어가 뒷 즈음〔後際〕에 일어나고, 뒷 즈음에 들어가 앞 즈음에 일어나며, 앞 즈음에 들어가 중간 즈음〔中際〕에 일어나고, 중간 즈음에 들어가 앞 즈음에 일어나며, 삼세에 들어가 찰나에 일어나고, 찰나에 들어가 삼세에 일어나며, 진여〔眞如〕에서 들어가 말하는 데서 일어나고, 말하는 데서 들어가 진여에서 일어나느니라.

불자들이여, 마치 사람이 귀신에게 지피면 몸이 떨리어 스스로 진정하지 못하나니, 귀신의 몸이 나타나지 않지마는 그 사람의 몸이 떨리게 하는 것과 같이, 보살마하살이 이 삼매에 머무름도 그와 같아서 제 몸에서 선정에 들어가 다른 이의 몸에서 일어나고, 다른 이의 몸에서 선정에 들어 제 몸에서 일어나느니라.

 불자들이여, 송장이 주문의 힘으로 일어나 다니면서 간 곳마다 짓는 일을 성취하나니, 송장과 주문이 각각 다르지마는 능히 화합하여 저런 일을 성취하는 것처럼, 보살마하살이 이 삼매에 머무름도 그와 같아서 같은 경계에서 선정에 들어 다른 경계에서 일어나고, 다른 경계에서 선정에 들어 같은 경계에서 일어나느니라.

 불자들이여, 마치 비구가 마음이 자유롭게 되면 한 몸으로 여러 몸을 만들기도 하고, 여러 몸으로 한 몸을 만들기도 하며, 한 몸이 사라지지 않고 여러 몸이 생기기도 하고, 여러 몸이 사라지지 않고 한 몸이 생기기도 하는 것과 같이, 보살마하살이 이 삼매에 머무름도 그와 같아서 한 몸이 선정에 들어가 여러 몸에서 일어나고, 여러 몸이 선정에 들어가 한 몸에서 일어나기도 하느니라.

 불자들이여, 마치 땅은 맛이 하나이지마는 거기서 나는 곡식은 맛이 각각 다르니 땅은 차별이 없으나 맛은 차별이 있는 것처럼, 보살마하살이 이 삼매에 머무름도 그와 같아서 분별이 없지마는 한 가지로 선정에 들어가 여러 가지에서 일어나고, 여러 가지로 선정에 들어서 한 가지에서 일어나느니라.

 불자들이여, 보살마하살이 이 삼매에 머물면 열 가지 칭찬하는 법으로 칭찬하게 되나니, 무엇이 열인가. 이른바 진여에 들었으므로 여래如來라 하고, 온갖 법을 깨달았으므로 부처(佛)라 하고, 모든 세간의 칭찬을 받으므로 법사法師라 하고, 온갖 법을 알므로 온갖 지혜(一切智)라 하고, 모든 세간이 의지하는 바이므로 의지할 데〔所依處〕라 하고, 모든 법의 방편을 통달하므로 길잡이〔導師〕라 하고, 일체 중생을 인도하여 살바야薩婆若에 들게 하므로 대도사大導師라 하고, 모든 세간의 등불이 되므로 광명光明이라 하고, 뜻〔心志〕이 원만하고 이치를 성취하고 지을 것을 모두 마치고 걸림 없는 지혜에 머물러서 온갖 법을 분별하여 알므로 열 가지 힘〔十力〕이라 하고, 온갖 법바퀴를 자유롭게 통달하므로 온갖 것 보는 이〔一切見者〕라 하나니, 이것이 열이니라.

불자들이여, 보살마하살이 이 삼매에 머물고는 열 가지 광명을 얻어 비추게 되나니, 무엇이 열인가. 이른바 모든 부처님의 광명을 얻나니 저와 평등한 연고요, 일체 세계의 광명을 얻나니 두루 깨끗하게 장엄하는 연고요, 일체 중생의 광명을 얻나니 모두 가서 조복하는 연고요, 한량없이 두려움 없는 광명을 얻나니 법계로 장소를 삼아 연설하는 연고요, 차별없는 광명을 얻나니 온갖 법이 갖가지 성품이 없음을 아는 연고요, 방편인 광명을 얻나니 모든 법이 욕심을 떠난 즈음〔離欲際〕에 증득하는 연고요, 진실한 광명을 얻나니 일체 법이 욕심을 여읜 데에 마음이 평등한 연고요, 일체 세간에 두루한 신통 변화의 광명을 얻나니 부처님의 가피를 받고 항상 쉬지 않는 연고요, 잘 생각하는 광명을 얻나니 모든 부처님의 자재로운 언덕에 이르는 연고요, 모든 법이 진여인 광명을 얻나니 한 털구멍에서 온갖 법을 말하는 연고라. 이것이 열이니라.

불자들이여, 보살마하살이 이 삼매에 머물고는 또 열 가지 지을 것 없음을 얻나니, 무엇이 열인가. 이른바 몸으로 하는 업이 지을 것이 없고, 말로 하는 업이 지을 것이 없고, 뜻으로 하는 업이 지을 것이 없고, 신통이 지을 것이 없고, 법이 성품 없는 줄을 앎이 지을 것이 없고, 업이 없어지지 않는 줄을 앎이 지을 것이 없고, 차별 없는 지혜가 지을 것이 없고, 일어남이 없는 지혜가 지을 것이 없고, 법이 멸하지 않는 줄을 앎이 지을 것이 없고, 글을 따르고 뜻에 잘못되지 않음이 지을 것이 없나니, 이것이 열이니라.

　불자들이여, 보살마하살이 이 삼매에 머물면 한량없는 경계가 가지가지로 차별하나니, 이른바 하나에 들어가 여럿에서 일어나고, 여럿에 들어가 하나에서 일어나며, 같은 데 들어가 다른 데서 일어나고, 다른 데 들어가 같은 데서 일어나며, 가는〔細〕데 들어가 굵은 데서 일어나고, 굵은 데 들어가 가는 데서 일어나며, 큰 데 들어가 작은 데서 일어나고, 작은 데 들어가 큰 데서 일어나며, 순한 데 들어가 거슬린 데서 일어나고, 거슬린 데 들어가 순한 데서 일어나며, 몸 없는 데 들어가 몸 있는 데서 일어나고, 몸 있는 데 들어가 몸 없는 데서 일어나며, 형상 없는 데 들어가 형상 있는 데서 일어나고, 형상 있는 데 들어가 형상 없는 데서 일어나나니, 이런 것이 모두 이 삼매의 자유로운 경계니라.

　불자들이여, 마치 요술쟁이가 주문을 외어 성취하면 갖가지 차별한 모양을 능히 나타내나니, 주문과 요술이 다르지마는 능히 요술을 부리느니라. 주문은 다만 소리지마는 능히 눈으로 보는 가지각색 빛과 귀로 듣는 가지각색 소리와 코로 맡는 가지각색 냄새와 혀로 맛보는 가지각색 맛과 몸으로 부딪치는 가지가지 촉감과 뜻으로 아는 가지가지 경계를 만드는 것처럼, 보살마하살이 이 삼매에 머무름도 그와 같아서 같은 데서 선정에 들어가 다른 데서 일어나고, 다른 데서 선정에 들어가 같은 데서 일어나느니라.

　불자들이여, 마치 삼십삼천이 아수라와 싸울 적에 하늘이 이기고 아수라가 패하면, 아수라왕의 키는 칠백 유순이요, 네 가지 군대 수천만이 호위하였지마는 요술을 부려서 여러 군대들과 한꺼번에 달아나다가 연줄기 실의 구멍 속으로 들어가는 것과 같나니, 보살마하살도 그와 같아서, 이미 요술 같은 지혜를 이루었으므로, 요술 같은 지혜가 곧 보살이요 보살이 곧 요술 같은 지혜니라. 그러므로 차별 없는 법에서 선정에 들어가고, 차별 있는 법에서 일어나며, 차별한 법에서 선정에 들어가고, 차별 없는 법에서 일어나느니라.

불자들이여, 마치 농부들이 밭에 씨앗을 심으면 씨앗은 밑에 있고 열매는 위에서 열리듯이, 보살마하살이 이 삼매에 머무는 것도 그와 같아서 하나에서 선정에 들어가 많은 데서 일어나고, 많은 데서 선정에 들어가 하나에서 일어나느니라.

불자들이여, 마치 남녀의 붉은 것과 흰 것이 화합하여 혹여 중생이 그 속에서 태에 들면, 그 때를 가라라위[歌羅邏位]라고 하니, 그 때부터 점점 자라 어머니의 태 중에서 열 달이 차면서 선한 업의 힘으로 모든 부분[肢分]이 차례로 이루어져서, 여러 감관[諸根]이 결함이 없고 의식이 분명하여지는데, 가라라와 여섯 감관은 자체와 형상이 제각기 다르지마는, 업의 힘으로 차례차례 성숙하여 같은 종류·다른 종류의 가지가지 과보를 받는 것과 같나니, 보살마하살도 그와 같아서 온갖 지혜의 가라라로부터 믿고 이해하고 원하는 힘이 점점 자라서 마음이 커지고 자유롭게 되어, 없는 데서 삼매에 들어가 있는 데서 일어나고, 있는 데서 삼매에 들어가 없는 데서 일어나느니라.

불자들이여, 마치 용궁이 땅을 의지하여 있고 허공을 의지하지 않았으며, 용은 용궁에 있고 허공에 있지 않건마는, 구름을 일으켜 허공에 가득하였을 적에, 사람들이 우러러보면 보이는 것이 모두 건달바성이요, 용궁이 아니니라. 불자여, 용은 아래 있으나 구름은 위에 있는 것처럼, 보살마하살이 이 삼매에 머무는 것도 그와 같아서 형상 없는 데서 삼매에 들어가 형상 있는 데서 일어나고, 형상 있는 데서 삼매에 들어가 형상 없는 데서 일어나느니라.

 불자들이여, 마치 묘한 빛 대범천왕[妙光大梵天王]의 사는 궁전을 모든 세간에서 가장 훌륭하고 청정한 광이라 이름하는데 이 궁전에는 삼천대천세계의 모든 사천하에 있는 천궁·용궁·야차 궁전·건달바 궁전·아수라 궁전·가루라 궁전·긴나라 궁전·마후라가 궁전·인간의 거처·삼악도·수미산·여러 가지 산·바다·강·못·샘물·시내·도시·마을·숲·보배 등 가지각색 장엄과 큰 철위산의 끝[邊際]까지와 내지 허공에 날리는 작은 티끌들까지 모두 나타나는 것이, 거울 속의 얼굴을 보는 듯하니라.

 보살마하살은 이 일체 중생의 차별한 몸 삼매에 머물러서는 갖가지 세계를 알고, 갖가지 부처님을 뵈옵고, 갖가지 중생을 제도하고, 갖가지 법을 증득하고, 갖가지 행을 이루고, 갖가지 지혜를 만족하고, 갖가지 삼매에 들어가고, 갖가지 신통을 일으키고, 갖가지 지혜를 얻고, 갖가지 찰나의 짬에 머무느니라.

 불자들이여, 이 보살마하살은 열 가지 신통의 저 언덕에 이르나니, 무엇이 열인가. 이른바 부처님들의 허공에 가득하고 법계에 두루한 신통의 저 언덕에 이르며, 보살의 끝까지 차별이 없이 자유로운 신통의 저 언덕에 이르며, 보살의 광대한 행과 원을 내고 여래의 문에 들어가는 부처의 일인 신통의 저 언덕에 이르며, 일체 세계를 진동하여 모든 경계를 다 청정케 하는 신통의 저 언덕에 이르며, 일체 중생의 헤아릴 수 없는 업과 과보가 다 요술 같은 줄을 자유롭게 아는 신통의 저 언덕에 이르며, 모든 삼매의 미세하고 거칠음과 들어가고 나오는 차별한 모양을 자유롭게 아는 신통의 저 언덕에 이르느니라.

 능히 용맹하게 여래의 경계에 들어가 그 가운데서 큰 서원을 내는 신통의 저 언덕에 이르며, 능히 부처님을 변화하여 짓고 법륜을 변화하여 굴리면서 중생을 조복하고 부처의 종성을 내게 하고 부처님 법에 들게 하여 빨리 성취케 하는 신통의 저 언덕에 이르며, 말할 수 없는 온갖 비밀한 문구文句를 알고 법륜을 굴리어서 백천억 나유타 말할 수 없이 말할 수 없는 법문을 모두 청정케 하는 신통의 저 언덕에 이르며, 낮과 밤과 해와 달과 겁을 빌지 않고 한 생각에 삼세를 모두 나타내는 신통의 저 언덕에 이르나니, 이것이 열이니라.

불자들이여, 이것을 보살마하살의 여덟째 모든 중생의 차별한 몸인 큰 삼매의 교묘한 지혜라 하느니라."

10) 법계에 자유자재하는 큰 삼매

불자들이여, 어떤 것을 보살마하살의 법계에 자유자재하는 삼매〔法界自在三昧〕라 하는가.

불자들이여, 이 보살마하살이 자기의 눈에서와 내지 뜻에서 삼매에 들어가는 것을 법계에 자유자재한다 하나니, 보살이 자기의 낱낱 털구멍 속에서 이 삼매에 들면, 자연히 모든 세간을 알고 모든 세간의 법을 알며, 모든 세계를 알고 억 나유타 세계를 알고 아승기 세계를 알고, 말할 수 없는 부처 세계의 티끌 수 세계를 알며, 일체 세계 가운데 부처님께서 나시어서 보살 대중이 모두 가득함을 보며, 광명하고 청정하여 순일하게 착한 것뿐이요, 섞이지 아니하였으며, 광대한 장엄과 가지각색 보배로 훌륭하게 장식하느니라.

보살이 저 세계에서 혹은 한 겁·백 겁·천 겁·억 겁·백천억 나유타 겁·수없는 겁·한량없는 겁·그지없는 겁·같을 이 없는 겁·셀 수 없는 겁·일컬을 수 없는 겁·생각할 수 없는 겁·헤아릴 수 없는 겁·말할 수 없이 말할 수 없는 겁·말할 수 없이 말할 수 없는 부처 세계의 티끌 수 겁에 보살의 행을 닦으면서 항상 쉬지 아니하느니라.

또 이와 같이 한량없는 겁에서 이 삼매에 머무는데, 들어가기도 하고 일어나기도 하고 세계를 성취하기도 하고 중생을 조복하기도 하고 법계를 두루 알기도 하고 삼세를 두루 알기도 하고 법문을 연설하기도 하고 큰 신통을 나타내기도 하여 가지가지 방편이 집착함도 없고 걸림도 없느니라.

법계에서 자유자재함을 얻었으므로 눈을 잘 분별하고 귀를 잘 분별하고 코를 잘 분별하고 혀를 잘 분별하고 몸을 잘 분별하고 뜻을 잘 분별하며, 이와 같이 가지가지 차별하고 같지 아니한 것을 모두 잘 분별하여 끝닿은 데 〔邊際〕까지를 다하느니라.

보살이 이와 같이 잘 알고 보고는 능히 십천억 다라니법의 광명을 내며, 십천억 청정한 행을 성취하며, 십천억 감관을 얻으며, 십천억 신통을 원만하며, 십천억 삼매에 들어가며, 십천억 신통한 힘을 이루며, 십천억 여러 가지 힘을 기르며, 십천억 깊은 마음을 원만하며, 십천억 힘으로 가지加持함을 움직이며, 십천억 신통변화를 나타내며, 십천억 보살의 걸림 없음을 구족하며, 십천억 보살의 도를 돕는 일을 원만하며, 십천억 보살의 광을 모으며, 십천억 보살의 방편을 비추며, 십천억 모든 이치를 연설하며, 십천억 소원을 성취하며, 십천억 회향을 내며, 십천억 보살의 바른 지위를 다스리며, 십천억 법문을 밝히 알며, 십천억 연설을 열어 보이며, 십천억 보살의 청정함을 닦느니라.

불자들이여, 보살마하살은 또 수없는 공덕·한량없는 공덕·그지없는 공덕·같을 이 없는 공덕·셀 수 없는 공덕·일컬을 수 없는 공덕·생각할 수 없는 공덕·헤아릴 수 없는 공덕·말할 수 없는 공덕·다함이 없는 공덕이 있느니라.

불자들이여, 이 보살은 이러한 공덕을 모두 마련하였고 모두 모았고 모두 장엄하였고 모두 깨끗이 하였고 모두 사무치게 하였고 모두 받아

들였고 모두 능히 내었고 모두 칭찬하였고 모두 견고히 하였고 모두 성취하였느니라.

　불자들이여, 보살마하살이 이 삼매에 머무르면 동방으로 십천억 아승기 부처 세계의 티끌 수 이름을 가진 여러 부처님의 거두어 주심이 되며, 낱낱 이름마다 다시 십천 아승기 부처 세계의 티끌 수 부처님이 있어 각각 차별하나니, 동방과 같이 남방·서방·북방과 네 간방과 상방·하방도 그와 같으니라.

　저 부처님들이 모두 앞에 나타나서 부처님들의 청정한 세계를 나타내며, 부처님들의 한량없는 몸을 말하며, 부처님들의 생각할 수 없는 눈을 말하며, 부처님들의 한량없는 귀를 말하며, 부처님들의 청정한 코를 말하며, 부처님들의 청정한 혀를 말하며, 부처님들의 머무름이 없는 마음을 말하며, 여래의 위없는 신통을 말하느니라.

　그리하여 여래의 위없는 보리를 닦게 하며, 여래의 청정한 음성을 얻게 하며, 여래의 물러나지 않는 법륜을 열어 보이며, 여래의 그지없이 모인 대중을 나타내며, 여래의 그지없는 비밀에 들어가게 하며, 여래의 모든 선근을 찬탄하며, 여래의 평등한 법에 들게 하며, 여래의 삼세의 종성을 말하며, 여래의 한량없는 몸매를 나타내며, 여래의 호념하시는 법을 드러내며, 여래의 미묘한 법문의 음성을 연설하며, 모든 부처님의 세계를 밝게 분별하며, 모든 부처님의 삼매를 드러내며, 모든 부처님의 대중의 차례를 나타내며, 모든 부처님의 부사의한 법을 보호하며, 모든 법이 허깨비와 같음을 말하며, 모든 법의 성품이 변동하지 않음을 밝히며, 온갖 위없는 법륜을 열어 보이며, 여래의 한량없는 공덕을 찬탄하며, 모든 삼매 구름에 들어가게 하며, 마음이 요술 같고 변화함과 같아서 그지없고 다함이 없음을 알게 하느니라.

　불자들이여, 보살마하살이 이 법계에 자유자재하는 삼매에 머물렀을 때에, 시방에 각각 십천 아승기 부처 세계의 티끌 수 이름이 다른 여래가 있고, 낱낱 이름마다 각각 십천 아승기 부처 세계의 티끌 수 부처님이 있어 동시에 애호하고 염려하시어서, 이 보살로 하여금 그지없는 몸을 얻게 하며, 이 보살로 하여금 걸림 없는 마음을 얻게 하며, 이 보살로 하여금 모든 법에 잊지 않는 생각[無妄念]을 얻게 하며, 이 보살로 하여금 온갖 법에 결정한 지혜를 얻게 하며, 이 보살로 하여금 점점 총명하고 민첩하여 모든 법을 다 알게 하며, 이 보살로 하여금 모든 법을 분명히 알게 하며, 이 보살로 하여금 감관이 예리하여 신통한 법에 교묘함을 얻게 하며, 이 보살로 하여금 경계에 장애가 없이 법계에 두루 다니면서 쉬지 않게 하며, 이 보살로 하여금 걸림 없는 지혜를 얻어 필경까지 청정케 하며, 이 보살로 하여금 신통한 힘으로 일체 세계에서 성불함을 보이게 하느니라.

불자들이여, 보살마하살이 이 삼매에 머무르면 열 가지 바다[十種海]를 얻나니, 무엇이 열인가. 이른바 부처님 바다를 얻나니 모두 보는 연고며, 중생 바다를 얻나니 모두 조복하는 연고며, 법의 바다를 얻나니 지혜로써 다하는 연고며, 세계 바다를 얻나니 성품도 없고 지음도 없는 신통으로 다 나아가는 연고며, 공덕 바다를 얻나니 온갖 것을 수행하여 원만한 연고며, 신통 바다를 얻나니 널리 나타내어 깨닫게 하는 연고며, 근성 바다[諸根海]를 얻나니 가지가지 같지 아니한 것을 잘 아는 연고며, 마음 바다를 얻나니 일체 중생의 갖가지로 차별한 한량없는 마음을 아는 연고며, 수행 바다를 얻나니 능히 소원하는 힘으로 원만하는 연고며, 서원 바다를 얻나니 모두 성취하여 영원히 청정케 하는 연고니라.

불자들이여, 보살마하살이 이와 같은 열 가지 바다를 얻고는 다시 열 가지 수승함[十種殊勝]을 얻나니 무엇이 열인가. 하나는 일체 중생 가운데 가장 제일이요, 둘은 온갖 하늘 가운데 가장 특별하고, 셋은 모든 범천왕 가운데 가장 자재하고, 넷은 모든 세간에 물들지 않고, 다섯은 모든 세간이 가리워 무색케 할 수 없고, 여섯은 모든 마군이 의혹케 하지 못하고, 일곱은 여러 갈래에 두루 들어가도 걸림이 없고, 여덟은 처처에 태어나는 것이 견고하지 못함을 알고, 아홉은 온갖 불법에 자유자재하여지고, 열은 모든 신통을 모두 나타내는 것이니라.

불자들이여, 보살마하살이 이와 같은 열 가지 수승함을 얻고는 다시 열 가지 힘[十種力]을 얻어 중생 세계에서 여러 행을 닦나니, 무엇이 열인가. 하나는 용맹한 힘이니 세간을 조복함이요, 둘은 정진하는 힘이니 항상 물러나지 않음이요, 셋은 집착하지 않는 힘이니 항상 물러나지 않음이요, 셋은 집착하지 않는 힘이니 모든 때를 여윔이요, 넷은 고요한 힘이니 모든 법에 다투는 일이 없음이요, 다섯은 순하고 거슬리는 힘이니 온갖 법에 마음이 자유로움이요, 여섯은 법의 성품을 아는 힘이니 모든 이치에 자유로워짐이요, 일곱은 걸림이 없는 힘이니 지혜가 광대함이요, 여덟은 두려움이 없는 힘이니 법을 능히 말함이요, 아홉은 말 잘하는 힘이니 모든 법을 능히 지님이요, 열은 열어 보이는 힘이니 지혜가 그지없는 연고니라.

불자들이여, 이 열 가지 힘은 곧 광대한 힘이며 가장 나은 힘이며 꺾지 못하는 힘이며 한량없는 힘이며 잘 모으는 힘이며 동요하지 않는 힘이며 견고한 힘이며 지혜의 힘이며 성취하는 힘이며 훌륭한 선정의 힘이며 청정한 힘이며 매우 청정한 힘이며 법신의 힘이며 법의 광명의 힘이며 법 등불의 힘이며 법문의 힘이며 깨뜨릴 수 없는 힘이며 매우 용맹한 힘이며 대장부의 힘이며 좋은 대장부의 닦아 익히는 힘이며 바른 깨달음을 이루는 힘이며 과거에 선근을 쌓은 힘이며 한량없는 선근에 머무른 힘이니라.

또 여래의 힘에 머무른 힘이며 마음으로 생각하는 하는 힘이며 보살의 기쁨을 더하는 힘이며 보살의 신심을 내는 힘이며 보살의 용맹을 늘게 하는 힘이며 보리심으로 생기는 힘이며 보살의 깨끗하고 깊은 마음으로 나는 힘이며 보살의 훌륭하고 깊은 마음으로 나는 힘이며 보살의 선근으로 쐼〔熏習〕힘이며 모든 법을 끝까지 깨달은 힘이며 장애가 없는 몸의 힘이며 방편의 교묘한 법문에 들어간 힘이며 청정하고 기묘한 법의 힘이며 큰 세력에 머물러서 모든 세간에서 흔들지 못하는 힘이며 일체 중생이 가릴 수 없는 힘이니라.

불자들이여, 이 보살마하살은 이렇게 한량없는 공덕을 능히 내고 능히 성취하고 능히 원만하고 능히 비추고 능히 갖추고 능히 두루 구족하고 능히 넓히고 능히 견고히 하고 능히 증장하고 능히 깨끗하게 다스리고 능히 두루 깨끗하게 다스리느니라.

이 보살의 공덕의 가〔邊際〕와 지혜의 가와 수행의 가와 법문의 가와 자유의 가와 고행의 가와 성취의 가와 청정의 가와 뛰어남의 가와 법에 자유로움의 가를 능히 말할 이가 없으며, 이 보살이 얻은 것·성취한 것·나아간 것·앞에 나타난 것·가진 경계·가진 관찰·가진 증득·가진 청정·분명히 아는 것·세워 놓은 온갖 법문을 말할 수 없는 겁에도 다 말할 수 없느니라.

불자들이여, 보살마하살이 이 삼매에 머물면 수없고, 한량없고, 그지없고, 같을 이 없고, 셀 수 없고, 일컬을 수 없고, 생각할 수 없고, 헤아릴 수 없고, 말할 수 없고, 말할 수 없이 말할 수 없는 모든 삼매를 분명히 알며, 저 낱낱 삼매에 있는 경계가 한량없이 광대하거든, 저러한 경계에 들어가고 일어나고 머무는 일과, 거기 있는 형상과 나타내는 일과 행할 곳과 평등하게 흐름과 제 성품과 없애는 것과 뛰어나는 것, 이런 것들을 분명하게 보지 못하는 것이 없느니라.

불자들이여, 마치 무열뇌無熱惱큰 용왕의 궁전에서 네 강이 흘러나오는데, 흐리지도 않고 잡란하지도 않고 때가 없고 빛이 깨끗하기가 허공과 같으며, 그 사면에는 각각 한 개의 어귀가 있어 어귀마다 강이 하나씩 흐르는데, 코끼리 어귀〔象口〕에서는 긍가恒伽강이 흘러나오고, 사자 어귀〔師子口〕에서는 사타私陀강이 흘러나오고, 소 어귀〔牛口〕에서는 신도信度강이 흘러나오고 말어귀〔馬口〕에서는 박추縛芻강이 흘러나오느니라.

네 큰 강들이 흐를 적에 긍가하에서는 은모래가 흘러나오고, 사타하에서는 금강 모래가 흘러나오고, 신도하에서는 금모래가 흘러나오고, 박추하에서는 유리모래가 흘러나오며, 긍가하 어귀는 은빛이요 사타하 어귀는 금강빛이요 신도하 어귀는 황금빛이요 박추하 어귀는 유리빛이며 낱낱 강의 어귀는 너비가 한 유순이니라.

네 큰 강이 흘러 나와서는 제각기 무열뇌 못을 일곱 번씩 둘러 흐르고 제 방면을 따라 사방으로 나뉘어 흐르는데, 철철 흘러서 큰 바다로 들어가느니라. 그 강들이 둘러 흐르는 사이에는 하늘 보배로 된 청련화・홍련화・황련화・백련화들이 피었으니, 기이한 향기가 진동하고 빛깔이 깨끗하며, 가지가지 꽃과 입과 바닥〔臺〕과 꽃술이 모두 보배로 되어 자연히 맑게 사무치며 광명을 놓아 서로서로 비추었느니라.

무열뇌 못 둘레는 오십 유순인데 보배 모래가 밑에 깔리었고 갖가지 마니로 꾸미었으며, 한량없는 보배로 언덕을 단장하고 전단향을 그 가운데 흩었으며, 우발라優鉢羅화・파두마波頭摩화・구물두拘物頭화・분타리芬陀利화와 다른 꽃들이 가득히 피어, 실바람이 불 적마다 향기가 멀리 풍기고 꽃 숲과 보배 나무가 둘러섰으며, 해가 뜰 때는 못 가운데와 강 표면에 찬란하게 비치어 온갖 사물의 그림자와 한 데 닿아서 광명 그물을 이루느니라.

이러한 여러 물건이 멀거나 가깝거나 높거나 낮거나 넓거나 좁거나 크거나 작거나 내지 가장 작은 모래나 티끌까지도 모두 보배 광명에 비치는 것이요, 햇빛을 받아 그림자가 나타나고 다시 서로 비치어 영상이 나타나나니, 이 모든 그림자가 늘지도 않고 줄지도 않으며 합하지도 않고 흩어지지도 아니하여 본바탕대로 분명히 볼 수 있느니라.

불자들이여, 무열뇌 못에서 네 어귀로 네 강이 흘러서 바다에 들어가듯이, 보살마하살도 그와 같아서 네 가지 변재로부터 여러 행이 흘러나와서 필경에 온갖 지혜 바다로 들어가느니라.

마치 긍가하가 은빛인 코끼리 어귀에서 은모래를 흘러내리듯이, 보살마하살도 그와 같아서 뜻을 잘 아는 변재로 모든 여래께서 말씀하신 온갖 뜻을 말하여 모든 깨끗한 법을 내며, 필경에 걸림 없는 지혜 바다에 들어가느니라.

마치 사타하가 금강빛인 사자 어귀에서 금강 모래를 흘러내리듯이 보살마하살도 그와 같아서 법을 잘 아는 변재로 일체 중생을 위하여 부처님의 금강 같은 글귀를 말하여 금강 같은 지혜를 끌어내고 필경에 걸림 없는 지혜 바다에 들어가게 하느니라.

마치 신도하가 황금빛인 소 어귀에서 금모래를 흘러내리듯이, 보살마하살도 그와 같아서 훈고訓誥에 능한 변재로 세간의 인연으로 일어나는 방편을 따라 중생을 깨닫게 하고 환희케 하며, 조복하고 성숙하여 필경에 인연으로 일어나는 방편 바다에 들어가게 하느니라.

마치 박추하가 유리빛인 말 어귀에서 유리모래를 흘러내리듯이 보살마하살도 그와 같아서 다함이 없는 변재로 백천억 나유타 말할 수 없는 법을 내려 듣는 이로 하여금 윤택케 하며, 필경에 부처님 법 바다에 들어가게 하느니라.

마치 네 큰 강이 무열뇌 못을 따라 둘러 흐르고는 사방으로 바다에 들어가듯이, 보살마하살도 그와 같아서 남을 따라 주는 몸의 업〔隨順身

業]과 따라 주는 말의 업과 따라 주는 뜻의 업을 성취하고 지혜가 앞잡이[前導]가 된 몸의 업과 지혜가 앞잡이가 된 말의 업과 지혜가 앞잡이가 된 뜻의 업을 성취하여 사방으로 흐르다가 필경에 온갖 지혜의 바다에 들어가느니라.

불자들이여, 무엇을 보살의 사방[四方]이라 하는가. 불자여, 모든 부처님을 보고 깨침을 얻으며 일체 법을 듣고 기억하여 잊지 아니하며, 모든 바라밀 행을 원만하며, 크게 가엾이 여기는 마음으로 법을 말하여 중생을 만족케 함이니라.

마치 네 큰 강이 큰 못을 둘러 흐르는데, 그 중간에 우발라화·파두마화·구물두화·분다리화가 가득 찼듯이, 보살마하살도 그와 같아서 보리심의 중간에서 중생을 버리지 않고 법을 말하여 조복하여 한량없는 삼매를 모두 원만케 하여 부처님 국토의 장엄이 청정함을 보게 하느니라.

마치 무열뇌 큰 못에 보배 나무가 둘러섰듯이, 보살마하살도 그와 같아서 부처님 국토에 장엄이 둘러 있는 것을 나타내어 중생들로 하여금 보리에 나아가게 하느니라.

마치 무열뇌 못의 너비와 길이가 오십 유순인데 청정하여 흐리지 않듯이, 보살마하살도 그와 같아서 보리심의 크기가 끝이 없으며 선근이 가득하여 청정하고 흐리지 않느니라.

마치 무열뇌 못이 한량없는 보배로 언덕을 장엄하고 전단향을 흩어 가운데 가득하듯이, 보살마하살도 그와 같아서 백천억이 되는 열 가지 지혜 보배로 보리심의 소원 언덕을 장엄하고, 온갖 미묘하고 착한 향을 널리 흩느니라.

마치 무열뇌 못이 밑에는 금모래가 깔렸고 갖가지 마니로 사이사이 장엄되었듯이, 보살마하살도 그와 같아서 미묘한 지혜로 두루 관찰하며, 헤아릴 수 없는 보살의 해탈인 가지가지 법보로 사이사이 장엄하고, 온갖 법에 걸림 없는 장엄을 얻으며, 모든 부처님의 머무시는 데 머무르고 모든 깊은 방편에 들어가느니라.

아나파달다阿那婆達多용왕이 용에게 있는 뜨거운 번뇌를 아주 여의었듯이, 보살마하살도 그와 같아서 모든 세간의 번뇌와 근심을 여의었으므로 비록 지금에 태어나지마는 물들고 집착하지 않느니라.

마치 네 큰 강이 염부제를 적시고는 큰 바다에 들어가듯이, 보살마하살도 그와 같아서 네 지혜의 강으로 하늘·사람·사문·바라문을 적시고는 그로 하여금 아뇩다라삼먁삼보리 지혜 바다에 들게 하며, 열 가지 힘으로 장엄하느니라.

무엇이 넷이냐, 하나는 서원의 지혜 강이니 일체 중생을 구호하고 조복하여 쉬지 아니함이요, 둘은 바라밀 지혜 강이니 보리의 행을 닦으며 중생을 이익하여 지난 세상 오는 세상 지금 세상에 계속하여 다하지 않다가 필경에 부처님 지혜의 바다에 들어감이요, 셋은 보살 삼매의 지혜 강이니 무수한 삼매로 장엄하고 모든 부처님을 뵈옵고 여러 부처님 바다에 들어감이요, 넷은 큰 자비의 지혜 강이니 자비로 자유자재하게 중생을 구원하며 방편으로 거두어서 쉬지 아니하며, 비밀한 공덕의 문을 수행하다가 필경에 열 가지 힘인 큰 바다에 들어감이니라.

마치 네 큰 강이 무열뇌 못으로부터 흘러 나와서 필경에 다함이 없이 큰 바다에 들어가듯이, 보살마하살도 그와 같아서 큰 서원의 힘으로 보살행을 닦으며, 자유롭게 알고 보는 것이 다함이 없이 온갖 지혜의 바다에 들어가느니라.

마치 네 큰 강이 큰 바다에 들어가는 것을 방해하여 들어가지 못하게 할 이가 없듯이, 보살마하살도 그와 같아서 보현의 행과 원을 부지런히 닦아서 모든 지혜의 광명을 이루고 모든 부처들의 보리에 머물러서 여래의 지혜에 들어가는 것을 장애할 이가 없느니라.

마치 네 큰 강이 흘러서 바다에 들어가는데 여러 겁을 지내어도 고달픔을 모르듯이, 보살마하살도 그와 같아서 보현의 행과 원으로 오는 세월이 끝나도록 보살의 행을 닦아서 여래의 바다에 들어가되 고달픈 생각을 내지 않느니라.

불자들이여, 마치 해가 뜰 때에 무열뇌 못에 있는 금모래·은 모래·금강 모래·유리모래와 다른 여러 가지 보물들마다 해의 영상이 나타나고, 금모래 등의 모든 보물들도 제각기 차츰차츰 영상이 나타나서 서로 사무쳐 비치어도 방해가 없는 것과 같이 보살마하살도 그와 같아서 이 삼매에 머무르면 제 몸의 낱낱 털구멍마다 말할 수 없이 말할 수 없는 부처 세계의 티끌 수 부처님을 뵈오며, 그 부처님의 국토와 도량에 모인 대중들도 보며, 낱낱 부처님 계신 데서 법을 듣고 받아 지니고 믿고 이해하고 공양하기를 말할 수 없이 말할 수 없는 억 나유타 겁을 지내더라도, 시간이 길고 짧은 것을 생각하지도 않고 모인 대중들도 비좁지 아니하느니라.

무슨 까닭이냐, 미묘한 마음으로 그지없는 법계에 들어가는 연고며, 같을 이 없는 차별한 업과 과보에 들어가는 연고며, 부사의한 삼매 경계에 들어가는 연고며, 헤아릴 수 없는 생각하는 경계에 들어가는 연고며, 모든 부처님의 자유자재한 경계에 들어가는 연고며, 모든 부처님의 호념하심을 받는 연고며, 모든 부처님의 큰 신통 변화를 얻는 연고며, 모든 여래의 얻기 어렵고 알기 어려운 열 가지 힘을 얻는 연고며, 보현보살의 행이 원만한 경계에 들어가는 연고며, 모든 부처님의 피곤함이 없는 신통의 힘을 얻는 연고니라.

불자들이여, 보살마하살은 삼매에서 잠깐 동안에 들고 나고 하면서도 오랫동안 선정에 있는 일을 폐하지도 않고 또 집착하지도 않느니라.

경계에 대하여 의지하지도 않지마는 모든 반연을 버리지도 않느니라. 찰나의 짬에까지 잘 들어가지마는 중생을 이익하기 위하여 부처의 신통을 나타내기에 만족함이 없느니라. 법계에 평등하게 들어가지마는, 그 끝닿은 데를 얻지 못하느니라. 머무는 데도 없고 처소도 없지마는, 온갖 지혜의 길에 항상 들어가며, 변화하는 힘으로 한량없는 중생들 가운데 들어가서 온갖 세계를 구족하게 장엄하느니라.

비록 세간의 뒤바뀐 분별을 여의어 모든 분별하는 자리에서 뛰어났지마는, 가지가지 모양을 버리지도 않느니라. 방편의 교묘함을 비록 구족하였으나 필경까지 청정하느니라. 비록 보살의 여러 지위를 분별하지 않지마는, 모두 잘 들어가느니라.

불자들이여, 마치 허공이 모든 물건을 포용하여 받지마는 있다느니 없다 함을 여의었나니, 보살마하살도 그와 같아서 모든 세간에 널리 들어가지마는, 세간이란 생각을 여의었느니라. 비록 일체 중생을 부지런히 제도하지마는 중생이란 생각을 여의었느니라. 모든 법을 깊이 알지마는 여러 가지 법이란 생각을 여의었느니라. 모든 부처님 뵈옵기를 좋아하지마는 부처님이란 생각을 여의었느니라.

여러 가지 삼매에 잘 들어가지마는 온갖 법의 성품이 모두 진여이어서 물들 것이 없는 줄을 아느니라. 그지없는 변재로 다함 없는 법문을 연설하지마는 마음은 항상 문자를 떠난 법에 머무느니라.

말이 없는 법을 관찰하기를 좋아하지마는 청정한 음성을 항상 나타내느니라. 온갖 말을 떠난 법에 머물지마는 가지각색 모양을 항상 나타내느니라. 비록 중생들을 교화하지마는 온갖 법의 성품이 끝까지 공한 줄을 아느니라. 부지런히 대자비를 닦아 중생을 제도하지마는 중생 세계가 다하지도 않고 흩어지지도 않는 줄을 아느니라. 법계가 항상 머물러 변하지 않는 줄을 알지마는 세 가지 바퀴로 중생 조복하기를 쉬지 않느니라. 여래의 머무르신 곳에 항상 머물지마는 지혜가 청정하고 마음에 두려움이 없으며 가지가지 법을 연설하여 법 바퀴 굴리기를 쉬지 아니하느니라.

　불자들이여, 이것이 보살마하살의 아홉째 법계에 자유자재하는 큰 삼매의 교묘한 지혜니라."

대방광불화엄경 제43권

제43권

27. 십정품 ④

11) 걸림 없는 바퀴인 큰 삼매

"불자들이여, 어떤 것을 보살마하살의 걸림 없는 바퀴인 삼매[無礙輪三昧]라 하는가.

불자들이여, 보살마하살은 이 삼매에 들 적에 걸림 없는 몸의 업·걸림 없는 뜻의 업에 머물며, 걸림 없는 부처님 국토에 머무르며, 걸림 없이 중생을 성취하는 지혜를 얻으며, 걸림 없이 중생을 조복하는 지혜를 얻으며, 걸림 없는 광명을 놓으며, 걸림 없는 광명 그물을 나타내며, 걸림 없이 광대한 변화를 보이며, 걸림 없이 청정한 법륜을 굴리며, 보살의 걸림 없이 자유자재함을 얻느니라.

부처님의 힘에 널리 들어가며, 부처님의 지혜에 널리 머물며, 부처님의 짓는 일을 지으며, 부처님의 청정케 하심을 깨끗하게 하며, 부처님의 신통을 나타내며, 부처님을 환희케 하며, 여래의 행을 행하며, 여래의 도에 머물며, 한량없는 부처님을 항상 친근하며 부처님의 일을 지으며, 부처님의 종성을 잇느니라.

불자들이여, 보살마하살이 이 삼매에 머물고는 온갖 지혜를 관찰하는데, 온갖 지혜를 통틀어 관찰하며, 온갖 지혜를 따로 관찰하며, 온갖 지혜를 따라 좇으며, 온갖 지혜를 나타내며, 온갖 지혜를 더위잡으며 [攀緣], 온갖 지혜를 보며, 온갖 지혜를 통틀어 보며, 온갖 지혜를 따로 보느니라.

보현보살의 광대한 서원·광대한 마음·광대한 행·광대하게 나아감·광대하게 들어감·광대한 광명·광대하게 나타남·광대하게 호념함·광대한 변화·광대한 도에 끊이지 않고 물러나지 않고 쉬지 않고 갈아들지 않고 게으르지 않고 버리지 않고 흩어지지 않고 어지럽지 않고 항상 나아가고 항상 계속하느니라.

무슨 까닭이냐. 이 보살마하살은 여러 가지 법에서 큰 서원을 성취하며, 대승을 행하며, 부처님 법의 큰 방편 바다에 들어가며, 훌륭한 서원의 힘으로 보살들의 수행하던 행을 지혜로 비추어 교묘함을 얻었으며, 보살의 신통변화를 갖추어 일체 중생을 잘 호념하며, 과거·미래·현재의 부처님들의 호념하던 바와 같이 모든 중생에게 가엾이 여기는 마음을 일으키며, 여래의 변하지 않는 법을 성취하느니라.

불자들이여, 어떤 사람이 색옷에 마니보배를 두면 그 마니보배가 옷 빛과 같아지면서도 제 성품을 버리지 아니함과 같나니, 보살마하살도 그와 같아서 지혜를 성취하여 마음의 보배를 삼고 온갖 지혜를 관찰하면 분명히 나타나거니와 보살의 행을 버리지 아니하느니라.

왜냐 하면, 보살마하살은 큰 서원을 내어 일체 중생을 이익케 하며, 일체 중생을 제도하며, 모든 부처님을 섬기며, 모든 세계를 깨끗이 하며, 중생을 위로하여 법 바다에 들게 하며, 중생 세계를 깨끗이 하려고 크게 자재함을 나타내어 중생들에게 베풀어 주며, 세간을 두루 비추어 그지없이 요술같이 변화하는 법문에 들게 하되, 물러나지 않고 달라지지 아니하여 고달프지도 않고 싫은 마음도 없기 때문이니라.

불자들이여, 마치 허공이 모든 세계를 싸고 있으면서 이루어지거나 머물러 있거나 싫은 마음도 없고, 게으르지도 않고 병들지도 않고 늙지도 않고 흩어지지도 않고 파괴되지도 않고 변하지도 않고 달라지지도 않고 차별도 없어서 제 성품을 버리지 않는 것과 같으니라. 무슨 까닭이냐. 허공의 성품이 으레 그런 까닭이니라. 보살마하살도 그와 같아서 한량없는 큰 원을 세우고 일체 중생을 제도하여 게으른 마음이 없느니라.

불자들이여, 마치 열반은 과거·미래·현재의 한량없는 중생이 그 가운데서 죽더라도 끝내 게으름이 없는 것과 같으니라. 왜냐 하면, 모든 법의 본 성품이 청정한 것을 열반이라 하나니 어찌하여 그 가운데 게으름이 있겠느냐. 보살마하살도 그와 같아서 일체 중생을 제도하여 모두 뛰어나게 하려고 세상에 났는데 어찌하여 고달픈 마음을 내겠느냐.

불자들이여, 살바야(薩婆若 : 온갖 지혜)가 과거·미래·현재의 모든 보살들로 하여금 부처님 가문에 이미 났고, 지금 나고, 장차 나서 위없는 보리를 이루게 하여도 고달픔이 없는 것과 같으니라. 왜냐 하면 온갖 지혜와 법계가 둘이 아닌 까닭이며, 온갖 법에 집착이 없는 까닭이니, 보살마하살도 그와 같아서 마음이 평등하여 온갖 지혜에 머물렀는데 어찌 고달픈 마음이 있겠느냐.

불자들이여, 보살마하살에게 한 연꽃이 있으니 그 꽃이 매우 커서 시방의 끝까지 이르렀고 말할 수 없는 잎과 말할 수 없는 보배와 말할 수 없는 향으로 장엄하였는데, 말할 수 없는 보배에서는 각각 여러 가지 보배를 나타내어 깨끗하고 훌륭하여 편안히 머물러 있으며, 꽃에서는 여러 빛깔 광명을 항상 놓아 시방세계에 두루 비치어도 장애가 없으며, 진금으로 된 그물이 그 위에 덮이었고 보배 풍경에서는 미묘한 음성이 나는데 그 음성은 온갖 지혜의 법을 연설하느니라.

이 큰 연꽃은 여래의 청정한 장엄을 구족하였으니 모든 선근으로 생기었으며, 길상한 것으로 표시하고 신통으로 나타났으며, 십천 아승기 청정한 공덕이 있으니 보살의 묘한 도로 이루어지고 온갖 지혜의 마음으로 나왔으며, 시방 부처님의 영상이 그 가운데 나타나서 세상에서 우러러보기를 부처님 탑과 같이하며 중생들은 보는 이마다 예경하니, 요술 같은 줄을 아는 바른 법에서 나왔으며, 세간 것으로는 비유할 수가 없느니라.

보살마하살이 이 연꽃 위에 가부하고 앉으시니〔結跏趺坐〕 몸의 크기가 연꽃과 잘 어울리며, 모든 부처님께서 신통한 힘으로 가피하여 털구멍마다 백만억 나유타 말할 수 없는 세계의 티끌 수 광명을 내고, 낱낱 광명에서 백만억 나유타 말할 수 없는 세계의 티끌 수 마니보배를 나타내니 보배 이름은 넓은 광명광〔普光明藏〕이고, 가지가지 빛으로 장엄하였으니 한량없는 공덕으로 성취되었으며, 여러 보배와 꽃으로 된 그물이 위에 덮였고, 백천억 나유타 향을 흩었으니 한량없는 빛으로 장엄하였고, 다시 헤아릴 수 없는 보배 일산으로 그 위에 덮었느니라.

낱낱 마니보배에서는 백만억 나유타 말할 수 없는 부처 세계의 티끌 수 누각을 나타내고, 낱낱 누각에는 백만억 나유타 말할 수 없는 연화장 사자좌를 나타내고, 낱낱 사자좌에서는 백만억 나유타 말할 수 없는 부처 세계의 티끌 수 광명을 나타내고, 낱낱 광명에서는 백만억 나유타 말할 수 없는 부처 세계의 티끌 수 빛깔을 나타내고, 낱낱 빛깔에서는 백만억 나유타 말할 수 없는 부처 세계의 티끌 수 광명 바퀴를 나타내었느니라.

낱낱 광명 바퀴에서는 백만억 나유타 말할 수 없는 부처 세계의 티끌 수 비로자나 마니 꽃을 나타내고, 낱낱 꽃에는 백만억 나유타 말할 수 없는 부처 세계의 티끌 수 꽃받침을 나타내고, 낱낱 꽃받침에는 백천억 나유타 말할 수 없는 부처 세계의 티끌 수 부처님이 나타나고, 낱낱 부처님은 백만억 나유타 말할 수 없는 부처 세계의 티끌 수 신통 변화를 나타내고, 낱낱 신통 변화는 백만억 나유타 말할 수 없는 부처 세계의 티끌 수 중생들을 깨끗이 하였고, 낱낱 중생들 가운데는 백만억 나유타 말할 수 없는 부처 세계의 티끌 수 부처님의 자유자재하심을 나타냈느니라.

낱낱 자유자재함으로는 백만억 나유타 말할 수 없는 부처 세계의 티끌 수 불법을 비내리고, 낱낱 불법에는 백만억 나유타 말할 수 없는 부처 세계의 티끌 수 수다라(修多羅)가 있고, 낱낱 수다라에는 백만억 나유타 말할 수 없는 부처 세계의 티끌 수 법문을 말하고, 낱낱 법문에는 백만억 나유타 말할 수 없는 부처 세계의 티끌 수 금강 지혜로 들어갈 법 바퀴가 있는 것을 차별한 말로 따로따로 연설하고, 낱낱 법 바퀴로는 백만억 나유타 말할 수 없는 부처 세계의 티끌 수 중생 세계를 성숙케 하고, 낱낱 중생 세계에는 백만억 나유타 말할 수 없는 부처 세계의 티끌 수 중생이 있어 불법 가운데서 조복함을 얻었느니라.

불자들이여, 보살마하살은 이 삼매에 머물러서는 이렇게 신통한 경계와 한량없는 변화를 나타내지마는 요술과 같음을 알고 물들지 않으며, 그지없고 말할 수 없는 법의 성품이 청정한 법계의 실상(實相)과 여래의 종성인 걸림 없는 짬(無碍際)에 편안히 머무르니 가는 것도 없고 오는 것도 없고 앞도 아니고 뒤도 아니며, 깊고 깊어 밑이 없이 현상대로 증득하며, 지혜로 들어가서 다른 이를 말미암지 않고 깨달았으며, 마음은 아득하지도 않고 분별도 없느니라.

　과거·미래·현재 모든 부처님의 칭찬하는 바니 부처님의 힘으로 생겨났으며, 모든 부처님 경계에 들어가니 성품이 실상과 같으며, 깨끗한 눈으로 증득하고 지혜 눈으로 두루 보며, 부처님 눈을 증득하여 세상의 등불이 되며, 슬기로운 눈으로 아는 경계에 나아가 미묘한 법문을 널리 열어 보이느니라.

　보리심을 성취하여 훌륭한 대장부가 되며 모든 경계에 장애가 없고 지혜의 성품〔種性〕에 들어가 여러 가지 지혜를 내며, 세간에서 태어나는 법을 여의었지마는 일부러 태어나며 신통과 변화와 방편으로 조복하는 모든 것이 착하고 교묘하지 않은 것이 없느니라.

　공덕과 지혜와 욕망이 모두 청정하고 가장 미묘하여 구족히 원만하였으며, 지혜가 넓고 커서 허공과 같으므로 성인들의 경계를 잘 관찰하며, 믿는 행과 서원의 힘이 견고하여 흔들리지 않으며, 공덕이 그지없어 세상이 칭찬하며, 모든 부처님의 관찰하는 법장과 큰 보리의 장소인 온갖 지혜의 바다에서 여러 가지 묘한 보배를 모아 큰 지혜 있는 이가 되었으니, 마치 연꽃의 성품이 깨끗함과 같아서 중생들이 보기만 하면 모두 환희하여 이익을 얻으며 지혜 빛으로 널리 비추어 한량없는 부처님을 뵈옵고 모든 법을 깨끗이 하느니라.

　행하는 일이 고요하여 부처님 법에 끝까지 장애가 없으며, 항상 방편으로 부처님의 보리와 공덕의 행에 머물러서 나게 되며, 보살의 지혜를 갖추고 보살의 우두머리가 되며, 부처님들의 호념함이 되어 부처님 위신을 얻고 부처님 법신을 이루며, 생각하는 힘이 헤아릴 수 없고 경계를 한결같이 반연하되 반연할 것이 없으며, 행하는 일이 커서 형상도 없고 장애가 없으며, 법계와 같아서 한량이 없고 가이없으며, 증득한 보리는 허공과 같아서 끝닿은 데가 없고 속박도 없느니라.

여러 세간에서 이익한 일을 두루 지으며, 온갖 지혜의 바다는 선근에서 흐르는 것이므로 한량없는 경계를 다 통달하고 청정하게 보시하는 법을 잘 성취하였으니, 보리의 마음에 머물러 보살의 종성을 깨끗이 하고 부처님의 보리를 따라서 나며, 부처님의 법에 교묘함을 얻고 미묘한 행을 갖추어 견고한 힘을 이루었느니라.

모든 부처님의 자재한 위엄과 신통을 중생은 듣기 어려우나 보살은 모두 알며, 둘이 아닌 문에 들어가 형상이 없는 법에 머물렀으니, 비록 모든 모양을 아주 버렸으나 가지가지 법을 자세히 연설하며, 중생의 좋아하는 마음과 욕망을 따라서 조복하여 기쁘게 하느니라.

법계로 몸이 되었으매 분별이 없고 지혜의 경계가 다함이 없으며, 뜻은 항상 용맹하고 마음은 항상 평등하여, 모든 부처님 공덕의 끝닿은 데를 보며 모든 겁의 차별과 차례를 아느니라.

모든 법을 열어 보이며 모든 세계에 편안히 머물러 있어 모든 부처님의 국토를 깨끗이 장엄하며, 모든 바른 법의 광명을 나타내어 과거·미래·현재의 모든 부처님 법을 연설하며, 보살의 머물러 있는 처소[處]를 보이고 세상의 등불이 되어 모든 선근을 내며, 세간을 영원히 떠나서 부처님 계신 데 태어나느니라.

부처님 지혜를 얻어 제일의第一義를 분명히 알며, 여러 부처님의 거둬 주심으로 오는 세상의 부처님 축에 들어갔으며, 선지식을 따라 태어나서 구하는 일을 성취하지 못함이 없으며, 큰 위덕을 갖추고 위로 나아가려는 뜻에 머물러서 한번 들은 것은 모두 잘 연설하며, 법을 들을 수 있는 선근을 열어 보이기 위하여 진실한 법륜에 머물게 하며, 모든 법에 장애가 없어 모든 행을 버리지 않고 온갖 분별을 여의게 하느니라.

모든 법에 대하여 생각이 동하지 않으며, 지혜를 얻어 어둠을 멸하고 일체 불법을 밝게 비추며, 모든 생사[有]를 헐지 않고 그 속에 태어나서 온갖 경계를 분명히 알며, 본래부터 동작하지 않으면서도 몸과 입과 뜻으로 짓는 업이 모두 끝이 없느니라.

　세속을 따라서 여러 가지 한량없는 글발(文字)을 연설하지마는 글발 여의는 법을 깨뜨리지 아니하며, 부처 바다에 깊이 들어가서 모든 법이 빌린 이름일 뿐임을 알아 여러 경계에 속박되지도 않고 집착하지도 않느니라. 온갖 법이 공하여 있는 것이 아님을 알아서 닦는 행이 법계에서 나는 것이며, 마치 허공이 모양도 없고 형상도 없듯이 법계에 깊이 들어가며, 따라서 연설하여 한 경지에서 온갖 지혜를 내느니라.

　십력十力을 관찰하고 지혜로 학문을 연구하며, 지혜로 다리를 삼고 온갖 지혜에 이르며, 지혜 눈으로 법을 보기를 장애 없이 하고 모든 지위에 잘 들어가며, 가지가지 이치를 알고 낱낱 법문을 모두 분명히 알며, 가진 큰 서원을 이루지 못함이 없느니라.

　불자들이여, 보살마하살이 이것으로 모든 여래의 차별이 없는 성품을 열어 보이나니 이것이 걸림 없는 방편문이며, 이것이 보살 대중을 내며, 이 법이 삼매의 경계며 이것으로 살바야薩婆若에 용맹하게 들어가며, 이것으로 모든 삼매문을 열며, 이것이 장애가 없어서 여러 세계에 들어가며, 이것으로 일체 중생을 조복하며, 이것으로 중생이 없는 짬에 머물며, 이것으로 일체 불법을 열어 보이며 이것이 경계에 대하여 조금도 얽음이 없느니라.

　비록 온갖 시기에 연설하지마는 허망하게 분별함을 멀리 여의며, 모든 법이 지을 것 없는 줄을 알지마는 모든 짓는 업을 나타내며, 부처님이 두 모양 없음을 알지마는 모든 부처님을 나타내 보이며, 색色이 없는 줄 알지마는 여러 가지 색을 말하며, 수受가 없는 줄 알지마는 여러 가지 수를 말하며, 상想이 없는 줄 알지마는 여러 가지 상을 말하며, 행行이 없는 줄 알지마는 모든 행을 말하며, 식識이 없는 줄 알지마는 여러 가지 식을 말하여 항상 법 바퀴로써 모든 이에게 열어 보이느니라.
 비록 법이 생겨남이 없음을 알지마는 항상 법 바퀴를 굴리며, 법이 차별 없음을 알지마는 모든 차별한 문을 말하며, 모든 법이 죽살이 없음을 알지마는 모든 죽살이 하는 모양을 말하며, 모든 법이 크고 작음이 없음을 알지마는 법의 크고 작은 모양을 말하며, 법이 상·중·하가 없음을 알지마는 가장 으뜸인 법을 말하며, 모든 법이 말할 수 없음을 알지마는 청정한 말을 연설하며, 모든 법이 안팎이 없음을 알지마는 안의 법과 밖의 법을 말하며, 모든 법이 알 수 없음을 알지마는 가지가지 지혜로 관찰함을 말하느니라.
 모든 법이 진실함이 없음을 알지마는 벗어나는 진실한 길을 말하며, 모든 법이 끝까지 다함이 없음을 알지마는 여러 가지 번뇌〔有漏〕를 끝낼 것을 말하며, 모든 법이 어김도 없고 다툴 것도 없음을 알지마는 나와 남의 차별이 없지 않으며, 모든 법이 필경에 스승이 없음을 알지마는 모든 스승을 항상 존경하며, 모든 법이 다른 이에게서 깨닫는 것 아님을 알지마는 선지식을 항상 존경하며, 법을 굴릴 것 없음을 알지마는 법 바퀴를 굴리며, 법은 일어남이 없음을 알지마는 인연을 보이며, 법은 앞 시절〔前際〕이 없음을 알지마는 과거를 자세히 말하며, 법은 뒷 시절이 없음을 알지마는 미래를 자세히 말하며, 법은 중간이 없음을 알지마는 현재를 자세히 말하며, 법은 지은 이가 없음을 알지마는 업 지음을 말하며, 법은 인연이 없음을 알지마는 모든 인이 모임을 말하느니라.
 법은 비등할 이가 없음을 알지마는 평등하고 평등하지 않은 길을 말하며, 법은 말이 없음을 알지마는 결정코 삼세의 법을 말하며, 법은 의지할 데 없음을 알지마는 선한 법을 의지하여 뛰어남〔出離〕을 얻음을 말하며, 법은 몸이 없음을 알지마는 자세히 법신을 말하며, 삼세 부처님들이 그지없음을 알지마는 한 부처님만이라고 말하며, 법은 빛깔이 없음을 알지마는 가지각색 빛깔을 나타내며, 법에는 소견이 없음을 알지마는 여러 소견을 자세히 말하며, 법은 모양이 없음을 알지마는 가지가지 모양을 말하며, 법에는 경계가 없음을 알지마는 지혜의 경계를 자세히 말하며, 법은 차별이 없음을 알지마는 수행한 결과가 가지가지로 차별함을 말하며, 법은 벗어날 것이 없음을 알지마는 청정하게 벗어나는 행을 말하며, 법은 본래 항상 머무는 줄을 알지마는 모든 흘러 다니는 법을 말하며, 법은 비칠 것이 없음을 알지마는 비치는 법을 항상 말하느니라.

불자들이여, 보살마하살이 이와 같은 큰 위덕 있는 지혜 바퀴 삼매〔大威德三昧智輪〕에 들어가면 온갖 부처님 법을 증득하고 온갖 부처님 법에 들어가서 능히 성취하고 능히 원만하고 능히 모으고 능히 청정케 하고 능히 편안히 머물고 능히 통달하여 일체 법의 성품과 서로 응하느니라.

그러나 이 보살마하살은 얼마의 보살과 얼마의 보살 법과 얼마의 보살의 끝닿은 데〔究竟〕와 얼마의 요술의 끝닿은 데와 얼마의 변화의 끝닿은 데와 얼마의 신통을 성취함과 얼마의 지혜를 성취함과 얼마의 생각함과 얼마의 증득함과 얼마의 나아감과 얼마의 경계가 있다고 생각하지 않느니라.

왜냐 하면 보살의 삼매는 이러한 성품이요, 이렇게 그지없고 이렇게 훌륭한 까닭이며, 이 삼매는 가지가지 경계에 가지가지 위력으로써 가지가지로 깊이 들어가기 때문이니라.

이른바 말할 수 없는 지혜의 문에 들어가고, 분별을 여읜 모든 장엄에 들어가고, 그지없이 훌륭한 바라밀에 들어가고, 수없는 선정에 들어가고, 백천억 나유타 말할 수 없이 광대한 지혜에 들어가고, 그지없는 부처님을 보는 기묘한 광에 들어가고, 모든 경계에 쉬지 않는 데 들어가고, 청정하게 믿고 아는 도를 돕는 법에 들어가고, 모든 감관이 영리한 큰 신통에 들어가고, 경계에 대하여 걸림이 없는 데 들어가고, 모든 부처님을 보는 평등한 눈에 들어가고, 보현의 훌륭한 뜻과 행을 모으는 데 들어가고, 나라연那羅延의 묘한 지혜의 몸에 머무는 데 들어가고, 여래의 지혜 바다를 말하는 데 들어가고, 한량없이 자유자재한 신통 변화를 일으키는 데 들어가느니라.

 모든 부처님의 다함이 없는 지혜를 내는 데 들어가고, 모든 부처님께서 앞에 나타나는 경계에 머무는 데 들어가고, 보현보살의 자재한 지혜를 깨끗이 하는 데 들어가고, 견줄 데 없는 여러 문의 지혜를 보이는 데 들어가고, 법계의 모든 미세한 경계를 널리 나타내는 데 들어가고, 온갖 훌륭한 지혜의 광명에 들어가고, 모든 자유자재한 짬〔自在邊際〕에 들어가고, 모든 변재의 법문 짬에 들어가고, 법계에 두루한 지혜의 몸에 들어가고, 온갖 곳에 두루 다니는 도를 성취하는 데 들어가고, 모든 차별한 삼매에 머무는 데 들어가고, 모든 부처님의 마음을 아는 데 들어가느니라.

 불자들이여, 이 보살마하살은 보현의 행에 머물러서 잠깐잠깐 동안에 백억 말할 수 없는 삼매에 들어가지마는 보현보살의 삼매와 부처님의 경계를 장엄한 앞 시절을 보지 못하느니라.

 왜냐 하면, 온갖 법이 끝까지 다함이 없음을 아는 까닭이며, 모든 부처님 세계가 그지없음을 아는 까닭이며, 온갖 중생의 세계가 헤아릴 수 없음을 아는 까닭이며, 앞 시절이 비롯이 없음〔無始〕을 아는 까닭이며, 오는 세월이 다함 없음을 아는 까닭이며, 현재의 온 허공과 법계가 그지없음을 아는 까닭이며, 모든 부처님의 경계가 생각할 수 없음을 아는 까닭이며, 온갖 보살의 행이 수없음을 아는 까닭이며, 온갖 부처님의 변재로 말하는 경계가 말할 수 없고 그지없음을 아는 까닭이며, 모든 요술 같은 마음으로 반연하는 법이 한량없음을 아는 까닭이니라.

불자들이여, 마치 여의주가 구하는 대로 얻게 하면서 구하는 이의 다함이 없는 뜻을 모두 만족케 하지마는 여의주의 힘은 다하지 아니하듯이, 보살마하살도 그와 같아서 이 삼매에 들어가면 마음이 요술처럼 모든 법을 내어 두루함이 끝이 없지마는 마침내 다하지 않느니라. 무슨 까닭이냐. 보살마하살이 보현의 걸림 없는 행과 지혜를 성취하고 한량없고 엄청난 요술 경계를 관찰하되, 영상과 같아서 늘고 주는 것이 없는 연고니라.

불자들이여, 마치 범부들이 제각기 마음을 내는데, 이미 내었고 지금 내고 장차 낼 것이 끝이 없어서 간단이 없고 다함이 없으며, 그 마음의 흘러가는 일이 계속하여 끊어지지 아니하여 생각할 수 없는 것과 같으니라. 보살마하살도 그와 같아서 이 요술 같은 넓은 문 삼매〔普幻門三昧〕에 들어가면 그지없어 헤아릴 수 없나니, 왜냐 하면 보현보살의 요술 같은 넓은 문의 한량없는 법을 잘 아는 까닭이니라.

불자들이여, 마치 난타難陀·발난타跋難陀·마나사摩那斯용왕과 다른 용왕들이 비를 내릴 적에 수레통 같이 굵은 빗방울이 그지없이 퍼붓지마는 이러한 비가 다하지 않으니 그것은 모든 용왕의 함이 없는〔無作〕경계인 것과 같으니라. 보살마하살도 그와 같아서 이 삼매에 머물고는 보현보살의 모든 삼매문인 지혜 문·법 문·부처님들을 보는 문·여러 방위에 가는 문·마음이 자유로운 문·가지加持하는 문·변화하는 문·신통 문·요술로 변화하는 문·모든 법이 요술 같은 문·말할 수 없이 말할 수 없는 보살들이 가득한 문에 들어가느니라.

말할 수 없이 말할 수 없는 부처님 세계 티끌 수 여래의 바르게 깨닫는 문을 친근하며, 말할 수 없이 말할 수 없는 엄청난 요술 그물 문에 들어가며, 말할 수 없이 말할 수 없는 차별하고 광대한 부처 세계의 문을 알며, 말할 수 없이 말할 수 없는 성품[體性]이 있고 성품이 없는 세계의 문을 알며, 말할 수 없이 말할 수 없는 중생의 생각하는 문을 알며, 말할 수 없이 말할 수 없는 시간이 차별한 문을 알며, 말할 수 없이 말할 수 없는 세계가 이룩하고 파괴하는 문을 알며, 말할 수 없이 말할 수 없는 엎어지고 잦혀진 모든 세계의 문을 아느니라.

잠깐 동안에 모두 사실대로 알고 이렇게 들어갈 적에 가이없고 다함이 없으며, 고달프지도 않고 싫지도 않고 끊어지지도 않고 쉬지도 않고 물러나지도 않고 잃어버리지도 않으며, 모든 법에서 잘못된 곳에 머물지도 않으며, 항상 바르게 생각하여 흐리터분하지도 않고 딴생각하지도 않느니라.

온갖 지혜를 구하되 물러서거나 버리지 아니하며, 모든 부처님 세계에서 세상을 비추는 등불이 되어 말할 수 없이 말할 수 없는 법 바퀴를 굴리며, 묘한 변재로 여래께 묻는 일이 다하지 않으며, 부처님 도를 이루는 일이 끝이 없으며, 중생들 조복하기를 언제나 폐하지 않으며, 보현보살의 행과 원을 닦아서 쉬지 않으며, 한량없고 말할 수 없이 말할 수 없는 육신을 나타내는 일이 끊일 적이 없느니라.

무슨 까닭이냐. 마치 타는 불이 인연을 따르므로 인연이 있으면 불이 꺼지지 아니하듯이, 보살마하살도 그와 같아서 중생계와 법계와 세계가 허공처럼 가이없음을 관찰하며, 내지 잠깐 동안에 말할 수 없이 말할 수 없는 세계의 티끌 수 같은 많은 부처님 계신 데 가며, 낱낱 부처님 계신 데서 말할 수 없이 말할 수 없는 온갖 지혜와 가지가지 차별한 법에 들어가서 말할 수 없이 말할 수 없는 중생들로 하여금 출가하여 도를 배우고 선근을 닦아 끝까지 청정케 하느니라.

말할 수 없이 말할 수 없는 보살로 하여금 보현보살의 행과 원에 결정치 못한 이는 결정케 하여 보현보살의 지혜의 문에 머물게 하며, 한량없는 방편으로 말할 수 없이 말할 수 없는 삼세가 이루고 머물고 파괴되는 엄청나게 차별한 겁에 들어가며, 말할 수 없이 말할 수 없는 이루고 머물고 파괴되는 세간의 차별한 경계에 있으면서 그와 같이 많은 대자대비한 마음을 내어 한량없는 일체 중생을 조복하여 남음이 없게 하느니라.

왜냐 하면, 이 보살마하살은 일체 중생을 제도하기 위하여 보현의 행을 닦고 보현의 지혜를 내고 보현보살이 가진 행과 원을 만족케 하려는 것이기 때문이니라.

그러므로 여러 보살이 이러한 종류와 이러한 경계와 이러한 위덕과 이렇게 광대함과 이렇게 한량없음과 이렇게 부사의함과 이렇게 두루 비침과, 이렇게 모든 부처님께서 앞에 나타남과, 이렇게 모든 여래의 호념함과, 이렇게 지난 세상의 선근을 성취함과, 이렇게 마음이 막히지 않고 흔들리지 않는 삼매 가운데서 부지런히 닦아 번뇌를 여의며, 마음이 고달프지도 않고 물러나지도 않으며 뜻을 굳게 세우고 용맹하여 겁이 없이 삼매의 경계를 따라 헤아릴 수 없는 지혜〔難思智地〕에 들어갈 것이니라.

글자에 의지하지도 말고 세간에 집착하지도 말고 법을 취하지도 말고 분별을 내지도 말고 세상일에 물들지도 말고 경계를 분별하지도 말며, 모든 법을 아는 지혜에 편안히 머물고 헤아리려 하지 말지니, 이른바 온갖 지혜에 친근하며 부처님의 보리를 깨닫고 법의 광명을 성취하여 일체 중생에게 베풀며, 마의 경계에서 중생을 건져 내어 불법의 경계에 들어가게 하며, 큰 서원을 버리지 말고 벗어나는 길을 부지런히 관찰하고 청정한 경계를 늘게 하여 여러 바라밀〔諸度〕을 성취케 할 것이니라.

모든 부처님께 깊은 신심을 내고 항상 모든 법의 성품을 관찰하여 잠깐도 버리지 말며, 자기의 몸이 모든 법의 성품과 더불어 모두 평등한 줄을 알며, 세간에서 짓는 일을 분명히 알고 법과 같은 지혜와 방편을 보이며, 항상 꾸준히 노력하고 쉬지 말며, 내 몸에 선근이 적은 줄을 살피고 다른 이의 선근을 늘게 하며, 온갖 지혜의 도를 스스로 수행하여 보살의 경지를 증장케 하며, 선지식 친근하기를 좋아하고 함께 수행하는 이[同行]와 같이 머물며, 부처를 분별하지 말고 생각 여의기를 버리지 말며 평등한 법계에 항상 머물며 모든 마음과 의식이 요술과 같음을 알 것이니라.

세간의 모든 일이 꿈과 같음을 알며, 부처님께서 원력으로 나타나심이 영상과 같은 줄을 알며, 모든 크고 넓은 업이 변화함과 같음을 알며, 모든 말이 메아리와 같음을 알며, 모든 법이 요술과 같음을 알며, 모든 나고 없어지는 법이 음성과 같음을 알며, 가는 곳마다 부처님의 세계가 자체의 성품이 없음을 알며, 여래께 불법을 묻되 고달픈 생각을 내지 말며, 일체 세간을 깨우기 위하여 부지런히 가르쳐서 버리지 말며, 일체 중생을 조복하기 위하여 시기를 알고 법을 말하여 쉬지 말 것이니라.

불자들이여, 보살마하살은 이렇게 보현의 행을 닦고 이렇게 보살의 경계를 원만하고 이렇게 뛰어나는 길을 통달하고 이렇게 삼세 부처님의 법을 받아 지니고 이렇게 온갖 지혜의 문을 관찰하고 이렇게 변하지 않는 법을 생각하고 이렇게 더욱 올라가는 뜻[增上志樂]을 깨끗이 하고 이렇게 모든 여래를 믿어 알고 이렇게 부처님의 넓고 큰 힘을 알고 이렇게 걸림 없는 마음을 결정하고 이렇게 일체 중생을 거두어 주느니라.

불자들이여, 보살마하살이 보현보살이 머무르신 이와 같은 큰 지혜 삼매에 들어갔을 적에, 시방에 각각 말할 수 없이 말할 수 없는 국토가 있고 낱낱 국토마다 말할 수 없이 말할 수 없는 부처 세계의 티끌 수 여래의 이름이 있고, 낱낱 이름마다 말할 수 없이 말할 수 없는 부처 세계의 티끌 수 부처님께서 앞에 나타났느니라.

여래의 기억하는 힘을 주어 여래의 경계를 잊지 않게 하며, 일체 법에 끝까지 이르는 지혜를 주어 온갖 지혜에 들어가게 하며, 온갖 법과 갖가지 이치를 아는 결정한 지혜를 주어 모든 불법을 받아 가지고 걸림 없이 들어가게 하며, 위없는 부처의 보리를 주어 온갖 지혜에 들어가 법계를 깨우치게 하며, 보살의 마지막 지혜를 주어 모든 법의 광명을 얻고 캄캄함이 없게 하며, 보살의 물러가지 않는 지혜를 주어 때인지 때 아닌지를 알고 교묘한 방편으로 중생을 조복케 하며, 걸림이 없는 보살의 변재를 주어 그지없는 법을 깨닫고 다함이 없이 연설하게 하느니라.

신통 변화하는 힘을 주어 말할 수 없이 말할 수 없는 차별한 몸과 그지없는 모양〔色相〕이 같지 아니함을 나타내어 중생을 깨우치게 하며, 원만한 음성을 주어 말할 수 없이 말할 수 없는 차별한 음성과 가지가지 말을 나타내어 중생을 깨우치게 하며, 헛되지 않은 힘을 주어 일체 중생들이 형상을 보거나 법을 들은 이는 모두 성취하고 헛되이 지나간 이가 없느니라.

불자들이여, 보살마하살이 이렇게 보현의 행을 만족하였으므로 여래의 힘을 얻고 뛰어나는 길을 깨끗이 하고 온갖 지혜를 갖추었으며, 걸림 없는 변재와 신통 변화로 일체 중생을 끝까지 조복하며, 부처의 위력을 갖추고 보현의 행을 깨끗이 하고 보현의 도에 머물러서 오는 세월이 끝나도록 일체 중생을 조복하기 위하여 모든 부처님의 미묘한 법 바퀴를 굴리느니라.

무슨 까닭이냐. 불자들이여, 이 보살마하살이 여래의 수승한 큰 서원과 보살의 행을 성취하면 일체 세간의 법사가 되며, 일체 세간의 법 해〔法日〕가 되며, 일체 세간의 지혜 달〔智月〕이 되며, 일체 세간의 수미산 왕이 되어 우뚝하게 높이 솟아 견고하여 흔들리지 않으며, 일체 세간의 끝없는 지혜 바다〔無涯智海〕가 되며, 일체 세간에서 바른 법의 등불이 되어 그지없는 데까지 널리 비치어 끊어지지 않으며, 일체 중생을 위하여 그지없이 청정한 공덕을 열어 보이어 공덕과 선근에 머물게 하며, 온갖 지혜를 따라서 큰 서원이 평등하며, 보현의 넓고 큰 행을 닦으며, 한량 없는 중생에게 발심하기를 권하여 말할 수 없는 광대한 행인 삼매에 머물러서 크게 자유자재함을 나타내게 하느니라.

　불자들이여, 이 보살마하살이 이러한 지혜를 얻고 이러한 법을 증득하고 이러한 법에 자세히 머물러서 분명하게 보며, 이러한 신통력을 얻고 이러한 경계에 머물러서 이러한 변화를 나타내고 이러한 신통을 일으키며, 큰 자비에 항상 있으면서 중생을 이익케 하고 중생에게 편안한 길을 보여 주고 복과 지혜의 광명한 당기를 세우며, 부사의한 해탈을 증득하고 온갖 지혜의 해탈에 머물고 부처님의 해탈한 저 언덕에 이르며, 부사의한 해탈의 방편문을 배워서 성취하였고 법계의 차별한 문에 들어가서 착란하지 않으며, 말할 수 없이 말할 수 없는 보현의 삼매에서 유희하고 자재하며, 사자의 기운 뻗는 지혜〔師子奮迅智〕에 머물러서 마음에 장애가 없느니라.

　그 마음은 열 가지 큰 법장에 머무르니, 무엇이 열인가. 이른바 온갖 부처님을 생각하는 데 머물며, 일체 중생을 조복하는 큰 자비에 머물며, 헤아릴 수 없이 청정한 국토를 나타내는 지혜에 머물며, 부처님의 경계에 깊이 들어가는 결정한 지혜에 머물며, 과거·미래·현재의 모든 부처님의 평등한 보리에 머물며, 걸림 없고 집착없는 짬에 머물며, 모든 법이 모양이 없는 성품에 머물며, 과거·미래·현재의 모든 부처님의 평등한 선근에 머물며, 과거·미래·현재의 모든 여래께서 법계에 차별 없는 몸과 말과 뜻으로 짓는 업으로 앞에서 지도하는 지혜(先導智)에 머물며, 삼세의 모든 부처님께서 태어나고 출가하고 바른 깨달음을 이루고 법 바퀴를 굴리고 열반에 드심을 관찰하여 찰나의 짬에 들어가는 데 머무는 것이니라.

불자들이여, 이 열 가지 큰 법장은 크고 넓어 한량이 없으며, 셀 수 없고 일컬을 수 없고 생각할 수 없고 말할 수 없으며, 다할 수 없고 그대로 받기 어려우니, 모든 세간의 지혜로는 이루 말할 수 없느니라.

불자들이여, 이 보살마하살은 보현의 행의 저 언덕에 이르렀으며, 청정한 법을 증득하여 뜻이 넓고 크며, 중생의 한량없는 선근을 열어 보이며, 보살의 모든 세력을 늘게 하여 잠깐 동안에 보살의 모든 공덕을 만족하며, 모든 부처님의 다라니 법을 얻고 모든 부처님의 말씀하신 것을 받아 지니며, 진여의 실제에 편안히 머물면서도 모든 세속의 말을 따라서 일체 중생을 조복하나니, 왜냐 하면, 보살마하살이 이 삼매에 머물면 으레 그러하기 때문이니라.

불자들이여, 보살마하살은 이 삼매로써 모든 부처님의 넓고 큰 지혜를 얻으며, 모든 광대한 법을 교묘하게 말하는 자유로운 변재를 얻으며, 모든 세계의 가장 훌륭하고 청정하고 두려움이 없는 법을 얻으며, 모든 삼매에 들어가는 지혜를 얻으며, 모든 보살의 교묘한 방편을 얻으며, 모든 법의 광명문을 얻으며, 모든 세간을 위로하는 법의 저 언덕에 이르며, 일체 중생의 때와 때 아닌 것을 알고 시방세계의 모든 곳에 비추어 모든 중생으로 훌륭한 지혜를 얻게 하며, 모든 세간의 위없는 스승이 되고 모든 공덕에 머물러서 일체 중생에게 청정한 삼매를 보이어 가장 높은 지혜에 들어가게 하느니라.

무슨 까닭이냐. 보살마하살이 이와 같이 수행하면 중생을 이익케 하고 큰 자비심이 늘고 선지식을 친근하고 모든 부처님을 보고 일체 법을 알고 일체 세계에 나아가고 온갖 방위에 들어가고 온갖 세상에 들어가고 온갖 법의 평등한 성품을 깨닫고 온갖 부처님의 평등한 성품을 알고 온갖 지혜의 평등한 성품에 머무느니라.

이 법 가운데서 이런 업을 짓고 다른 업은 짓지 아니하며, 부족한 마음에 머물고 산란하지 않은 마음에 머물고 한결같은〔專一〕마음에 머물고 부지런히 수행하는 마음에 머물고 결정한 마음에 머물고 변동하지 않는 마음에 머물러서 이렇게 생각하고 이렇게 업을 짓고 이렇게 끝까지 이르느니라.

불자들이여, 보살마하살은 다른 말과 다르게 짓는 일이 없고 같은 말과 같이 짓는 일이 있느니라.

왜냐 하면 마치 금강은 깨뜨릴 수 없다는 이름을 얻었으므로 언제나 깨뜨릴 수 없음을 떠날 수 없듯이, 보살마하살도 그와 같아서 여러 가지 행하는 법이란 이름을 얻었으므로 행하는 법을 떠날 때가 없느니라.

또 황금〔眞金〕은 묘한 빛이란 이름을 얻었으므로 묘한 빛을 떠날 때가 없듯이, 보살마하살도 그와 같아서 착한 업이란 이름을 얻었으므로 착한 업을 떠날 때가 없느니라.

또 해〔日天子〕는 광명 바퀴라는 이름을 얻었으므로 광명 바퀴를 떠날 때가 없듯이, 보살마하살도 그와 같아서 지혜 빛이란 이름을 얻었으므로 지혜의 빛을 떠날 때가 없느니라.

또 수미산은 네 가지 보배로 된 봉우리가 바다 속에서 우뚝 솟았다는 이름을 얻었으므로 네 봉우리를 떠날 때가 없듯이, 보살마하살도 그와 같아서 여러 가지 선근이 세상에서 유달리 우뚝하다는 이름을 얻었으므로 선근을 떠날 때가 없느니라.

또 땅덩이는 온갖 것을 싣고 있다는 이름을 얻었으므로 싣는 일을 떠날 때가 없듯이, 보살마하살도 그와 같아서 온갖 것을 제도한다는 이름을 얻었으므로 크게 가엾이 여기는 마음을 떠날 때가 없느니라.

또 바다는 여러 강물을 포함한다는 이름을 얻었으므로 마침내 물을 떠날 때가 없듯이, 보살마하살도 그와 같아서 큰 서원이란 이름을 얻었으므로 언제나 중생을 제도하려는 원을 버리지 않느니라.

또 장군은 전쟁을 잘한다는 이름을 얻었으므로 마침내 그 잘하는 것을 버릴 때가 없듯이, 보살마하살도 그와 같아서 이런 삼매를 잘 닦는다는 이름을 얻었으므로 온갖 지혜의 지혜〔一切智智〕를 성취할 때까지 이런 행을 버릴 때가 없느니라.

또 전륜왕은 사천하를 통치하면서 일체 중생을 잘 보호하여 횡사하는 일이 없고 항상 즐거움을 받게 하듯이, 보살마하살도 그와 같아서 이러한 모든 삼매에 들어가 일체 중생을 교화하여 끝까지 청정하게 하느니라.

또 씨앗을 땅에 심으면 줄기와 잎이 자라나듯이, 보살마하살도 그와 같아서 보현의 행을 닦으면 일체 중생으로 하여금 선법이 자라게 하느니라.

또 큰 구름이 여름에 큰비를 내려서 온갖 종자를 자라게 하듯이, 보살마하살도 그와 같아서 이런 큰 삼매에 들어서 보살의 행을 닦고 법비를 내려, 내지 일체 중생으로 하여금 구경 청정하고 구경열반하고 한껏 편안하며 필경 저 언덕에 이르고 한껏 즐겁고 한껏 의심을 끊게 하며, 중생의 마지막 복밭이 되어 그들의 보시하는 일이 청정케 하며, 그들로 하여금 물러나지 않는 도에 머물게 하며, 한가지로 온갖 지혜의 지혜를 얻게 하며 삼계에서 벗어나게 하며 마지막 지혜를 얻게 하며 모든 부처님의 필경 법을 얻게 하며 중생들을 온갖 지혜의 처소에 이르게 하느니라.

무슨 까닭이냐. 보살마하살이 이 법을 성취하면 지혜가 밝고 법계의 문에 들어가서 보살의 헤아릴 수 없고 한량없는 행을 깨끗이 하기 때문이니라. 이른바 모든 지혜를 깨끗이 하나니 온갖 지혜를 구하기 때문이며, 중생을 깨끗이 하나니 조복하려는 까닭이며, 국토를 깨끗이 하나니 항상 회향하기 때문이며, 법을 깨끗이 하나니 두루 아는 까닭이며, 두려움 없음을 깨끗이 하나니 겁약함이 없기 때문이며, 걸림 없는 변재를 깨끗이 하나니 교묘하게 연설하기 때문이며, 다라니를 깨끗이 하나니 온갖 법에 자유롭기 때문이며, 친근하는 행을 깨끗이 하나니 모든 부처님께서 세상에 나심을 보는 까닭이니라.

불자들이여, 보살마하살이 이 삼매에 머물면 이러한 백천억 나유타 말할 수 없이 말할 수 없는 청정한 공덕을 얻나니 이러한 삼매의 경계에 자재하기 때문이며, 모든 부처님이 가피하기 때이며, 자기의 선근의 힘으로 생기기 때문이며, 지혜 있는 지위에 들어간 큰 위엄의 힘 때문이며, 여러 선지식의 지도하는 힘 때문이며, 모든 마군을 꺾는 힘 때문이며, 다 같이 선근이 청정하여진 힘 때문이며, 광대한 서원과 욕망의 힘 때문이며, 심어 놓은 선근이 성취하는 힘 때문이며, 세간을 초월한 그지없는 복에 상대가 없는 힘 때문이니라.

불자들이여, 보살마하살이 이 삼매에 머물러서는 열 가지 법을 얻어서 과거·미래·현재의 부처님들과 같게 되나니, 무엇이 열인가. 여러 가지 몸매로 장엄하는 것이 부처님과 같고, 청정한 광명 그물을 놓음이 부처님과 같고, 신통 변화로 중생을 조복함이 부처님과 같고, 그지없는 몸매와 청정한 음성이 부처님과 같고, 중생의 업을 따라 깨끗한 국토를 나타냄이 부처님과 같고, 여러 종류 중생의 말을 모두 알아서 잊지 않음이 부처님과 같으니라.

또 다함이 없는 변재로 중생의 마음을 따라서 법 바퀴를 굴리어 지혜가 생기게 함이 부처님과 같고, 크게 사자후하여 두려움이 없으며, 한량없는 법으로 중생을 깨우침이 부처님과 같고, 잠깐 동안에 큰 신통으로 삼세에 두루 들어감이 부처님과 같고, 일체 중생에게 모든 부처님의 장엄과 부처님의 위력과 부처님의 경계를 나타내어 보이는 것이 부처님과 같으니라."

그 때 보안보살이 보현보살에게 말하였다.

"불자시여, 이 보살마하살이 이러한 법을 얻어 여래와 같다 하오면, 어찌하여 부처라 하지 않으며, 어찌하여 십력이라 하지 않으며, 어찌하여 온갖 지혜라 하지 않으며, 어찌하여 모든 법에서 보리를 얻은 이라 하지 않으며, 어찌하여 넓은 눈이라 하지 않으며, 어찌하여 온갖 경계를 걸림 없이 보는 이라 하지 않으며, 어찌하여 온갖 법을 깨달았다 하지 않으며, 어찌하여 삼세 부처님과 둘이 없이 머문 이라 하지 않으며, 어찌하여 실제實際에 머문 이라 하지 않으며, 어찌하여 보현의 행과 원을 수행하여 쉬지 않으며, 어찌하여 법계를 끝내도록 보살의 도를 버리지 않나이까?"

그 때 보현보살이 보안보살에게 말하였다.

"훌륭합니다. 불자여, 그대가 말하기를 '이 보살이 모든 부처님과 같다면 무슨 연고로 부처라 이르지 않으며, 내지 보살의 도를 버리지 않느냐' 하거니와, 불자여, 이 보살마하살이 이미 삼세 모든 보살의 가지가지 행과 원을 닦아서 지혜의 경계에 들어갔으면 부처라 하고, 여래 계신 데서 보살의 행 닦기를 쉬지 않으면 보살이라 합니다. 여래의 모든 힘에 모두 들어갔으면 십력이라 하고, 비록 십력의 행을 성취하였으나 보현의 행 닦기를 쉬지 않으면 보살이라 합니다.

모든 법을 알고 능히 연설하면 온갖 지혜라 하고, 모든 법을 연설하면서도 하나하나의 법을 교묘히 잘 생각하기를 쉬지 않으면 보살이라 합니다. 모든 법의 두 모양이 없음을 알면 모든 법을 깨달았다 하고, 둘이며 둘이 아닌 모든 법의 차별한 길을 교묘하게 관찰하고 점점 더 승하게 하여 쉬지 않으면 보살이라 합니다. 넓은 눈의 경계를 이미 분명하게 모았으면 넓은 눈이라 하고, 넓은 눈의 경계를 증득하고 찰나찰나마다 증장하여 쉬지 않으면 보살이라 합니다.

모든 법을 모두 잘 비추어 어둠이 없으면 걸림 없이 보는 이라 하고, 걸림 없이 보는 일을 항상 생각하면 보살이라 합니다. 모든 부처님의 지혜 눈을 얻었으면 온갖 법을 깨달았다 하고, 여래의 옳게 깨달은 지혜 눈 관찰하기를 방일하지 않으면 보살이라 합니다. 부처님의 머무는 데 머물러 부처님과 더불어 둘이 아니면 부처님과 둘이 없이 머문 이라 하고, 부처님의 거두어 주심을 받아 모든 지혜를 닦으면 보살이라 합니다. 모든 세간의 실제를 항상 관찰하면 실제에 머문 이라 하고, 모든 법의 실제를 항상 관찰하면서도 증득하지도 않고 버리지도 않으면 보살이라 합니다.

오지도 않고 가지도 않으며 같지도 않고 다르지도 않아서 이런 분별이 아주 쉬었으면 서원을 쉰 이라 하고, 널리 닦아 원만하고도 물러나지 않으면 보현의 원을 쉬지 못한 이라 합니다. 법계는 가이없어 모든 법이 한 모양이며 모양이 없음을 알면 법계가 끝나도록 보살의 도를 버리지 않는다 하고, 법계가 가이없음을 알면서도 온갖 것이 여러 가지 다른 모양임을 알고 가엾이 여기는 마음을 내어 중생을 제도하되 오는 세월이 끝나도록 싫어하지 않으면 보현보살이라 이름합니다.

불자여, 비유하건대 이라발나伊羅鉢那 코끼리가 금협산金脅山 칠보굴 속에 있는데, 굴의 주위에는 칠보로 난간이 되고, 보배 다라 나무가 차례로 줄지었으며, 황금 그물이 위에 덮이었고, 코끼리 몸은 깨끗하여 눈과 같고 위에 황금 당기를 세웠는데, 금으로 영락이 되었고 보배 그물로 코를 덮고 보배 풍경을 드리웠으며, 일곱 부분〔七肢〕은 잘 이루어졌고 여섯 어금니가 구족하여 단정하고 원만하여, 보는 이마다 기뻐하며 길 잘들고 순하여 거스르려는 마음이 없습니다.

 제석천왕이 놀러 가려 하면 코끼리가 벌써 알고 칠보굴에서 형상을 감추고 도리천에 이르러 제석천왕 앞에 신통력으로써 갖가지로 변하는데, 몸에는 서른셋의 머리가 있고 낱낱 머리마다 일곱 어금니가 있으며, 낱낱 어금니마다 일곱 못이 있고 낱낱 못마다 일곱 연꽃이 있으며, 낱낱 연꽃에는 일곱 채녀가 있어 한꺼번에 백천 가지 하늘 풍류를 연주합니다. 이 때 제석천왕이 이 코끼리를 타고 난승전難勝殿에서부터 꽃동산에 나아가니 분다리꽃이 동산에 만발하였는데, 제석천왕이 꽃동산에 가서는 내려서 일체보장엄전一切寶莊嚴殿에 들어가 한량없는 채녀가 시위하는 가운데 노래와 풍류로 즐거워하였습니다. 그 때 코끼리는 신통으로 코끼리 몸을 숨기고 하늘 몸이 되어, 삼십삼천 사람들과 채녀들과 더불어 분다리꽃이 만발한 동산에서 즐겁게 노는데, 몸매나 의복이나 오고 가는 거동과 말하고 웃고 하는 것이 모두 하늘 사람들과 조금도 다름이 없으며, 코끼리인지 천인인지 분별할 수 없을 만큼 코끼리와 천인이 서로 흡사하였습니다.

 불자여, 이 이라발나 코끼리가 금협산의 칠보굴 속에서는 변화하는 일이 없지마는, 삼십삼천에서는 제석천왕에게 공양하기 위하여 가지가지 즐거운 것들을 변화하여 만들며 하늘들처럼 즐거움을 받습니다.

 불자여, 보살마하살도 그와 같아서 보현보살의 행과 원과 삼매를 닦는 것으로써 보배의 장엄거리를 삼고 칠보리분법七菩提分法으로 보살의 몸을 삼으며, 몸에서 놓는 광명으로 그물이 되며, 큰 법의 당기를 세우고 법종을 치며, 가엾이 여기는 마음으로 굴을 삼고 견고한 서원으로 어금니를 삼으며, 지혜와 두려움 없기는 사자와 같고 법 비단을 정수리에 매고 비밀을 열어 보이며 보살의 행과 원의 저 언덕에 이릅니다.

보리의 자리에 앉아서 온갖 지혜를 이루고 가장 바른 깨달음을 얻기 위하여 보현의 광대한 행과 원을 증장하여 물러나지 않고 쉬지 않고 끊이지 않고 버리지 않으며 큰 자비로 정진하여 오는 세월이 끝나도록 모든 고통에 빠진 중생을 제도하는 것이니라.

보현의 도를 버리지 않고 가장 바른 깨달음을 이루나니, 말할 수 없이 말할 수 없는 바른 깨달음 이루는 문을 나타내며, 말할 수 없이 말할 수 없는 법 바퀴 굴리는 문을 나타내며, 말할 수 없이 말할 수 없는 깊은 마음에 머무는 문을 나타내며, 말할 수 없이 말할 수 없는 광대한 국토에서 열반의 변화라는 문을 나타내며, 말할 수 없이 말할 수 없는 차별한 세계에 태어나서 보현의 행을 닦으며, 말할 수 없이 말할 수 없는 여래가 말할 수 없이 말할 수 없는 넓은 국토에 있는 보리수 아래서 가장 바른 깨달음을 이루고 말할 수 없이 말할 수 없는 보살 대중이 친근하게 둘러앉음을 나타냅니다.

혹 한 찰나 동안에 보현의 행을 닦아 바른 깨달음을 이루며, 혹은 잠깐, 혹은 한 시, 혹은 하루, 혹은 반달, 혹은 한 달, 일 년, 여러 해, 한 겁 내지 말할 수 없이 말할 수 없는 겁에 보현의 행을 닦아서 바른 깨달음을 이룹니다.

또 모든 부처님 세계에서 우두머리가 되어 부처님을 친근하고 예배하고 공양하며 요술 같은 경계를 묻고 관찰하고 보살의 한량없는 행과 한량없는 지혜와 갖가지 신통 변화와 갖가지 위덕과 갖가지 지혜와 갖가지 경계와 갖가지 신통과 갖가지 자재함과 갖가지 해탈과 갖가지 법의 밝음과 갖가지로 교화하고 조복하는 법을 깨끗이 닦습니다.

불자여, 보살마하살의 본래 몸은 없어지지 않지마는 행과 서원의 힘으로 온갖 곳에서 이렇게 변화하여 나타냅니다.

무슨 까닭이냐. 보현의 자유자재한 신통의 힘으로 일체 중생을 조복하기 때문이며, 말할 수 없이 말할 수 없는 중생들로 하여금 청정함을 얻게 하기 때문이며, 그들로 하여금 생사에서 바퀴돌이 함을 끊게 하기 때문이며, 광대한 모든 세계를 깨끗이 장엄하기 때문이며, 모든 여래를 항상 뵙기 때문이며, 모든 부처님 법의 흐름에 깊이 들어가기 때문이며, 삼세의 부처님 종성을 생각하기 때문이며, 시방의 모든 부처님 법과 법신을 생각하기 때문이며, 모든 보살의 행을 닦아서 원만케 하기 때문이며, 보현의 흐름에 들어가서 자유롭게 온갖 지혜를 증득하기 때문입니다.

불자여, 그대는 이 보살마하살들을 보시오. 보현의 행을 버리지 않으며 보살의 도를 끊지 않고서, 모든 부처님을 보며, 온갖 지혜를 증득하고 온갖 지혜의 법을 자재하게 받아 가집니다. 마치 이라발나 코끼리가 제 몸을 버리지 않고 삼십삼천에 가서 하늘들을 태우고, 하늘의 즐거움을 받고, 하늘의 유희를 하고, 천왕을 섬기면서 하늘 아씨들과 함께 즐기는 것이 하늘들과 같고 차별이 없는 것과 같습니다.

불자여, 보살마하살도 그와 같아서 보현의 대승행을 버리지 않으며, 서원에서 물러나지 않고, 부처님 같이 자재함을 얻어 온갖 지혜를 갖추며, 부처님의 해탈을 증득하여 막힘도 없고 걸림도 없으며, 청정함을 성취하여 모든 국토에 물들지 않으며, 부처님 법에는 분별이 없습니다. 비록 모든 법이 평등하여 두 모양이 없음을 알지마는 모든 부처님 국토를 분명히 보며, 이미 삼세 부처님들과 비등하지마는 보살의 행을 닦아서 끊이지 않습니다.

불자여, 보살마하살이 이와 같이 보현의 행과 서원인 광대한 법에 편안히 머물면 이 사람의 마음이 청정해지는 줄을 알아야 합니다.

불자여, 이것이 보살마하살의 열째 걸림 없는 바퀴 큰 삼매 수승한 마음과 광대한 지혜입니다.

 불자여, 이것이 보살마하살이 머무는 보현행의 열 가지 큰 삼매 바퀴입니다."

대방광불화엄경 제44권

제44권

28. 십통품 十通品

그 때 보현보살마하살이 여러 보살에게 말하였다.

"불자들이여, 보살마하살은 열 가지 신통이 있느니라. 무엇이 열인가. 불자여, 보살마하살은 남의 속 아는 신통으로 한 삼천대천세계에 있는 중생의 마음이 차별함을 아나니, 이른바 착한 마음·나쁜 마음·넓은 마음·좁은 마음·큰 마음·작은 마음·죽살이 따르는 마음·죽살이 등지는 마음·성문의 마음·성문의 마음·독각의 마음·보살의 마음·성문의 수행하는 마음·독각의 수행하는 마음·보살의 수행하는 마음·하늘 마음·용의 마음·야차의 마음·건달바의 마음·아수라의 마음·가루라의 마음·긴나라의 마음·마후라가의 마음·사람의 마음·사람 아닌 이의 마음·지옥 마음·축생 마음·염마왕 있는 데의 마음·아귀의 마음·팔난 중생의 마음·이와 같이 한량없이 차별한 모든 중생의 마음을 다 분별하여 아느니라.

한 세계와 같이 백 세계·천 세계·백천 세계·백천억 나유타 세계와 내지 말할 수 없이 말할 수 없는 세계의 티끌 수 세계 가운데 있는 중생들의 마음을 다 분별하여 아나니, 이것을 보살마하살의 첫째 남의 속을 잘 아는 지혜의 신통〔善知他心智神通〕이라 하느니라.

불자들이여, 보살마하살은 걸림 없이 청정한 하늘 눈 신통으로 한량없고 말할 수 없이 말할 수 없는 부처 세계의 티끌 수 세계에 있는 중생들이 여기서 죽어 저기 나는 일과 좋은 길, 나쁜 길과 복 받고 죄 받음과 아름답고 추하고 더럽고 깨끗한 여러 종류의 한량없는 중생을 보나니, 이른바 하늘 무리·용의 무리·야차의 무리·건달바 무리·아수라 무리·가루라 무리·긴나라 무리·마후라가 무리·사람의 무리·사람 아닌 무리·몸이 작은 중생의 무리·몸이 큰 중생의 무리·작은 무리·큰 무리 들이니라.

이러한 가지가지 중생들을 걸림 없는 눈으로 모두 분명히 보되, 쌓은 업을 따르고 받는 괴로움과 즐거움을 따르고 마음을 따르고 분별을 따르고 소견을 따르고 말을 따르고 원인을 따르고 업을 따르고 반연함을 따르고 일어남을 따라서 모두 보아 잘못이 없나니, 이것을 보살마하살의 둘째 걸림 없는 하늘 눈 지혜의 신통〔無礙天眼智神通〕이라 하느니라.

불자들이여, 보살마하살은 지나간 세상일을 모두 기억하는 신통으로써, 자기와 말할 수 없이 말할 수 없는 부처 세계의 티끌 수 세계에 있는 중생들의 말할 수 없이 말할 수 없는 부처 세계의 티끌 수 겁 전의 지나간 일을 능히 아느니라.

이른바 어느 곳에 태어나서 이런 이름·이런 성씨·이런 종족·이런 음식·이런 괴로움과 즐거움을 받으며, 비롯이 없는 옛적부터 여러 생 사生死하는 가운데서 인과 연으로 자라나고 차례차례 계속하여 바퀴돌이하던 갖가지 종류·갖가지 국토·갖가지 길과 태어남·갖가지 형상・갖가지 업과 행동・갖가지 결사結使・갖가지 마음・갖가지 인연과 태어나던 것들을 모두 분명하게 아느니라.

또 그러한 부처 세계의 티끌 수 겁 전에 그러한 부처 세계의 티끌 수 세계에 나셨던 그러한 부처 세계의 티끌 수 부처님을 기억하며, 그 낱낱 부처님의 이러한 명호・이렇게 나심・이러한 대중의 모임・이러한 부모・이러한 시자・이러한 성문・이렇게 가장 나은 두 제자들이 이러한 성시에서 이렇게 출가하던 일과, 또 이렇게 보리수 아래서 바른 깨달음을 이루고, 이러한 곳에서 이런 자리에 앉아서 약간의 경전을 연설하여 그러한 중생들을 이익케 하던 일과, 그러한 세월에 사시면서 이러한 약간의 부처님 일을 하시던 것과, 무여의반 열반無餘依般涅槃으로 열반하시던 일과, 반열반한 뒤에 불법이 얼마나 머무른 일들을 모두 기억하느니라.

또 말할 수 없이 말할 수 없는 부처 세계의 티끌 수 부처님 이름을 기억하며, 낱낱 이름마다 말할 수 없이 말할 수 없는 부처 세계의 티끌 수 부처님이 계시어서 처음 발심하여 원을 세우고 행을 닦으며, 부처님께 공양하고 중생을 조복하며 대중이 모인 데서 법을 말하던 일과, 얼마나 사시던 일과, 신통 변화와 내지 남음이 없는 열반에 들며 열반하신 뒤에 탑을 조성하고 가지가지를 장엄하여 중생들로 하여금 선근을 심게 하던 일을 모두 다 아나니, 이것이 보살마하살의 셋째 지나간 일을 아는 지혜의 신통〔知過去際劫宿住智神通〕이니라.

불자들이여, 보살마하살은 오는 세월이 끝날 때까지를 아는 지혜의 신통으로써 말할 수 없이 말할 수 없는 부처 세계의 티끌 수 세계에 있는 겁을 알며, 낱낱 겁마다 있는 중생들이 죽어서 다시 태어나던 일과, 죽살이가 차례차례 계속하며, 짓는 업과 받는 과보가 착하고 착하지 못하며, 벗어나고 벗어나지 못하며, 결정하고 결정하지 못하며, 잘못된 삼매와 바른 삼매며, 선근이 번뇌와 함께 있고 선근이 번뇌와 함께 있지 않으며, 선근을 구족하고 선근을 구족하지 못하며, 선근을 거두어 갖고 선근을 거두어 갖지 못하며, 선근을 모으고 선근을 모으지 못하며, 죄를 모으고 죄를 모으지 아니한 이런 것을 다 아느니라.

또 말할 수 없이 말할 수 없는 부처 세계의 티끌 수 세계에 오는 세월이 끝나는 동안에 말할 수 없이 말할 수 없는 부처 세계의 티끌 수 겁이 있음을 알며, 낱낱 겁에 말할 수 없이 말할 수 없는 부처 세계의 티끌 수 부처님 이름이 있고, 낱낱 이름마다 말할 수 없이 말할 수 없는 부처 세계의 티끌 수 부처님 여래가 있으며, 낱낱 여래가 처음 발심하여 원을 세우고 행을 닦으며, 부처님께 공양하고 중생을 교화하며, 대중이 모인 데서 법을 말하던 일과, 수명이 길고 짧음과, 신통 변화와, 내지 남음이 없는 열반에 들며 열반하신 뒤에 법이 얼마나 머무는 것과, 탑을 조성하고 가지가지로 장엄하여 중생들로 하여금 선근을 심게 하던 일들을 모두 아나니, 이것이 보살마하살의 넷째 오는 세월이 끝날 때까지의 겁을 아는 지혜의 신통〔知盡未來際劫智神通〕이니라.

불자들이여, 보살마하살은 걸림 없이 청정한 하늘 귀를 성취하여 원만하고 광대하며 끝까지 사무쳐 듣고 막힘을 여의며 분명히 통달하여 걸림이 없으며 구족하게 성취하여 모든 음성을 듣기도 하고 듣지 않기도 하는 데 마음대로 자유로우니라.

불자들이여, 동방에 말할 수 없이 말할 수 없는 부처 세계의 티끌 수 부처님이 계시는데, 그 부처님들이 말씀하고 보여 주고 열고 연설하고 나란히 정돈하고 교화하고 조복하고 기억하고 분별하신 바, 깊고 넓고 크고 가지가지 차별한 한량없는 방편과 한량없이 교묘하고 청정한 법들을 모두 받아 지니느니라.

또 그 가운데서 뜻이나 글이나 한 사람이거나 여러 모인 이들을, 그 음성과 그 지혜와 그 통달함과 그 나타냄과 그 조복함과 그 경계와 그 의지함과 그 뛰어나는 길을 그대로 다 기억하여, 잊지 않고 잃지 않고 끊지 않고 물러나지 않고 아득하지 않고 의혹하지 않으며, 다른 이에게 연설하여 깨닫게 하며, 한 글자 한 구절도 잊지 아니하느니라.

동방에서와 같이 남방·서방·북방과 네 간방과 위와 아래서도 역시 그러하나니, 이것이 보살마하살의 다섯째 걸림 없이 청정한 하늘 귀로 듣는 지혜의 신통〔無礙淸淨天耳智神通〕이니라.

불자들이여, 보살마하살이 자체 성품이 없는 신통과 지음이 없는 신통·평등한 신통·광대한 신통·한량없는 신통·의지함이 없는 신통·생각대로 되는 신통·일어나는 신통·일어나지 않는 신통·물러가지 않는 신통·끊기지 않는 신통·깨뜨리지 못하는 신통·늘어나는 신통·뜻대로 나아가는 신통에 머무르면 이 보살은 아무리 먼 세계에 있는 부처님 이름도 듣나니, 이른바 수없는 세계·한량없는 세계와 내지 말할 수 없이 말할 수 없는 부처 세계의 티끌 수 세계에 있는 부처님 이름들이며, 그 이름을 듣고는 자기의 몸이 그 부처님 세계에 있음을 보게 되느니라.

저 여러 세계가 잦혀 있기도 하고 엎어져 있기도 하여 각각 형상과 각각 방소와 각각 차별한 것이 그지없고 걸림이 없으며, 갖가지 국토와 갖가지 시간에 한량없는 공덕으로 제각기 장엄하였는데, 여러 여래께서 그 가운데 나타나시어 신통 변화를 부리시고 이름을 일컫는 것이 한량이 없고 수가 없어서 제각기 같지 아니한 이들을 이 보살이 한 번 이름을 듣고는, 본처에서 움직이지 않고 그 몸이 저 부처님들의 세계에 있어서 예배하고 존중하고 섬기고 공양함을 보며, 보살의 법을 묻고 부처님의 지혜에 들어가며, 그 부처님의 국토와 도량에 모인 대중과 말씀하는 법을 모두 통달하여도 끝까지 집착함이 없느니라.

이와 같이 말할 수 없이 말할 수 없는 부처님 세계를 지나 티끌 수 겁 동안에 시방을 두루 다녀도 가는 데가 없지마는, 그러나 세계에 나아가서 부처님을 뵈옵고 법음을 듣고 도를 행함이 끊기지도 않고 폐하지도 않고 쉬지도 않고 고달프지도 않으며, 보살의 행을 닦고 큰 서원을 이루는 일이 모두 구족하여 물러가지 않나니, 여래의 광대한 종성이 끊어지지 않게 하는 까닭이니라.

이것이 보살마하살의 여섯째 자체 성품이 없고 동작이 없고 모든 부처님 세계에 이르는 지혜의 신통〔無體性無動作往一切佛刹智神通〕에 머무는 것이니라.

불자들이여, 보살마하살은 일체 중생의 말을 잘 분별하는 지혜의 신통으로써 말할 수 없이 말할 수 없는 부처 세계의 티끌 수 세계에 있는 중생들의 갖가지 말을 아나니, 이른바 성인의 말, 성인 아닌 이의 말, 하늘의 말, 용의 말. 야차의 말과 건달바·아수라·가루라·긴나라·마후라가 등의 사람인 듯 사람 아닌 듯한 이들의 말과, 내지 말할 수 없이 말할 수 없는 중생의 말로 제각기 표현하고 갖가지 차별한 것을 모두 다 아느니라.

이 보살은 들어가는 세계마다 그 안에 있는 일체 중생의 성품과 욕망을 알며, 그 성품이나 욕망과 같이 내는 말을 모두 잘 알아서 의심이 없나니, 마치 햇빛이 나서 여러 가지 빛을 비추면 눈이 있는 이는 다 보게 되듯이 보살마하살도 그와 같아서 모든 말을 잘 분별하는 지혜로써 모든 말 구름〔言辭雲〕에 깊이 들어가면 온갖 말을 모든 세간 사람들로 하여금 다 알게 하나니, 이것이 보살마하살의 일곱째 모든 말을 잘 분별하는 지혜의 신통〔善分別一切言辭智神通〕이니라.

불자들이여, 보살마하살은 한량없는 아승기 육신의 장엄을 내는 지혜 신통으로써 온갖 법이 빛을 여의었으므로 차별한 모양이 없고 가지

가지 모양이 없고 한량없는 모양이 없고 분별하는 모양이 없고 푸르고 누르고 붉고 흰 모양이 없음을 아느니라.

보살이 이와 같이 법계에 들어가서 몸을 나타내어 가지각색 빛을 짓나니, 이른바 그지없는 빛·한량없는 빛·청정한 빛·장엄한 빛·두루한 빛·비길 데 없는 빛·두루 비치는 빛·더욱 느는 빛·어기지 않는 빛·여러 모양 갖춘 빛·나쁜 것을 여읜 빛·큰 위엄 있는 빛·존중한 빛·다하지 않는 빛·여럿이 섞인 빛·매우 단정한 빛·헤아릴 수 없는 빛·잘 수호하는 빛·성숙케 하는 빛·교화하는 이를 따르는 빛·장애가 없는 빛·밝게 사무치는 빛·때가 없는 빛·매우 깨끗한 빛·매우 용맹한 빛·부사의한 방편 빛·깨뜨릴 수 없는 빛이니라.

또 티가 없는 빛·막힘이 없는 빛·잘 머무르는 빛·묘하게 장엄한 빛·형상이 단정한 빛·가지가지로 잘생긴 빛·크게 존귀한 빛·묘한 경계의 빛·잘 갈아 맑은 빛·청정하고 깊은 마음의 빛·찬란하게 밝은 빛·가장 광대한 빛·끊어지지 않는 빛·의지한 데 없는 빛·비등할 이 없는 빛·말할 수 없는 부처님 세계에 가득한 빛·늘어나는 빛·견고하게 거두어 주는 빛·가장 훌륭한 공덕 빛·마음에 좋아함을 따르는 빛·깨끗하게 아는 빛·여러 가지 묘한 것을 모은 빛·잘 결정한 빛·막힘이 없는 빛·허공처럼 깨끗한 빛·청정하여 사랑스러운 빛이니라.

또 모든 티끌 여읜 빛·일컬을 수 없는 빛·묘하게 보는 빛·두루 보는 빛·때를 따라 나타나는 빛·고요한 빛·탐욕을 여읜 빛·참된 복밭 빛·편안케 하는 빛·두려움을 여의는 빛·어리석은 행을 여의는 빛·지혜가 용맹한 빛·형상이 걸림 없는 빛·널리 다니는 빛·마음이 의지한 데 없는 빛·크게 인자함으로 일으킨 빛·크게 가엾이 여김으로 나타낸 빛·평등하게 뛰어난 빛·복덕을 구족한 빛·마음대로 생각하는 빛・그지없이 묘한 보배 빛・보배 광의 광명한 빛・중생이 믿고 좋아하는 빛・온갖 지혜가 앞에 나타나는 빛・기쁜 눈의 빛・뭇 보배로 장엄함이 제일가는 빛・처소가 없는 빛・자유롭게 나타내는 빛・가지가지 신통한 빛・여래의 가문에 태어나는 빛이니라.

또 비유를 초월한 빛・법계에 두루한 빛・여럿이 나아가는 빛・가지가지 빛・성취하는 빛・벗어나는 빛・교화 받을 이 따르는 빛・위의威儀의 빛・보기에 싫지 않은 빛・가지가지 깨끗한 빛・무수한 광명을 놓는 빛・말할 수 없는 광명이 가지가지 차별한 빛・생각할 수 없는 향기가 삼계를 초과하는 빛・헤아릴 수 없는 햇빛이 비치는 빛・비길 데 없는 달을 나타내는 빛・한량없고 사랑스로운 꽃 구름 빛・가지가지 연꽃 타래 구름을 내어 장엄하는 빛・모든 세간을 초월하는 향기가 널리 풍기는 빛・온갖 여래장을 내는 빛・말할 수 없는 음성으로 모든 법을 연설하는 빛・온갖 보현행을 구족한 빛이니라.

불자들이여, 보살마하살은 이러한 빛 없는〔無色〕법계에 들어가 이런 여러 가지 색신을 나타내어서, 교화 받을 이로 보게 하고 교화 받을 이로 생각하게 하고 교화 받을 이를 위하여 법 바퀴를 굴리고 교화 받을 이의 때를 따르며 교화 받을 이의 형상을 따르며, 교화 받을 이로 하여금 친근케 하며, 교화 받을 이를 깨닫게 하며, 교화 받을 이를 위하여 갖가지 신통을 일으키고 교화 받을 이를 위하여 갖가지 잘 하는 일을 베푸나니, 이것이 보살마하살이 일체 중생을 제도하여고 부지런히 닦아 여덟째 무수한 육신을 성취하는 지혜의 신통〔無數色身智神通〕이니라.

불자들이여, 보살마하살은 온갖 법을 아는 지혜의 신통으로써 온갖 법이 이름이 없고 성품이 없고 오는 것도 없고 가는 것도 없고, 다른 것도 아니고 다르지 않은 것도 아니며, 가지가지도 아니고 가지가지 아닌 것도 아니며, 둘도 아니고 둘 아닌 것도 아니며, 나도 없고 견줄 것도 없으며, 나지도 않고 없어지지도 않으며, 흔들리지도 않고 무너지지도 않으며, 진실도 없고 허망도 없으며, 한모양이고 모양이 없기도 하며, 없는 것도 아니고 있는 것도 아니며, 법도 아니고 법 아님도 아니며, 시속을 따르지도 않고 시속을 따르지 않기도 않으며, 업도 아니고 업 아닌 것도 아니며, 갚음도 아니고 갚음 아님도 아니며, 함이 있는 것도 아니고 함이 없은 것도 아니며, 제일가는 이치(第一義)도 아니고 제일가는 이치 아님도 아니며, 길도 아니고 길 아님도 아니며, 벗어남도 아니고 벗어나지 않음도 아니며, 한량 있는 것도 아니고 한량없는 것도 아니며, 세간도 아니고 출세간도 아니며, 인으로 난 것도 아니고 인으로 나지 않은 것도 아니며, 결정도 아니고 결정 아님도 아니며, 성취함도 아니고 성취하지 않음도 아니며, 나옴도 아니고 나오지 않음도 아니며, 분별도 아니고 분별 아님도 아니며, 이치와 같음도 아니고 이치와 같지 않음도 아닌 줄을 아느니라.

이 보살이 세속 이치(俗諦)를 취하지도 아니하고 제일가는 이치에 머물지도 아니하며, 모든 법을 분별하지도 않고 문자를 세우지도 아니하며, 모든 법을 분별하지도 않고 글자를 세우지도 않아서 고요한 성품을 따르며, 온갖 서원을 버리지 아니하고 이치를 보고 법을 알며, 법 구름을 펴서 법 비를 내리느니라.

참 모양은 말할 수 없음을 알지마는 방편과 다함 없는 변재로 법을 따르고 뜻을 따라 차례로 연설하면서도, 법에 대하여 말과 변재가 모두 교묘하며, 대자대비가 다 청정하여 일체 문자를 여읜 가운데서 문자를 내어 법과 뜻에 따라서 어기지 아니하고 모든 법이 반연으로 일어나는 것을 말하느니라.

비록 말을 하지마는 집착하지 아니하며, 모든 법을 설하여도 변재가 다하지 않으며, 분별하고 나란히 정돈하여 열어 보이고 지도하며, 법의 성품이 구족하게 나타나서 여럿의 의심을 끊어서 모두 청정케 하며, 비록 중생을 거두어 주나 진실을 버리지 않으며, 둘이 아닌 법에서 물러나지 아니하고 걸림 없는 법문을 항상 연설하며 여러 가지 묘한 음성으로 중생의 마음을 따라 법 비를 널리 내리되 때를 잃지 아니하나니, 이것이 보살마하살의 아홉째 온갖 법을 아는 지혜의 신통〔一切法智神通〕이니라.

불자들이여, 보살마하살은 온갖 법이 사라져 없어지는〔滅盡〕 삼매 지혜의 신통으로써, 잠깐잠깐 동안에 온갖 법이 사라져 없어지는 삼매에 들어가지마는 보살도에서 물러나지도 아니하고 보살의 일을 버리지도 아니하며, 대자대비한 마음을 버리지 않고 바라밀을 닦되 잠깐도 쉬지 않으며, 모든 부처님의 국토를 관찰하되 게으르지 않으며, 중생 제도하는 서원을 버리지 않고 법 바퀴 굴리는 일을 끊지 않으며, 중생 교화하는 일을 폐하지 않고 부처님께 공양하는 행을 버리지 않느니라.

또 온갖 법에 자재한 문을 버리지 않고 모든 부처님 항상 뵈옴을 버리지 않고 온갖 법문 항상 들음을 버리지 않으며, 온갖 법이 평등하여 걸림 없이 자재함을 알고 모든 부처님의 법을 성취하며 모든 훌륭한 원을 다 원만하며, 모든 국토의 차별을 분명히 알고 부처님의 종성에 들어가서 저 언덕에 이르며, 저 여러 세계에서 모든 법을 배워서 법이 모양이 없음을 알며, 온갖 법이 다 인연으로 생겨서 자체와 성품이 없음을 알지마는 세속을 따라서 방편으로 연설하며, 비록 모든 법에 대하여 머무름이 없지마는 중생의 근성과 욕망을 따라서 가지가지 법을 방편으로 연설하느니라.

이 보살이 삼매에 머물 때에는 마음에 좋아함을 따라서 한 겁을 머물기도 하고 백 겁을 머물기도 하며, 천 겁을 머물기도 하고 억 겁을 머물기도 하며, 백억 겁을 머물기도 하고 천억 겁을 머물기도 하며, 백천억 겁을 머물기도 하고 나유타억 겁을 머물기도 하며, 백 나유타억 겁을 머물기도 하고 천 나유타억 겁을 머물기도 하며, 백천 나유타억 겁을 머물기도 하고 수없는 겁을 머물기도 하며, 한량없는 겁을 머물기도 하고 내지 말할 수 없는 겁을 머물기도 하며, 한량없는 겁을 머물기도 하고 내지 말할 수 없이 말할 수 없는 겁을 머물기도 하느니라.

보살이 이 온갖 법이 사라져 없어지는 삼매에 들어가서 저러한 겁을 지나면서 머물더라도, 몸이 흩어지지도 않고 여위지도 않고 변하여 달라지지도 않으며, 보는 것도 아니고 보지 못하는 것도 아니며, 사라지지도 않고 무너지지도 않으며, 고달프지도 않고 게으르지도 않으며 다하지도 아니하느니라.

비록 있는 것이나 없는 것에 모두 하는 일이 없지마는 보살의 일을 이루나니, 이른바 일체 중생을 항상 떠나지 아니하고 교화하고 조복하는 시기를 잃지 않으며, 그들로 하여금 일체 불법을 증장케 하되 보살의 행이 원만케 하며 일체 중생을 이익하기 위하여 신통과 변화가 쉬지 아니하나니, 마치 빛이 모든 곳에 두루 나타나는 것과 같이 삼매에서는 고요하여 변동하지 않느니라. 이것이 보살마하살이 온갖 법이 사라져 없어지는 삼매에 들어가는 지혜의 신통〔一切法滅盡三昧智神通〕이니라.

불자들이여, 보살마하살이 이 열 가지 신통에 머물면 모든 하늘들이 헤아리지 못하며, 일체 중생도 헤아리지 못하며, 일체 성문과 모든 독각과 모든 보살들도 헤아리지 못하며, 이 보살의 몸으로 짓는 업을 헤아릴 수 없으며, 말의 업으로 헤아릴 수 없으며, 삼매의 자유로움을 헤아릴 수 없으며, 지혜의 경계를 헤아릴 수 없나니, 오직 부처님과 이 신통을 얻은 보살을 제하고는 이 사람의 공덕을 말하거나 칭찬하거나 찬탄할 수 없느니라.

불자들이여, 이것이 보살마하살의 열 가지 신통이니, 보살마하살이 만일 이 신통에 머무르면 일체 삼세에 걸림 없는 지혜의 신통을 얻느니라."

29. 십인품十忍品

그 때 보현보살이 여러 보살에게 말하였다.

"불자들이여, 보살마하살은 열 가지 인忍이 있으니, 만일 이 인을 얻으면 곧 일체 보살의 걸림 없는 인에 이르러 온갖 불법이 장애가 없고 다함이 없느니라.

무엇이 열인가. 이른바 음성인音聲忍・따라주는 인[順忍]・죽살이 없는 지혜의 인[無生法忍]・요술 같은 인・아지랑이 같은 인・꿈 같은 인・메아리 같은 인・그림자 같은 인・허깨비 같은 인・허공 같은 인이니, 이 열 가지 인은 삼세 부처님들이 이미 말하였고 지금 말하고 장차 말할 것이니라.

불자들이여, 어떤 것을 보살마하살의 음성인이라 하는가. 부처님께서 말씀하시는 법을 듣고 놀라지 않고 두려워하지 않으며, 깊이 믿고 깨달아 즐거이 나아가며, 전일한 마음으로 생각하고 닦아서 편안히 머무는 것이니, 이것을 보살마하살의 첫째 음성인이라 하느니라.

불자들이여, 어떤 것을 보살마하살의 따라주는 인이라 하는가. 모든 법을 생각하고 관찰하며, 평등하고 어김없이 따라서 알며, 마음을 청정케 하고 바로 머물러 닦으며 나아가 성취함이니, 이것을 보살마하살의 둘째 따라주는 인이라 하느니라.

불자들이여, 어떤 것을 보살마하살의 죽살이 없는 지혜의 인이라 하는가. 불자들이여, 이 보살마하살이 조그만 법이 나는 것도 보지 않고 조그만 법이 사라지는 것도 보지 않느니라.

　무슨 까닭인가. 나지 않으면 사라짐이 없고, 사라짐이 없으면 다함이 없고, 다함이 없으면 때를 여의고, 때를 여의면 차별이 없고, 차별이 없으면 처소가 없고, 처소가 없으면 고요하고, 고요하면 탐욕을 여의고, 탐욕을 여의면 지을 것이 없고, 지을 것이 없으면 소원이 없고, 소원이 없으면 머물 것이 없고, 머물 것이 없으면 가고 옴이 없나니, 이것을 보살마하살의 셋째 죽살이 없는 지혜의 인이라 하느니라.

　불자들이여, 어떤 것을 보살마하살의 요술 같은 인〔如幻忍〕이라 하는가. 불자들이여, 이 보살마하살이 온갖 법이 모두 요술과 같아서 인연으로 생기는 줄을 알고, 한 법에서 여러 법을 이해하며 여러 법에서 한 법을 이해하느니라.

　이 보살이 모든 법이 요술 같음을 알고 국토를 분명히 알며, 중생을 분명히 알며, 법계를 분명히 알며, 세간이 평등함을 알며, 부처님 나타나심이 평등함을 알며, 삼세가 평등함을 알고, 가지가지 신통 변화를 성취하느니라.

　마치 요술이 코끼리도 아니고 말도 아니고 수레도 아니고 보행도 아니며, 남자도 아니고 여인도 아니고 동남도 아니고 동녀도 아니며, 나무도 아니고 잎도 아니고 꽃도 아니고 열매도 아니며, 지대地大도 아니고 수대도 아니고 화대도 아니고 풍대도 아니며, 낮도 아니고 밤도 아니고 해도 아니고 달도 아니며, 반달도 아니고 한 달도 아니고 일 년도 아니고 백 년도 아니며, 한 겁도 아니고 여러 겁도 아니며, 선정도 아니고 산란도 아니고, 순일함도 아니고 섞임도 아니며, 하나도 아니고 다른 것도 아니고, 넓은 것도 아니고 좁은 것도 아니며, 많은 것도 아니고 적은 것도 아니며 한량 있는 것도 아니고 한량없는 것도 아니며, 굵은 것도 아니고 가는 것도 아니며, 모든 여러 가지 물건이 아닌 것과 같으니라.

　가지가지가 요술이 아니고 요술도 가지가지가 아니지마는, 그래도 요술로 인하여 가지가지 차별한 것을 나타내느니라. 보살마하살도 그와 같아서 일체 세간이 요술과 같음을 관찰하나니, 업의 세간과 번뇌의 세간과 국토의 세간과 법의 세간과 때의 세간과 길〔趣〕의 세간과 이룩하는 세간과 무너지는 세간과 운동하는 세간과 만드는〔造作〕 세간 들이니라.

　보살마하살은 일체 세간이 요술과 같음을 관찰할 때에 중생의 남을 보지 않고 중생의 사라짐을 보지 않으며, 국토의 생김을 보지 않고 국토의 사라짐을 보지 않으며, 모든 법이 남을 보지 않고 모든 법이 사라짐을 보지 않으며, 과거가 분별할 수 있음을 보지 않고 미래가 일어남을 보지 않고 현재가 한 생각에 머물렀음을 보지 않으며, 보리를 관찰하지 않고 보리를 분별하지 않으며, 부처님께서 나심을 보지 않고 부처님께서 열반하심을 보지 않으며, 큰 서원에 머무름을 보지 않고 바른 지위에 들어감을 보지 아니하여 평등한 성품에서 벗어나지 않느니라.

　이 보살이 비록 부처님 국토를 성취하나 국토가 차별없음을 알며 중생 세계를 성취하나 중생이 차별 없음을 알며, 비록 법계를 두루 관찰하나 법의 성품에 머물러서 고요하고 동하지 않으며, 비록 삼세가 평등함을 통달하나 삼세의 법을 분별하는 데 어기지 않으며, 비록 온蘊과 처處를 성취하나 의지할 데를 아주 끊었으며, 비록 중생을 제도하나 법계가 평등하여 갖가지 차별이 없음을 알며, 일체 법이 문자를 여의어서 말할 수 없음을 알면서도 항상 법을 말하여 변재가 끊어지지 않으며, 중생 교화하는 일에 집착하지 않으나 자비를 버리지 않고 중생을 제도하기 위하여 법 바퀴를 굴리며, 과거의 인연을 열어 보이지마는 인연의 성품은 흔들리지 않음을 아나니, 이것이 보살마하살의 넷째 요술 같은 인이니라.

　불자들이여, 어떤 것을 보살마하살의 아지랑이 같은 인[如焰忍]이라 하는가. 불자들이여, 이 보살마하살은 일체 세간이 아지랑이와 같음을 아나니, 마치 아지랑이가 있는 데가 없어 안도 아니고 바깥도 아니며, 있는 것도 아니고 없는 것도 아니며, 끊어짐도 아니고 항상함도 아니며, 한 빛도 아니고 갖가지 빛도 아니고 빛이 없는 것도 아니니, 오직 세간의 말을 따라서 나타내어 보이는 것과 같으니라.

　보살도 이와 같아서 실상과 같이 관하여 모든 법을 알고 현재에 모든 것을 증득하여 원만케 하나니, 이것이 보살마하살의 다섯째 아지랑이 같은 인이니라.

　불자들이여, 어떤 것을 보살마하살의 꿈 같은 인[如夢忍]이라 하는가. 불자들이여, 이 보살마하살은 일체 세간이 꿈과 같음을 아나니, 마치 꿈은 세간도 아니고 세간을 여읨도 아니며, 욕심 세계도 아니고 형상 세계도 아니고 무형 세계도 아니며, 나는 것도 아니고 없어지는 것도 아니며, 물든 것도 아니고 깨끗한 것도 아니지마는 나타내어 보임이 있는 것과 같으니라.

　보살마하살도 이와 같아서 일체 세간이 모두 꿈과 같음을 아나니, 달라짐이 없는 까닭이며 꿈의 제 성품과 같은 까닭이며 꿈의 집착과 같은 까닭이며 꿈의 성품을 여읜 것과 같은 까닭이며 꿈의 본 성품과 같은 까닭이며 꿈에 나타나는 것과 같은 까닭이며 꿈이 차별이 없음과 같은 까닭이며 꿈이 생각으로 분별함과 같은 까닭이며 꿈을 깨었을 때와 같은 까닭이니, 이것이 보살마하살의 여섯째 꿈 같은 인이니라.

　불자들이여, 어떤 것을 보살마하살의 메아리 같은 인[女響忍]이라 하는가. 불자들이여, 이 보살마하살은 부처님의 설법을 듣고 법의 성품을 관찰하고 배워서 성취하여 저 언덕에 이르며, 일체 음성이 메아리 같아서 오는 일도 없고 가는 일도 없음을 알고 이렇게 나타내느니라.

　불자들이여, 이 보살마하살은 여래의 음성이 안에서 나는 것도 아니고, 밖에서 나는 것도 아니고, 안팎에서 나는 것도 아님을 관찰하느니라. 이 음성이 안도 아니고 밖도 아니고 안팎에서 나는 것도 아님을 알지마는 교묘한 명구를 나타내어 연설하느니라.

　마치 골짜기에서 나는 메아리가 인연으로 생기는 것이나 법의 성품과 어기지 않고 중생들로 하여금 종류를 따라서 각각 이해하고 닦아 배우는 것이며, 또 제석천왕의 부인 아수라의 딸은 이름을 사지(舍支)라 하는데, 한 가지 음성에서 여러 가지 소리를 내지마는, 마음으로 생각하지도 않고 이렇게 내는 것과 같나니, 보살마하살도 그와 같아서 분별이 없는 경지에 들어가면 교묘하게 종류를 따르는 음성을 성취하여 그지없는 세계에서 법 바퀴를 항상 굴리느니라.

　이 보살이 일체 중생을 잘 살펴보고 넓고 긴 혀로 연설하나니, 그 음성이 걸림 없이 시방세계에 두루 퍼져 듣는 이의 자격을 따라 각각 음성을 달리 널리 나타내며, 말하며, 묘한 소리가 평등하여 종류를 따라 이해하되 모두 지혜로써 분명히 아나니, 이것을 보살마하살의 일곱째 메아리 같은 인이라 하느니라.

　불자들이여, 어떤 것을 보살마하살의 그림자 같은 인(如影忍)이라 하는가.

　불자들이여, 이 보살마하살은 세간에 나는 것도 아니고 세간에서 사라지는 것도 아니며, 세간 안에 있는 것도 아니고 세간 밖에 있는 것도 아니며, 세간에 다니는 것도 아니고 세간에 다니지 않는 것도 아니며, 세간과 같지도 않고 세간과 다르지도 않으며, 세간에 가지도 않고 세간에 가지 않음도 아니며, 세간도 아니고 출세간도 아니며, 보살의 행을 닦음도 아니고 진실하지 않음도 아니며, 모든 부처님을 항상 행하면서도 모든 세간 일을 행하며, 세간 무리를 따르지도 않고 법의 흐름에 머물지도 않느니라.

비유하면 해와 달과 남자와 여인과 집과 산과 숲과 강과 샘물들이 기름이나 물이나 몸이나 보배나 거울 등의 청정한 물상에 그림자를 나타내지마는, 그림자가 기름들과 하나도 아니고 다르지도 않으며, 여읨도 아니고 합함도 아니며, 강물에 흘러 건너가지도 않고 못 속에 빠지지도 않으며, 그 속에 나타나면서 물들지 않느니라.

그러나 중생들은 여기에는 이 그림자가 있음을 알고, 저기에는 이 그림자가 없음을 알며, 먼 데 물상과 가까운 데 물상의 그림자가 나타나지마는, 그림자는 멀거나 가깝지 않은 것과 같으니라.

보살마하살도 그와 같아서 내 몸이나 다른 이의 몸이나 모든 것이 다 지혜의 경계임을 알아서 두 가지 해석을 하여 나와 남이 다르다고 하지 않지마는 자기의 국토와 다른 이의 국토에 각각 다르게 일시에 나타나느니라.

마치 씨앗 속에는 뿌리·움·줄기·마디·가지·잎이 없지마는 그런 것을 능히 내듯이, 보살마하살도 그와 같아서 둘이 없는 법[無二法]에서 두 가지 모양을 분별하며 교묘한 방편으로 걸림 없이 통달하나니, 이것을 보살마하살의 여덟째 그림자 같은 인이라 하느니라.

보살마하살이 이 인을 성취하면 비록 시방세계에 가지 않더라도 모든 세계에 나타나되 여기를 떠나지 않고 저기에 이르지도 않나니, 그림자가 두루 나타나듯이 간 데마다 걸림이 없으며, 중생들로 하여금 차별한 몸을 보되 세간의 굳고 진실한 모양과 같게 하지마는 이 차별도 차별이 아니니, 차별과 차별 아닌 것이 장애가 없느니라.

이 보살은 여래의 종성으로부터 나서 몸과 말과 뜻이 청정하여 걸림이 없으므로 능히 그지없는 몸매와 청정한 몸을 얻느니라.

불자들이여, 어떤 것을 보살마하살의 허깨비 같은 인[如化忍]이라 하는가.

불자들이여, 이 보살마하살은 온갖 세간이 모두 허깨비 같음을 아나니, 이른바 일체 중생의 뜻으로 짓는 업이 허깨비니 분별로 생긴 것이며, 모든 괴로움과 즐거움이 뒤바뀐 것이 허깨비니 허망한 고집으로 생긴 것이며, 일체 세간의 진실치 아니한 법이 허깨비니 말로 나타난 것이며, 일체 번뇌로 분별함이 허깨비니 생각으로 생긴 것이니라.

또 청정하게 조복함이 허깨비니 분별 없이 나타나는 것이며, 삼세에 변하지 않음[不轉]이 허깨비니 죽살이 없이 평등한 것이며, 보살의 원력이 허깨비니 엄청나게 수행하는 것이며, 여래의 큰 자비가 허깨비니 방편으로 나타난 것이며, 법 바퀴를 굴리는 방편이 허깨비니 지혜와 두려움 없음과 변재로 말하는 것이니라.

보살이 이와 같이 세간과 출세간이 허깨비인 줄을 아나니, 눈앞에 증명하여 알고 광대하게 알고 그지없이 알고 사실대로 알고 자유롭게 알고 진실하게 아느니라. 허망한 소견으로 흔들 수 없으며 세상을 따라서 행하여도 잘못되지 않느니라.

비유컨대 허깨비는 마음으로 생긴 것도 아니고 마음 법으로 생긴 것도 아니며, 업으로 생긴 것도 아니고 과보를 받지도 않으며, 세간에 나는 것도 아니고 세간에서 사라지는 것도 아니며, 따라갈 수도 없고 끌어 올 수도 없으며, 오래 있는 것도 아니고 잠깐 있는 것도 아니며, 세간에 다니지도 않고 세간을 떠나지도 않으며, 한 곳에 얽매이지도 않고 여러 곳에 붙지도 않으며, 한량 있는 것도 아니고 한량없는 것도 아니며, 싫지도 않고 쉬지도 않고 싫어 쉬지 않는 것도 아니며, 범부도 아니고 성인도 아니며, 물들지도 않고 깨끗하지도 않으며, 나지도 않고 죽지도 않으며, 지혜 있지도 않고 어리석지도 않으며, 보는 것도 아니고 보지 못함도 아니며, 세간에 의지함도 아니고 법계에 들어가지도 않으며, 영리하지도 않고 우둔하지도 않으며, 가지지도 않고 가지지 않음도 아니며, 생사도 아니고 열반도 아니어서 있는 것도 아니고 있지 않는 것도 아니니라.

보살이 이와 같은 교묘한 방편으로 세간에 다니면서 보살의 도를 닦으며 세간법을 분명히 알고 몸을 나누어 변화하여 가지마는 세간에 집착하지도 않고 자기의 몸을 취하지도 않으며, 세간과 몸에 대하여 분별이 없으며, 세간에 머물지도 않고 세간을 떠나지도 않으며, 법에 머물지도 않고 법을 여의지도 않느니라.

본래의 서원이 있으므로 하나의 중생 세계도 버리지 않고 중생 세계를 조복하지 않음도 없으며, 법을 분별하지도 않고 분별하지 않음도 아니며, 법의 성품이 오는 일도 없고 가는 일도 없음을 아나니, 비록 있는 것이 없으나 불법을 만족하며, 법이 허깨비와 같아서 있는 것도 아니고 없는 것도 아님을 아느니라.

불자들이여, 보살마하살은 이와 같이 허깨비 같은 인에 머물렀을 적에 모든 부처님의 보리도菩提道를 만족하여 중생을 이익케 하나니, 이것을 보살마하살의 아홉째 허깨비 같은 인이라 하느니라.

보살마하살이 이 인을 성취하면 모든 하는 일이 모두 허깨비와 같나니, 마치 변화하여 생긴 사람이 일체 부처님 세계에 의지하여 머무름이 없고 일체 세간에 집착함이 없고 일체 불법에 분별을 내지 않으면서도 부처님 보리에 나아가기를 게을리 아니하고 보살의 행을 닦아 뒤바뀜을 여의며 비록 몸이 없으나 온갖 몸을 나타내고 비록 머무는 데가 없으나 여러 국토에 머물며, 비록 빛깔이 없으나 여러 빛깔을 나타내며, 실상의 짬〔實際〕에 집착하지 않으면서도 법의 성품을 밝게 비추어 평등하게 원만하느니라.

불자들이여, 이 보살마하살은 일체 법에 의지함이 없으므로 해탈한 이라 하고, 모든 과실을 다 버렸으므로 조복하는 이라 하고, 움직이지도 않고 옮기지도 않으면서 모든 여래의 대중 속에 두루 들어가므로 신통한 이라 하고, 죽살이 없는 법에 교묘함을 얻었으므로 물러감이 없는 이라 하고, 온갖 힘을 갖추어 수미산과 철위산이 장애하지 못하므로 걸림 없는 이라 하느니라.

불자들이여, 어떤 것을 보살마하살의 허공 같은 인[如空忍]이라 하는가.

불자들이여, 이 보살마하살이 일체 법계가 허공과 같음을 아나니 모양이 없는 까닭이며, 일체 세계가 허공과 같으니 일어남이 없는 까닭이며, 일체 법이 허공과 같으니 둘이 없는 까닭이며, 일체 중생의 행이 허공과 같으니 행할 바가 없는 까닭이며, 일체 부처님이 허공과 같으니 분별이 없는 까닭이며, 일체 부처님의 힘이 허공과 같으니 차별이 없는 까닭이며, 일체 선정이 허공과 같으니 이제二際가 평등한 까닭이며, 일체 법을 말함이 허공과 같으니 말할 수 없는 까닭이며, 일체 부처님 몸이 허공과 같으니 집착도 없고 걸림도 없는 까닭이니라. 보살이 이와 같이 허공과 같은 방편으로 일체 법이 모두 없는 줄을 아느니라.

불자들이여, 보살마하살이 허공과 같은 인의 지혜로 일체 법을 알 때에 허공 같은 몸과 몸으로 짓는 업을 얻으며, 허공 같은 말과 말로 짓는 업을 얻으며, 허공 같은 뜻과 뜻으로 짓는 업을 얻느니라.

마치 허공에 온갖 법이 의지하지마는 나지도 않고 사라지지도 않듯이, 보살마하살도 그와 같아서 온갖 법의 몸이 나지도 않고 사라지지도 않느니라.

허공을 깨뜨릴 수 없듯이, 보살마하살도 그와 같아서 지혜와 힘을 깨뜨릴 수 없느니라. 허공이 일체 세간의 의지가 되면서도 의지할 바가 없듯이, 보살마하살도 그와 같아서 일체 법의 의지가 되면서도 의지할 바가 없느니라. 허공이 나지도 않고 사라지지도 않으나 일체 세간의 나고 없어짐을 유지하듯이, 보살마하살도 그와 같아서 향向함도 없고 얻음도 없으나 향하고 얻음을 보이어 세간의 수행이 청정케 하느니라.

마치 허공이 방위도 없고 모퉁이도 없으나 그지없는 방위와 모퉁이를 나타내듯이, 보살마하살도 그와 같아서 업도 없고 과보도 없으나 가지가지 업과 과보를 나타내느니라. 허공이 다니는 것도 아니고 머무는 것도 아니나 가지가지 위의를 나타내듯이 보살마하살도 그와 같아서 다님도 아니고 머무름도 아니나 온갖 행을 능히 분별하느니라. 허공이 빛도 아니고 빛 아님도 아니나 가지각색 빛을 나타내듯이, 보살마하살도 그와 같아서 세간 빛도 아니고 출세간 빛도 아니나 온갖 빛을 나타내느니라.

마치 허공이 오래지도 않고 가깝지도 않으나 능히 오래 머물러서 모든 물건을 나타내듯이, 보살마하살도 그와 같아서 오래지도 않고 가깝지도 않으나 능히 오래 머물러서 보살의 행할 바 행을 나타내느니라. 허공이 깨끗하지도 않고 더럽지도 않으나 깨끗하고 더러움을 여의지도 않듯이, 보살마하살도 그와 같아서 막힌 것도 아니고 막힘이 없는 것도 아니나 막힘과 없음을 여의지도 않느니라. 허공에는 일체 세간이 그 앞에 나타나는 것이고 일체 세간의 앞에 나타나는 것이 아니듯이, 보살마하살도 그와 같아서 모든 법이 그 앞에 나타나고 모든 법의 앞에 나타나지 않느니라. 허공이 온갖 것에 두루 들어가도 끝이 없듯이, 보살마하살도 그와 같아서 온갖 법에 두루 들어가지마는 보살의 마음은 끝이 없느니라.

무슨 까닭이냐. 보살의 짓는 일이 허공과 같은 까닭이니, 닦아 익힌 것과 깨끗하게 장엄한 것과 성취한 것이 모두 평등하여 한 가지 체성體

性이며 한 가지 맛이며 한 가지 분량分量으로서 허공이 청정하여 온갖 곳에 두루한 것과 같이 이렇게 모든 법을 증명하여 알되 모든 법에 분별이 없느니라.

온갖 부처님의 국토를 깨끗하게 장엄하며, 온갖 의지한 데 없는 몸을 원만하며, 온갖 방위를 알아 미혹하지 아니하며, 온갖 힘을 갖추어 깨뜨릴 수 없으며, 온갖 그지없는 공덕을 만족하며, 온갖 깊고 깊은 법의 처소에 이르렀으며, 온갖 바라밀의 길을 통달하며, 온갖 금강좌에 두루 앉으며, 온갖 종류를 따르는 음성을 내며, 온갖 세간을 위하여 법 바퀴를 굴리면서 한 번도 때를 잃지 아니하나니, 이것을 보살마하살의 열째 허공 같은 인이라 하느니라.

보살마하살이 이 인을 성취하면 오는 일이 없는 몸[無來身]을 얻나니 가는 일이 없는 까닭이며, 남이 없는 몸[無生身]을 얻나니 사라짐이 없는 까닭이며, 동하지 않는 몸을 얻나니 깨뜨릴 수 없는 까닭이며, 실제 아닌 몸[不實身]을 얻나니 허망을 여읜 까닭이며, 한 모양인 몸을 얻나니 모양이 없는 까닭이며, 한량없는 몸을 얻나니 부처님 힘이 한량이 없는 까닭이며, 평등한 몸을 얻나니 진여의 모양과 같은 까닭이며, 차별 없는 몸을 얻나니 삼세를 평등하게 보는 까닭이며, 온갖 곳에 이르는 몸을 얻나니 깨끗한 눈으로 평등하게 비추어 장애를 여의는 까닭이며, 탐욕의 짬을 여의는 몸[離欲際身]을 얻나니 일체 법이 모이고 흩어짐이 없음을 아는 까닭이니라.

허공처럼 끝이 없는 몸을 얻나니 복덕광이 그지없어 허공과 같은 까닭이며, 끊임없고 다함 없는 법의 성품이 평등한 변재의 몸을 얻나니 모든 법의 모양이 오직 한 모양이어서 성품이 없음으로 성품을 삼아 허공과 같음을 아는 까닭이며, 한량없고 걸림 없는 음성의 몸을 얻나니 장애 없기 허공과 같은 까닭이며, 모든 교묘함을 구족하여 청정한 보살행의 몸을 얻나니 온갖 곳에서 장애가 없음이 허공과 같은 까닭이며, 온갖 부처님의 법 바다가 차례로 계속하는 몸을 얻나니 끊을 수 없음이 허공과 같은 까닭이니라.

　모든 부처님 세계에 한량없는 부처님 세계를 나타내는 몸을 얻나니 탐욕과 집착을 여의는 것이 허공처럼 그지없는 까닭이며, 온갖 자재한 법을 나타내어 쉬지 않는 몸을 얻나니 허공 바다와 같이 끝이 없는 까닭이며, 온갖 것이 깨뜨릴 수 없는 견고한 세력이 있는 몸을 얻나니 허공처럼 일체 세간을 맡아 지니는 까닭이며, 모든 근의 날카로움이 금강같이 견고하여 깨뜨릴 수 없는 몸을 얻나니 허공과 같이 모든 겁말의 불〔劫火〕이 태우지 못하는 까닭이며, 일체 세간을 유지하는 힘의 몸을 얻나니 지혜의 힘이 허공과 같은 까닭이니라.

　불자들이여, 이것을 보살마하살의 열 가지 인이라 하느니라."

　이 때 보현보살마하살이 그 뜻을 다시 펴려고 게송을 말하였다.

　　세간의 어떤 사람
　　보배광 있음을 알고
　　찾을 수 있다고 해서
　　즐거운 마음을 내네.

　　이러한 큰 지혜 있는 보살
　　참으로 부처님 아들
　　부처님의 깊고도 깊은
　　고요한 이치를 듣나니

　　이 깊은 법 들었을 때

그 마음 편안해지고
놀라지도 무섭지도 않아
두려운 생각 생기지 않고

보살이 보리를 구할 제
이 광대한 음성 듣고
마음이 깨끗하고 견딜 수 있어
조금도 의심 없나니

깊고도 미묘한
이 법문 듣고
온갖 지혜 이루어
삼계의 대도사 될 줄 알며

보살이 이 음성 듣고
그 마음 매우 즐겁고
견고한 뜻을 내어
부처님 법 구하려 하며

보리를 좋아하는 사람들
마음은 점점 조복하고
믿음이 더욱 늘어서
법을 비방치 않으며

이러한 말씀 듣고는

감당할 수 있는 마음
편안히 머물러 동하지 않고
보살의 행을 항상 닦으며

보리를 구하려고
저 길로 향해 나아가
정진하고 물러서지 않으며
좋은 멍에 버리지 않고

보리에 가는 길 찾아
두려운 마음이 없고
법을 들으면 더욱 용맹해
부처님 공양하여 환희케 하네.

큰 복 받는 사람
황금 항아리 얻어
몸을 꾸미는 데 필요한
장엄거리 만들듯

보살도 역시 그러해
깊은 법문 듣고
생각하고 지혜 늘어서
수순하는 법 닦나니

법이 있어도 따라서 알고

법이 없어도 따라서 알며
저 법이 어떠함을 따라서
그렇게 법을 아나니

깨끗한 마음 이루어
분명히 깨닫고 즐거워
인연으로 생긴 법 알고
용맹하게 닦아 익히며

모든 법 평등하게 보고
그 성품 분명히 알며
부처님 법 어기지 않고
온갖 법 두루 깨닫네.

좋아하는 뜻 항상 견고해
부처의 보리 깨끗이 장엄
수미산처럼 동요치 않고
일심으로 바른 깨달음 구해

꾸준히 노력하여
다시 삼매 닦으며
오랜 세월 부지런히 행해
한 번도 물러나지 않았고

보살의 들어간 법은

부처님의 행하시던 곳
이것을 분명히 알아
게으른 마음이 없고

견줄 데 없는 이의 말씀과 같이
평등하게 모든 법 보면
평등한 인因 아닌 것 없어
평등한 지혜 능히 이루리.

부처님의 말씀하신 대로
이 인의 문을 성취하면
법과 같이 분명히 알면서도
법을 분별하지 않으리.

삼십삼천 가운데
있는 하늘 사람들
한 그릇에 밥을 먹지만
먹는 밥 제각기 달라,

제각기 다른 여러 가지 밥
시방에서 오는 것 아니고
그들의 닦은 입으로
저절로 그릇에 담기니

보살들도 그와 같아서

온갖 법 살펴보건대
인과 연으로 생기는 것
나지 않으매 사라짐이 없으며

사라지지 않으매 다함이 없고
다함이 없으매 물들지 않아
세상의 변하는 법에
변함이 없음을 알고

변함이 없으매 처소가 없고
처소가 없으므로 고요하나니
마음이 물들지 않아
중생을 건지려 하네.

부처님 법 오로지 생각해
언제나 산란치 않고
자비와 서원하는 마음
방편으로 세상에 다니며

열 가지 힘 애써 구하여
세상에 있으나 머물지 않고
가는 것 없고 오는 것 없이
방편으로 법을 말하네.

이 인忍이 가장 높아서

모든 법 다함이 없고
참 법계에 들어가지만
실제로는 들어갈 것도 없어

보살들 이 인에 머물면
여러 부처님 두루 뵈오며
같은 때에 수기 받나니
이것을 부처님 직책 받는다고.

삼세 모든 법
고요하고 청정함 알고
중생들을 교화해
좋은 길에 두나니

세간의 갖가지 법
모두 요술과 같아
만일 이렇게 알면
그 마음 동치 않으리.

모든 업 마음에서 생기매
마음이 요술 같다 하지만
이 분별 여읠 수 있으면
여러 길이 없어지나니

마치 요술하는 사람

갖가지 모양 만들어 내어
여럿으로 즐겁게 하지만
필경은 아무것도 없어.

이 세상 그와 같아서
모든 것 요술인 것이니
성품도 없고 나는 것 없지만
가지가지로 빚어내는 것.

중생들을 건지어
요술 같은 법 알게 하지만
중생도 요술과 다를 것 없나니
요술인 줄 알면 중생도 없어

중생이나 국토나
삼세의 모든 법
하나도 남길 것 없이
모두가 요술 같나니

요술을 부려서 남자와 여자
코끼리·말·소와 양들과
집과 못과 샘물과
숲과 동산과 꽃을 만들지만

요술로 된 것들 지각이 없고

있는 데도 없어서
끝까지 고요한 것이나
분별을 따라 나타날 뿐.

보살들도 그와 같아서
모든 세간을 두루 보지만
있고 없는 모든 법
요술 같은 줄 알고

중생과 국토들
모두 업으로 생긴 것
요술과 같아진다면
거기에 집착할 것 없으리.

이러하여 교묘함 얻으면
고요하고 실없는 말 없이
걸림 없는 자리에 머물러
큰 위엄 두루 나투리라.

용맹한 불자들
묘한 법에 따라 들어가
온갖 생각이
세간에 얽매인 줄 관찰하리니

모든 망상 아지랑이 같아서

중생의 뒤바뀐 소견 내게 하나니
보살은 망상인 줄 분명히 알아
모든 뒤바뀐 생각 여의고

중생들 제각기 달라
형상이 한 가지 아니니
모두 다 망상인 줄 알면
하나도 진실한 것 없고

시방의 중생들
허망한 생각에 덮였으니
뒤바뀐 소견 버리면
세간의 망상 사라지리라.

세간이 아지랑이 같아서
생각 때문에 차별 있나니
세상이 망상에 머문 줄 알면
세 가지 뒤바뀜 멀리 여의리.

더운 날 아지랑이를
세상이 물인 줄 알지만
실제로는 물이 아니니
지혜 있는 이는 구하지 않네.

중생도 그와 같아서

세상 갈래 모두 없는 것
아지랑이 같다는 생각을 하여
마음의 경계 걸림이 없네.

모든 생각을 떠나고
실없는 말까지 여의면
생각에 집착한 어리석은 이
모두 해탈 얻으리.

교만한 마음 여의고
세간이란 생각 멸하고
다하고도 다함 없는 데 머물면
이것이 보살의 방편이라네.

보살은 세상의 모든 법
꿈과 같은 줄 알면
처소도 아니고 처소가 없지도 않아
성품이 항상 고요하리니

모든 법 분별이 없이
꿈이 마음과 다르지 않듯
삼세의 모든 세간도
모두 이와 같나니

꿈이란 남도 멸함도 없고

있는 처소도 없어
삼계도 이와 같나니
보는 이 마음이 해탈.

꿈은 세간에 있지도 않고
세간 아닌 데도 있지 않아
이 두 가지 분별치 않으면
꿈 같은 인忍에 들어가리라.

마치 꿈속에서
갖가지 다른 모양 보듯이
세간도 그와 같아서
꿈이나 다를 것 없어

꿈 삼매에 머무른 이
세상이 꿈인 줄 알아
같지도 않고 다르지 않고
하나도 아니고 여럿도 아니니

중생과 모든 세계들
더럽기도 청정하기도
이렇게 모든 것 알면
꿈과 같아서 평등하리라.

보살의 닦는 행이나

여러 가지 서원들
꿈과 같다고 분명히 아니
세간과 다를 것 없네.

세상이 고요한 줄 알지만
세상 법을 헐지도 않아
마치 꿈속에 보는 것
길기도 짧기도 하나니

이것을 꿈과 같은 인
이렇게 세상 법 알면
걸림 없는 지혜 이루어
중생을 널리 건지리.

이러한 행을 닦고
광대한 지혜를 내어
법의 성품을 잘 알면
마음에 집착이 없고

모든 세간에 있는
가지가지 음성들
안도 아니고 바깥도 아니니
모두 메아리 같네.

메아리를 들어도

마음이 분별 없듯이
보살이 음성을 듣는
마음도 그와 같나니

여러 여래를 앙모하고
법문 말하는 음성 들으며
한량없이 경을 말씀하심
들어도 집착이 없어

메아리가 온 데 없듯이
듣는 음성도 그러하지만
능히 법을 분별하여서
법과 어기지 않나니

여러 음성을 잘 알아도
소리에 분별이 없으며
소리가 공한 줄 알고
청정한 음성을 내네.

법은 말에 있지 않음을 알고
말이 없는 데 들어갔으나
그래도 말을 보이어
메아리가 세간에 두루하듯

말하는 것을 분명히 알고

음성의 분한分限을 갖추었건만
소리의 성품 공한 줄 알아
세상 말로써 말하며

세상에 있는 음성이
분별하는 법과 같거니와
그 음성이 두루하여서
중생들을 깨닫게 하며

보살이 이 인을 얻고는
깨끗한 소리로 세상을 교화
삼세의 일 잘 말하지만
세상에 집착이 없네.

세상을 이익하게 하고자
전심하여 보기 구하지만
항상 법의 성품에 들어가
저런 것에 분별이 없고

모든 세간 고요하여
자체의 성품 없는 줄 보지만
중생을 이익하려고
수행하는 뜻 동요치 않아

세간에 머물지도 않고

세간을 떠나지도 않으며
세상에 의지함이 없어
있는 곳 찾을 수 없고

세간 성품을 분명히 알고
성품에 물들지 않으며
세간에 의지하지 않으나
세간을 교화하여 건지고

세간에 있는 모든 법
그 성품 모두 알아서
법은 둘이 없음을 아니
둘도 없고 집착도 없네.

마음은 세간을 떠나지 않고
세간에 머물지도 않으며
세간 밖에서
온갖 지혜를 닦지도 않아

마치 물 속의 그림자
안도 아니고 밖도 아니듯
보살이 보리 구함은
세간이 세간 아님을 알고

세간에 있지도 벗어나지도 않나니

세간으로는 말할 수 없는 탓
안에도 밖에도 있지 아니해
그림자가 세간에 나타나듯.

열째의 인忍으로 살펴보건대
중생과 여러 가지 법
그 성품 모두 고요해
허공과 같아 처소가 없고

허공과 같은 이 지혜 얻으면
여러 가지 집착 아주 여의고
허공처럼 차별이 없어
세상에 걸릴 것 없고

허공 같은 인忍의 힘 이루면
허공처럼 다함이 없어
모든 경계가 허공과 같고
허공이란 분별 짓지도 않아

허공은 비록 성품 없으나
아주 사라진 것도 아니며
가지가지 차별 없나니
지혜의 힘도 그런 것이고

허공은 처음도 없고

중간도 나중도 없어
그 모양 알 수 없나니
보살의 지혜도 그러한 것.

이렇게 법의 성품 살피면
모든 것이 허공과 같아
나지도 않고 멸하지 않으니
보살들이야 짐작하는 것.

허공 같은 법 자기가 알고
중생들에게 말하여 주며
모든 마군을 항복 받나니
이것이 인忍의 방편들.

세간 모양은 차별하지만
모두 공하여 형상이 없고
형상 없는 데 들어만 가면
여러 모양이 평등하리라.

다만 한 가지 방편으로
모든 세간에 들어가나니
삼세의 법을 안다 하지만
모두 허공의 성품과 같아

지혜거나 음성이거나

보살의 몸까지도
성품이 허공과 같아
온갖 것이 모두 고요해.

이와 같은 열 가지 인을
불자들이 닦아 행하면
그 마음 편안하여서
중생 위하여 널리 말하며

이것을 닦아 배우면
엄청난 힘을 이루며
법의 힘과 지혜의 힘으로
보리의 방편 얻게 되나니

이러한 인의 문 통달한다면
걸림 없는 지혜 성취한 후에
모든 무리를 뛰어넘어서
위없는 법 바퀴 운전하리라.

닦아 이룬 바 광대한 행은
그 모양 이루 짐작 못하니
부처님의 지혜로써야
분별하여 알 수 있는 일

나를 버리고 행을 닦아서

깊은 성품에 들어간다면
깨끗한 법에 항상 있어서
이로써 중생에게 보시하리라.

중생들이나 세계의 티끌
그 수효 넉넉히 안다 하여도
보살의 가진 모든 공덕은
한도를 능히 알 수 없나니

보살이 이러한
열 가지 인을 이루었으매
그의 지혜와 행하는 일을
중생으로는 측량 못하네.

대방광불화엄경 제45권

제45권

30. 아승기품 阿僧祇品

그 때 심왕心王보살이 부처님께 여쭈었다.

"세존이시여, 여러 부처님 여래께서는 아승기고, 한량이 없고, 그지 없고, 같을 이 없고, 셀 수 없고, 일컬을 수 없고, 생각할 수 없고, 헤아릴 수 없고, 말할 수 없고, 말할 수 없이 말할 수 없음을 연설하시나이다. 세존이시여, 어떤 것을 아승기라 하오며, 내지 말할 수 없이 말할 수 없다 하시나이까?"

부처님께서 심왕보살에게 말씀하시었다.

"훌륭하고 훌륭하다. 선남자여, 그대가 지금 여러 세간 사람들로 하여금 부처님이 아는 수량의 뜻을 알게 하기 위하여 여래·응공·정변지에게 묻는구나. 선남자여, 자세히 듣고 잘 생각하라. 너에게 말하리라."

심왕보살은 말씀을 기다리고 있었다.

부처님께서 말씀하시었다.

"선남자여, 일백 락차洛叉가 한 구지俱胝요, 구지씩 구지가 한 아유다阿庾多요, 아유다씩 아유다가 한 나유타那由他요, 나유타씩 나유타가 한 빈바라頻婆羅요, 빈바라씩 빈바라가 한 긍갈라矜羯羅요, 긍갈라씩 긍갈라가 한 아가라阿伽羅요, 아가라씩 아가라가 한 최승最勝이요, 최승씩 최승이 한 마바라摩婆羅요, 마바라씩 마바라가 한 아바라阿婆羅요, 아바라씩 아바라가 한 다바라多婆羅요, 다바라씩 다바라가 한 계분界分이요, 계분씩 계분이 한 보마普摩요, 보마씩 보마가 한 녜마禰摩요, 네마씩 네마가 한 아바검阿婆鈐이요, 아바검씩 아바검이 한 미가바彌伽婆요, 미가바씩 미가바가 한 비라가毗攞伽요, 비라가씩 비라가가 한 비가바毗伽婆요, 비가바씩 비가바가 한 승갈라마僧羯邏摩요, 승갈라마씩 승갈라마가 한 비살라毗薩羅요, 비살라씩 비살라가 한 비섬바毗瞻婆요, 비섬바씩 비섬바가 한 비성가毗盛伽요, 비성가씩 비성가가 한 비소타毗素陀요, 비소타씩 비소타가 한 비바하毘婆訶니라.

비바하씩 비바하가 한 비박지毘薄底요, 비박지씩 비박지가 한 비가담毗佉擔이요, 비가담씩 비가담이 한 칭량稱量이요, 칭량씩 칭량이 한 일지一持요, 일지씩 일지가 한 이로異路요, 이로씩 이로가 한 전도顚倒요, 전도씩 전도가 한 삼말야三末耶요, 삼말야씩 삼말야가 한 비도라毗覩羅요, 비도라씩 비도라가 한 해바라奚婆羅요, 해바라씩 해바라가 한 사찰伺察이요, 사찰씩 사찰이 한 주광周廣이요, 주광씩 주광이 한 고출高出이요, 고출씩 고출이 한 최묘最妙요, 최묘씩 최묘가 한 니라바泥羅婆요, 니라바씩 니라바가 한 하리바訶理婆요, 하리바씩 하리바가 한 일동一動이요, 일동씩 일동이 한 하리포訶理蒲요, 하리포씩 하리포가 한 하리삼訶理三이요, 하리삼씩 하리삼이 한 해로가奚魯伽요, 해로가씩 해로가가 한 달라보다達羅步陀요, 달라보다씩 달라보다가 한 하로나訶魯那니라.

하로나씩 하로나가 한 마로다摩魯陀요, 마로다씩 마로다가 한 참모다
懺慕陀요, 참모다씩 참모다가 한 예라다瑿攞陀요, 예라다씩 예라다가 한
마로마摩魯摩요, 마로마씩 마로마가 한 조복調伏이요, 조복씩 조복이 한
이교만離憍慢이요, 이교만씩 이교만이 한 부동不動이요, 부동씩 부동이
한 극량極量이요, 극량씩 극량이 한 아마달라阿麽怛羅요, 아마달라씩 아
마달라가 한 발마달라勃麽怛羅요, 발마달라씩 발마달라가 한 가마달라伽
麽怛羅요, 가마달라씩 가마달라가 한 나마달라那麽怛羅요, 나마달라씩 나
마달라가 한 혜마달라奚麽怛羅요, 혜마달라씩 혜마달라가 한 비마달라鞞
麽怛羅요, 비마달라씩 비마달라가 한 발라마달라鉢羅麽怛羅요, 발라마달
라씩 발라마달라가 한 시바마달라尸婆麽怛羅요, 시바마달라씩 시바마달
라가 한 예라翳羅요, 예라씩 예라가 한 폐라薜羅요, 폐라씩 폐라가 한 체
라諦羅요, 체라씩 체라가 한 게라偈羅요, 게라씩 게라가 한 솔보라窣步羅
요, 솔보라씩 솔보라가 한 니라泥羅요, 니라씩 니라가 한 계라計羅요, 계
라씩 계라가 한 세라細羅요, 세라씩 세라가 한 비라睥羅요, 비라씩 비라
가 한 미라謎羅요, 미라씩 미라가 한 사라다娑攞茶요, 사라다씩 사라다가
한 미로다謎魯陀요, 미로다씩 미로다가 한 계로다契魯陀요, 계로다씩 계
로다가 한 마도라摩覩羅요, 마도라씩 마도라가 한 사무라娑母羅요, 사무
라씩 사무라가 한 아야사阿野娑요, 아야사씩 아야사가 한 가마라迦麽羅
요, 가마라씩 가마라가 한 마가바摩伽婆요, 마가바씩 마가바가 한 아달
라阿怛羅요, 아달라씩 아달라가 한 혜로야醯魯耶요, 혜로야씩 혜로야가
한 폐로바薜魯婆요, 폐로바씩 폐로바가 한 갈라파羯羅波요, 갈라파씩 갈
라파가 한 하바바訶婆婆요, 하바바씩 하바바가 한 비바라毗婆羅요, 비바
라씩 비바라가 한 나바라那婆羅요, 나바라씩 나바라가 한 마라라摩攞羅
요, 마라라씩 마라라가 한 사바라娑婆羅니라.

사바라씩 사바라가 한 미라보迷攞普요, 미라보씩 미라보가 한 자마라

者麽羅요, 자마라씩 자마라가 한 타마라駄麽羅요, 타마라씩 타마라가 한 발라마다鉢攞麽陀요, 발라마다씩 발라마다가 한 비가마毗伽摩요, 비가마씩 비가마가 한 오파발다烏波跋多요, 오파발다씩 오파발다가 한 연설演說이요, 연설씩 연설이 한 다함 없음이요, 다함 없음씩 다함 없음이 한 출생出生이요, 출생씩 출생이 한 나 없음이요, 나 없음씩 나 없음이 한 아반다阿畔多요, 아반다씩 아반다가 한 청련화靑蓮華요, 청련화씩 청련화가 한 발두마鉢頭摩요, 발두마씩 발두마가 한 승기요, 승기씩 승기가 한 취趣요, 취씩 취가 한 지至요, 지씩 지가 한 아승기요, 아승기씩 아승기가 한 아승기 제곱이요, 아승기 제곱씩 아승기 제곱이 한 한량없음이요, 한량없음씩 한량없음이 한 한량없는 제곱이요, 한량없는 제곱씩 한량없는 제곱이 한 그지없음이요, 그지없음씩 그지없음이 한 그지없는 제곱이니라.

그지없는 제곱씩 그지없는 제곱이 한 같을 이 없음이요, 같을 이 없음씩 같을 이 없음이 한 같을 이 없는 제곱이요, 같을 이 없는 제곱씩 같을 이 없는 제곱이 한 셀 수 없음이요, 셀 수 없음씩 셀 수 없음이 한 셀 수 없는 제곱이요, 셀 수 없는 제곱씩 셀 수 없는 제곱이 한 일컬을 수 없음이요, 일컬을 수 없음씩 일컬을 수 없음이 한 일컬을 수 없는 제곱이요, 일컬을 수 없는 제곱씩 일컬을 수 없는 제곱이 한 생각할 수 없음이요, 생각할 수 없음씩 생각할 수 없음이 한 생각할 수 없는 제곱이요, 생각할 수 없는 제곱씩 생각할 수 없는 제곱이 한 헤아릴 수 없음이요, 헤아릴 수 없음씩 헤아릴 수 없음이 한 헤아릴 수 없는 제곱이요, 헤아릴 수 없는 제곱씩 헤아릴 수 없는 제곱이 한 말할 수 없음이요, 말할 수 없음씩 말할 수 없음이 한 말할 수 없는 제곱이요, 말할 수 없는 제곱씩 말할 수 없는 제곱이 한 말할 수 없이 말할 수 없음이요, 이것을 또 말할 수 없이 말할 수 없는 것이 한 말할 수 없이 말할 수 없는 제곱이니라."
 이 때 세존께서 심왕보살에게 게송으로 말씀하셨다.

　　말할 수 없이 말할 수 없는 것이
　　말로 할 수 없는 온갖 곳에 가득 찼으니
　　말할 수 없는 온갖 겁 가운데서
　　말할 수 없이 말해 다할 수 없고

　　말할 수 없는 온갖 부처 세계를
　　모두 다 부수어서 티끌 만들어
　　한 티끌에 있는 세계 말할 수 없어
　　하나처럼 온갖 티끌 다 그러하니

　　이러하게 말 못할 부처 세계를
　　한 생각에 부순 티끌 말할 수 없고
　　생각생각 부순 티끌 역시 그러해
　　말할 수 없는 겁토록 늘 그러하며

　　이런 티끌 속 세계를 말할 수 없고
　　이런 세계 부순 티끌 더욱 그러해
　　말로 할 수 없는 셈법으로써
　　말할 수 없는 겁에 그렇게 세며

　　이러한 티끌로써 겁을 세는데
　　한 티끌에 십만 개의 말 못할 겁씩

그렇게 많은 겁에 칭찬한대도
한 보현의 공덕도 다할 수 없어

가장 작은 한 털 끝이 있을 자리에
말로 못할 보현보살 있는 것같이
온갖 터럭 끝마다 모두 그러해
이와 같이 법계에 가득하니라.

한 터럭 끝에 있는 모든 세계들
그 수효 한량없이 말할 수 없고
온 허공에 가득한 터럭 끝마다
낱낱 곳에 있는 세계 다 그러하며

저 터럭 끝에 있는 모든 세계들
한량없는 종류가 각각 다르니
말할 수 없이 많은 다른 종류와
말할 수 없이 많은 같은 종류며

말할 수 없이 많은 터럭 끝마다
깨끗한 세계들을 말할 수 없고
가지가지 장엄도 말할 수 없고
가지가지 기묘함도 말할 수 없어

저러한 하나하나 터럭 끝마다
말할 수 없는 부처 이름 말하며

하나하나 이름 아래 있는 부처님
모두 말할 수가 없이 말할 수 없고

저러한 부처님의 낱낱 몸 위에
말할 수 없이 많은 털구멍 있고
저러한 하나하나 털구멍 속에
나타내는 여러 몸매 말할 수 없네.

말할 수 없이 많은 털구멍마다
광명을 놓는 것도 말할 수 없고
그러한 하나하나 광명 가운데
나타나는 연꽃도 말할 수 없어

저러한 하나하나 연꽃 속마다
말할 수 없이 많은 잎새가 있고
말할 수 없는 연꽃 잎새 가운데
나타내는 빛깔이 말할 수 없어

말할 수 없이 많은 빛깔 속에서
나타내는 잎새도 말할 수 없고
잎새 속에 광명도 말할 수 없고
광명 속에 빛깔도 말할 수 없네.

말로 할 수 없는 빛깔 속마다
나타내는 낱낱 광명 말할 수 없고

광명 속에 있는 달도 말할 수 없고
달 속에 또 있는 달 말할 수 없어

말할 수 없이 많은 모든 달마다
나타내는 낱낱 광명 말할 수 없고
저러한 하나하나 광명 속에서
해[日]를 다시 나타냄도 말할 수 없네.

말로 할 수 없는 낱낱 해에서
나타내는 낱낱 빛깔 말할 수 없고
저러한 하나하나 빛깔 속마다
광명을 또 나투어 말할 수 없고

저 하나하나 광명 속에서
말로 할 수 없는 사자좌를 나타내나니
하나하나 장엄거리 말할 수 없고
하나하나 광명도 말할 수 없어

광명 속에 묘한 빛깔 말할 수 없고
빛깔 속에 맑은 광명 말할 수 없어
하나하나 깨끗한 저 광명 속에
또 다시 여러 묘한 광명 나투며

이 광명이 다시 여러 광명 나투니
말할 수 없이 말할 수 없고

이와 같은 가지가지 광명 속에서
각각 보배 나타냄이 수미산 같아

하나하나 광명 속에 나투는 보배
말할 수 없이 말할 수 없고
수미산 크기 같은 한 보배에서
여러 세계 나타냄도 말할 수 없네.

수미산이 끝나도록 그 많은 보배
나타내는 세계들로 그와 같거든
한 세계를 부수어 만든 티끌들
한 티끌의 모양을 말할 수 없고

여러 세계 부순 티끌 그 많은 모양
말할 수 없이 말할 수 없고
이러한 가지가지 모든 티끌이
제각기 내는 광명 말할 수 없어

광명 속에 있는 부처 말할 수 없고
부처님이 설한 법문 말할 수 없고
법문 속에 묘한 게송 말할 수 없고
게송 듣고 생긴 지혜 말할 수 없어

말할 수 없는 지혜 생각 가운데
분명한 참된 이치 말할 수 없고

오는 세상 나타나실 여러 부처님
법문을 연설하심 끝이 없으며

하나하나 부처님 법 말할 수 없고
가지가지 청정함도 말할 수 없고
미묘하게 내는 음성 말할 수 없고
법 바퀴 굴리는 것 말할 수 없어

저러한 하나하나 법 바퀴마다
수다라 연설함도 말할 수 없고
저러한 하나하나 수다라에
분별하는 법문도 말할 수 없고

저러한 하나하나 법문 가운데
모든 법문 또 설함도 말할 수 없고
저러한 하나하나 모든 법 중에
중생을 조복함도 말할 수 없어

혹은 다시 한 터럭 끝만한 데에
말할 수 없는 겁이 항상 있나니
한 터럭 끝과 같이 모두 그러해
그러한 겁의 수효 다 그러니라.

걸림 없는 그 마음 말할 수 없고
변화하신 부처님 말할 수 없고

변화하여 나타난 낱낱 여래가
변화를 또 나타냄 말할 수 없어

저 부처님 법의 힘 말할 수 없고
저 부처님 분신分身도 말할 수 없고
한량없는 장엄을 말할 수 없고
시방세계 나아감도 말할 수 없고

여러 국토 다니는 일 말할 수 없고
중생을 살펴봄도 말할 수 없고
중생을 청정케 함 말할 수 없고
중생을 조복함도 말할 수 없어

여러 가지 장엄도 말할 수 없고
저 여러 신통한 힘 말할 수 없고
여러 가지 자재함도 말할 수 없고
여러 가지 신통 변화 말할 수 없어

갖고 있는 신통을 말할 수 없고
갖고 있는 경계도 말할 수 없고
갖고 있는 가지함도 말할 수 없고
세간에 머무름도 말할 수 없어

청정하온 실상을 말할 수 없고
말씀하신 수다라 말할 수 없고

저러한 하나하나 수다라에
연설하신 법문도 말할 수 없어

저러한 하나하나 법문 가운데
또 말씀한 모든 법 말할 수 없고
저러한 하나하나 모든 법 중에
갖고 있는 결정한 뜻 말할 수 없어

하나하나 결정한 저 뜻 가운데
중생을 조복함도 말할 수 없고
같은 종류 법들을 말할 수 없고
같은 종류 마음을 말할 수 없어

다른 종류 법들을 말할 수 없고
다른 종류 마음을 말할 수 없고
다른 종류 근기를 말할 수 없고
다른 종류 언어를 말할 수 없어

찰나찰나 다니는 여러 곳에서
중생을 조복함도 말할 수 없고
갖고 있는 신통 변화 말할 수 없고
보이어 나타냄도 말할 수 없어

그 가운데 겁과 시간 말할 수 없고
그 가운데 차별도 말 못할 것을

보살이 분별하여 다 말하지만
산수에 능한 이도 분별 못하네.

한 터럭 끝에 있는 작고 큰 세계
물들고 깨끗하고 굵고 잔 세계
말로 할 수 없는 여러 세계를
낱낱이 분명하게 분별하리라.

한 세계를 부수어 만든 티끌들
그 티끌 한량없어 말할 수 없고
이러한 티끌 수의 끝없는 세계
모두 와서 한 털 끝에 모이었으니

말로 할 수 없는 여러 세계가
한 털 끝에 모여도 비좁지 않고
터럭 끝이 커진 것도 아니지마는
저 많은 국토들이 모두 모였고

그 속에 모여 있는 모든 국토도
형상이 여전하여 섞이지 않고
한 국토가 섞이지 않은 것처럼
그 많은 국토들이 다 그러하네.

끝단 데를 모르는 저 허공 안에
털 끝을 가득 세워 채운다 하고

이러한 털 끝마다 있는 국토를
보살이 한 생각에 능히 말하고

한 개의 가느다란 털구멍 속에
말할 수 없는 세계 차례로 드니
털구멍은 여러 세계 능히 받지만
세계는 털구멍에 두루 못하며

들어갈 때 겁의 수효 말할 수 없고
받을 때의 겁의 수효 말할 수 없어
여기서 줄을 지어 머무를 적에
모든 겁을 누구도 말할 수 없네.

이렇게 받아 넣고 머무른 뒤에
갖고 있는 경계를 말할 수 없고
들어갈 때 방편도 말할 수 없고
들어가서 짓는 일도 말할 수 없어

의근意根이 분명함을 말할 수 없고
여러 방위 다님도 말할 수 없고
용맹하게 정진함도 말할 수 없고
자유로운 신통 변화 말할 수 없고

그 가운데 생각함도 말할 수 없고
그 가운데 큰 서원도 말할 수 없고

거기 있는 경계도 말할 수 없고
온갖 것 통달함도 말할 수 없고

몸의 업[身業]이 청정함을 말할 수 없고
말하는 법 청정함을 말할 수 없고
마음의 법 청정함을 말할 수 없고
믿는 이해 청정함을 말할 수 없고

묘한 슬기 청정함도 말할 수 없고
묘한 지혜 청정함도 말할 수 없고
실상을 이해함도 말할 수 없고
의혹을 끊는 일도 말할 수 없고

죽살이 뛰어남도 말할 수 없고
정위正位에 올라감도 말할 수 없고
매우 깊은 삼매도 말할 수 없고
온갖 것 통달함도 말할 수 없고

갖가지 중생들을 말할 수 없고
갖가지 부처 세계 말할 수 없고
중생의 몸 아는 일도 말할 수 없고
그 마음 아는 것도 말할 수 없고

업과 과보 아는 일을 말할 수 없고
그 뜻을 아는 일도 말할 수 없고

그 종류 아는 일도 말할 수 없고
그 종성種性 아는 일도 말할 수 없고

받는 몸 아는 일도 말할 수 없고
태어나는 처소도 말할 수 없고
바로 남을 아는 일도 말할 수 없고
난 뒤를 아는 일도 말할 수 없고

이해함을 아는 일 말할 수 없고
나아갈 데 아는 일 말할 수 없고
그 말을 아는 일도 말할 수 없고
짓는 업 아는 일도 말할 수 없어

보살이 이와 같은 큰 자비로써
저 모든 세간들을 이익케 하며
그 몸 두루 나타냄을 말할 수 없고
모든 세계 들어감을 말할 수 없고

여러 보살 보는 일을 말할 수 없고
지혜를 내는 것도 말할 수 없고
바른 법 묻는 것도 말할 수 없고
불교를 널리 폄도 말할 수 없어

여러 몸 나타냄을 말할 수 없고
여러 국토 나아감도 말할 수 없고

신통을 보이는 일 말할 수 없고
시방에 두루함을 말할 수 없고

곳곳마다 나누는 몸 말할 수 없고
부처님 친근함을 말할 수 없고
공양거리 마련함도 말할 수 없고
가지가지 한량없음 말할 수 없고

깨끗한 여러 보배 말할 수 없고
가장 묘한 연꽃도 말할 수 없고
가장 좋은 향과 화만 말할 수 없고
여래께 공양함을 말할 수 없어

청정한 믿는 마음 말할 수 없고
가장 나은 깨달음도 말할 수 없고
늘어가는 즐거운 뜻 말할 수 없고
부처님께 공경함을 말할 수 없네.

보시를 행하는 일 말할 수 없고
그 마음 지나간 일 말할 수 없고
찾는 대로 보시함을 말할 수 없고
모든 것을 보시함도 말할 수 없고

계행이 청정함을 말할 수 없고
마음이 깨끗함을 말할 수 없고

부처님 찬탄함을 말할 수 없고
바른 법 좋아함을 말할 수 없고

참는 일 성취함을 말할 수 없고
죽살이 없는 지혜 말할 수 없고
고요함을 갖춘 일 말할 수 없고
고요한 데 머무는 일 말할 수 없고

큰 정진 일으킴을 말할 수 없고
그 마음 지나간 일 말할 수 없고
물러나지 않는 마음 말할 수 없고
흔들리지 않는 마음 말할 수 없고

갖가지 선정의 광 말할 수 없고
모든 법 관찰함도 말할 수 없고
고요히 정에 있음 말할 수 없고
모든 선정 통달함을 말할 수 없고

지혜로 통달함을 말할 수 없고
삼매에 자재함을 말할 수 없고
모든 법 잘 아는 것 말할 수 없고
부처님 밝게 봄도 말할 수 없고

한량없는 행 닦음을 말할 수 없고
광대 서원 내는 일도 말할 수 없고

깊고 깊은 경계를 말할 수 없고
청정한 법문들도 말할 수 없고

보살의 법력을 말할 수 없고
보살의 법에 있음 말할 수 없고
저들의 바른 생각 말할 수 없고
저들의 모든 법계 말할 수 없고

방편 지혜 닦는 일 말할 수 없고
깊은 지혜 배우는 일 말할 수 없고
한량없는 지혜를 말할 수 없고
끝까지 이른 지혜 말할 수 없고

저 여러 법의 지혜 말할 수 없고
깨끗한 법 바퀴도 말할 수 없고
저렇게 큰 법 구름을 말할 수 없고
저렇게 큰 법 비도 말할 수 없고

저 모든 신통의 힘 말할 수 없고
저 모든 방편들도 말할 수 없고
고요한 지혜에 듦 말할 수 없고
생각생각 계속함을 말할 수 없고

한량없는 수행의 문 말할 수 없고
생각생각 머무름을 말할 수 없고

부처님의 세계해도 말할 수 없고
거기마다 나아감을 말할 수 없고

세계의 차별함을 말할 수 없고
가지가지 청정함도 말할 수 없고
차별한 장엄들도 말할 수 없고
그지없는 빛깔도 말할 수 없고

가지가지 섞인 것도 말할 수 없고
가지가지 기묘함도 말할 수 없고
청정한 부처 세계 말할 수 없고
물들은 세계들도 말할 수 없고

중생을 잘 알음도 말할 수 없고
그 종성을 아는 것도 말할 수 없고
그 업보業報 아는 것도 말할 수 없고
마음과 행 아는 것도 말할 수 없고

근성을 아는 것도 말할 수 없고
지혜 욕망 아는 것도 말할 수 없고
더럽고 청정함을 말할 수 없고
관찰하고 조복함을 말할 수 없고

변화가 자재함을 말할 수 없고
온갖 몸 나타냄도 말할 수 없고

수행하고 정진함도 말할 수 없고
중생을 제도함도 말할 수 없고

신통 변화 나타냄을 말할 수 없고
큰 광명 놓는 일을 말할 수 없고
가지가지 빛깔을 말할 수 없고
중생을 깨끗게 함 말할 수 없고

하나하나 털구멍을 말할 수 없고
광명 그물 놓는 일을 말할 수 없고
광명에서 내는 빛을 말할 수 없고
부처 세계 비추는 일 말할 수 없고

용맹하여 무섭잖음 말할 수 없고
방편이 공교함도 말할 수 없고
중생을 조복함도 말할 수 없고
생사에서 나게 함도 말할 수 없고

청정한 몸의 업을 말할 수 없고
청정한 말의 업도 말할 수 없고
그지없는 뜻의 업도 말할 수 없고
수승하고 묘한 행을 말할 수 없고

지혜 보배 성취함을 말할 수 없고
법계에 들어감을 말할 수 없고

보살의 총지법 말할 수 없고
공부를 잘하는 일 말할 수 없고

지혜로운 이의 음성 말할 수 없고
음성의 청정함을 말할 수 없고
진실한 바른 생각 말할 수 없고
중생을 깨우침도 말할 수 없고

위의를 갖추는 일 말할 수 없고
청정하게 수행함을 말할 수 없고
두렵잖음 성취함을 말할 수 없고
세간을 조복함을 말할 수 없고

불자의 여러 대중 말할 수 없고
청정하고 훌륭한 행 말할 수 없고
부처님 찬탄함도 말할 수 없고
끝없이 칭찬함을 말할 수 없고

세상의 길잡이됨 말할 수 없고
연설하고 찬탄함을 말할 수 없고
저 모든 보살들을 말할 수 없고
청정한 그 공덕을 말할 수 없고

저 여러 끝단 데를 말할 수 없고
그 가운데 머무는 일 말할 수 없고

머무르는 지혜들도 말할 수 없고
그지없이 머무는 일 말할 수 없고

부처님을 반기는 일 말할 수 없고
지혜가 평등함을 말할 수 없고
여러 법에 잘 들어감 말할 수 없고
여러 법에 걸림 없음 말할 수 없고

삼세가 허공 같음 말할 수 없고
삼세의 지혜들을 말할 수 없고
삼세를 통달함을 말할 수 없고
지혜에 머무는 일 말할 수 없고

훌륭하고 묘한 행을 말할 수 없고
한량없는 큰 서원 말할 수 없고
청정한 큰 서원을 말할 수 없고
보리를 성취함도 말할 수 없고

부처님의 보리를 말할 수 없고
지혜를 내는 일도 말할 수 없고
이치를 분별함도 말할 수 없고
모든 법 아는 일을 말할 수 없고

부처 세계 장엄함을 말할 수 없고
모든 힘 수행함을 말할 수 없고

오랜 세월 수행함을 말할 수 없고
한 생각에 깨달음을 말할 수 없고

부처님의 자재하심 말할 수 없고
바른 법 연설함을 말할 수 없고
가지가지 신통한 힘 말할 수 없고
세간에 나타나심 말할 수 없고

청정한 법 바퀴를 말할 수 없고
용맹하게 굴리는 일 말할 수 없고
갖가지로 연설함을 말할 수 없고
세간을 슬피 여김 말할 수 없네.

말로 할 수 없는 여러 겁 동안
말할 수 없는 공덕 찬탄할 적에
말할 수 없는 겁은 다할지언정
말할 수 없는 덕은 다할 수 없고

말로 할 수 없는 많은 여래의
말로 할 수 없는 여래 혀로써
말로 못할 부처 공덕 찬탄한대도
말할 수 없는 겁에 다할 수 없어

시방에 살고 있는 모든 중생이
한꺼번에 바른 각을 모두 이루고

그 가운데 한 부처가 말할 수 없는
여러 몸을 넉넉히 나타내거든

말할 수 없는 몸의 한 몸에다가
나타내는 머리를 말할 수 없고
말할 수 없는 머리 한 머리에서
말할 수 없는 혀를 나타내나니

말할 수 없는 혀의 이 한 혀에서
나타내는 음성을 말할 수 없고
말할 수 없는 음성 한 음성으로
몇 겁을 지내는지 말할 수 없어

한 부처님 그렇듯이 모든 부처님
한 몸이 그렇듯이 모든 몸이며
한 머리가 그렇듯이 모든 머리와
한 혀가 그렇듯이 모든 혀며

한 음성 그렇듯이 모든 소리로
말할 수 없는 겁에 부처님 찬탄
말할 수 없는 겁은 다한다 해도
부처 공덕 찬탄함은 다할 수 없네.

한 티끌 속에마다 말할 수 없는
연화장 세계들이 모두 다 있고

하나하나 연화장 세계 가운데
계시는 현수賢首여래 말할 수 없고

그렇게 온 법계에 가득하거든
그 가운데 들어 있는 티끌 속마다
이뤄지고 머물고 헐리는 세계
그 수효 한량없어 말할 수 없고

한 티끌 있는 곳이 끝단 데 없어
한량없는 세계가 다 들어오니
시방의 차별함을 말할 수 없고
세계해의 분포分布도 말할 수 없어

하나하나 세계마다 계시는 여래
수명이 몇 겁인지 말할 수 없고
부처님의 행하심도 말할 수 없고
깊고 깊은 묘한 법 말할 수 없어

신통하신 큰 힘을 말할 수 없고
걸림 없는 지혜도 말할 수 없고
털구멍에 드시는 일 말할 수 없고
털구멍의 인연도 말할 수 없고

열 가지 힘 이룸을 말할 수 없고
보리를 깨달음도 말할 수 없고

청정 법계 들어감을 말할 수 없고
깊은 지혜 얻는 일 말할 수 없고

가지가지 수효를 말 못하는데
그와 같은 모든 것 모두 다 알고
가지가지 형체도 말 못하는데
이런 것 통달하지 못함이 없네.

가지가지 삼매 말할 수 없어
여러 겁 지내도록 머물러 있고
말할 수 없는 부처 계신 곳에서
청정하게 닦은 행을 말할 수 없고

말로 못할 걸림 없는 마음을 얻어
시방에 나아감을 말할 수 없고
신통한 힘 나타냄도 말할 수 없고
행하는 일 그지없어 말할 수 없고

모든 세계 가는 일을 말할 수 없고
부처님을 아는 일도 말할 수 없고
용맹하게 정진함도 말할 수 없고
지혜를 통달함도 말할 수 없고

저 법을 행하지도, 않지도 않고
경계에 들어감을 말할 수 없고

말로 할 수 없는 여러 큰 겁에
시방에 다니는 일 말할 수 없고

방편으로 있는 지혜 말할 수 없고
진실하게 있는 지혜 말할 수 없고
신통으로 있는 지혜 말할 수 없고
생각생각 나타냄을 말할 수 없고

말할 수 없는 여러 부처님 법을
낱낱이 아는 일을 말할 수 없어
한꺼번에 보리를 얻기도 하고
여러 때에 증득하여 들기도 하며

털 끝에 부처 세계 말할 수 없고
티끌 속의 세계도 말할 수 없어
이러한 부처 세계 모두 나아가
여러 여래 뵈옵는 일 말할 수 없고

실상을 통달함도 말할 수 없고
부처 종성 들어감도 말할 수 없고
부처님의 국토들 말할 수 없어
모두 다 나아가서 보리 이루네.

국토와 중생들과 여러 부처님
성품과 차별함을 말할 수 없어

이렇게 삼세가 그지없거늘
보살은 온갖 것을 분명히 보네.

31. 여래수량품如來壽量品

그 때 심왕보살마하살이 대중 가운데서 여러 보살에게 말하였다.
"불자들이여, 석가모니께서 계시는 사바세계의 한 겁이 아미타부처님께서 계시는 극락세계에서는 하루 낮 하룻밤이요, 극락세계의 한 겁은 금강견불金剛堅佛이 계시는 가사당袈裟幢 세계의 하루 낮 하룻밤이요, 가사당 세계의 한 겁은 선승광명연화개부불善勝光明蓮華開敷佛이 계시는 불퇴전음성륜不退轉音聲輪 세계의 하루 낮 하룻 밤이요, 불퇴전음성륜 세계의 한 겁은 법당불法幢佛이 계시는 이구離垢 세계의 하루 낮 하룻밤이요, 이구 세계의 한 겁은 사자불이 계시는 선등善燈 세계의 하루 낮 하룻밤이요, 선등 세계의 한 겁은 광명장불光明藏佛이 계시는 묘광명妙光明 세계의 하루 낮 하룻밤이요, 묘광명 세계의 한 겁은 법광명연화개부불法光明蓮華開敷佛이 계시는 난초과難超過 세계의 하루 낮 하룻밤이요, 난초과 세계의 한 겁은 일체신통광명불一切神通光明佛이 계시는 장엄혜莊嚴慧 세계의 하루 낮 하룻밤이요, 장엄혜 세계의 한 겁은 월지불月智佛이 계시는 경광명鏡光明 세계의 하루 낮 하룻밤이니라.

불자들이여, 이렇게 차례차례로 백만 아승기 세계를 지나가서 나중 세계의 한 겁은 현승불賢勝佛이 계시는 승련화勝蓮華 세계의 하루 낮 하룻밤인데, 보현보살과 함께 수행하는 큰 보살들이 그 가운데 가득하였느니라."

32. 제보살주처품諸菩薩住處品

그 때 심왕보살마하살이 대중 가운데서 여러 보살에게 말하였다.

"불자들이여, 동방에 선인산仙人山이 있으니 옛적부터 보살들이 거기 있었으며, 지금은 금강승金剛勝보살이 그의 권속 삼백 보살과 함께 그 가운데 있으면서 법을 연설하느니라.

남방에 승봉산勝峰山이 있으니 옛적부터 보살들이 거기 있었으며, 지금은 법혜法慧보살이 그의 권속 오백 보살과 함께 그 가운데 있으면서 법을 연설하느니라.

서방에 금강염金剛焰산이 있으니 옛적부터 보살들이 거기 있었으며, 지금은 정진무외행精進無畏行보살이 그의 권속 삼백 보살과 함께 그 가운데 있으면서 법을 연설하느니라.

북방에 향적香積산이 있으니 옛적부터 보살들이 거기 있었으며, 지금은 향상香象보살이 그의 권속 삼천 보살과 함께 그 가운데 있으면서 법을 연설하느니라.

동북방에 청량淸凉산이 있으니 옛적부터 보살들이 거기 있었으며, 지금은 문수사리보살이 그의 권속 일만 보살과 함께 그 가운데 있으면서 법을 연설하느니라.

바다 가운데 금강산이 있으니 옛적부터 보살들이 거기 있었으며, 지금은 법기法起보살이 그의 권속 일천 이백 보살과 함께 그 가운데 있으면서 법을 연설하느니라.

동남방에 지제支提산이 있으니 옛적부터 보살들이 거기 있었으며, 지금은 천관天冠보살이 그의 권속 일천 보살과 함께 그 가운데 있으면서 법을 연설하느니라.

서남방에 광명光明산이 있으니 옛적부터 보살들이 거기 있었으며, 지금은 현승賢勝보살이 그의 권속 삼천 보살과 함께 그 가운데 있으면서 법을 연설하느니라.

서북방에 향풍香風산이 있으니 옛적부터 보살들이 거기 있었으며, 지금은 향광香光보살이 그의 권속 오천 보살과 함께 그 가운데 있으면서 법을 연설하느니라.

큰 바다 가운데 한 처소가 있으니 이름이 장엄굴莊嚴窟인데 옛적부터 보살들이 거기 있느니라.

비사리毘舍離 남쪽에 한 처소가 있으니 이름이 선주근善住根인데 옛적부터 보살들이 거기 있었느니라.

마도라摩度羅성에 한 처소가 있으니 이름이 만족굴滿足窟인데 옛적부터 보살들이 그 가운데 있었느니라.

구진나俱珍那성에 한 처소가 있으니 이름이 법좌法座인데 옛적부터 보살들이 거기 있었느니라.

깨끗한 저 언덕〔淸淨彼岸〕성에 한 처소가 있으니 이름이 목진린타目眞隣陀굴인데 옛적부터 보살들이 거기 있었느니라.

마란타摩蘭陀국에 한 처소가 있으니 이름이 무애無礙인데 용왕이 세운 것으로 옛적부터 보살들이 거기 있었느니라.

감보차甘普遮국에 한 처소가 있으니 이름이 인자함을 냄〔出生慈〕인데 옛적부터 보살들이 거기 있었느니라.

진단震旦국에 한 처소가 있으니 이름이 나라연那羅延굴인데 옛적부터 보살들이 거기 있었느니라.

소륵疏勒국에 한 처소가 있으니 이름이 우두牛頭산인데 옛적부터 보살들이 거기 있었느니라.

가섭미라迦葉彌羅국에 한 처소가 있으니 이름이 차제次第인데 옛적부터 보살들이 거기 있었느니라.

　증장환희增長歡喜성에 한 처소가 있으니 이름이 존자굴尊者窟인데 옛적부터 보살들이 거기 있었느니라.

　암부리마菴浮梨摩국에 한 처소가 있으니 이름이 억장광명을 봄〔見億藏光明〕인데 옛적부터 보살들이 거기 있었느니라.

　간타라乾陀羅국에 한 처소가 있으니 이름이 점바라笘婆羅굴인데 옛적부터 보살들이 거기 있었느니라."

대방광불화엄경 제46권

제46권

33. 불부사의법품佛不思議法品 ①

그 때 모인 대중 가운데서 여러 보살들이 이렇게 생각하였다.

'부처님들의 국토는 어찌하여 헤아릴 수 없으며, 부처님들의 본래 소원은 어찌하여 헤아릴 수 없으며, 부처님들의 종성은 어찌하여 헤아릴 수 없으며, 부처님들의 나타나심은 어찌하여 헤아릴 수 없으며, 부처님들의 몸은 어찌하여 헤아릴 수 없으며, 부처님들의 음성은 어찌하여 헤아릴 수 없으며, 부처님들의 지혜는 어찌하여 헤아릴 수 없으며, 부처님들의 자유자재하심은 어찌하여 헤아릴 수 없으며, 부처님들의 걸림 없음은 어찌하여 헤아릴 수 없으며, 부처님들의 해탈은 어찌하여 헤아릴 수 없는가?'

그 때 세존께서 보살들의 생각하는 마음을 아시고 곧 신통력으로 가피하여 가지며 지혜로 거두어 잡으며 광명으로 비추며 위엄으로 가득하게 하시어, 청련화장靑蓮華藏보살로 하여금 부처님의 두려움 없는 데 머물게 하며, 부처님의 법계에 들어가서 부처님의 위엄과 공덕을 얻게 하며, 신통이 자유자재케 하며, 부처님의 걸림 없고 광대하게 관찰함을 얻게 하며, 모든 부처님 종성의 차례를 알게 하며, 말할 수 없는 부처님 법의 방편에 머물게 하시었다.

그 때에 청련화보살은 능히 걸림 없는 법계를 통달하고, 장애를 여읜 깊은 행에 편안히 머물고, 보현의 큰 서원을 만족하고, 모든 부처님의 법을 알아 보고, 크게 가엾이 여기는 마음으로 중생을 살펴보고, 청정케 하려 하며, 부지런히 수행하여 게으르지 아니하며, 모든 보살들의 법을 받아 행하며, 잠깐 동안에 부처의 지혜를 내어 모든 다하지 않는 지혜의 문을 알았으며, 모두 지니는 일과 변재를 다 구족하고, 부처님의 신통한 힘을 받들어 연화장蓮華藏보살에게 말하였다.

"불자여, 부처님 세존께서는 한량없는 머무름이 있으니, 항상 큰 자비에 머무시며, 가지가지 몸에 머물러 부처의 일을 지으며, 평등한 뜻에 머물러 청정한 법 바퀴를 굴리며, 네 가지 변재에 머물러 한량없는 법을 말씀하며, 헤아릴 수 없는 모든 부처님 법에 머무시며, 청정한 음성에 머물러 한량없는 국토에 두루하며, 말할 수 없는 깊은 법계에 머무시며, 가장 수승한 모든 신통을 나타내는 데 머무시며, 장애가 없는 최고의 법〔究竟之法〕을 열어 보이는 데 머무시는 것입니다.

불자여, 부처님 세존께서는 열 가지 법이 있어 한량없고 그지없는 법계에 두루하였으니, 무엇이 열인가. 모든 부처님은 그지없이 청정한 몸이 있어 여러 길〔趣〕에 들어가되 물들지 아니하며, 모든 부처님은 그지없이 막힘이 없는 눈이 있어 온갖 법을 모두 분명하게 보며, 모든 부처님은 그지없고 막힘이 없는 귀가 있어 온갖 음성을 모두 알며, 모든 부처님은 그지없는 코가 있어 부처님의 자유자재한 저 언덕에 이르며, 모든 부처님은 넓고 긴 혀가 있어 묘한 음성을 내어 법계에 두루하며, 모든 부처님이 그지없는 몸이 있어 중생들의 마음을 따라서 다 볼 수 있게 합니다.

 모든 부처님은 그지없는 뜻이 있어 걸림 없이 평등한 법신에 머물며, 모든 부처님은 그지없고 걸림 없는 해탈이 있어 다함이 없는 큰 신통의 힘을 나타내며, 모든 부처님은 그지없이 청정한 세계가 있어 중생의 좋아함을 따라서 여러 가지 세계를 나타내며 한량없는 가지가지 장엄을 구족하지마는 그 가운데 물들지 아니하며, 모든 부처님이 그지없는 보살의 행과 원이 있어 원만한 지혜를 얻고 자유자재하게 유희하여 온갖 부처님의 법을 다 통달합니다. 불자여, 이것이 여래·응공·정등각正等覺의 법계에 두루 가득하는 그지없는 열 가지 부처님의 법입니다.

 불자여, 부처님 세존께서는 열 가지 잠깐잠깐 동안에 태어나는 지혜가 있으니, 무엇이 열인가. 이른바 모든 부처님이 잠깐 동안에 한량없는 세계에서 하늘로부터 내려옴을 나타내며, 모든 부처님이 잠깐 동안에 한량없는 세계에서 보살의 태어남을 나타내며, 모든 부처님이 잠깐 동안에 한량없는 세계에서 출가하여 도를 배우는 일을 나타내며, 모든 부처님이 잠깐 동안에 한량없는 세계의 보리수 아래서 등정각等正覺을 이루는 일을 나타내며, 모든 부처님이 잠깐 동안에 한량없는 세계에서 묘한 법 바퀴를 굴림을 나타내는 것입니다.

 모든 부처님께 공양함을 나타내며, 모든 부처님이 잠깐 동안에 한량없는 세계에서 말할 수 없는 가지가지 몸을 나타내며, 모든 부처님이 잠깐 동안에 한량없는 세계의 가지가지 장엄으로 여래의 자재하신 온갖 지혜의 장을 수없이 장엄함을 나타내며, 모든 부처님이 잠깐 동안에 한량없는 세계의 한량없고 수없이 청정한 중생을 나타내며, 모든 부처님이 잠깐 동안에 한량없는 세계에 있는 삼세의 부처님들이 가지가지 근성과 가지가지 정진과 가지가지 행과 지혜로 삼세에서 등정각을 이루는 일을 나타내나니, 이것이 열입니다.

　불자여, 부처님 세존께서는 열 가지 때를 놓치지 아니함이 있으니, 무엇이 열인가. 모든 부처님이 등정각을 이루는 데 때를 놓치지 아니하며, 모든 부처님이 인연 있는 이를 성숙케 하는 데 때를 놓치지 아니하며, 모든 부처님이 보살에게 수기授記하는 데 때를 놓치지 아니하며, 모든 부처님이 중생의 마음을 따라 신통한 힘을 보이는 데 때를 놓치지 아니하며, 모든 부처님이 중생의 지혜를 따라 부처의 몸을 나타내는 데 때를 놓치지 아니하며, 모든 부처님이 크게 버림에 머무는 데 때를 놓치지 아니하며, 모든 부처님이 여러 동네에 들어가는 데 때를 놓치지 아니하며, 모든 부처님이 깨끗한 신심을 거두어 주는 데 때를 놓치지 아니하며, 모든 부처님이 악한 중생을 조복하는 데 때를 놓치지 아니하며, 모든 부처님이 헤아릴 수 없는 부처님 신통을 나타내는 데 때를 놓치지 아니하나니, 이것이 열입니다.

　불자여, 부처님 세존께서는 열 가지 견줄 수 없고 헤아릴 수 없는 경계가 있으니, 무엇이 열인가. 이른바 모든 부처님이 한 번 가부하고 앉아(跏趺坐) 시방의 한량없는 세계에 가득함이며, 모든 부처님이 한 구절의 뜻을 말하여, 온갖 부처의 법을 열어 보임이며, 모든 부처님이 한 광명을 놓아 온갖 세계에 두루 비춤이며, 모든 부처님이 한 몸에 여러 몸을 모두 나타냄이며, 모든 부처님이 한 곳에서 온갖 세계를 능히 나타냄이며, 모든 부처님이 한 지혜로 온갖 법을 결정코 알아서 걸림이 없음이며, 모든 부처님이 잠깐 동안에 시방세계에 두루 나아감이며, 모든 부처님이 잠깐 동안에 여래의 한량없는 위엄과 공덕을 나타냄이며, 모든 부처님이 잠깐 동안에 삼세의 부처님과 중생을 반연하되 마음이 어지럽지 아니함이며, 모든 부처님이 잠깐 동안에 과거·미래·현재의 여러 부처님과 체성이 같아서 둘이 없음이니, 이것이 열입니다.

불자여, 부처님 세존께서는 열 가지 지혜를 능히 내시나니, 무엇이 열인가. 모든 부처님께서는 온갖 법이 나아갈 데 없음을 알지마는 회향하는 서원의 지혜를 냅니다. 모든 부처님께서는 온갖 법이 몸이 없음을 알지마는 청정한 몸의 지혜를 냅니다. 모든 부처님께서 온갖 법이 본래 둘이 없음을 알지마는 능히 깨닫는 지혜를 냅니다. 모든 부처님께서는 온갖 법이 나도 없고 중생도 없음을 알지마는 중생을 조복하는 지혜를 냅니다. 모든 부처님께서는 온갖 법이 본래 모양이 없음을 알지마는 모든 모양을 아는 지혜를 냅니다.

모든 부처님께서는 온갖 세계가 이룩하고 헐어짐이 없음을 알지마는 이룩하고 헐어짐을 아는 지혜를 냅니다. 모든 부처님께서는 온갖 법이 조작함이 없음을 알지마는 업과 과보를 아는 지혜를 냅니다. 모든 부처님께서는 온갖 법이 말할 것 없음을 알지마는 말을 아는 지혜를 냅니다. 모든 부처님께서는 온갖 법이 물들고 깨끗함이 없음을 알지마는 물들고 깨끗함을 아는 지혜를 냅니다.

모든 부처님께서는 온갖 법이 나고 없어짐이 없음을 알지마는 나고 없어짐을 아는 지혜를 내나니, 이것이 열입니다.

불자여, 부처님 세존께서는 열 가지 두루 들어가는 법이 있으니, 무엇이 열인가. 모든 부처님은 깨끗하고 묘한 몸이 있어 삼세에 두루 들어갑니다. 모든 부처님은 세 가지 자유자재함을 구족하여 중생을 두루 교화합니다. 모든 부처님은 다라니를 모두 구족하여 온갖 불법을 두루 받아 지닙니다. 모든 부처님은 네 가지 변재를 구족하여 온갖 청정한 법 바퀴를 두루 굴립니다. 모든 부처님은 평등한 큰 자비를 구족하여 일체 중생을 항상 버리지 않습니다.

모든 부처님은 깊은 선정을 구족하여 일체 중생을 항상 두루 관찰합니다. 모든 부처님은 다른 이를 이롭게 하는 선근을 구족하여 쉴 새 없이 중생을 조복합니다.

　모든 부처님은 걸림이 없는 마음을 구족하여 온갖 법계에 두루 머무릅니다. 모든 부처님은 걸림 없는 신통한 힘을 구족하여 잠깐 동안에 삼세 부처님을 두루 나타냅니다. 모든 부처님은 걸림이 없는 지혜를 구족하여 잠깐 동안에 삼세 겁의 수효를 두루 건립하나니, 이것이 열입니다.

　불자여, 부처님 세존께서는 열 가지 믿고 받기 어려운 광대한 법이 있으니, 무엇이 열인가. 이른바 모든 부처님이 온갖 마군들을 모두 깨뜨리어 멸하는 것이고, 모든 부처님이 온갖 외도들을 모두 항복 받는 것이고, 모든 부처님이 온갖 중생을 모두 조복하여 즐겁게 하는 것이고, 모든 부처님이 온갖 세계에 다니면서 여러 중생을 교화하는 것이고, 모든 부처님이 깊고 깊은 법계를 지혜로 증득하는 것이고, 모든 부처님이 둘이 아닌 몸으로써 가지가지 몸을 나타내어 세계에 가득한 것이고, 모든 부처님이 청정한 음성으로 네 가지 변재를 내어 끊임없이 법을 말하거든 듣고 믿는 이가 헛되지 않은 것입니다.

　모든 부처님이 한 털구멍 속에 온갖 세계의 티끌 수 같은 부처님을 나타내되 끊임이 없는 것이고, 모든 부처님이 한 티끌 속에 온갖 세계의 티끌 수 같은 세계를 나타내되 가지각색 매우 묘한 장엄을 갖추었고, 항상 그 가운데서 묘한 법 바퀴를 굴리어 중생을 교화하지마는, 티끌이 커지지도 않고 세계가 작아지지도 않으며, 항상 증득한 지혜로 법계에 편안히 머무는 것이고, 모든 부처님이 청정한 법계를 분명히 통달하고 지혜의 광명으로 세간의 어리석음을 깨뜨리고 부처님 법을 잘 받게 하며 여래를 따라서 십력에 머물게 하나니, 이것이 열입니다.

　불자여, 부처님 세존께서는 열 가지 큰 공덕이 있어 허물 없이 청정하니, 무엇이 열인가. 이른바 모든 부처님은 큰 위엄과 공덕을 구족하여 허물 없이 청정함이며, 모든 부처님은 삼세 여래의 가문에 태어나서 문벌이 훌륭하여 허물 없이 청정함이며, 모든 부처님은 오는 세월이 끝나도록 마음이 머무는 데가 없어 허물 없이 청정함이며, 모든 부처님은 삼세 법에 집착하지 아니하여 허물 없이 청정함이며, 모든 부처님은 가지가지 성품이 모두 한 성품이고 온 데가 없음을 알아서 허물 없이 청정함이며, 모든 부처님은 앞 세상·뒤 세상의 복덕이 다함이 없이 법계와 평등하여 허물 없이 청정함이며, 모든 부처님은 그지없는 몸이 시방세계에 두루하여 있으면서 때를 따라 일체 중생을 조복함이 허물 없이 청정함이며, 모든 부처님은 사무외四無畏를 얻어 여러 공포를 떠났으므로 여럿이 모인 가운데서 큰 사자후로 온갖 법을 분명하게 설명함이 허물 없이 청정함이며, 모든 부처님은 말할 수 없이 말할 수 없는 겁에 열반에 들었으며, 중생들이 이름만 듣고도 한량없는 복을 얻는 일이 지금 부처님은 공덕과 다름이 없는 것이 허물 없이 청정함이며, 모든 부처님은 말할 수 없이 말할 수 없는 세계의 밖에 있으면서도, 어떤 중생이 한결같은 마음으로 생각하면 모두 보게 되는 것이 허물 없이 청정함이니, 이것이 열입니다.

　불자여, 부처님 세존께서는 열 가지 끝까지 청정함이 있으니, 무엇이 열인가. 이른바 모든 부처님의 옛날 큰 서원이 끝까지 청정하며, 모든 부처님의 가지시는 범행이 끝까지 청정하며, 모든 부처님의 세간 번뇌를 여읜 것이 끝까지 청정하며, 모든 부처님의 국토 장엄이 끝까지 청정하며, 모든 부처님의 육신의 상호가 끝까지 청정하며, 모든 부처님의 온갖 지혜의 지혜가 막힘이 없어 끝까지 청정하며, 모든 부처님의 해탈이 자유자재하고 할 일을 이미 마치고 저 언덕에 이른 것이 끝까지 청정하니, 이것이 열입니다.

　불자여, 부처님 세존께서는 온갖 세계와 온갖 시간에 열 가지 부처의 일이 있으니, 무엇이 열인가. 하나는 만일 중생이 전심으로 생각하면 그 앞에 나타남이요, 둘은 중생의 마음이 순조롭지 못하면 그에게 법을 말함이요, 셋은 중생이 깨끗한 믿음을 내면 한량없는 선근을 얻게 함이요, 넷은 중생이 법의 지위에 들어가면 모두 현재에 증명하여 알지 못함이 없음이요, 다섯은 중생을 교화하는 데 고달픔이 없음이요, 여섯은 여러 세계로 다녀도 가고 오는 데 장애가 없음이요, 일곱은 큰 자비로 일체 중생을 버리지 않음이요, 여덟은 변화하는 몸을 나타내어 끊어지지 않음이요, 아홉은 신통이 자재하여 쉬지 않음이요, 열은 법계에 편안히 머물러 두루 관찰함이니, 이것이 열입니다.

불자여, 부처님 세존께서는 열 가지 바다처럼 다하지 않는 지혜 법이 있으니, 무엇이 열인가. 이른바 모든 부처님의 그지없는 법신이 바다처럼 다하지 않는 지혜 법이요, 모든 부처님의 한량없는 부처님 일이 바다처럼 다하지 않는 지혜 법이요, 모든 부처님의 부처 눈 경계〔佛眼境界〕가 바다처럼 다하지 않는 지혜 법이요, 모든 부처님의 한량없고 수없고 생각할 수 없는 선근이 바다처럼 다하지 않는 지혜 법이요, 모든 부처님의 감로같이 묘한 법을 널리 내림이 바다처럼 다하지 않는 지혜 법이요, 모든 부처님의 부처 공덕을 찬탄함이 바다처럼 다하지 않는 지혜 법이요, 모든 부처님의 지난 세상에 닦은 가지가지 원과 행이 바다처럼 다하지 않는 지혜 법이요, 모든 부처님의 오는 세월이 끝나도록 부처 일을 하는 것이 바다처럼 다하지 않는 지혜 법이요, 모든 부처님의 일체 중생의 마음을 아는 것이 바다처럼 다하지 않는 지혜 법이요, 모든 부처님의 복과 지혜로 장엄한 것을 그보다 지나갈 이 없음이 바다처럼 다하지 않는 지혜 법이니, 이것이 열입니다.

불자여, 부처님 세존께서는 열 가지 항상한 법이 있으니, 무엇이 열인가. 이른바 모든 부처님이 온갖 바라밀을 항상 행하고, 모든 부처님이 온갖 법에 항상 의혹을 여의고, 모든 부처님이 크게 가엾이 여김을 항상 갖추고, 모든 부처님이 십력을 항상 지니고, 모든 부처님이 법 바퀴를 항상 굴리고, 모든 부처님이 중생을 위하여 바른 깨달음을 항상 이루고, 모든 부처님이 둘이 아닌 법을 항상 생각하고, 모든 부처님이 중생을 교화하고는 항상 남음이 없는 열반에 드시니, 부처님의 경계가 그지없는 연고며 이것이 열입니다.

불자여, 부처님 세존께서는 열 가지로 한량없는 부처님의 법문을 연설함이 있으니, 무엇이 열인가. 이른바 모든 부처님이 한량없는 중생 세계의 문을 연설하며, 모든 부처님이 한량없는 중생의 행의 문을 연설하며, 모든 부처님이 한량없는 중생의 업과 과보의 문을 연설하며, 모든 부처님이 한량없이 중생을 교화하는 문을 연설하며, 모든 부처님이 한량없는 중생을 깨끗하게 하는 문을 연설하며, 모든 부처님이 한량없는 보살의 행의 문을 연설하며, 모든 부처님이 한량없는 보살의 서원 문을 연설하며, 모든 부처님이 한량없는 온갖 세계가 이루어지고 헐어지는 겁의 문을 연설하며, 모든 부처님이 한량없는 보살이 깊은 마음으로 부처 세계를 청정케 하는 문을 연설하며, 모든 부처님이 한량없는 온갖 세계에 삼세 부처님들이 저 여러 겁 동안에 차례로 나타나는 문을 연설하며, 모든 부처님이 온갖 부처님 지혜의 문을 연설하나니, 이것이 열입니다.

불자여, 부처님 세존께서는 열 가지로 중생을 위하여 불사를 짓는 일이 있으니, 무엇이 열인가. 이른바 모든 부처님이 육신을 나타내어 중생을 위하여 불사를 지으며, 모든 부처님이 묘한 음성을 내어 중생을 위하여 불사를 지으며, 모든 부처님이 받는 것이 없으면서 중생을 위하여 불사를 지으며, 모든 부처님이 지대·수대·화대·풍대로 중생을 위하여 불사를 지으며, 모든 부처님이 자재한 신통력으로 온갖 반연할 경계를 나타내어 중생을 위하여 불사를 지으며, 모든 부처님이 부처 세계를 깨끗이 장엄하여 중생을 위하여 불사를 지으며, 모든 부처님이 적막하게 말이 없이 중생을 위하여 불사를 짓나니, 이것이 열입니다.

불자여, 부처님 세존께서는 열 가지 가장 훌륭한 법이 있으니, 무엇이 열인가. 이른바 모든 부처님의 큰 서원이 견고하여 깨뜨릴 수 없으며, 말한 대로 실행하여 두 말이 없으며, 모든 부처님이 온갖 공덕을 원만케 하기 위하여 오는 세월이 끝나도록 보살의 행을 닦아 게으르지 않으며, 모든 부처님이 한 중생을 조복하기 위하여 말할 수 없이 말할 수 없는 세계로 다니면서 이렇게 일체 중생을 위하고 끊어짐이 없으며, 모든 부처님이 믿는 중생과 헐뜯는 중생에게 큰 자비로 평등하게 보고 다름이 없으며, 모든 부처님이 처음 마음을 낼 때부터 부처를 이룰 때까지 보리심을 퇴타하지 않으며, 모든 부처님이 한량없는 착한 공덕을 쌓아서 온갖 지혜의 성품에 회향하면서 여러 세간에 물들지 않으며, 모든 부처님이 여러 부처님 계신 데서 삼업을 닦으면서 부처님의 행만 행하고 이승二乘의 행은 행하지 않으며, 온갖 지혜의 성품에 회향하여 위없는 정등보리正等菩提를 이루며, 모든 부처님이 큰 광명을 놓는데 그 광명이 평등하게 모든 곳과 모든 부처님 법에 비추어 보살들로 하여금 마음이 청정하여 온갖 지혜를 만족케 하며, 모든 부처님이 세상의 즐거움을 버리고 탐하거나 물들지 아니하며 세간 사람들이 괴로움을 여의고 낙을 얻게 하되 희롱거리 말이 없으며, 모든 부처님께서 중생들이 여러 가지 고통 받는 것을 딱하게 여겨 부처의 종성을 수호하며 부처님의 경계를 행하여 죽살이를 떠나서 십력에 이르게 하나니, 이것이 열입니다.

불자여, 부처님 세존께서는 열 가지 장애 없이 머무름이 있으니, 무엇이 열인가. 이른바 모든 부처님이 온갖 세계에 가서 장애 없이 머무름이며, 모든 부처님이 온갖 세계에 있어 장애 없이 머무름이며, 모든 부처님이 온갖 세계에서 가고 서고 앉고 누우면서 장애 없이 머무름이며, 모든 부처님이 온갖 세계에서 바른 법을 연설하면서 장애 없이 머무름이며, 모든 부처님이 온갖 세계에서 도솔천 궁전에 있으면서 장애 없이 머무름입니다.

모든 부처님이 능히 법계에 온갖 삼세에 들어가 장애 없이 머무름이며, 모든 부처님이 법계의 온갖 도량에 앉아서 장애 없이 머무름이며, 모든 부처님이 찰나찰나마다 일체 중생의 마음을 살펴보고 세 가지 자유자재함으로 교화하고 조복하여 장애 없이 머무름이며, 모든 부처님이 한 몸으로써 한량없고 부사의한 부처님 계신 데와 온갖 곳에 있으면서 중생을 이익하여 장애 없이 머무름이며, 모든 부처님이 한량없는 부처님들이 말씀하신 바른 법을 열어 보이면서 장애 없이 머무름이니, 이것이 열입니다.

불자여, 부처님 세존께서는 가장 훌륭하고 더 없는 장엄이 있으니, 무엇이 열인가. 이른바 모든 부처님이 여러 가지 몸매와 잘생긴 모양을 구족하였으니, 이것이 부처님들의 첫째인 가장 훌륭하고 더 없는 몸의 장엄입니다.

모든 부처님이 예순 가지 음성을 갖추었고, 낱낱 음성마다 오백 가지 부분이 있고, 낱낱 부분마다 한량없는 백천 가지 청정한 음성으로 좋게 장엄하였으므로, 법계의 모든 대중 가운데서 두려움이 없는 큰 사자후로써 여래의 매우 깊은 법과 뜻을 연설하면 듣는 중생들이 모두 즐거워서 그들의 근성과 욕망을 따라서 조복하나니, 이것이 부처님들의 둘째인 가장 훌륭하고 더 없는 말의 장엄입니다.

모든 부처님이 십력과 큰 삼매들과 십팔불공법十八不共法을 구하여 뜻을 장엄하고 다닐 경계를 걸림 없이 통달하며, 모든 부처의 법을 남김

없이 얻어서 법계의 장엄으로 장엄하며, 법계의 중생들이 마음으로 행하는 과거·현재·미래의 각각 차별한 것을 한 생각에 밝게 보나니, 이것이 부처님들의 셋째인 가장 훌륭하고 더 없는 뜻의 장엄입니다.

모든 부처님이 다 무수한 광명을 놓거든 낱낱 광명마다 말할 수 없는 광명 그물로 권속을 삼고 모든 부처님의 국토에 비추어 온갖 세간의 캄캄함을 제하며, 한량없는 부처님이 나타나심을 보이는데 그 몸이 평등하여 모두 청정하며, 부처의 일을 짓는 것도 헛되지 아니하여 중생들로 하여금 물러나지 않는 자리에 이르게 하나니, 이것이 부처님들의 넷째인 가장 훌륭하고 더 없는 광명의 장엄입니다.

모든 부처님이 히죽이 웃으실 적에 입으로 모두 백천억 나유타 아승기 광명을 놓고, 낱낱 광명마다 한량없고 헤아릴 수 없는 가지각색 빛이 있어 시방의 모든 세계에 두루 비추면서, 대중 가운데서 진실한 말씀으로 한량없고 수없고 헤아릴 수 없는 중생에게 아뇩다라삼먁삼보리의 수기를 주시나니, 이것이 부처님들의 다섯째 세상의 어리석음을 여의는 가장 훌륭하고 더없이 히죽이 웃음을 나타내는 장엄입니다.

모든 부처님이 다 법신이 있으니 청정하여 걸림이 없고 온갖 법을 끝까지 통달하여 그지없는 법계에 머물며, 세간에 있어도 세간과 섞이지 아니하고 세간의 참된 성품을 알고 출세간법을 행하며, 말로는 말할 수 없이 온·계·처를 초월하나니, 이것이 부처님들의 여섯째 가장 훌륭하고 더 없는 법신의 장엄입니다.

모든 부처님이 한량없는 항상하고 묘한 광명이 있는데 말할 수 없이 말할 수 없는 가지가지 빛깔로 잘 장엄하였으며, 광명의 광이 되어 한량없이 원만한 광명을 내어 시방에 두루 비추되 막힘이 없나니, 이것이 부처님들의 일곱째 가장 훌륭하고 더 없는 항상하고 묘한 광명의 장엄입니다.

모든 부처님이 그지없이 묘한 빛과 사랑스러운 묘한 빛과 청정한 묘한 빛과 마음대로 나타나는 묘한 빛과 온갖 삼세를 가려 무색케 하는 묘한 빛과 저 언덕에 이르는 더없이 묘한 빛이 있으니, 이것이 부처님들의 여덟째 가장 훌륭하고 더 없는 묘한 빛 장엄입니다.

모든 부처님이 삼세의 부처님 종성에 태어나되 착한 보배를 모은 것이 끝까지 청정하여 여러 가지 허물이 없고 세상의 비방을 떠났으며, 온갖 법 가운데 가장 수승하고 깨끗하여 묘한 행으로 장엄하였으며, 온갖 지혜의 지혜를 구족하고 성취하였고 가문이 훌륭하여 헐뜯을 이가 없나니, 이것이 부처님들의 아홉째 가장 훌륭하고 더 없는 종족의 장엄입니다.

모든 부처님이 크게 인자한 힘으로 몸을 장엄하고 끝까지 청정하여 갈망하는 애정이 없어 몸으로 행함이 아주 쉬었고 마음이 잘 해탈하여 보는 이가 싫어하지 않으며 크게 가엾이 여김으로 모든 세상을 구호하여 제일가는 복밭이므로 더 많이 받을 이가 없으며, 일체 중생을 불쌍히 여기고 이익케 하여 한량없는 복덕과 지혜의 무더기를 증장케 하나니, 이것이 부처님들의 열째 가장 훌륭하고 더 없는 대자대비한 공덕의 장엄이며 이것을 열이라 합니다.

불자여, 부처님 세존께서는 열 가지 자재한 법이 있으니, 무엇이 열인가?

이른바 모든 부처님이 온갖 법에 모두 자유자재하였고 가지가지 구절과 뜻을 분명하게 통달하며 여러 가지 법을 연설하는 데 변재가 걸림이 없나니, 이것이 부처님들의 첫째 자재한 법입니다.

모든 부처님이 중생을 교화하되 시기를 놓치지 않고 그들의 소원을 따라 바른 법으로 말하여 모두 조복하되 새가 끊기지 아니하나니, 이것이 부처님들의 둘째 자재한 법입니다.

모든 부처님이 온 허공에 가득하여 한량없고 수없는 갖가지로 장엄한 세계들을 여섯 가지로 진동케 하는데, 저 세계들을 들어올리고 아래로 내리고 크게 하고 작게 하고 한데 합하고 각각 흩어지게 하되 한 중생도 시끄럽게 하지 않으며, 그 안에 있는 중생들도 느끼지 못하고 알지 못하며 의심도 없고 놀라지도 않나니, 이것이 부처님들의 셋째 자재한 법입니다.

모든 부처님이 신통한 힘으로 온갖 세계를 깨끗하게 장엄하는데, 잠깐 동안에 모든 세계의 장엄을 두루 나타내며, 이 여러 가지 장엄을 한량없는 겁이 다하도록 말하더라도 다할 수 없으며 모두 물들지 아니하고 비길 데 없이 청정하며, 온갖 세계의 장엄한 일이 평등하게 한 세계 안에 들어가게 하나니, 이것이 부처님들의 넷째 자재한 법입니다.

모든 부처님이 교화를 받을 만한 한 중생을 보고는 그를 위하여 말할 수 없이 말할 수 없는 겁 동안에 살아 계시며, 오는 세월이 끝날 때까지 가부하고 앉아서〔結跏趺坐〕몸이나 마음이 게으르지 않으며, 전심으로 생각하여 잊지 아니하고 방편으로 조복하되 때를 놓치지 아니하며, 한 중생을 위함과 같이 일체 중생을 위하여도 그와 같이 하나니, 이것이 부처님들의 다섯째 자재한 법입니다.

모든 부처님이 일체 세계에 있는 온갖 여래의 수행하던 곳에 두루 가서 잠깐도 버리지 아니하며 모든 법계에 시방이 각각 다르고 낱낱 방위마다 한량없는 세계해世界海가 있고 낱낱 세계해에 한량없는 세계종世界種이 있는데 부처님이 신통한 힘으로 잠깐 동안에 모두 이르러 가서 걸림 없고 청정한 법 바퀴를 굴리나니, 이것이 부처님들의 여섯째 자재한 법입니다.

모든 부처님이 일체 중생을 조복하기 위하여 생각생각마다 아뇩다라삼먁삼보리를 이루지마는, 모든 부처의 법을 이미 깨닫지도 않았고 장차 깨닫지도 않으며, 또한 배우는 지위에 있지도 아니하면서 모두 보고 알아서 통달하여 걸림이 없으며, 한량없는 지혜와 한량없는 자유자재로 일체 중생을 교화하고 조복하나니, 이것이 부처님들의 일곱째 자재한 법입니다.

 모든 부처님이 능히 눈으로써 귀로 하는 불사佛事를 짓고, 귀로써 코로 하는 불사를 짓고, 코로써 혀로 하는 불사를 짓고, 혀로써 몸으로 하는 불사를 짓고, 몸으로써 뜻으로 하는 불사를 지으며, 능히 뜻으로써 모든 세계에서 세간과 출세간의 갖가지 경계에 머무르며, 낱낱 경계에서 한량없이 광대한 불사를 짓나니, 이것이 부처님들의 여덟째 자재한 법입니다.

 모든 부처님이 몸에 있는 낱낱 털구멍마다 일체 중생을 넣었으며, 낱낱 중생마다 그 몸이 말할 수 없는 여러 부처님 세계와 동등하지마는 비좁지 아니하며, 낱낱 중생이 한 걸음 한 걸음마다 무수한 세계를 지나가되, 이렇게 수없는 세계를 끝까지 가면서, 모든 부처님이 세상에 태어나고 중생을 교화하고 청정한 법 바퀴를 굴리고 과거·미래·현재의 말할 수 없는 법을 열어 보이는 것을 모두 보며, 온 허공에 있는 모든 중생들이 여러 길에 태어나는 일과 행동하는 위의와 오고 가는 일과 그들이 사용하는 여러 가지 도구를 모두 구족한 것을 보지마는 그 가운데 조금도 장애가 없나니, 이것이 부처님들의 아홉째 자재한 법입니다.

 모든 부처님이 한 생각 동안에 온갖 세계의 티끌 수 같은 부처님을 나타내고, 낱낱 부처님이 일체 법계의 묘한 연꽃 위에 있는 광대하게 장엄한 세계에서, 연화장蓮華藏사자좌에 앉아서 등정각을 이루어 부처님들의 자유자재한 신통의 힘을 나타내었으며, 묘한 연꽃 위에 있는 광대하게 장엄한 세계에서와 같이, 일체 법계에 있는 말할 수 없이 말할 수 없는 갖가지 장엄과 갖가지 경계와 갖가지 형상과 갖가지로 나타냄과 갖가지 겁의 청정한 세계에서도 그러하였고, 한 생각 동안에서와 같이 한량없고 그지없는 아승기겁의 온갖 생각 동안에도 그러하며, 한 생각 동안에 온갖 것을 나타내고, 한 생각 동안에 한량없는 것이 머물지마는, 조그만 방편의 힘도 쓰지 아니하나니, 이것이 부처님들의 열째 자재한 법입니다.

불자여, 부처님 세존께서는 열 가지 한량없고 헤아릴 수 없는 원만한 부처의 법이 있으니, 무엇이 열인가. 모든 부처님의 낱낱 깨끗한 몸매마다 백 가지 복을 갖추었고, 모든 부처님이 온갖 부처의 법을 모두 이루었고, 모든 부처님이 온갖 선근을 모두 이루었고, 모든 부처님이 온갖 공덕을 모두 성취하였고, 모든 부처님이 일체 중생을 모두 교화하고, 모든 부처님이 모두 중생들의 주인이 되고, 모든 부처님이 청정한 세계를 모두 성취하였고, 모든 부처님이 온갖 지혜의 지혜를 모두 이루었고, 모든 부처님이 육신의 잘생긴 몸매를 이루어서 보는 이마다 이익을 얻어 헛되지 아니하고, 모든 부처님이 부처님들의 평등한 바른 법을 갖추었고, 모든 부처님이 부처의 일을 짓고는 열반에 들지 않는 이가 없나니, 이것이 열입니다.

불자여, 부처님 세존께서는 열 가지 교묘한 방편이 있으니, 무엇이 열인가. 모든 부처님이 모든 법이 희롱거리 언론을 여읜 줄을 알지마는, 부처님들의 선근을 열어 보이나니, 이것이 첫째 교묘한 방편입니다.

모든 부처님이 온갖 법을 볼 수도 없고 서로 알지도 못하며, 얽힘도 없고 풀림도 없으며, 받음도 없고 모임도 없으며, 성취하고 자재함도 없어 필경에 저 언덕에 이를 것이 없음을 알지마는, 그래도 모든 법에 대하여 다르지도 않고, 차별하지도 않음을 진실하게 알고 자유자재함을 얻었으며, 나도 없고 받음도 없으면서도 실제를 깨뜨리지도 않으며,

이미 크게 자유자재한 곳에 이르러 항상 일체 법계를 관찰하나니, 이것이 둘째 교묘한 방편입니다.

모든 부처님이 여러 가지 형상을 여의어 마음이 머무는 데 없으나, 능히 다 알아서 어지럽지도 그릇되지도 않으며, 비록 온갖 형상이 제 성품이 없는 줄을 알지마는 그 성품과 같이 다 능히 들어가며, 그러면서도 한량없는 육신과 모든 청정한 국토의 가지가지로 장엄한 다함 없는 모양을 나타내며 지혜의 등불을 모아서 중생의 의혹을 없애나니, 이것이 셋째 교묘한 방편입니다.

모든 부처님이 법계에 머무르고 과거와 미래와 현재에 머무르지 아니하나니, 진여와 같은 성품에는 과거·미래·현재 삼세의 모양이 없는 연고며 그러면서도 삼세의 한량없는 부처님께서 세간에 나타나시는 일을 연설하여 듣는 이로 하여금 모든 부처님의 경계를 널리 보게 하나니, 이것이 넷째 교묘한 방편입니다.

모든 부처님의 몸과 말과 뜻으로 짓는 업이 조작함이 없고 오고 감도 없고, 머무름도 없고, 여러 수효를 떠나서 온갖 법의 저 언덕에 이르지마는, 여러 법의 광이 되고 한량없는 지혜를 갖추며, 세간과 출세간의 여러 가지 법을 분명히 알아 지혜가 걸림이 없으며, 한량없이 자유자재한 신통력을 나타내어 온갖 법계의 중생을 조복하나니, 이것이 다섯째 교묘한 방편입니다.

모든 부처님이 온갖 법은 볼 수도 없고 하나도 아니고 다르지도 않으며 한량 있는 것도 아니고 한량없는 것도 아니며 오는 것도 아니고 가는 것도 아니면서도 세간의 모든 법에 어기지도 아니함을 알며, 온갖 지혜 있는 이가 자기의 성품이 없는 데서 온갖 법을 보고 법에 자재하여 여러 가지 법을 널리 연설하면서도 진여의 참 성품에 항상 머무나니, 이것이 여섯째 교묘한 방편입니다.

모든 부처님이 한 시간에 온갖 시간을 알고 깨끗한 선근을 갖추어 바른 자리〔正位〕에 들어갔으나 집착함이 없으며, 날과 달과 해와 겁이 이룩하고 무너지는 따위의 시간에 머물지도 않고 버리지도 않으면서도, 낮과 밤과 처음·중간·나중과, 하루·이레·반달·한 달·일 년·백 년·한 겁·여러 겁·생각할 수 없는 겁·말할 수 없는 겁이나, 내지 오는 세월이 끝날 때까지 항상 중생을 위하여 묘한 법륜을 운전하되 끊이지도 않고 물러가지도 않아서 쉬지 아니하나니, 이것이 일곱째 교묘한 방편입니다.

모든 부처님이 항상 법계에 머무르지마는, 부처님들의 한량없고 두려움 없음과, 셀 수 없는 변재·요량할 수 없는 변재·다하지 않는 변재·그지없는 변재·함께하지 않는 변재·다하게 할 수 없는 변재·진실한 변재·모든 것을 방편으로 열어 보이는 변재·온갖 법을 말하는 변재를 성취하여, 그의 근성과 욕망을 따라 가지가지 법문으로써 말할 수 없이 말할 수 없는 백천억 나유타 경전을 연설하되, 처음과 중간과 나중을 모두 잘하여 끝까지 이르게 하나니, 이것이 여덟째 교묘한 방편입니다.

모든 부처님이 청정한 법계에 머물러서 온갖 법이 본래부터 이름이 없음을 아나니, 과거의 이름도 없고 현재의 이름도 없고 미래의 이름도 없으며, 중생의 이름도 없고 중생 아닌 이름도 없으며, 국토의 이름도 없고 국토 아닌 이름도 없으며, 법의 이름도 없고 법 아닌 이름도 없으며, 공덕의 이름도 없고 공덕 아닌 이름도 없으며, 보살 이름도 없고 부처님 이름도 없으며, 수효의 이름도 없고 수효 아닌 이름도 없으며, 나는 이름도 없고 사라지는 이름도 없으며, 있는 이름도 없고 없는 이름도 없으며, 한 가지 이름도 없고 여러 가지 이름도 없습니다.

왜냐 하면 모든 법의 성품은 말할 수 없는 연고니 온갖 법이 방향도 없고 처소도 없으며, 모아서 말할 수도 없고 흩어서 말할 수도 없으며, 하나로 말할 수도 없고 여럿으로 말할 수도 없으며, 음성으로 미칠 수 없어 말이 끊어졌으므로, 비록 세속을 따라서 여러 가지로 말하더라도 더위잡을 수 없고 지을 수 없으며, 온갖 허망한 생각과 집착을 여의어서 이렇게 필경에 저 언덕에 이르나니, 이것이 아홉째 교묘한 방편입니다.

모든 부처님이 온갖 법의 근본 성품이 고요함을 아나니, 나는 것이 없으므로 물질이 아니고, 희롱거리 말이 없으므로 느낌이 아니고, 이름이 없으므로 생각이 아니고, 지음이 없으므로 지어감〔行〕이 아니고, 집착이 없으므로 의식이 아니며, 들어갈 데가 없으므로 처소가 아니고, 얻을 것이 없으므로 경계가 아닙니다. 그러나 온갖 법을 파괴하지도 아니하나니 성품이 일어나지 아니하여 허공과 같으므로 모든 법이 다 공하고 고요하여, 업과 과보도 없고 닦아 익힐 것도 없으며, 성취함도 없고 내는 것도 없으며, 수량도 아니고 수량 아님도 아니며, 있음도 아니고 없음도 아니며, 나는 것도 아니고 사라짐도 아니며, 더럽지도 않고 깨끗하지도 않으며, 들어감도 아니고 나옴도 아니며, 머무름도 아니고 머물지 않음도 아니며, 조복함도 아니고 조복하지 않음도 아니며, 중생도 아니고 중생 없음도 아니며, 목숨도 아니고 목숨이 없음도 아니며, 인연도 아니고 인연이 없음도 아니지마는, 그래도 바로 결정한 중생과 잘못 결정한 중생과 결정하지 못한 중생을 분명히 알아서 묘한 법을 말하여 저 언덕에 이르게 하며, 십력과 사무소외를 성취하여 능히 사자후하며, 온갖 지혜를 갖추어 부처님 경계에 머물게 하나니, 이것이 열째 교묘한 방편입니다.

불자여, 이것을 말하여 부처님들의 열 가지 교묘한 방편을 성취함이라 합니다."

대방광불화엄경 제47권

제47권

33. 불부사의법품 ②

"불자여, 여러 부처님 세존께 열 가지 광대한 불사가 있으니, 한량없고 그지없고 헤아릴 수 없어서, 온갖 세간의 하늘과 사람이 모두 알지 못하고, 과거·미래·현재에 있는 일체 성문과 연각들도 알지 못하거니와, 오직 부처님의 위신력은 제외합니다.

무엇이 열인가. 이른바 모든 부처님께서 온 허공과 법계에 가득한 모든 세계의 도솔천에 태어나서 보살의 행을 닦으며 불사를 짓나니, 한량없는 상호·한량없는 위덕·한량없는 광명·한량없는 음성·한량없는 말씀·한량없는 삼매·한량없는 지혜와 행하는 경계로써, 모든 사람·하늘·마왕·범천·사문·바라문·아수라들을 거두어 주는데, 크게 인자함이 걸림 없고 크게 가엾이 여김이 필경에 이르러 일체 중생을 평등하게 이익하되, 혹 천상에 나게 하고 혹 인간에 나게 하며, 혹 감관을 깨끗이 하고 혹 마음을 조복하며, 혹 차별한 삼승三乘을 말하고 혹 원만한 일승─乘을 말하여 두루 제도하여 생사에서 뛰어나게 하나니, 이것이 첫째 광대한 불사입니다.

　불자여, 모든 부처님께서 도솔천에서 내려와서 어머니 태에 들어갈 적에 최고의 삼매〔究竟三昧〕로 태어나는 법을 관찰하되, 허깨비와 같고 변화와 같고 그림자와 같고 허공과 같고 아지랑이와 같이 하고, 좋은 대로 태어남이 한량없고 걸림이 없으며, 다툼이 없는 법에 들어가고 집착이 없는 지혜를 내어 탐욕을 여의고 청정하여 광대하고 미묘한 장엄의 광을 성취하며, 가장 나중 몸〔最後身〕을 받고 큰 보배로 장엄한 누각에 있으면서 불사를 지을 적에, 신통력으로 불사를 짓기도 하고 바른 생각〔正念〕으로 불사를 짓기도 하고 신통을 나투어 불사를 짓기도 하고 지혜해〔智日〕를 나타내어 불사를 짓기도 하고 부처님들의 광대한 경계를 나타내어 불사를 짓기도 하고 부처님들의 한량없는 광명을 나타내어 불사를 짓기도 하고, 수없이 넓고 큰 삼매에 들어 불사를 짓기도 하고 저러한 여러 가지 삼매에서 일어나 불사를 짓기도 합니다.

　불자여, 여래께서 그 때 어머니의 태 안에 있으면서 모든 세간을 이익케 하려고 가지가지로 나투어 불사를 짓나니, 이른바 처음 탄생함을 나투고, 동자를 나투고, 궁전에 있음을 나투고, 출가함을 나투며, 혹은 옳게 두루 깨달음〔等正覺〕을 나투기도 하고, 미묘한 법륜 굴림을 나투기도 하고, 열반에 드심을 나투기도 합니다. 이렇게 가지가지 방편으로써 온갖 방위·온갖 그물〔網〕·온갖 돌음〔旋〕·온갖 종찰〔種〕·온갖 세계 안에서 불사를 짓나니, 이것이 둘째 광대한 불사입니다.

　불자여, 모든 부처님께서는 온갖 착한 업이 이미 청정하였고 온갖 나는 지혜가 이미 분명해졌으나, 나는 법〔生法〕으로 여러 아득한 이들을 인도하여 깨닫게 하며 여러 가지 착한 일을 행하게 하며 중생을 위하여서 왕궁에 탄생함을 보이는 것입니다.

모든 부처님께서는 모든 물질과 욕망과 궁전과 음악을 이미 여의어 탐하거나 물들지 아니하며, 모든 것이 공하여 자체의 성품이 없고 모든 향락의 기구가 진실치 않음을 항상 관찰하며, 부처님의 청정한 계율을 지니어 끝까지 원만하며, 내전(內殿)의 처첩과 시종들을 보고는 크게 어여삐 여기는 마음을 내고, 중생들이 허망하여 진실치 아니함을 보고는 크게 사랑하는 마음을 내고, 모든 세간이 하나도 즐거울 것이 없음을 보고는 크게 기뻐하는 마음을 내고, 온갖 법에 마음이 자재함을 얻고는 크게 버리는 마음을 냅니다.

　부처님의 공덕을 갖추고 일부러 법계에 태어나면 몸매가 원만하고 권속이 청정하지마는 모든 것에 집착함이 없으며, 여러 종류를 따르는 음성으로 대중에게 연설하여 그로 하여금 세상 법에 대하여 싫어하는 마음을 내게 하고, 행하는 대로 과보를 얻게 됨을 보이며, 다시 방편을 써서 근기에 맞추어 교화하되, 성숙하지 못한 이는 성숙케 하고, 이미 성숙한 이는 해탈을 얻게 하며, 그들을 위하여 불사를 지어 퇴전하지 않게 하며, 또 광대한 자비심으로 항상 중생을 위하여 가지가지 법을 말하며, 또 세 가지 자유자재함을 나타내어 그들을 깨닫게 하여 마음이 청정하게 합니다.

　비록 궐내에 있음을 여러 사람이 다 보지마는 모든 세계에서 불사를 지으며, 큰 지혜와 큰 정진으로 여러 부처님의 가지가지 신통 나투기를 걸림 없고 그지없이 하며, 항상 세 가지 교묘한 방편의 업에 머무나니, 이른바 몸의 업은 끝까지 청정하고 말의 업은 지혜를 따라 행하고 뜻으로 하는 업은 깊고 깊어 걸림이 없어서 이런 방편으로 중생을 이익케 하나니, 이것이 셋째 광대한 불사입니다.

　불자여, 모든 부처님께서는 가지가지로 장엄한 궁전에 있으면서도 살펴보고는 싫은 생각을 내어서 버리고 출가하나니, 중생들로 하여금 세상 법이 모두 허망한 것이어서 무상하게 무너지는 것임을 알고 싫은 마음을 내어 물들지 않게 하며, 세간의 탐욕과 사랑과 번뇌를 아주 끊어 버리고 청정한 행을 닦아 중생을 이익케 하고자 함입니다.

출가할 적에는 세속의 위의를 버리고 다툼이 없는 법에 머물러 본래의 서원과 한량없는 공덕을 만족하며, 큰 지혜의 빛으로 세간의 어둠을 소멸하고 세상의 가장 높은 복밭이 되며, 중생을 위하여 항상 부처님의 공덕을 찬탄하여 부처님 계신 데서 선근을 심게 하여 지혜의 눈으로 진실한 이치를 보게 하며, 또 중생에게 출가하는 것이 깨끗하고 허물이 없음을 찬탄하여 영원히 떠나서 세간의 우뚝한 지혜 당기가 되게 하나니, 이것이 넷째 광대한 불사입니다.

불자여, 모든 부처님께서는 온갖 지혜를 갖추어서 한량없는 법을 이미 알고 보았으며, 보리수 아래서 가장 바른 깨달음〔最正覺〕을 이루어 여러 마군을 항복 받고 위엄과 공덕이 특별하며, 그 몸은 일체 세계에 가득하고 신통한 힘으로 하시는 일이 그지없고 다함이 없으며, 온갖 지혜로 행하는 뜻이 모두 자재하며, 모든 공덕을 닦아 이미 원만하였습니다.

그 보리좌菩提座는 장엄을 갖추어 시방의 모든 세계에 가득하였는데, 부처님께서 그 위에 앉아서 묘한 법륜을 굴리면서, 보살들의 행과 원을 말하며, 한량없는 부처님의 경계를 말하며, 여러 보살들로 하여금 깨달음을 얻고 가지가지 청정하고 미묘한 행을 닦게 하며, 또 일체 중생을 지도하여 선근을 심고 여래의 평등한 땅에 나게 하며, 보살의 그지없이 묘한 행에 머물러 일체 공덕의 훌륭한 법을 성취하며, 일체 세계와 일체 중생과 일체 부처님 세계와 일체 법과 일체 보살과 일체 교화와 일체 삼세와 일체 조복과 일체 신통 변화와 일체 중생의 마음으로 좋아하는 것을 모두 잘 알아서 불사를 짓나니, 이것이 다섯째 광대한 불사입니다.

　불자여, 모든 부처님께서는 물러가지 않는 법륜을 굴리니 보살들을 퇴전치 않게 하는 연고며, 한량없는 법륜을 굴리니 모든 세간이 다 알게 하는 연고며, 모든 것을 깨닫게 하는 법륜을 굴리니 두려움 없이 크게 사자후하는 연고며, 온갖 법의 지혜 광〔一切法智藏〕 법륜을 굴리니 법장의 문을 열어 어둡고 막힌 것을 없애는 연고며, 걸림 없는 법륜을 굴리니 허공과 같은 연고며, 집착이 없는 법륜을 굴리니 온갖 법이 있는 것도 없는 것도 아님을 관하는 연고며, 세상을 비추는 법륜을 굴리니 중생들로 하여금 법안을 깨끗하게 하는 연고며, 온갖 지혜를 열어 보이는 법륜을 굴리니 모든 삼세법에 두루하는 연고며, 모든 부처님과 꼭 같은 법륜을 굴리니 모든 부처님의 법이 서로 어기지 않는 연고입니다.
　모든 부처님께서 이렇게 한량없고 수없는 백천억 나유타 법륜으로 중생들의 마음과 행이 차별함을 따라서 불사를 지음이 헤아릴 수 없나니, 이것이 여섯째 광대한 불사입니다.
　불자여, 모든 부처님께서는 모든 왕성에 들어가서 중생들을 위하여 불사를 짓나니, 이른바 인간 왕의 도성, 천왕의 도성, 용왕·야차왕·건달바왕·아수라왕·가루라왕·긴나라왕·마후라가왕·나찰왕·비사사毘舍闍왕들의 모든 도성들입니다. 이런 성문에 들어갈 때에 땅이 진동하고 광명이 두루 비치어 소경이 보게 되고 귀머거리가 듣게 되고 미친 사람이 정신을 차리고 헐벗은 이가 옷을 얻으며, 여러 근심하던 이들이 평안하게 되고 모든 악기가 치지 않아도 저절로 울리며, 모든 장엄거리가 쓰거나 안 쓰거나 모두 아름다운 소리를 내어 듣는 이가 모두 기뻐합니다.
　모든 부처님의 육신이 청정하고 상호가 구족하여 보는 이가 만족한 줄을 모르며 중생들을 위하여 불사를 짓나니, 이른바 돌아보거나 관찰하거나 움직이거나 굽히고 펴거나 가거나 섰거나 앉았거나 누웠거나 잠잠하거나 말하거나 신통을 나투거나 법을 말하거나 가리켜 이르거나 이런 것들이 모두 중생을 위하여 불사를 짓습니다.

모든 부처님께서는 지난 세상에 수없는 모든 세계에 있는 갖가지 중생의 좋아하는 마음 바다에서, 그들을 권하여 염불하고 부지런히 관찰하며 여러 가지 선근을 심어 보살의 행을 닦게 하였으니, 부처님의 몸매는 미묘하고 제일이어서 일체 중생이 만나기 어렵거니와, 만일 보기만 하면 신심을 일으키고 한량없이 착한 법을 내어 부처님의 공덕을 모아 두루 청정하여진다고 찬탄합니다. 이렇게 부처님의 공덕을 찬탄하고는 몸을 나투어 시방세계로 가서 중생들로 하여금 앙모하고 받들며 생각하고 관찰하며, 받자와 섬기고 공양하며, 선근을 심어 부처님을 환희케 하고 부처의 종자를 증장하여 부처를 이루게 하며, 이런 행으로써 불사를 지으며, 혹은 중생을 위하여 육신을 나타내기도 하고 묘한 음성을 내기도 하며, 히죽이 웃기도 하며, 그들로 하여금 믿고 좋아하고 머리를 조아려 예경하고 허리 굽혀 합장하며 드날리고 칭찬하고 문안하여 불사를 짓습니다.

모든 부처님께서는 이렇게 한량없고 수없고 말할 수 없고 헤아릴 수 없는 여러 가지 불사로써 모든 세계에서 중생들의 좋아함을 따르며, 본래의 원력과 자비한 힘과 온갖 지혜와 방편으로 교화하여 조복케 하나니, 이것이 일곱째 광대한 불사입니다.

불자여, 모든 부처님께서는 혹은 아란야에 있어서 불사를 짓고, 혹은 고요한 곳[寂靜處]에 있어서 불사를 짓고, 혹은 비고 한가한 곳[空閑處]에 있어서 불사를 짓고, 혹은 부처님 머무신 데 있어서 불사를 짓고, 혹은 삼매에 들어서 불사를 짓고, 혹은 숲 동산에 혼자 있어서 불사를 짓고, 혹은 몸을 감추고 나타나지 않으면서 불사를 짓고, 혹은 깊은 지혜에 머물러 불사를 짓고, 혹은 부처님들의 견줄 데 없는 경계에 있어서 불사를 짓고, 혹은 볼 수 없는 여러 가지 몸과 행에 머물러서 중생들의 마음의 좋아함과 욕망과 알음알이를 따라서 방편으로 교화하기를 쉬지 아니하여 불사를 짓습니다.

 혹은 하늘의 몸으로 온갖 지혜를 구하면서 불사를 짓고, 혹은 용의 몸·야차의 몸·건달바 몸·아수라 몸·가루라 몸·긴나라 몸·마후라가 몸 등의 사람인 듯 아닌 듯한 몸들로 온갖 지혜를 구하면서 불사를 짓고, 혹은 성문의 몸·독각의 몸·보살의 몸으로 온갖 지혜를 구하면서 불사를 짓기도 합니다.

 어떤 때는 법을 말하고 어떤 때는 고요히 있어 불사를 지으며, 혹은 한 부처님을 말하고 혹은 여러 부처님을 말하여 불사를 지으며, 혹은 여러 보살의 온갖 행과 온갖 원으로 한 행과 한 원을 삼는다 말하여 불사를 지으며, 혹은 보살의 한 행과 한 원으로 한량없는 행과 원을 삼는다 말하여 불사를 지으며, 혹은 부처님 경계가 곧 세간 경계라 말하여 불사를 지으며, 혹은 세간 경계가 곧 부처님 경계라 말하여 불사를 지으며, 혹은 부처님 경계가 옳은 경계가 아니라 말하여 불사를 짓습니다.

 혹 한 날을 머물고, 혹 하룻밤을 머물고 반달을 머물고 한 달을 머물고, 일 년을 머물고, 내지 말할 수 없는 겁을 머물면서 중생을 위하여 불사를 짓나니, 이것이 여덟째 광대한 불사입니다.

 불자여, 모든 부처님은 청정한 선근을 내는 광이라, 중생들로 하여금 부처님 법에 대하여 깨끗한 믿음과 지혜를 내고 모든 감관을 조복하여 영원히 세간을 여의게 하여 보살들로 하여금 보리의 도에 밝은 지혜를 갖추되 남을 인하여 깨달음이 아닙니다.

 혹 열반을 나타내어 불사를 짓고, 혹 세상이 모두 무상함을 나타내어 불사를 짓고, 혹 부처의 몸을 말하여 불사를 짓고, 혹 지을 일을 모두 마치었다 말하여 불사를 짓고, 혹 공덕이 원만하고 모자람이 없다고 말하여 불사를 짓고, 혹 모두 존재〔有〕의 근본을 아주 끊었다 말하여 불사를 지으며, 혹 중생으로 하여금 세간을 싫어하고 부처의 마음을 따르게 하여 불사를 짓고, 혹 목숨이 마침내 다한다 말하여 불사를 짓고, 혹 세간 일은 하나도 즐거울 것이 없다 말하여 불사를 짓고, 혹 오는 세월이 끝나도록 부처님께 공양하라 말하여 불사를 짓습니다.

혹 여러 부처님이 청정한 법륜을 굴린다 말하여 그들이 듣고 크게 환희하게 하여 불사를 짓고, 혹 부처님들의 경계를 말하여 그들로 하여금 마음을 내고 수행케 하여 불사를 짓고, 혹 염불하는 삼매를 말하여 그들로 하여금 항상 부처님을 뵈오려는 마음을 내게 하여 불사를 짓고, 혹 여러 감관이 청정함을 말하여 불도를 부지런히 구하고 게을러 물러가는 마음이 없게 하여 불사를 지으며, 혹 모든 부처님의 국토에 나아가서 여러 경계와 가지가지 인연을 보아 불사를 짓고, 혹 모든 중생의 몸으로 모두 부처의 몸을 만들며 게으르고 방탕한 중생으로 하여금 여래의 청정한 계율에 머물게 하여 불사를 짓나니, 이것이 아홉째 광대한 불사입니다.

불자여, 모든 부처님께서 열반에 드실 적에 한량없는 중생이 슬피 부르짖으며 큰 근심을 내어 서로 쳐다보면서 말하기를 '여래 세존께서 큰 자비로써 일체 세간을 가엾이 여기고 이익케 하여, 여러 중생의 의지가 되고 구호할 이가 되는지라, 여래의 출현하심을 만나기 어렵거늘 위없는 복밭이 이제 영원히 가시도다' 하나니, 이렇게 중생들로 하여금 슬피 울고 앙모하게 하여 불사를 짓습니다.

또 모든 하늘과 인간과 용과 야차·건달바·아수라·가루라·긴나라·마후라가 등 사람인 듯 아닌 듯한 이들을 교화하려고 그들의 욕망을 따라 당신의 몸으로 한량없고 수없고 헤아릴 수 없는 사리를 만들어 중생들의 신심을 일으키게 하며, 공경하고 존중하고 환희하게 공양하여 여러 가지 공덕을 닦아 원만케 합니다.

또 탑을 조성하고 여러 가지로 장엄하여 천궁과 용궁과 야차의 궁전과 건달바·아수라·가루라·긴나라·마후라가 등의 사람인 듯 아닌 듯한 이들의 궁전에서 공양하며, 치아와 손톱과 머리카락으로 탑을 조성하여 보는 이로 하여금 부처님을 염하고 법을 염하고 스님을 염하며 신심을 돌이키지 않고 정성으로 존중하며, 가는 곳마다 보시하고 공양하여 공덕을 닦으며, 이러한 복덕으로 천상에도 나고 인간에도 나서 문벌이 훌륭하고 재산이 풍족하고 권속들이 청정하며, 나쁜 길에 떨어지지 않고 항상 좋은 길에 태어나서 부처님을 뵈옵고 선한 법(白法)을 구족하며, 세 가지 세계(三有)에서 빨리 뛰어나 제각기 소원대로 자기의 과보를 얻으며 여래의 은혜를 알고 은혜를 갚으며, 영원히 세간의 귀의할 데가 됩니다.

불자여, 여러 부처님 세존께서는 열반에 드시더라도 모든 중생의 헤아릴 수 없는 청정한 복밭이 되고 끝없는 공덕의 가장 높은 복밭이 되어 중생들의 선근이 구족하고 복덕이 원만케 하나니, 이것이 열째 광대한 불사입니다.

불자여, 이 여러 가지 불사는 한량없고 광대하고 헤아릴 수 없어서, 온갖 세간의 하늘과 사람과 과거·미래·현재의 성문과 독각들도 알지 못하거니와, 오직 여래의 위신으로 가피한 이는 제외합니다.

불자여, 모든 부처님 세존께서는 열 가지 둘이 없는 행(無二行)에 자유자재한 법이 있으니, 무엇이 열인가. 이른바 모든 부처님은 다 수기(授記)하는 말씀을 잘 하시는 것이 결정하여 둘이 없고, 모든 부처님은 다 중생들의 생각함을 따라 그 뜻을 만족케 함이 결정하여 둘이 없고, 모든 부처님은 다 온갖 법을 분명히 깨닫고 그 뜻을 말씀함이 결정하여 둘이 없고, 모든 부처님은 다 과거·미래·현재에 계신 부처님의 지혜를 구족함이 결정하여 둘이 없고, 모든 부처님은 다 삼세의 온갖 찰나가 곧 한 찰나인 줄 아는 것이 결정하여 둘이 없습니다.

모든 부처님은 다 삼세의 온갖 부처님의 세계가 한 부처님의 세계에 들어감을 아는 것이 결정하여 둘이 없고, 모든 부처님은 다 삼세의 온갖 부처님의 말씀이 곧 한 부처님의 말씀임을 아는 것이 결정하여 둘이 없고, 모든 부처님은 다 삼세의 온갖 부처님이 교화할 일체 중생들과 성품이 평등함을 아는 것이 결정하여 둘이 없고, 모든 부처님은 다 세상 법과 부처님 법이 성품이 차별 없음을 아는 것이 결정하여 둘이 없고, 모든 부처님은 다 삼세 부처님들의 가지신 선근이 다 같은 선근임을 아는 것이 결정하여 둘이 없나니, 이것이 열입니다.

불자여, 모든 부처님 세존은 열 가지 머무름이 있어 온갖 법에 머무나니, 무엇이 열인가. 이른바 모든 부처님은 일체 법계를 깨달음에 머물고, 모든 부처님은 크게 가엾이 여기는 말에 머물고, 모든 부처님은 본래의 큰 서원에 머물고, 모든 부처님은 중생들을 버리지 않고 조복함에 머물고, 모든 부처님은 제 성품이 없는 법에 머물고, 모든 부처님은 평등히 이익케 하는 데 머물고, 모든 부처님은 잊어버림이 없는 법에 머물고, 모든 부처님은 장애가 없는 마음에 머물고, 모든 부처님은 항상 바른 선정의 마음에 머물고, 모든 부처님은 온갖 법에 평등하게 들어가 실제를 어기지 않는 데 머무나니, 이것이 열입니다.

불자여, 모든 부처님 세존은 온갖 법을 알아 다하고 남음이 없는 것이 열 가지가 있으니, 무엇이 열인가. 이른바 과거의 온갖 법을 알아 다하고 남음이 없으며, 미래의 온갖 법을 알아 다하고 남음이 없으며, 현재의 온갖 법을 알아 다하고 남음이 없으며, 온갖 말하는 법을 알아 다하고 남음이 없으며, 온갖 세간의 도리를 알아 다하고 남음이 없으며, 온갖 중생의 마음을 알아 다하고 남음이 없으며, 온갖 보살의 선근이 상품·중품·하품으로 가지가지 나뉜 자리〔分位〕를 알아 다하고 남음이 없으며, 모든 부처님의 원만한 지혜와 선근이 늘지도 않고 줄지도 않음을 알아 다하고 남음이 없으며, 온갖 법이 모두 인연으로 일어난 줄을 알아 다하고 남음이 없으며, 온갖 세계종世界種을 알아 다하고 남음이 없으며, 온갖 법계 가운데 인다라 그물과 같은 차별한 일을 알아 다하고 남음이 없나니, 이것이 열입니다.

불자여, 모든 부처님 세존은 열 가지 힘이 있나니, 광대한 힘과 가장 높은 힘과 한량없는 힘과 큰 위력의 힘과 얻기 어려운 힘과 물러가지 않는 힘과 견고한 힘과 파괴할 수 없는 힘과 모든 세간이 헤아릴 수 없는 힘과 모든 중생이 흔들 수 없는 힘입니다.

모든 부처님 세존은 열 가지 큰 나라연 당기처럼 굳건한 법이 있으니, 무엇이 열인가. 이른바 모든 부처님의 몸은 무너뜨릴 수 없고, 목숨을 끊을 수 없고, 세간의 독약으로 중독시킬 수 없고, 온갖 세계의 수재·화재·풍재가 부처의 몸을 해할 수 없고, 모든 마군·하늘·용·야차·건달바·아수라·가루라·긴나라·마후라가 등의 사람인 듯 사람 아닌 듯한 것들과 비사사毘舍闍·나찰 따위가 그들의 힘을 다하여 수미산 같고 철위산 같은 큰 금강을 삼천대천세계에 한꺼번에 내리더라도 부처님의 마음을 놀라게 할 수 없고, 내지 한 터럭도 건드릴 수 없어서 가거나 서거나 앉거나 누움이 변동되지 않으며, 부처님 계신 곳에서 사방으로 멀거나 가깝거나 내리지 못하게 하면 내릴 수 없고, 설사 막지 아니하여 내리더라도 손상하지 못하며, 어떤 중생이 부처님의 가지를 입었거나 심부름을 하더라도 해할 수 없거든, 하물며 여래의 몸이겠습니까? 이것이 부처님들의 첫째 큰 나라연 당기처럼 굳센 법입니다.

　불자여, 모든 부처님이 온갖 법계의 모든 세계 가운데 있는 수미산·철위산·큰 철위산·큰 바다·산림·궁전·집들을 한 털구멍에 넣고 오는 세월이 다하더라도 여러 중생은 깨닫지 못하고 알지 못하나니, 여래의 신통으로 가피한 이는 제외합니다. 불자여, 이 때 부처님의 한 털구멍에 저러한 모든 세계를 지니고 오는 세월이 다하도록 가고 서고 앉고 눕더라도 잠깐도 고달픈 마음을 내지 않습니다. 불자여, 마치 허공이 온 법계에 가득한 모든 세계를 죄다 지니더라도 고달픔이 없는 것같이, 모든 부처님이 한 털구멍에 여러 세계를 지님도 그와 같나니, 이것이 부처님들의 둘째 큰 나라연 당기처럼 굳센 법입니다.

　불자여, 모든 부처님께서는 잠깐 동안에 말할 수 없이 말할 수 없는 세계의 티끌 수 같은 많은 걸음을 걷고, 한 걸음 한 걸음마다 말할 수 없이 말할 수 없는 세계의 티끌 수 국토를 지나가며, 이렇게 걸어서 일체 세계의 티끌 수 겁을 경과합니다.

　불자여, 가령 큰 금강산이 있는데, 위에 지나온 모든 부처님 세계와 그 수량이 같으며, 이러한 수량의 큰 금강산이 말할 수 없이 말할 수 없는 부처 세계의 티끌 수와 같거든, 부처님께서는 능히 이와 같은 모든 산을 한 털구멍에 넣으며, 부처님 몸의 털구멍이 법계에 있는 온갖 중생의 털구멍 수와 같은데, 낱낱 털구멍에 모두 저러한 큰 금강산을 넣었고, 저러한 산을 지니고 시방으로 다니면서 온 허공의 일체 세계에 들어가서 앞 세월〔前際〕로부터 오는 세월이 다하도록 모든 겁 동안에 쉬지 아니하건마는, 부처님 몸은 손상하지도 않고 고달프지도 않으며, 마음이 항상 선정에 있어 산란함이 없나니, 이것이 부처님들의 셋째 큰 나라연 당기처럼 굳센 법입니다.

　불자여, 모든 부처님께서는 한 번 앉아서 밥 먹고는〔一坐食〕 가부하고 앉아 앞 세상·뒷 세상에 말할 수 없는 겁을 지나면서, 부처님들이 받는 부사의한 낙을 받되, 그 몸이 편안하게 머물러서 고요하게 동요하지 않지마는, 중생 교화하는 일을 버리지 않습니다.

불자여, 가령 어떤 사람이 허공에 두루한 낱낱 세계를 모두 털 끝으로 차례차례 재는데, 부처님들이 한 털 끝만한 곳에서 가부하고 앉아 오는 세월이 다하도록 하며, 한 털 끝만한 곳에서처럼 온갖 털 끝만한 곳에서도 모두 그러합니다.

불자여, 가령 시방의 온갖 세계에 있는 중생들이 낱낱 중생의 몸의 크기가 말할 수 없는 세계의 티끌 수 세계의 분량과 같고 무게도 역시 그러하거든, 부처님들이 저러한 중생들을 한 손가락 끝에 놓고 오는 세상의 모든 겁을 다하며, 온갖 손가락 끝에 모두 그와 같이 저러한 온갖 중생을 놓고 온 허공에 두루한 낱낱 세계에 들어가서 법계가 다하도록 남음이 없이 하되 부처님의 몸과 마음은 조금도 고달프지 않나니, 이것이 부처님들의 넷째 큰 나라연 당기처럼 굳센 법입니다.

불자여, 모든 부처님이 한 몸에서 능히 말할 수 없이 말할 수 없는 부처 세계의 티끌 수 머리를 나타내고, 낱낱 머리에서 말할 수 없이 말할 수 없는 부처 세계의 티끌 수 혀를 나타내고, 낱낱 혀에서 말할 수 없이 말할 수 없는 부처 세계의 티끌 수 차별한 음성을 내거든, 법계의 중생들이 듣지 못하는 이가 없으며, 낱낱 음성이 말할 수 없이 말할 수 없는 부처 세계의 티끌 수 수다라장修多羅藏을 연설하고, 낱낱 수다라장에서 말할 수 없이 말할 수 없는 부처 세계의 티끌 수 법문을 말하고, 낱낱 법마다 말할 수 없이 말할 수 없는 부처 세계의 티끌 수 글자와 구절과 이치가 있습니다.

이와 같이 말할 수 없이 말할 수 없는 부처 세계의 티끌 수 겁이 다하도록 연설하며, 이러한 겁을 다하고는 또 다시 말할 수 없이 말할 수 없는 부처 세계의 티끌 수 겁이 다하도록 연설하며, 이와 같은 차례로, 내지 일체 세계의 티끌 수가 다하고 일체 중생의 생각의 수효가 다하되 오는 세월의 겁은 설사 다한다 하더라도, 여래의 나투신 몸[化身]이 굴리는 법륜은 다함이 없으리니, 이른바 지혜로 연설하는 법륜·모든 미혹을 끊는 법륜·온갖 법을 비추는 법륜·걸림 없는 광을 여는 법륜·한량없는 중생을 환희하여 조복케 하는 법륜·모든 보살의 행을 열어 보이는 법륜·높이 떠오르는 원만한 지혜 해의 법륜·세상을 비추는 지혜의 등을 두루 켜는 법륜·두려움 없는 변재로 가지가지 장엄하는 법륜 들입니다.

한 부처님 몸이 신통한 힘으로 이렇게 차별한 법륜을 굴리는 것을 모든 세간 법으로 비유할 수 없듯이, 온 허공의 한 털 끝만한 곳마다 말할 수 없이 말할 수 없는 부처 세계 티끌 수의 세계가 있고, 낱낱 세계 가운데 잠깐잠깐마다 말할 수 없이 말할 수 없는 부처 세계 티끌 수의 나툰 몸이 있고, 낱낱 나툰 몸에서 이렇게 연설하는 음성과 글자와 구절과 이치가 모두 일체 법계에 가득하여, 그 안에 있는 중생들이 다 분명히 이해하더라도, 부처님의 말씀은 변하지 않고 끊이지 아니하여 다함이 없나니, 이것이 부처님들의 다섯째 큰 나라연 당기처럼 굳센 법입니다.

불자여, 모든 부처님께서는 다 복덕스런 형상으로 가슴을 장엄하심이 마치 금강과 같아서 깨뜨릴 수 없는 이가 보리수 아래서 가부하고 앉으셨으며, 마왕의 군중은 그 수가 그지없는데 가지각색 흉악한 형상이 매우 무서워서 보는 중생이 모두 놀라서 발광하거나 혹은 죽게 되나니 그러한 마군들이 허공에 가득하였거든, 부처님께서 보시고는 공포도 없고 얼굴도 변하지 않으며, 털 끝 하나 곤두서거나 요동하거나 어지럽지도 않고 분별도 없고 기쁘고 노함을 여의시고 고요하고 청정하게 부처님들의 머무는 데 머무시며 자비한 힘을 갖추고 모든 감관이 조복되고 두려운 마음이 조금도 없으시며, 마군중 따위로는 흔들 수 없고, 오히려 온갖 마군을 항복 받아 마음을 돌이키고 머리를 조아려 귀의케 한 뒤에, 세 가지 수레(三輪)로 교화하여 그들로 하여금 아뇩다라삼먁삼보리심을 내고 영원히 물러가지 않게 하나니, 이것이 부처님의 여섯째 큰 나라연 당기처럼 굳센 법입니다.

불자여, 모든 부처님께서는 걸림 없는 음성이 있어 시방세계에 두루 하였으므로 듣는 중생은 저절로 조복되며, 저 여래가 내는 음성은 수미산들도 장애하지 못하고, 천궁·용궁·야차궁과, 건달바·아수라·가루라·긴나라·마후라가 등의 사람인 듯 아닌 듯한 모든 궁전들이 장애하지도 못하고, 온갖 세계의 큰 소리도 능히 장애하지 못하며, 교화를 받을 만한 중생들은 모두 듣고 그 글자와 구절과 이치를 다 알게 되나니, 이것이 부처님들의 일곱째 큰 나라연 당기처럼 굳센 법입니다.

불자여, 모든 부처님께서는 마음은 걸림이 없어 백천억 나유타 말할 수 없이 말할 수 없는 겁 동안에 항상 청정하며, 과거·미래·현재의 모든 부처님이 꼭 같은 성품이어서 흐림도 없고 가리움도 없고 나도 없고 내 것도 없으며, 안도 아니고 밖도 아니고, 경계가 고요함을 알아 허망한 생각을 내지 아니하며, 의지할 데도 없고 지을 것도 없고 모든 상(相)에 머물지도 않고, 아주 분별이 끊어져 성품이 청정하며, 온갖 반연하는 생각을 여의었으며, 온갖 법에 어김이 없으며, 실제에 머물러서 탐욕을 떠나 청정하며, 참 법계에 들어가 연설함이 다함이 없으며, 요량할 수 있고 요량할 수 없는 모든 허망한 생각을 여의었고, 함이 있고 함이 없는 온갖 말이 끊어졌습니다.

말할 수 없고 그지없는 경계를 이미 통달하여 걸림이 없고 다함이 없으며, 지혜와 방편으로 십력을 성취하고, 일체 공덕과 장엄이 청정하여 가지가지 한량없는 법을 연설하되 실상과 어기지 아니하며, 모든 법계의 삼세 법이 모두 평등하여 끝까지 자유자재하며, 온갖 법의 가장 훌륭한 법장에 들어가 모든 법문에 바른 생각이 미혹하지 않으며, 시방의 모든 부처님 세계에 편안히 머물러 동요하지 않고, 간단이 없는 지혜를 얻어 일체 법을 끝까지 알아 남음이 없으며, 모든 번뇌를 다하여 마음이 잘 해탈하고 지혜가 잘 해탈하였으며, 실제에 머물러 걸림 없이 통달하고 마음이 항상 바른 선정〔正定〕에 있어 삼세 법과 일체 중생의 마음과 행동을 한 생각에 통달하여 막힘이 없나니, 이것이 부처님들의 여덟째 큰 나라연 당기처럼 굳센 법입니다.

불자여, 모든 부처님께서는 꼭 같은 법신이니, 경계가 한량없는 몸·공덕이 그지없는 몸·세간에 다함 없는 몸·삼계에 물들지 않는 몸·생각대로 나타내는 몸·진실도 아니고 허망함도 아니어서 평등하고 청정한 몸·옴도 없고 감도 없고 함이 없어 무너지지 않는 몸·한 모양이며 모양이 없어 법의 성품인 몸·곳도 없고 방향도 없어 온갖 것에 두루한 몸·신통 변화가 자유자재하여 그지없는 몸매를 가진 몸·가지가지로 나타나서 일체에 들어가는 몸·묘한 법의 방편인 몸·지혜 광이 널리 비치는 몸·법을 평등하게 나타내는 몸·법계에 두루한 몸·동함도 없고 분별도 없고 있지도 않고 없지도 않아 항상 청정한 몸·방편도 아니고 방편 아님도 아니며 열반도 아니고 열반 아님도 아니어서 교화할 바 중생의 믿고 이해함을 따라 나타내는 몸·온갖 공덕 보배로 생긴 몸·모든 부처님의 법을 갖춘 진여의 몸·성품이 고요하여 장애가 없는 몸·온갖 걸림 없는 법을 성취한 몸·온갖 청정한 법계에 널리 머무는 몸·형상을 나투어 일체 세간에 두루하는 몸·더위잡음도 없고 물러감도 없고 아주 해탈하고 온갖 지혜를 갖추어 두루 통달하는 몸이니, 이것이 부처님들의 아홉째 큰 나라연 당기처럼 굳센 법입니다.

불자여, 모든 부처님께서는 일체 여래의 법을 평등하게 깨닫고 일체 보살의 행을 평등하게 닦으며, 서원과 지혜가 청정하고 평등함이 마치 큰 바다가 모두 가득한 듯하며, 수행과 힘이 높고 훌륭하여 잠깐도 물러나거나 겁약하지 아니하며, 여러 삼매의 한량없는 경계에 머물고 온갖 도리를 보여 착한 일을 권하고 악한 짓을 경계하며, 지혜가 제일이어서 법을 연설함이 두렵지 않고 묻는 대로 따라서 잘 대답하며, 지혜로 법문을 말함이 평등하고 청정하여 몸과 말과 뜻으로 하는 행이 조금도 잡란함이 없습니다.

부처님이 머무시는 부처의 종자 성품에 머물러서 부처의 지혜로 불사를 지으며, 온갖 지혜에 머물러 한량없는 법을 연설하되 근본도 없고 가장자리도 없으며, 신통과 지혜는 헤아릴 수 없어 모든 세간들이 능히 알지 못하며, 지혜가 깊이 들어가서 온갖 법을 보되 미묘하고 광대하여 한량없고 그지없으며, 삼세의 법문을 잘 통달하여 모든 세계를 모두 깨우치며, 출세간 지혜로 여러 세간에서 말할 수 없는 여러 가지 불사를 짓되 물러가지 않는 지혜를 이루어 부처님들의 수효에 들어갑니다.

비록 말할 수 없고 글자를 떠난 법을 증득하였지마는 가지가지 말을 열어 보이며, 보현보살의 지혜로 착한 행을 모아서 한 생각에 서로 응하는 미묘한 지혜를 성취하여 온갖 법을 능히 깨닫고 먼저 생각하던 일체 중생들을 다 그들의 법에 의지하여 법을 베풀며, 법계 안에 있는 계들이 한량없고 그지없지마는 걸림 없는 지혜로 모두 다 알고 봅니다.

불자여, 모든 부처님께서는 잠깐 동안에 교화를 받을 중생을 따라 세상에 나타나서, 청정한 국토에서 바른 깨달음을 이루고 신통한 힘으로 삼세 중생들을 깨우치되 마음과 뜻과 의식이 때를 놓치지 않습니다.

불자여, 중생이 그지없고 세계가 그지없고 법계가 그지없고 삼세가 그지없고 부처님들의 훌륭함도 그지없어서 그 가운데 나타나 바른 깨달음〔等正覺〕을 이루고, 부처의 지혜로써 방편으로 깨우침이 쉴 새가 없습니다. 불자여, 모든 부처님께서는 신통한 힘으로 가장 묘한 몸을 나타내고 끝없는 곳〔無邊處〕에 머무르고 대비의 방편의 마음이 걸림이 없어서 어떠한 때라도 중생들을 위하여 묘한 법을 항상 연설하나니, 이것이 부처님들의 열째 큰 나라연 당기처럼 굳센 법입니다.

불자여, 이 모든 부처님의 큰 나라연 당기처럼 굳센 법은 한량없고 그지없고 헤아릴 수 없어, 과거·미래·현재의 모든 중생이나 이승二乘들이 능히 알지 못하거니와, 오직 여래에 신통으로 가피하심은 제할 것입니다.

불자여, 부처님 세존들께서는 열 가지 결정한 법이 있나니, 무엇이 열인가. 이른바 모든 부처님이 도솔천에서 수명이 다하면 결정코 내려오는 것이며, 모든 부처님이 결정코 태어나실 적에 열 달 동안 태에 있으며, 모든 부처님이 결정코 세속을 싫어하고 출가하는 것이며, 모든 부처님이 결정코 보리수 아래 앉아서 평등한 바른 깨달음〔等正覺〕을 이루어 불법을 깨닫는 것이며, 모든 부처님이 결정코 한 생각에 온갖 법을 깨닫고 모든 세계에서 신통한 힘을 나타내며, 모든 부처님이 결정코 때를 따라 묘한 법륜을 굴리며, 모든 부처님이 결정코 저들의 심은 선근을 따라서 때에 맞추어 법을 말하고 수기를 주는 것이며, 모든 부처님이 결정코 때를 따라 불사를 지으며, 모든 부처님이 결정코 보살을 성취하기 위하여 수기를 주는 것이며, 모든 부처님이 결정코 잠깐 동안에 일체 중생의 묻는 일을 대답하나니, 이것이 열입니다.

불자여, 부처님 세존들께서는 열 가지 빠른 법이 있으니, 무엇이 열인가. 이른바 모든 부처님을 보는 이는 빨리 온갖 나쁜 길을 멀리 여의게 되고, 모든 부처님을 보는 이는 빨리 훌륭한 공덕을 원만하고, 모든 부처님을 보는 이는 빨리 넓고 큰 선근을 성취하고, 모든 부처님을 보는 이는 빨리 청정하고 묘한 천상에 가서 나고, 모든 부처님을 보는 이는 빨리 모든 의혹을 끊는 것입니다.

모든 부처님을 이미 발심한 이가 보면 빨리 광대한 신심과 지혜를 성취하고 영원히 물러나지 아니하며 마땅하게 중생을 교화하고, 발심하지 못한 이가 보면 빨리 아뇩다라삼먁삼보리심을 발하며, 모든 부처님을 바른 지위[正位]에 들어가지 못한 이가 보면 빨리 바른 지위에 들어가고, 모든 부처님을 보는 이는 빨리 세간과 출세간의 온갖 근기를 깨끗이 하고, 모든 부처님을 보는 이는 빨리 온갖 장애를 멸제하고, 모든 부처님을 보는 이는 빨리 두려움 없는 변재를 얻을 것이니, 이것이 열입니다.

불자여, 부처님 세존들께서는 마땅히 항상 생각해야 할 열 가지 청정한 법이 있나니, 무엇이 열인가. 이른바 모든 부처님의 지나간 인연을 일체 보살이 항상 생각해야 하고, 모든 부처님의 청정하고 훌륭한 행을 일체 보살이 항상 생각해야 하고, 모든 부처님의 만족한 바라밀을 일체 보살이 항상 생각해야 하고, 모든 부처님의 성취한 큰 서원을 일체 보살이 항상 생각해야 하고, 모든 부처님의 쌓은 선근을 일체 보살이 항상 생각해야 하고, 모든 부처님의 구족한 법행을 일체 보살이 항상 생각해야 하고, 모든 부처님의 바른 깨달음 이룬 것을 일체 보살이 항상 생각해야 하고, 모든 부처님의 육신이 한량없음을 일체 보살이 항상 생각해야 하고, 모든 부처님의 한량없는 신통을 일체 보살이 항상 생각해야 하고, 모든 부처님의 십력과 무외無畏를 일체 보살이 항상 생각해야 하나니, 이것이 열입니다.

불자여, 부처님 세존들께서는 열 가지 온갖 지혜에 머무름이 있나니, 무엇이 열인가. 이른바 모든 부처님이 한 생각에 삼세 일체 중생의 마음과 마음 작용의 움직임[心所行]을 다 알고, 모든 부처님이 한 생각에 삼세 일체 중생의 모든 쌓인 업과 업의 과보를 다 알고, 모든 부처님이 한 생각에 일체 중생의 마땅함을 알고 세 가지 바퀴〔三種輪〕로 교화하여 조복하며, 모든 부처님이 한 생각에 온 법계 일체 중생의 마음씨〔心相〕를 다 알고, 온갖 곳에서 태어남을 나타내어 그들이 보게 하여 방편으로 거두어 주며, 모든 부처님이 한 생각에 법계 일체 중생의 마음으로 좋아함과 욕망과 이해를 따라서 법을 말하여 조복합니다.

  모든 부처님이 한 생각에 온 법계 일체 중생의 마음으로 좋아함을 따라서 신통한 힘을 나타내고, 모든 부처님이 한 생각에 온갖 곳에 두루하여 교화할 중생을 따라서 일부러 나타나서 부처의 몸은 집착할 수 없음을 말하고, 모든 부처님이 한 생각에 법계의 모든 곳에 있는 일체 중생의 각각 태어난 길에 두루 이르고, 모든 부처님이 한 생각에 중생들의 생각하는 이를 따라서 있는 곳마다 가서 응하고, 모든 부처님이 한 생각에 일체 중생의 욕망과 지혜를 알고 그들에게 한량없는 몸매를 보이나니, 이것이 열입니다.

  불자여, 부처님 세존들께서는 열 가지 한량없고 헤아릴 수 없는 부처님 삼매가 있으니, 무엇이 열인가. 이른바 모든 부처님이 항상 바른 선정〔正定〕에 있으면서 한 생각 동안에 온갖 곳에 두루하여 중생들에게 묘한 법을 널리 말하며, 모든 부처님이 항상 바른 선정에 있으면서 한 생각 동안에 온갖 곳에 두루하여 중생들에게 나가 없는 즈음〔無我際〕을 말하며, 모든 부처님이 항상 바른 선정에 머물면서 한 생각 동안에 온갖 곳에 두루하여 삼세에 두루 들어가며, 모든 부처님이 항상 바른 선정에 있으면서 한 생각 동안에 시방의 넓고 큰 부처 세계에 들어가며, 모든 부처님이 항상 바른 선정에 있으면서 한 생각 동안에 온갖 곳에 두루하여 한량없는 갖가지 부처 몸을 나타냅니다.

  모든 부처님이 항상 바른 선정에 있으면서 한 생각 동안에 온갖 곳에 두루하여 중생들의 가지가지 마음을 따라 몸과 말과 뜻을 나타내며, 모든 부처님이 항상 바른 선정에 있으면서 한 생각 동안에 온갖 곳에 두루하여 모든 법의 욕심을 여읜 참된 자리〔離欲眞際〕를 말하며, 모든 부처님이 항상 바른 선정에 머물면서 한 생각 동안에 온갖 곳에 두루하여 모든 인연의 제 성품을 연설하며, 모든 부처님이 항상 바른 선정에 머물면서 한 생각 동안에 온갖 곳에 두루하여 한량없는 세간과 출세간의 광대한 장엄을 나타내어 중생들이 부처님을 항상 보게 하며, 모든 부처님이 항상 바른 선정에 머물면서 한 생각 동안에 온갖 곳에 두루하여 중생들로 하여금 모든 불법의 한량없는 해탈을 통달하여 필경에 위없는 저 언덕에 이르게 하나니, 이것이 열입니다.

불자여, 부처님 세존들께서는 열 가지 걸림 없는 해탈이 있나니, 무엇이 열인가. 이른바 모든 부처님이 능히 한 티끌에 말할 수 없이 말할 수 없는 부처님이 세상에 나심을 나타내며, 모든 부처님이 능히 한 티끌에 말할 수 없이 말할 수 없는 부처님이 청정한 법륜 굴림을 나타내며, 모든 부처님이 능히 한 티끌에 말할 수 없이 말할 수 없는 중생이 교화를 받고 조복함을 나타내며, 모든 부처님이 능히 한 티끌에 말할 수 없이 말할 수 없는 부처의 국토를 나타내며, 모든 부처님이 능히 한 티끌에 말할 수 없이 말할 수 없는 보살의 수기 받음을 나타냅니다.

모든 부처님이 능히 한 티끌에 과거·미래·현재의 모든 부처님을 나타내며, 모든 부처님이 능히 한 티끌에 과거·미래·현재의 세계 종種들을 나타내며, 모든 부처님이 능히 한 티끌에 과거·미래·현재의 온갖 신통을 나타내며, 모든 부처님이 능히 한 티끌에 과거·미래·현재의 온갖 중생을 나타내며, 모든 부처님이 능히 한 티끌에 과거·미래·현재의 온갖 불사를 나타내나니, 이것이 열입니다."

대방광불화엄경 제48권

제48권

34. 여래십신상해품如來十身相海品

그 때 보현보살마하살이 여러 보살에게 말하였다.

"불자들이여, 이제 당신들에게 여래께서 가지신 몸매 바다를 말하겠습니다.

불자들이여, 여래의 정수리에 보배로 장엄한 서른두 가지 거룩한 모습이 있습니다. 그 가운데 거룩한 모습이 있으니 이름이 모든 방위에 비치는 한량없는 큰 광명 그물을 두루 놓음〔光照一切方普放無量大光明網〕입니다. 온갖 기묘한 보배로 장엄하였고, 보배로운 머리카락이 두루하여 보드랍고 치밀한데, 낱낱이 마니보배 광명을 놓아 그지없는 모든 세계에 가득하여 빛깔〔色相〕이 원만한 부처님 몸을 나타내나니, 이것이 하나입니다.

다음에 거룩한 모습이 있으니 이름이 부처 눈 광명 구름〔佛眼光明雲〕입니다. 마니왕으로 가지가지 장엄하였고, 금빛을 내는 것이 미간 백호상에서 놓는 광명과 같아서 일체 세계에 비추나니, 이것이 둘입니다.

다음에 거룩한 모습이 있으니 이름이 법계에 가득한 구름〔充滿法界雲〕입니다. 가장 묘한 보배 바퀴로 장엄하였으며, 여래의 복과 지혜 등불 광명을 놓아 시방 일체 법계의 세계 바다에 두루 비추며 그 가운데 모든 부처님과 보살들을 두루 나타내나니, 이것이 셋입니다.

다음에 거룩한 모습이 있으니 이름이 나타내어 널리 비추는 구름〔示現普照雲〕입니다. 진금 마니로 가지가지 장엄하였고, 그 묘한 보배들이 모두 광명을 놓아 부사의한 여러 부처의 국토에 비추고, 모든 부처님이 그 속에 나타나나니, 이것이 넷입니다.

다음에 거룩한 모습이 있으니 이름이 보배 광명 놓는 구름〔放寶光明雲〕입니다. 마니보배 왕으로 청정하게 장엄하였고, 비유리 보배〔毘瑠璃寶〕로 꽃술이 되었는데, 빛이 시방의 모든 법계에 비추고 그 속에서 가지가지 신통 변화를 나타내어 여래의 지난 세상에 행하시었던 지혜와 공덕을 찬탄하나니 이것이 다섯입니다.

다음에 거룩한 모습이 있으니 이름이 여래를 나타내어 법계에 두루 하는 크게 자유자재한 구름〔示現如來徧法界大自在雲〕입니다. 보살이 신통 변화하는 보배 불꽃 마니로 관이 되고, 여래의 힘을 갖추어 모든 것을 깨닫는 보배 불꽃 광명 바퀴로 화만이 되었는데, 그 빛이 시방세계에 비추며, 그 속에 모든 여래가 도량에 앉으시매 온갖 지혜 구름이 허공과 한량없는 법계에 가득함을 나타내나니, 이것이 여섯입니다.

다음에 거룩한 모습이 있으니 이름이 여래의 넓은 등불 구름〔如來普燈雲〕입니다. 법계의 국토를 진동하는 크게 자유자재한 보배 바다로 장엄하였고, 깨끗한 광명을 놓아 법계에 가득하며, 그 속에 시방 보살들의 공덕 바다와 과거·현재·미래 부처님의 지혜 당기 바다를 널리 나타내나니, 이것이 일곱입니다.

다음에 거룩한 모습이 있으니 이름이 부처님들을 두루 비추는 광대한 구름〔普照諸佛廣大雲〕입니다. 인다라 보배·여의왕 보배·마니왕 보배로 장엄하였고, 보살의 불꽃 등불 광명을 놓아 시방의 일체 세계에 비추며, 그 속에 모든 부처님의 여러 빛깔 바다와 큰 음성 바다와 청정한 힘 바다를 나타내나니, 이것이 여덟입니다.

다음에 거룩한 모습이 있으니 이름이 원만한 광명 구름〔圓滿光明雲〕입니다. 가장 묘한 유리와 마니왕으로 된 가지가지 보배 꽃으로 장엄하였고, 모든 보배에서 내는 큰 불꽃 그물이 시방세계에 가득하였는데, 모든 중생이 여래가 그 앞에 앉아서 부처님과 보살들의 법신의 공덕을 찬탄함을 보고 여래의 청정한 경계에 들게 하나니, 이것이 아홉입니다.

다음에 거룩한 모습이 있으니 이름이 모든 보살의 수행광을 비추는 광명 구름〔普照一切菩薩行藏光明雲〕입니다. 여러 보배로 된 묘한 꽃으로 장엄하였고, 보배 광명이 한량없는 세계에 비추고 보배 불꽃이 모든 국토에 덮이어 시방의 법계가 걸림 없이 통달하며 부처의 음성을 진동하여 법을 연설하나니, 이것이 열입니다.

다음에 거룩한 모습이 있으니 이름이 넓은 광명 비추는 구름〔普光照耀雲〕입니다. 비유리 인다라 금강 마니보배로 장엄하였고, 유리 보배 광명의 빛깔이 밝게 사무쳐 모든 세계 바다에 널리 비추며 묘한 음성을 내어 법계에 가득하니 이런 것이 다 부처님들의 지혜와 큰 공덕 바다로부터 나타나는 것이니, 이것이 열하나입니다.

다음에 거룩한 모습이 있으니 이름이 바로 깨달은 구름〔正覺雲〕입니다. 여러 가지 보배 꽃으로 장엄하였고, 그 보배 꽃들이 광명을 놓는데, 광명마다 여래가 도량에 앉아서 그지없는 세계에 가득하였으며, 여러 세계가 모두 청정하여 온갖 허망한 생각과 분별을 영원히 끊게 하나니, 이것이 열둘입니다.

다음에 거룩한 모습이 있으니 이름이 광명이 빛나게 비추는 구름〔光明照曜雲〕입니다. 보배 꽃 광명 바다 심왕心王마니로 장엄하였고, 큰 광명을 놓으며 광명 가운데는 한량없는 보살과 보살들의 행하던 행을 나타내며, 일체 여래의 지혜 몸과 법신과 여러 빛깔 바다가 법계에 가득하나니, 이것이 열셋입니다.

다음에 거룩한 모습이 있으니 이름이 장엄이 널리 비추는 구름〔莊嚴普照雲〕입니다. 금강 꽃 비유리 보배로 장엄하였고, 큰 광명을 놓으니 광명 속에 큰 보배 연꽃 사자좌가 있어 갖추어 장엄하여 법계를 두루 덮었으며 저절로 보살의 네 가지 행을 연설하여 그 음성이 법계 바다에 두루하나니 이것이 열넷입니다.

다음에 거룩한 모습이 있으니 이름이 부처의 삼매 바다의 행을 나타내는 구름〔現佛三昧海行雲〕입니다. 한 생각 동안에 여래의 한량없는 장엄을 나타내어 일체 법계의 부사의한 법계 바다를 두루 장엄하나니, 이것이 열다섯입니다.

다음에 거룩한 모습이 있으니 이름이 변화 바다가 두루 비추는 구름〔變化海普照雲〕입니다. 수미산 같은 묘한 보배 연꽃으로 장엄하였고, 여러 보배 광명이 부처의 서원으로부터 나서 모든 변화를 나타냄이 다하지 않나니, 이것이 열여섯입니다.

다음에 거룩한 모습이 있으니 이름이 모든 여래의 해탈한 구름〔一切如來解說雲〕입니다. 청정하고 묘한 보배로 장엄하였고, 큰 광명을 놓아 모든 부처의 사자좌를 장엄하며, 온갖 부처님의 형상과 한량없는 불법과 부처의 세계 바다를 나타내나니, 이것이 열일곱입니다.

다음에 거룩한 모습이 있으니 이름이 자유자재한 방편으로 두루 비추는 구름〔自在方便普照雲〕입니다. 비유리 꽃과 진금 연화와 마니왕 등과 묘한 법불 꽃 구름으로 장엄하였고, 모든 부처의 보배 불꽃 빽빽한 구름의 청정한 광명이 법계에 가득 찼는데, 그 가운데 모든 묘하고 훌륭한 장엄거리를 나타내나니, 이것이 열여덟입니다.

다음에 거룩한 모습이 있으니 이름이 부처의 종성種性을 깨달은 구름〔覺佛種性雲〕입니다. 한량없는 보배 광명으로 장엄하였고, 천복 바퀴〔千輻輪〕를 갖추어 안팎이 청정하니, 지난 세상의 선근으로 난 것이며, 그 빛이 시방세계에 두루 비추어 지혜 해를 발명發明하고 법 바다를 선포하나니, 이것이 열아홉입니다.

다음에 거룩한 모습이 있으니 이름이 모든 여래의 모양을 나타내는 자재한 구름〔現一切如來相自在雲〕입니다. 뭇 보배 영락과 유리 보배 꽃으로 장엄하였고, 큰 보배 불꽃을 내어 법계에 가득하며 그 속에 온갖 부처 세계 티끌 수 같은 과거·미래·현재의 한량없는 부처님을 나타내는데, 사자왕 같이 용맹하여 두려움이 없으며 빛깔과 지혜가 모두 구족하나니, 이것이 스물입니다.

다음에 거룩한 모습이 있으니 이름이 일체 법계를 두루 비추는 구름〔徧照一切法界雲〕입니다. 여래의 보배 형상으로 청정하게 장엄하였고, 큰 광명을 놓아 법계에 널리 비추며, 한량없고 그지없는 모든 부처와 보살의 지혜광을 나타내나니, 이것이 스물하나입니다.

다음에 거룩한 모습이 있으니 이름이 비로자나여래의 형상 구름〔毗盧遮那如來相雲〕입니다. 묘한 보배 꽃과 비유리의 청정한 달로 장엄하였고, 모두 한량없는 백천만억 마니 광명을 놓아 온갖 허공계와 법계에 비추며, 그 가운데 한량없는 부처 세계를 나타내는데 다 여래께서 가부하고 앉았으니, 이것이 스물둘입니다.

다음에 거룩한 모습이 있으니 이름이 모든 부처를 두루 비추는 광명 구름〔普照一切佛光明雲〕입니다. 여러 보배로 된 묘한 등불로 장엄하였고, 깨끗한 광명을 놓아 시방의 온갖 세계에 비추어 부처님들의 법륜 굴리는 일을 나타내나니, 이것이 스물셋입니다.

다음에 거룩한 모습이 있으니 이름이 모든 장엄을 두루 나타내는 구름〔普現一切莊嚴雲〕입니다. 여러 가지 보배 불꽃으로 장엄하였고, 깨끗한 광명을 놓아 법계에 가득하며, 잠깐잠깐마다 말할 수 없이 말할 수 없는 모든 부처님께서 여러 보살과 함께 도량에 앉았음을 나타내나니, 이것이 스물넷입니다.

다음에 거룩한 모습이 있으니 이름이 온갖 법계의 음성을 내는 구름〔出一切法界音聲雲〕입니다. 마니 바다의 가장 묘한 전단으로 장엄하였고, 큰 불꽃 그물을 펴서 법계에 가득하며, 그 속에서 미묘한 음성을 내어 중생들의 모든 업의 바다를 보이나니, 이것이 스물다섯입니다.

다음에 거룩한 모습이 있으니 이름이 여러 부처님의 변화하는 바퀴를 두루 비추는 구름〔普照諸佛變化輪雲〕입니다. 여래의 청정한 눈으로 장엄하였고, 빛이 시방의 모든 세계에 비추며, 그 속에 과거·미래·현재 부처님이 가지신 온갖 장엄거리를 나타내고, 또 묘한 음성을 내어 헤아릴 수 없는 광대한 법 바다를 연설하나니, 이것이 스물여섯입니다.

다음에 거룩한 모습이 있으니 이름이 빛으로 부처 바다를 비추는 구름〔光照佛海雲〕입니다. 그 광명이 일체 세계에 두루 비추어 법계가 끝나도록 장애함이 없거든, 다 여래가 있어 가부하고 앉았나니, 이것이 스물일곱입니다.

다음에 거룩한 모습이 있으니 이름이 보배 등불 구름〔寶燈雲〕입니다. 여래의 광대한 광명을 놓아 시방의 일체 법계에 비추며, 그 가운데 모든 부처님과 보살과 부사의한 중생 바다를 두루 나타내나니, 이것이 스물여덟입니다.

다음에 거룩한 모습이 있으니 이름이 법계의 차별 없는 구름〔法界無差別雲〕입니다. 여래의 큰 지혜 광명을 놓아 시방의 모든 부처님 국토와 일체 보살의 도량에 모인 대중과 한량없는 법 바다에 두루 비치며, 그 가운데 가지가지 신통을 두루 나타내고, 또 아름다운 소리를 내어 중생들의 좋아하는 마음을 따라 보현보살의 행과 원을 연설하여 회향케 하나니, 이것이 스물아홉입니다.

다음에 거룩한 모습이 있으니 이름이 일체 세계해世界海에 편안히 머물러 널리 비추는 구름〔安住一切世界海普照雲〕입니다. 보배 광명을 놓아 모든 허공과 법계에 가득하며, 그 가운데 깨끗하고 묘한 도량과 부처와 보살의 장엄한 몸을 나타내어 보는 이로 하여금 볼 것이 없게 하나니, 이것이 서른입니다.

다음에 거룩한 모습이 있으니 이름이 온갖 보배 깨끗한 빛 불꽃 구름〔一切寶淸淨光焰雲〕입니다. 한량없는 부처와 보살의 마니보배 청정한 광명을 놓아 시방의 모든 법계에 널리 비추며 그 가운데 여러 보살 바다를 나타내는데, 모두 여래의 신통한 힘을 갖추고 온 시방 허공과 온갖 세계에 다니나니, 이것이 서른하나입니다.

다음에 거룩한 모습이 있으니 이름이 일체 법계에 두루 비추는 장엄 구름〔普照一切法界莊嚴雲〕입니다. 가장 복판에 있어서 차례차례로 불룩한 염부단금 인다라 그물로 장엄하였고, 깨끗한 광명 구름을 놓아 법계에 가득하였으며, 잠깐잠깐 동안에 모든 세계에 있는 부처와 보살의 도량에 모인 대중을 항상 나타내나니, 이것이 서른둘입니다.

불자들이여, 여래의 정수리에 이러한 서른두 가지 거룩한 모습이 있어 훌륭하게 장엄하였습니다.

불자들이여, 여래의 미간에 거룩한 모습이 있으니 이름이 법계에 두루한 광명 구름〔徧法界光明雲〕입니다. 마니보배 꽃으로 장엄하였고, 큰 광명을 놓으니 여러 보배 빛을 갖춘 것이 해·달과 같아서 환히 사무쳐 청정하며, 그 빛이 시방세계에 두루 비추고, 그 속에 모든 부처의 몸을 나타내며, 또 아름다운 음성을 내어 법 바다를 연설하나니, 이것이 서른셋입니다.

여래의 눈에 거룩한 모습이 있으니 이름이 자유자재하게 두루 보는 구름〔自在普見雲〕입니다. 여러 가지 묘한 보배로 장엄하였고, 마니보배 광명이 청정하게 사무쳐 온갖 것을 널리 보는 데 장애가 없나니, 이것이 서른넷입니다.

여래의 코에 거룩한 모습이 있으니 이름이 온갖 신통한 지혜 구름〔一切神通智慧雲〕입니다. 청정한 보배로 장엄하였고, 여러 보배 빛이 그 위에 덮였으며, 그 속에서 한량없는 나툰 몸〔化身〕 부처님을 나타내는데, 보배 연꽃에 앉아 여러 세계에 이르러서 일체 보살과 일체 중생에게 부사의한 불법 바다를 연설하나니, 이것이 서른다섯입니다.

여래의 혀에 거룩한 모습이 있으니 이름이 음성과 영상을 나타내는 구름〔示現音聲影像雲〕입니다. 여러 가지 빛 보배로 장엄하였으니, 지난 세상의 선근으로 이루어진 것이며, 그 혀가 넓고 커서 모든 세계해가 두루 덮이었습니다. 여래께서 히죽이 웃으실 적에는 반드시 온갖 마니보배 광명을 놓으며 그 광명이 시방 법계에 널리 비추어 모든 사람의 마음을 청량케 하고, 삼세 부처님들이 그 광명 속에 찬란하게 나타나 광대하고 미묘한 음성을 내어 모든 세계에 가득하여 한량없는 겁을 지내나니, 이것이 서른여섯입니다.

여래의 혀에 또 거룩한 모습이 있으니 이름이 법계 구름〔法界雲〕입니다. 혓바닥이 반듯하고 여러 보배로 장엄하였으며, 묘한 보배 광명을 놓으니 빛깔과 모양이 원만하여 미간에서 놓는 광명 같아서 그 빛이 온갖 세계에 비추며, 오직 가는 티끌로 되어 제 성품이 없고, 광명 속에 다시 한량없는 부처님이 나타나 미묘한 음성으로 모든 법을 연설하나니, 이것이 서른일곱입니다.

여래의 혀 끝에 거룩한 모습이 있으니 이름이 법계에 비추는 광명 구름〔照法界光明雲〕입니다. 여의 보배왕으로 장엄하였고, 금빛 보배 불꽃이 자연히 나며 그 속에 모든 부처 바다의 그림자가 나타나고, 또 묘한 음성을 내어 모든 그지없는 세계에 가득하며, 낱낱 음성 가운데 온갖 음성을 구족하여 묘한 법을 연설하니 듣는 이의 마음이 기뻐 한량없는 세월을 지나도록 좋이 받들어 잊지 아니하나니, 이것이 서른여덟입니다.

여래의 혀 끝에 또 거룩한 모습이 있으니 이름이 법계를 찬란하게 비추는 구름〔照耀法界雲〕입니다. 마니보배왕으로 잘 꾸미었고, 여러 빛깔과 미묘한 광명을 내어 시방의 한량없는 국토에 가득하였는데, 온 법계가 모두 청정하며 그 속에 한량없는 부처와 보살들이 있어 묘한 음성으로 여러 가지로 열어 보이매 모든 보살이 앞에서 듣나니, 이것이 서른아홉입니다.

여래의 입 윗잇몸에 거룩한 모습이 있으니 이름이 부사의한 법계를 나타내는 구름〔示現不思議界雲〕입니다. 인다라 보배와 비유리 보배로 장엄하였고, 향기로운 등 불꽃 청정한 광명 구름을 내어 시방 모든 법계에 가득하여 가지각색 신통과 방편을 나타내며, 모든 세계해에서 매우 깊어 헤아릴 수 없는 법을 연설하나니, 이것이 마흔입니다.

여래의 입 오른뺨 아랫니〔右輔下牙〕에 거룩한 모습이 있으니 이름이 부처 어금니 구름〔佛牙雲〕입니다. 뭇 보배 마니로 된 만卍자 모양의 바퀴로 장엄하였고, 큰 광명을 놓아 법계에 두루 비추며, 그 속에 모든 부처의 몸을 나타내어 시방에 두루 퍼져 중생을 깨우치나니, 이것이 마흔하나입니다.

여래의 입 오른뺨 윗니에 거룩한 모습이 있으니 이름이 보배 불꽃 수미장 구름〔寶燄彌盧藏雲〕입니다. 마니보배광으로 장엄하였고, 금강 같은 향기 불꽃과 청정한 광명을 놓으니 낱낱 광명이 법계에 가득하여 모든 부처의 신통한 힘을 나타내고, 또 모든 시방세계의 깨끗한 도량을 나타내나니, 이것이 마흔둘입니다.

여래의 입 왼뺨 아랫니에 거룩한 모습이 있으니 이름이 보배 등불 두루 비추는 구름〔寶燈普照雲〕입니다. 모든 보배 꽃을 피우고 향을 풍기는 것으로 장엄하였고, 등불 꽃 구름의 청정한 광명을 놓아 모든 세계해에 가득하며, 그 속에 연화장 사자좌에 앉으신 모든 부처님을 여러 보살 대중이 둘러 모신 것을 나타내나니, 이것이 마흔셋입니다.

여래의 입 왼뺨 윗니에 거룩한 모습이 있으니 이름이 여래를 비춰 나타내는 구름〔照現如來雲〕입니다. 청정한 광명과 염부단금과 보배 그물·보배 꽃으로 장엄하였고, 큰 불꽃 바퀴를 놓아 법계에 가득하며, 그 가운데 모든 부처님께서 나타나서 신통한 힘으로 허공에서 법의 젖·법 등불·법 보배를 선포하여 일체 보살 대중을 교화하나니, 이것이 마흔넷입니다.

여래의 이에 거룩한 모습이 있으니 이름이 광명을 널리 나타내는 구름〔普現光明雲〕입니다. 낱낱 치아 사이를 상호 바다〔相海〕로 장엄하였고, 히죽이 웃을 적에는 모두 광명을 놓는데 여러 가지 보배빛과 마니 불꽃을 갖추고 오른쪽으로 돌면서 법계에 널리 퍼져서 가득 차지 않은 데가 없이 부처님의 음성을 내어 보현의 행을 말하나니, 이것이 마흔다섯입니다.

여래의 입술에 거룩한 모습이 있으니 이름이 온갖 보배빛 그림자를 나타내는 구름〔影現一切寶光雲〕입니다. 염부단금빛·연꽃빛·온갖 보배빛이 나는 광대한 광명을 놓아 법계에 비추어 모두 청정케 하나니, 이것이 마흔여섯입니다.

여래의 목에 거룩한 모습이 있으니 이름이 일체 세계에 널리 비추는 구름〔普照一切世界雲〕입니다. 마니보배왕으로 장엄하였고 감포紺蒲[1]를 성취하여 보드랍고 매끄러우며, 비로자나의 청정한 광명을 놓아 시방세계에 가득하고, 그 가운데 모든 부처님을 나타내나니, 이것이 마흔일곱입니다.

여래의 오른 어깨에 거룩한 모습이 있으니 이름이 부처님의 광대한 온갖 보배 구름〔佛廣大一切寶雲〕입니다. 온갖 보배빛·진금빛·연꽃빛 광명을 놓아 보배 불꽃 그물을 이루어 법계에 두루 비추고, 그 속에 모든 보살을 나타내나니, 이것이 마흔여덟입니다.

여래의 오른 어깨에 또 거룩한 모습이 있으니 이름이 가장 훌륭한 보배 두루 비추는 구름〔最勝寶普照雲〕입니다. 빛이 청정하여 염부단금과 같고, 마니 광명을 놓아 법계에 가득하며, 그 속에 모든 보살을 나타내나니, 이것이 마흔아홉입니다.

여래의 왼 어깨에 거룩한 모습이 있으니 이름이 가장 훌륭한 빛으로 법계에 비추는 구름〔最勝光照法界雲〕입니다. 정수리와 미간과 같이 가지각색으로 장엄하였고, 염부단금빛·연꽃빛인 여러 보배 광명을 놓으니 큰 불꽃 그물을 이루어 법계에 가득하며 그 속에 모든 신통한 힘을 나타내나니, 이것이 쉰입니다.

여래의 왼 어깨에 또 거룩한 모습이 있으니 이름이 광명이 두루 비추는 구름〔光明徧照雲〕입니다. 그 모양이 오른쪽으로 돌았으며 염부단금빛 마니보배로 장엄하였고, 여러 보배 꽃과 향기 불꽃 광명을 놓아 법계에 가득하였으며, 그 가운데 모든 부처님과 깨끗이 장엄한 온갖 국토를 나타내나니, 이것이 쉰하나입니다.

여래의 왼 어깨에 또 거룩한 모습이 있으니 이름이 널리 비추는 구름

---

1 과일 이름. 세 줄의 세로 무늬가 있다. 부처님의 목에 이 상相이 있어 감포성취紺蒲成就라 한다.

〔普照耀雲〕입니다. 그 모양이 오른쪽으로 돌아 비밀하게 장엄하였고, 부처 등불 꽃 구름과 청정한 광명을 놓아 법계에 가득하였으며, 그 가운데 모든 보살의 가지각색 장엄을 나타내어 모두 훌륭하니, 이것이 쉰둘입니다.

여래의 가슴에 거룩한 모습이 있으니 형상이 만卍자와 같고 이름은 길상 바다 구름〔吉祥海雲〕입니다. 마니보배 꽃으로 장엄하였고, 온갖 보배빛 갖가지 광명 불꽃 바퀴를 놓아 법계에 가득하여 두루 청정케 하고, 또 묘한 음성을 내어 법 바다를 선양하나니, 이것이 쉰셋입니다.

길상한 형상 오른편에 거룩한 모습이 있으니 이름이 광명을 나타내어 비추는 구름〔示現光照雲〕입니다. 인다라 그물로 장엄하였고, 큰 광명 바퀴를 놓아 법계에 가득하며, 그 속에 한량없는 부처를 나타내나니, 이것이 쉰넷입니다.

길상한 형상 오른편에 또 거룩한 모습이 있으니 이름이 여래를 두루 나타내는 구름〔普現如來雲〕입니다. 여러 보살의 마니보배 관으로 장엄하였고, 큰 광명을 놓아 시방의 모든 세계를 비추어 다 청정케 하며, 그 속에서 과거·미래·현재의 부처님들이 도량에 앉아서 신통한 힘을 나타내어 법 바다를 널리 선포하나니, 이것이 쉰다섯입니다.

길상한 형상 오른편에 또 거룩한 모습이 있으니 이름이 꽃피는 구름〔開敷華雲〕입니다. 마니보배 꽃으로 장엄하였고, 보배 향 불꽃 등불의 청정한 광명을 놓으매 모양이 연꽃 같아 세계에 가득하나니, 이것이 쉰여섯입니다.

길상한 형상 오른편에 또 거룩한 모습이 있으니 이름이 즐거운 금빛 구름〔可悅樂金色雲〕입니다. 온갖 보배 마음광〔心王藏〕 마니왕으로 장엄하였고, 깨끗한 광명을 놓아 법계에 비추며, 그 가운데 부처 눈같이 넓고 큰 광명인 마니보배광을 나타내나니, 이것이 쉰일곱입니다.

길상한 형상 오른편에 또 거룩한 모습이 있으니 이름이 부처 바다 구름〔佛海雲〕입니다. 비유리 보배, 향기로운 등불 꽃타래로 장엄하였고, 허공에 가득한 마니보배 향기로운 등불의 큰 불꽃 청정한 광명을 놓아 시방의 모든 국토에 가득하며, 그 가운데 도량에 모인 대중을 나타내나니, 이것이 쉰여덟입니다.

길상한 형상 왼편에 거룩한 모습이 있으니 이름이 광명을 나타내는 구름〔示現光明雲〕입니다. 수없는 보살이 보배 연꽃에 앉은 것으로 장엄하였고, 마니왕이 사이사이 섞인 보배 불꽃 광명을 놓아 모든 법계 바다를 깨끗이 하며, 그 가운데 한량없는 부처와 부처의 묘한 음성을 나타내어 모든 법을 연설하나니, 이것이 쉰아홉입니다.

길상한 형상 왼편에 또 거룩한 모습이 있으니 이름이 법계에 가득한 광명을 나타내는 구름〔示現徧法界光明雲〕입니다. 마니보배 바다로 장엄하였고, 큰 광명을 놓아 모든 세계에 두루하며, 그 가운데 보살 대중을 나타내나니, 이것이 예순입니다.

길상한 형상 왼편에 또 거룩한 모습이 있으니 이름이 두루 훌륭한 구름〔普勝雲〕입니다. 햇빛 마니왕 보배 바퀴와 화만으로 장엄하였고, 크게 빛난 불꽃을 놓아 법계의 모든 세계해에 가득하며, 그 속에 일체 세계·일체 여래·일체 중생을 나타내나니, 이것이 예순하나입니다.

길상한 형상 왼편에 또 거룩한 모습이 있으니 이름이 법륜 굴리는 묘한 음성 구름〔轉法輪妙音雲〕입니다. 온갖 법 등불과 청정한 향기 꽃술로 장엄하였고, 큰 광명을 놓아 법계에 가득하며, 그 속에 모든 부처님의 몸매 바다와 마음 바다를 나타내나니, 이것이 예순둘입니다.

길상한 형상 왼편에 또 거룩한 모습이 있으니 이름이 장엄한 구름〔莊嚴雲〕입니다. 과거·미래·현재의 모든 부처 바다로 장엄하였고, 깨끗한 광명을 놓아 모든 부처님 국토를 깨끗하게 장엄하며, 그 가운데 시방의 모든 부처님과 보살과 부처와 보살의 행하던 행을 나타내나니, 이것이 예순셋입니다.

　여래의 오른손에 거룩한 모습이 있으니 이름이 바다 비추는 구름〔海照雲〕입니다. 여러 보배로 장엄하였고, 달의 불꽃 청정한 광명을 항상 놓아 허공과 모든 세계에 가득하며, 큰 음성을 내어 온갖 보살의 행을 찬탄하나니, 이것이 예순넷입니다.

　여래의 오른손에 또 거룩한 모습이 있으니 이름이 그림자로 나타나 비추는 구름〔影現照耀雲〕입니다. 비유리 제청 마니보배 꽃으로 장엄하였고, 큰 광명을 놓아 시방의 보살들이 머물러 있는 연화장蓮華藏·마니장摩尼藏 등 모든 세계를 비추며, 그 가운데 한량없는 부처님들이 청정한 법신으로 보리수 아래 앉아서 모든 시방의 국토를 진동함을 나타내나니, 이것이 예순다섯입니다.

　여래의 오른손에 또 거룩한 모습이 있으니 이름이 등 불꽃 화만으로 두루 장엄한 구름〔燈焰鬘普嚴淨雲〕입니다. 비로자나 보배로 장엄하였고, 큰 광명이 그물로 변화한 것을 놓으며, 그 속에 보살 대중들이 보배 관을 쓰고 모든 행을 실행함을 나타내나니, 이것이 예순여섯입니다.

　여래의 오른손에 또 거룩한 모습이 있으니 이름이 온갖 마니를 나타내는 구름〔普現一切摩尼雲〕입니다. 연화 불꽃 등으로 장엄하였고, 바다 같은 광명을 놓아 법계에 가득하며, 그 속에 한량없는 부처님께서 연화좌에 앉은 것을 나타내나니, 이것이 예순일곱입니다.

　여래의 오른손에 또 거룩한 모습이 있으니, 이름이 광명 구름〔光明雲〕입니다. 마니 불꽃 바다로 장엄하였고, 모든 보배 불꽃·향 불꽃·꽃 불꽃 청정 광명을 놓아 온갖 세계 그물에 가득하며, 그 가운데 부처님들의 도량을 나타내나니, 이것이 예순여덟입니다.

　여래의 왼손에 거룩한 모습이 있으니 이름이 비유리 청정한 등불 구름[毗瑠璃淸淨燈雲]입니다. 보배 기지[地]의 묘한 빛으로 장엄하였고, 여래의 금빛 광명을 놓아 잠깐잠깐마다 가장 묘한 모든 장엄거리를 나타내나니, 이것이 예순아홉입니다.

여래의 왼손에 또 거룩한 모습이 있으니 이름이 모든 세계 지혜 등불 음성 구름[一切刹智慧燈音聲雲]입니다. 인다라 그물 금강 꽃으로 장엄하였고, 염부단금의 청정한 광명을 놓아 시방의 모든 세계에 두루 비추나니, 이것이 일흔입니다.

여래의 왼손에 또 거룩한 모습이 있으니 이름이 보배 연꽃에 머무는 광명 구름[安住寶蓮華光明雲]입니다. 여러 보배 묘한 꽃으로 장엄하였고, 수미등처럼 큰 광명을 놓아 시방의 모든 세계에 비추나니, 이것이 일흔하나입니다.

여래의 왼손에 또 거룩한 모습이 있으니 이름이 법계에 두루 비추는 구름[徧照法界雲]입니다. 묘한 보배 화만·보배 바퀴·보배 병·인다라 그물과 여러 묘한 모양으로 장엄하였고, 큰 광명을 놓아 시방의 모든 국토에 비추며, 그 가운데 일체 법계의 일체 세계해에 모든 여래가 연화좌에 앉은 것을 나타내나니, 이것이 일흔둘입니다.

여래의 오른 손가락에 거룩한 모습이 있으니 이름이 모든 겁과 세계바다를 나타내는 돌림 구름[現諸劫刹海旋雲]입니다. 수월水月 불꽃 광 마니왕으로 된 온갖 보배 꽃으로 장엄하였고, 큰 광명을 놓아 법계에 가득하며, 그 가운데서 미묘한 음성을 항상 내어 시방세계에 가득하나니, 이것이 일흔셋입니다.

여래의 왼 손가락에 거룩한 모습이 있으니 이름이 온갖 보배에 편안히 머무르는 구름[安住一切寶雲]입니다. 제청 금강 보배로 장엄하였고, 마니왕 뭇 보배 광명을 놓아 법계에 가득하며 그 속에 모든 부처와 보살들을 나타내나니, 이것이 일흔넷입니다.

여래의 오른 손바닥에 거룩한 모습이 있으니 이름이 밝게 비추는 구름〔照耀雲〕입니다. 마니왕으로 된 천 살〔千輻〕 보배 바퀴로 장엄하였고, 보배 광명을 놓으니 그 광명이 오른쪽으로 돌아 법계에 가득하며, 그 속에 모든 부처님이 나타나고, 낱낱 부처님 몸에 빛난 불꽃이 치성하고, 법을 말하고 사람을 제도하여 세계를 깨끗하게 하나니, 이것이 일흔다섯입니다.

여래의 왼 손바닥에 거룩한 모습이 있으니 이름이 불꽃 바퀴가 두루 증장하여 법계의 도량을 변화하여 나타내는 구름〔焰輪普增長化現法界道場雲〕입니다. 햇빛 마니왕 천 살 바퀴〔千輻輪〕로 장엄하였고, 큰 광명을 놓아 모든 세계해에 가득하였으며, 그 가운데 일체 보살을 나타내어 보현보살의 닦던 행을 연설하며, 모든 부처님 국토에 두루 들어가서 한량없는 중생을 각각 깨우치나니, 이것이 일흔여섯입니다.

여래의 부자지에 거룩한 모습이 있으니 이름이 부처 음성을 두루 내는 구름〔普流出佛音聲雲〕입니다. 온갖 묘한 보배로 장엄하였고 마니 등불 꽃 불꽃 광명을 놓으니 그 빛이 치성하여 여러 보배빛을 갖추어 모든 허공과 법계에 두루 비추며, 그 가운데 모든 부처님이 왕래하여 다니며 곳곳마다 두루함을 나타내나니, 이것이 일흔일곱입니다.

여래의 오른 볼기에 거룩한 모습이 있으니 이름이 보배 등불 화만의 널리 비추는 구름〔寶燈鬘普照雲〕입니다. 여러 마니보배로 장엄하였고, 부사의한 보배 불꽃 광명을 놓아 시방의 온갖 법계에 가득히 퍼져 허공 법계와 한 모양이 되면서도 모든 모양을 내고, 낱낱 모양 속에 부처님들의 자유자재한 신통 변화를 나타내나니, 이것이 일흔여덟입니다.

여래의 왼 볼기에 거룩한 모습이 있으니 이름이 온갖 법계 바다의 광명을 나타내어 허공을 뒤덮는 구름〔示現一切法界海光明彌覆虛空雲〕입니다. 연꽃처럼 청정한 보배로 장엄하였고, 광명 그물을 놓아 시방의 모든 법계에 두루 비추며 그 속에 가지가지 몸매 구름을 나타내나니, 이것이 일흔아홉입니다.

　여래의 오른 넓적다리에 거룩한 모습이 있으니 이름이 두루 나타내는 구름〔普現雲〕입니다. 여러 빛 마니로 장엄하였고, 넓적다리와 장딴지가 위 아래가 서로 어울리며, 마니 불꽃 묘한 법 광명을 놓아 한 생각에 일체 보배왕이 노니는 몸매 바다를 두루 나타내나니, 이것이 여든입니다.

　여래의 왼 넓적다리에 거룩한 모습이 있으니 이름이 모든 부처의 한량없는 몸매 바다를 나타내는 구름〔現一切佛無量相海雲〕입니다. 온갖 보배 바다가 따라서 편안히 머무르는 것으로 장엄하였고, 광대하게 다니면서 깨끗한 광명을 놓아 중생에게 비추어 모두 위없는 부처의 법을 구하게 하나니, 이것이 여든하나입니다.

　여래의 오른편 이니연伊尼延 사슴왕 장딴지에 거룩한 모습이 있으니 이름이 일체 허공 법계 구름〔一切虛空法界雲〕입니다. 빛나고 묘한 보배로 장엄하였고, 그 모양이 둥글고 곧아 잘 걸어다니며, 염부단금빛 청정한 광명을 놓아 모든 부처님의 세계에 두루 비추고, 큰 음성을 내어 널리 진동하며, 또 모든 부처의 국토가 허공에 머무른 것을 나타내어 보배 불꽃으로 장엄하였고, 한량없는 보살이 몸으로부터 변화하여 나타나나니, 이것이 여든둘입니다.

　여래의 왼편 이니연 사슴왕 장딴지에 거룩한 모습이 있으니 이름이 장엄 바다 구름〔莊嚴海雲〕입니다. 빛이 진금과 같고 능히 모든 부처 세계에 두루 다니며, 온갖 보배의 청정한 광명을 놓아 법계에 가득하여 불사를 짓나니, 이것이 여든셋입니다.

　여래의 장딴지 털에 거룩한 모습이 있으니 이름이 법계의 영상을 두루 나타내는 구름〔普現法界影像雲〕입니다. 그 털이 오른쪽으로 돌았으며,

낱낱 털 끝에서 보배 광명을 놓아 시방의 모든 법계에 가득하여 여러 부처님의 신통한 힘을 나타내며, 털구멍마다 광명을 놓는데 모든 부처의 세계가 그 가운데 나타나나니, 이것이 여든넷입니다.

여래의 발 아래 거룩한 모습이 있으니 이름이 일체 보살 바다의 편안히 머무르는 구름〔一切菩薩海安住雲〕입니다. 빛은 금강 염부단금인 청정한 연꽃과 같고, 보배 광명을 놓아 시방의 세계해에 비추니 보배 향 불꽃 구름이 간 데마다 두루하여 발을 들어 걸을 적에 향기가 풍겨 흐르며 모든 보배 빛이 법계에 가득하나니, 이것이 여든다섯입니다.

여래의 오른발에 거룩한 모습이 있으니 이름이 모든 것에 두루 비추는 광명 구름〔普照一切諸佛雲〕입니다. 온갖 보배로 장엄하였고, 큰 광명을 놓아 법계에 가득하여 모든 부처님과 보살들을 나타내나니, 이것이 여든여섯입니다.

여래의 왼발에 거룩한 모습이 있으니 이름이 모든 부처님을 나타내는 구름〔普現一切諸佛雲〕입니다. 보배광 마니로 장엄하였고 보배 광명을 놓아 잠깐 동안에 모든 부처님의 신통 변화와 법 바다를 나타내며, 그 앉았던 도량이 오는 세월이 끝나도록 간단함이 없나니, 이것이 여든일곱입니다.

여래의 오른 발가락 사이에 거룩한 모습이 있으니 이름이 빛이 일체 법계 바다에 비추는 구름〔光照一切法界海雲〕입니다. 수미 등불 마니왕 천살〔千輻〕불꽃 바퀴로 가지가지 장엄하였고, 큰 광명을 놓아 시방 일체 법계의 세계해에 가득하며, 그 가운데 모든 부처님의 소유하신 갖가지 보배로 장엄한 모양을 나타내나니, 이것이 여든여덟입니다.

여래의 왼 발가락 사이에 거룩한 모습이 있으니 이름이 온갖 부처 바다를 나타내는 구름〔現一切佛海雲〕입니다. 마니보배 꽃·향기 불꽃·등불 화만과 온갖 보배 바퀴로 장엄하였고, 보배 바다의 청정한 광명을 항상 놓아 허공에 가득하고 시방의 모든 세계에 두루 미치며, 그 가운데서 모든 부처님과 보살들을 나타내어 원만한 음성과 만(卍)자 모양들로 한량없는 중생들을 이익케 하나니, 이것이 여든아홉입니다.

여래의 오른 발꿈치에 거룩한 모습이 있으니 이름이 자유자재하게 비추는 구름[自在照耀雲]입니다. 제청보배 가루로 장엄하였고, 여래의 묘한 보배 광명을 항상 내어 법계에 가득하니 다 한 모양이요 차별이 없으며, 그 속에 모든 부처님께서 도량에 앉아서 묘한 법을 연설함을 나타내나니, 이것이 아흔입니다.

여래의 왼 발꿈치에 거룩한 모습이 있으니 이름이 묘한 음성을 나타내어 법 바다를 연설하는 구름[示現妙音演說諸法海雲]입니다. 변화하는 바다와 마니보배 향불 꽃 바다와 수미 꽃 마니보배와 비유리로 장엄하였고, 큰 광명을 놓아 법계에 가득하며, 그 속에 부처님들의 신통한 힘을 나타내나니, 이것이 아흔하나입니다.

여래의 오른 발등에 거룩한 모습이 있으니 이름이 모든 장엄을 나타내는 광명 구름[示現一切莊嚴光明雲]입니다. 뭇 보배로 이루어 매우 묘하게 장엄하였고, 염부단금빛 청정한 광명을 놓아 시방의 일체 법계에 비추며, 광명의 모양이 큰 구름 같아서 모든 부처님의 도량을 덮나니, 이것이 아흔둘입니다.

여래의 왼 발등에 거룩한 모습이 있으니 이름이 모든 빛깔 나타내는 구름[現象色相雲]입니다. 온갖 달의 불꽃 광인 비로자나 보배와 인다라니라[因陀羅尼羅] 보배로 장엄하였고 잠깐잠깐마다 법계 바다에 노닐며, 마니 등 향불 꽃 광명을 놓아 모든 법계에 가득하나니, 이것이 아흔셋입니다.

여래의 오른발 네 둘레에 거룩한 모습이 있으니 이름이 두루 갈무리한 구름[普藏雲]입니다. 인다라니라 금강 보배로 장엄하였고, 보배 광명을 놓아 허공에 가득하였으며, 그 속에 모든 부처님께서 도량에서 마니 보배 사자좌에 앉음을 나타내나니, 이것이 아흔넷입니다.

　여래의 왼발 네 둘레에 거룩한 모습이 있으니 이름이 광명이 법계에 두루 비추는 구름〔光明徧照法界雲〕입니다. 마니보배 꽃으로 장엄하였고, 큰 광명을 놓아 법계에 가득하니 평등하여 한 모양이며, 그 가운데 모든 부처님과 보살들의 자유자재한 신통한 힘을 나타내어 크고 묘한 음성으로 법계의 다하지 않는 법문을 연설하나니, 이것이 아흔다섯입니다.

　여래의 오른 발가락 끝에 거룩한 모습이 있으니 이름이 장엄을 나타내는 구름〔示現莊嚴雲〕입니다. 매우 사랑스럽고 청정한 염부단진금으로 장엄하였고, 큰 광명을 놓아 시방 일체 법계에 가득하며, 그 가운데 모든 부처님과 보살들이 가진 다함 없는 법 바다의 가지가지 공덕과 신통 변화를 나타내나니, 이것이 아흔여섯입니다.

　여래의 왼 발가락 끝에 거룩한 모습이 있으니 이름이 모든 부처의 신통 변화를 나타내는 구름〔現一切佛神變雲〕입니다. 부사의한 부처 광명과 달 불꽃 향기와 마니보배 불꽃 바퀴로 장엄하였고, 여러 보배빛 청정한 광명을 놓아 모든 세계해에 가득하며, 그 가운데 모든 부처님과 보살들이 온갖 불법 바다 설함을 나타내나니, 이것이 아흔일곱입니다.

　불자들이여, 비로자나여래께서는 이러한 열 화장세계해의 티끌 수 거룩한 모습이 있으니 낱낱 몸에 여러 보배 묘한 모양으로 장엄하였습니다."

35. 여래수호광명공덕품如來隨好光明功德品

　그 때 세존께서 보수寶手보살에게 말씀하였다.

"불자여, 여래·응공·정등각에게 따라서 잘생긴 모습[隨好]이 있으니, 이름은 원만왕圓滿王이요, 이 잘생긴 모습에서 큰 광명이 나오니 이름이 치성熾盛이라, 칠백만 아승기 광명으로 권속이 되었느니라.

불자여, 내가 보살이었을 때에 도솔천궁에서 큰 광명을 놓았으니 이름이 광명 당기왕[光幢王]이며 열 부처 세계의 티끌 수 세계를 비추었느니라.

그 세계의 지옥 중생으로서 이 광명을 만난 이는 모든 고통이 쉬고 열 가지 청정한 눈을 얻었으며, 귀·코·혀·몸·뜻도 그와 같아서 즐거운 마음으로 뛰놀며 좋아하였느니라.

거기서 목숨을 마치고는 도솔천에 태어났는데, 그 하늘에 북이 있으니 이름이 매우 사랑스러움[甚可愛樂]이라. 저 천자가 태어난 뒤에 이 북이 소리를 내어 말하였느니라.

'여러 천자들아, 저는 마음이 방일하지 않고, 여래 계신 데서 선근을 심었으며, 지난 세상에 여러 선지식을 친근히 하였으므로 비로자나의 위신력으로 저기서 목숨을 마치고 이 하늘에 태어났다.'

불자여, 보살의 발바닥의 천 살 바퀴는 이름이 광명 두루 비추는 왕 〔光明普照王〕이요, 여기에 따라 잘생긴 모습이 있으니 이름이 원만왕圓滿王인데 항상 마흔 가지 광명을 놓으며, 그 가운데 한 광명의 이름은 청정한 공덕〔淸淨功德〕인데 능히 억 나유타 부처 세계의 티끌 수 세계에 비추며, 중생들의 가지가지 업의 행과 가지가지 좋아함을 따라 모두 성취하게 하며, 아비지옥에서 극심한 고통을 받는 중생이 이 광명을 만나면 모두 목숨이 마치고는 도솔천에 태어나느니라.

이미 그 하늘에 나서는 이러한 하늘 북 소리를 듣느니라.

'착하고 착하다, 여러 천자들이여. 비로자나보살이 때를 여읜 삼매〔離垢三昧〕에 들었으니 너는 마땅히 경례하라.'

이 때 천자들은 하늘 북이 이렇게 권하는 소리를 듣고 모두 이런 생각을 하였느니라.

'기특하고 희유하다. 무슨 인연으로 이렇게 미묘한 소리를 내는가.'

그 때 하늘 북은 여러 천자들에게 말하였느니라.

'내가 내는 소리는 여러 선근으로 이루어지는 것이니, 여러 천자여, 내가 나라고 말하여도 나에 집착하지도 않고 내 것에 집착하지도 않는 것같이, 모든 부처님들도 그와 같아서 스스로 부처라 말하여도 나에 집착하지도 않고 내 것에 집착하지도 않는다.

여러 천자들이여, 마치 내 음성이 동방에서 오는 것도 아니고, 남방·서방·북방과 네 간방과 위와 아래서 오는 것도 아니듯이, 업과 과보와 성불하는 것도 그와 같아서 시방에서 오는 것이 아니다.

천자들이여, 마치 너희들이 지난 세상에 지옥에 있었을 적에, 지옥과 몸이 시방에서 온 것이 아니고, 다만 너의 뒤바뀐 나쁜 업과 어리석음에 얽매여서 지옥과 몸이 생겼으므로, 그것은 근본도 없고 온 데도 없는 것과 같다.

여러 천자여, 비로자나보살이 위엄과 공덕의 힘으로 큰 광명을 놓거니와, 이 광명이 시방에서 오는 것이 아니니 천자들이여, 나의 하늘 북소리도 그와 같아서 시방에서 오는 것이 아니고, 다만 삼매란 선근의 힘으로 반야바라밀의 위엄과 공덕의 힘으로 이렇게 청정한 음성을 내며 이렇게 가지가지 자유자재함을 나타내는 것이다.

천자들이여, 마치 수미산에 삼십삼천과 가장 묘한 궁전과 갖가지 오락거리가 있거니와, 이 오락거리가 시방에서 온 것이 아니듯이, 나 하늘 북소리도 그와 같아서 시방에서 오는 것이 아니다.

천자들이여, 저 억 나유타 부처 세계의 티끌 수 세계를 모두 부수어 티끌을 만들었거든, 내가 티끌 수 같은 중생들을 위하여 법을 연설하여 매우 즐겁게 하거니와, 나는 저들에 대하여 고달픈 생각도 내지 않고 겁나서 물러갈 생각도 내지 않고 교만한 생각도 내지 않고 방일한 생각도 내지 않는다. 천자들이여, 비로자나보살이 때를 여읜 삼매에 머무르는 것도 그와 같아서, 오른 손바닥에 있는 한 가지 수호隨好에서 한 광명을 놓아 한량없이 자유자재한 신통를 나타내는 것을 일체 성문과 벽지불도 능히 알지 못하거든 하물며 중생이겠느냐.

여러 천자들이여, 너희들은 저 보살에게 가서 가까이 모시고 공양할지언정 오욕락에 탐착하지 말라.

오욕락에 탐착하면 모든 선근을 장애하게 된다. 천자들이여, 마치 겁말의 화재가 수미산을 태울 적에 모두 태워 버리고 남는 것이 없는 것과 같으니, 탐욕이 마음을 얽는 것도 그와 같아서 마침내 염불할 뜻을 내지 못한다.

천자들이여, 너희들은 마땅히 은혜를 알고 은혜를 갚아야 한다. 천자들이여, 어떤 중생이나 은혜 갚을 줄을 알지 못하면 흔히 횡사橫死를 만나서 지옥에 태어나게 된다. 천자들이여, 너희들이 지난 세상에 지옥에 있다가 광명이 몸에 비침을 받고 그 곳을 버리고 여기 났으니, 너희들은 빨리 회향하여 선근을 늘게 해야 할 것이다.

천자들이여, 나 하늘 북이 남자도 아니고 여자도 아니지마는, 능히 한량없고 그지없는 부사의한 일을 내나니 너희 천자 천녀들도 그와 같아서, 남자도 아니고 여자도 아니지마는, 가지가지 훌륭한 궁전과 동산을 받아 쓰게 되었다. 나 하늘 북이 나지도 않고 사라지지도 않듯이, 물질[色]・느낌[受]・생각[想]・지어감[行]・의식[識]도 그와 같아서 나지도 않고 사라지지도 않는다. 너희들이 만일 이것을 깨달으면 의지한 데 없는 인장인[無依印] 삼매에 들어갈 것이다.'

이 때 천자들이 이 소리를 듣고 일찍이 없던 일이라 하고 즉시에 일만 꽃 구름·일만 향 구름·일만 음악 구름·일만 당기 구름·일만 일산 구름·일만 찬송하는 구름을 변화하여 만들었느니라. 그리고는 함께 비로자나보살이 있는 궁전에 가서 합장하고 공경하고 한 곁에 서서 문안하려 하였으나 볼 수가 없었느니라.

그 때 어떤 천자가 이렇게 말하였느니라.

'비로자나보살은 여기서 떠나서 인간에 있는 정반왕 집에 나는데 전단 누각을 타고 마야부인의 태에 계신다.'

이 때 천자들이 하늘 눈으로 보니, 보살이 인간의 정반왕 집에 있는데 범천과 욕심 세계 하늘들이 받들어 섬기며 공양하고 있어 여러 천자들은 이렇게 생각하였느니라.

'우리들이 만일 보살의 계신 데 가서 문안하지 않고 잠깐이라도 이 천궁에 미련을 낸다면 옳지 못하리라.'

그리고 낱낱 천자가 열 나유타 권속과 함께 염부제로 내려가려 하는 때에 하늘 북에서 소리가 울려 말하였느니라.

'천자들이여, 보살마하살이 여기서 죽어서 저 인간에 난 것이 아니다. 다만 신통으로써 중생들의 마음을 따라서 그들로 하여금 보게 한 것이다. 천자들이여, 내가 지금 눈으로 보는 것 아니지마는 능히 소리를 내듯이, 보살마하살이 때를 여읜 삼매에 든 것도 그와 같아서 눈으로 보는 것 아니지마는, 능히 간 데마다 태어나서 분별을 여의고 교만을 제하여 물들지 않음을 보이는 것이다.

천자들이여, 너희들은 마땅히 아뇩다라삼먁삼보리 마음을 내고 뜻을 깨끗이 하여 좋은 위의에 머무르며, 모든 업의 장애와 번뇌의 장애와 과보의 장애와 소견의 장애를 뉘우쳐야 하리니, 온 법계 중생의 수와 같은 몸과 온 법계 중생의 수와 같은 머리와 온 법계 중생의 수와 같은 혀와 온 법계 중생의 수와 같은 착한 몸의 업·착한 말의 업·착한 뜻

의 업으로 여러 가지 장애 되는 허물을 참회하라.'

때에 모든 천자가 이 말을 듣고 희유한 일이라 하며 매우 환희하여 물었느니라.

'보살마하살이 어떻게 모든 허물을 참회하는가.'

그 때 하늘 북은 보살 삼매의 선근의 힘으로 말을 내었느니라.

'천자들이여, 보살은 모든 업이 동방으로 오는 것 아니고 남방·서방·북방과 네 간방과 상방 하방으로 오는 것이 아니지마는, 함께 쌓이어 마음에 머무르는 것은 다만 뒤바뀜으로 생기는 것이며, 머무르는 데가 없는 줄을 아나니 보살이 이와 같이 밝게 보고 의혹이 없는 것이다.

천자들이여, 마치 나 하늘 북이 업을 말하고 과보를 말하고 행을 말하고 계를 말하고 기쁨을 말하고 편안함을 말하고 모든 삼매를 말하는 것처럼, 부처님과 보살들도 나를 말하고 내 것을 말하고 중생을 말하고 탐욕·성내는 일·어리석음의 여러 가지 업을 말하지마는, 실로는 나도 없고 내 것도 없어서, 여러 가지 지은 업과 여섯 길[六趣]의 과보를 시방으로 찾아 보아도 얻을 수 없다.

천자들이여, 마치 나의 소리는 나지도 않고 사라지지도 않으나, 나쁜 짓을 한 천인은 다른 소리는 듣지 못하고, 오직 지옥으로써 깨우치는 소리만 듣는 것같이, 모든 업도 그러하여 나는 것도 아니고 사라지는 것도 아니지마는 닦아 모음을 따라서 그 과보를 받는다.

천자들이여, 나 하늘 북에서 나는 음성은 한량없는 겁에도 다하지 아니하여 끊어지지 아니하며, 온다고도 간다고도 할 수 없다. 천자들이여, 만일 가고 오는 것이 있다면 아주 없거나 항상함이 있으려니와, 모든 부처님은 마침내 아주 없거나 항상한 법을 말씀하지 아니하나니, 방편으로 중생을 교화하는 일은 제한다.

천자들이여, 마치 내 소리가 한량없는 세계에서 중생의 마음을 따라 모두 듣게 하듯이, 모든 부처님도 그와 같아서 중생의 마음을 따라 모두 보게 한다.

천자들이여, 여기 파려玻瓈 거울이 있어 이름을 잘 비침〔能照〕이라 하나니, 청정하게 사무쳐 비치는 것이 열 세계와 분량이 같으며, 한량없고 그지없는 여러 국토에 있는 모든 산천과 모든 중생과 내지 지옥·축생·아귀들의 영상이 그 속에 나타난다. 천자들이여, 어떻게 생각하는가. 저 영상들이 와서 거울 속에 들어가고 거울에서 나와 다른 데로 간다고 말할 수 있겠는가.'

그러할 수 없다고 대답하자 하늘 북은 말하였느니라.

'천자들이여, 모든 업도 그와 같아서, 비록 과보를 낸다 하거니와, 오는 일도 없고 가는 일도 없다. 천자들이여, 마치 요술쟁이가 사람들의 눈을 속이듯이 모든 업도 그와 같다. 만일 이와 같이 알면 이것은 진실한 참회라, 모든 죄악이 한꺼번에 청정하여질 것이다.'

이런 법을 말할 때에 백천억 나유타 부처 세계의 티끌 수 세계에 있는 도솔천 천자들은 죽살이 없는 법 지혜를 얻고, 한량없고 헤아릴 수 없는 아승기 욕심 세계 천자들은 아뇩다라삼먁삼보리의 마음을 내었고, 육욕천六欲天에 있는 모든 천녀들은 모두 여자의 몸을 버리고 위없는 보리의 마음을 내었느니라.

그 때 천자들이 보현보살의 광대한 회향을 들었으므로 십지十地를 얻고, 모든 힘으로 장엄한 삼매를 얻었으며, 중생 수와 같은 청정한 삼업으로써 모든 무거운 업장을 참회하였으므로 곧 백천억 나유타 부처 세계의 티끌 수와 같은 칠보 연꽃을 보았으니, 낱낱 꽃 위에 모두 보살이 가부하고 앉아서 큰 광명을 놓았으며, 저 보살의 잘생긴 모습마다 중생 수와 같은 광명을 놓고, 그 광명 속에 중생 수와 같은 부처님들이 가부하고 앉아서 중생의 마음을 따라 법을 말하지마는 오히려 때를 여읜 삼매의 일부분 힘도 나타내지 못하였느니라.

그 때 저 천자들은 위에 말한 여러 가지 꽃을 가졌고 또 낱낱 털구멍에서 중생 수와 같은 묘한 꽃 구름을 변화해 내어서 비로자나여래께 공양하며 부처님께 흩으니 모든 꽃이 부처님 몸 위에 머물러 있었고, 그 향기 구름이 한량없는 부처 세계의 티끌 수 세계에 풍기니, 어떤 중생의 몸에 향기가 쐬이기만 하면 그 몸이 쾌락한 것이 마치 제4선정[第四禪]에 들어간 비구와 같아서 모든 업장이 다 소멸되었고, 향기를 맡으면 그 중생들이 빛·소리·향기·맛·닿임에 대하여 안에도 오백 번뇌가 있고 밖에도 오백 번뇌가 있어서 탐욕이 많은 이는 이만 일천이요, 성냄이 많은 이도 이만 일천이요, 어리석음이 많은 이도 이만 일천이요, 셋이 같은 이도 이만 일천이니, 이런 것이 모두 허망한 줄을 알며, 그렇게 알고는 향 당기 구름 자유자재한 광명의 청정한 선근을 성취하였느니라.

만일 중생이 그 일산을 보는 이는 청정한 금망전륜왕金網轉輪王 등 한 항하 모래 수의 선근을 심느니라.

불자여, 보살이 전륜왕 지위에 머물러서는 백천억 나유타 부처 세계 티끌 수 세계에서 중생을 교화하나니, 불자여, 마치 명경明鏡 세계의 월지月智여래에게는 한량없는 세계의 비구·비구니·우바새·우바이들이 몸을 변화하여 가지고 항상 와서 법을 듣거든, 본생本生의 일을 널리 연설하여 잠깐도 끊어지지 않느니라. 만일 중생이 그 부처님 이름을 들으면 반드시 그 부처님 국토에 왕생하게 되는 것같이, 보살이 청정한 금망전륜왕 지위에 머무름도 그와 같아서 잠깐이라도 그 광명을 만나는 이는 반드시 보살의 제10지 자리를 얻게 되나니, 먼저 수행한 선근의 힘이니라.

불자여, 마치 첫째 선정을 얻은 이는 목숨이 마치지 않았더라도 범천에 있는 궁전들을 보고 범천 세상의 즐거움을 받을 수 있는 것처럼, 모든 선정을 얻은 이들도 그와 같으니라. 보살마하살이 청정한 금망전륜왕 지위에 머물러서 마니 상투의 청정한 광명을 놓으면 중생으로서 이 광명을 만나는 이는 다 제10지의 자리를 얻어 한량없는 지혜 광명을 성취하고, 열 가지 청정한 눈과 내지 열 가지 청정한 뜻을 얻으며, 한량없는 깊고 깊은 삼매를 구족하여 이러한 청정한 육안六眼을 성취하느니라.

불자여, 어떤 사람이 억 나유타 세계를 부수어 티끌을 만들고 한 티끌을 한 세계라 하며, 다시 그러한 티끌 수의 세계를 모두 부수어 티끌을 만들어서, 그런 티끌들을 왼손에 들고 동방으로 가면서, 그와 같은 티끌 수 세계를 지나가서 한 티끌을 내리키되, 이렇게 하면서 동방으로 가기를 이 티끌이 다하도록 하고, 또 남방·서방·북방과 네 간방과 위와 아래로도 그렇게 하였다 하고, 이와 같이 시방에 있는 세계들을 티끌이 내리켜진 것이나 티끌이 내리켜지지 않은 것이나 모두 모아서 한 부처님 국토를 만든다 하면, 보수여, 그대는 어떻게 생각하는가. 이와 같은 부처님 국토가 엄청나서 한량없는 것을 헤아릴 수 있겠는가?"

보수보살이 대답하였다.

"헤아릴 수 없나이다. 이러한 부처님 국토는 엄청나고 한량없으며, 희유하고 기특하여 헤아릴 수 없사오니, 만일 어떤 중생이 이 비유를 듣고 신심과 이해를 내는 이는 더욱 희유하고 기특하겠나이다."

부처님께서 보수보살에게 말씀하셨다.

"그러하니라. 그대의 말과 같나니, 만일 선남자나 선여인이 이 비유를 듣고 신심을 낸다면 내가 그 사람에게 수기하되 결정코 아뇩다라삼먁삼보리를 이루며 마땅히 여래의 더없는 지혜를 얻으리라 하리라. 보수여, 가령 어떤 사람이 천억 세계의 티끌 수 같은 많은, 위에서 말한 엄청난 부처님 국토를 모두 부수어 티끌을 만들고, 이러한 티끌을 가지고 앞에 비유한 대로 하나씩 내리켜서 모두 다하고, 내지 그런 세계를 모두 모아서 한 부처님 국토를 만들며, 또 그 세계들을 부수어 티끌을 만들고, 이렇게 차례차례로 되풀이하기를 내지 여든 번을 하였다 하고, 이렇게 엄청나게 많은 모든 국토에 있는 티끌들을 보살의 업보로 얻은 청정한 육안으로 잠깐 동안에 분명하게 다 보느니라.

또 백억이나 되는 광대한 세계의 티끌 수 같은 부처님 보기를, 비유리 거울의 청정한 광명이 열 부처 세계의 티끌 수 세계를 비추듯 하느니라.

보수여, 이러한 것이 모두 청정한 금망전륜왕의 매우 깊은 삼매와 복덕과 선근으로 이루어진 것이니라."

■ 이운허

운허 스님은 1892년 평북 정주에서 태어나 한학을 공부하였고, 1921년 강원도 회양 봉일사에서 경송은천(慶松銀千) 선사를 은사로 출가하였다. 금강산 유점사·동래 범어사·개운사 강원을 거치면서 대교과를 마치고, 1936년 봉선사 홍법강원(弘法講院)에서 강사가 된 후 동학사·통도사·해인사 등에서 강사를 역임하였다. 1952년 광동중·고등학교를 설립했고, 1961년 우리나라 최초로 『불교사전』을 간행하였으며, 1964년 동국역경원을 설립하여 원장에 취임하였고, 『능엄경』을 비롯하여 『화엄경』·『열반경』·『유마경』·『금강경』 등 여러 경전을 번역하여 '한글대장경'이라는 이름으로 간행하였다. 1980년 음력 10월10일 세수 89세로 봉선사에서 입적하였다.

대방광불화엄경 3

2006년 2월 28일 초판 1쇄 발행
2022년 6월 30일 초판 5쇄 발행

지은이 이운허
펴낸이 박기련
펴낸곳 동국역경원

출판등록 제1964-000001호
주소 04626 서울시 중구 퇴계로36길2 신관1층 105호
전화 02-2264-4714
팩스 02-2268-7851
Homepage http://dgpress.dongguk.edu
E-mail abook@jeongjincorp.com
인쇄처 네오프린텍(주)

ISBN 978-89-5590-414-7
ISBN 978-89-5590-411-6(전5권)

값 30,000원

이 책의 무단 전재나 복제 행위는 저작권법 제98조에 따라 처벌받게 됩니다.